POR QUE AS DEMOCRACIAS TRIUNFAM

COMO AS DEMOCRACIAS TRANSFORMAM CRISES EM OPORTUNIDADES PARA SE REINVENTAR

POR QUE AS DEMOCRACIAS TRIUNFAM

COMO AS DEMOCRACIAS TRANSFORMAM CRISES EM OPORTUNIDADES PARA SE REINVENTAR

LUIZ FELIPE D'AVILA

70

POR QUE AS DEMOCRACIAS TRIUNFAM
COMO AS DEMOCRACIAS TRANSFORMAM CRISES
EM OPORTUNIDADES PARA SE REINVENTAR

Autor: Luiz Felipe D'Avila

Diretor da Almedina Brasil: Rodrigo Mentz
Editor de Ciências Sociais e Humanas e Literatura: Marco Pace
Assistentes Editoriais: Isabela Leite e Larissa Nogueira
Estagiária de Produção: Laura Roberti
Tradução: Gabriela Colicigno
Revisão: Marco Rigobelli e Gabriela Leite

Diagramação: Almedina
Design de Capa: Roberta Bassanetto
Foto: Fabio Portela

ISBN: 9788562938771
Setembro, 2022

Dados Internacionais de Catalogação na Publicação (CIP)
(Câmara Brasileira do Livro, SP, Brasil)

D'Avila, Luiz Felipe
Por que as democracias triunfam : como as democracias transformam crises em oportunidades para se reinventar / Luiz Felipe D'Avila tradução Gabriela Colicigno. – São Paulo, SP : Edições 70, 2022.

Bibliografia.
ISBN 978-85-62938-77-1

1. Conservadorismo 2. Democracia 3. Eleições – Brasil 4. Liberalismo – Brasil 5. Política e governo 6. Religião e política – Brasil I. Título.

22-108831 CDD-361.25

Índices para catálogo sistemático:

1. Democracia e política social 361.25

Eliete Marques da Silva – Bibliotecária – CRB-8/9380

Este livro segue as regras do novo Acordo Ortográfico da Língua Portuguesa (1990).

Editora: Almedina Brasil
Rua José Maria Lisboa, 860, Conj. 131 e 132, Jardim Paulista | 01423-001 São Paulo | Brasil
www.almedina.com.br

SUMÁRIO

INTRODUÇÃO

Escritores, críticos e videntes proclamaram a morte iminente da democracia por mais de duzentos anos.

A proposta deste livro é mostrar que não é esse o caso.

No século XIX, Marx escreveu que o advento do comunismo varreria o capitalismo e a democracia da face da Terra.

Na primeira metade do século XX, o fascismo e o nazismo retrataram a democracia como um sistema político decadente, que seria esmagado pelas forças irresistíveis dos regimes autoritários. Já na sua segunda metade, havia inicialmente um sentido fatalista de que as democracias poderiam estar perdendo a batalha contra o comunismo. Os Estados Unidos estavam atrasados em sua corrida armamentista contra a União Soviética; os regimes comunistas avançavam em países emergentes; e os partidos socialistas ganhavam as eleições na Europa Ocidental – nacionalizando empresas e aumentando rapidamente as intervenções do Estado na economia, e até em alguns domínios da vida privada.

Agora, nas primeiras décadas do século XXI, uma nova onda de pessimismo parece abalar a fé na democracia.

Os comentaristas apontam para o triunfo dos regimes autoritários e o aumento do populismo como sinais de enfraquecimento da democracia.

China e Singapura são frequentemente mencionadas como exemplos de países que combinaram governo autoritário com abertura da economia, garantindo o crescimento econômico e a ordem política em um mundo turbulento.

Em contraste, os profetas do Juízo Final afirmam que a democracia não morrerá por ameaças externas, mas por decadência interna.

Eles temem que a perda de confiança das pessoas nos partidos políticos, governantes e instituições democráticas tenha aberto caminho para o surgimento de líderes populistas que chegam ao poder por meios democráticos e usam isso para diminuir princípios democráticos, tais como liberdade de expressão, respeito pelo Estado de Direito e direitos das minorias – e, em casos extremos, até mesmo para destruir a própria democracia, como é o caso de Hugo Chaves e de Nicolás Maduro na Venezuela.

Apontam para a grande diversidade de países atualmente governados por líderes populistas: Estados Unidos, Rússia, Itália, Hungria, Polônia, Turquia, Filipinas e Brasil. Esses sintomas são um sinal claro de que a democracia está realmente morrendo?

Eu não acho.

É preciso uma percepção não imediatista para identificar um padrão mais amplo na história como a vivemos hoje.

Essa visão de longo prazo permite compreender que as crises na política e nas instituições testam os valores e crenças das pessoas, assim como a capacidade do sistema político para reagir, suportar e, em último caso, superar os desafios que ameaçam sua existência.

Neste momento, o advento do populismo e a crise de confiança nos partidos políticos, governantes e instituições democráticas já liberaram os glóbulos brancos das democracias.

Os cidadãos de uma democracia têm, quando confrontados com desafios urgentes, um instinto de sobrevivência que inicia uma discussão frutífera sobre os problemas e falhas do sistema. Essa abertura à crítica, junto ao debate transparente, desempenha um papel vital em realizar um bom diagnóstico dos problemas que ameaçam uma democracia, assim como em mobilizar pessoas e recursos para resolvê-los.

Esta é, de fato, a maneira *como* as democracias transformam crises em grandes oportunidades para promover mudança, adaptar-se e evoluir.

As democracias tiveram êxito por serem capazes de aprender com seus erros e de se adaptar a novos contextos.

Elas admitem e aceitam um processo de desconstrução construtiva, que tem papel essencial na medida em que gera um ambiente de crítica, desafios para os lugares-comuns e múltiplos debates. Esse fenômeno – que só uma democracia pode admitir e prover – ajuda a aumentar a conscientização das pessoas sobre as virtudes e falhas de políticos, instituições e crenças que precisam ser descartadas, alteradas ou preservadas.

Esse processo permite que as democracias promovam mudanças graduais que permitam a adaptação a novas realidades. Os Estados Unidos, por exemplo, foram gradualmente passando de um país que aceitava a escravidão, no início do século XIX, para um que a aboliu no meio do mesmo século e que, posteriormente, promoveu uma série de mudanças lentas que pavimentaram o caminho para a aprovação da Lei dos Direitos Civis na segunda metade do século XX. E, para seguir a tendência, na primeira década do século XXI, o povo americano elegeu Barack Obama como seu primeiro presidente negro.

Democracias *evoluem*. E prosperam *porque* evoluem. Há pouca semelhança entre a democracia da Grécia antiga, em 450 a.C., e a nossa, mas continuamos a exaltar seus princípios e valores primordiais. A crença de que a democracia seja o melhor regime para garantir a liberdade individual, a justiça e os direitos contra a tirania dos governantes e regimes totalitários continua a nos mobilizar para votar, protestar e lutar em guerras, de forma a preservar tais valores fundamentais.

Hoje, ainda defendemos a ideia de que a democracia, por lei, limita o poder do governo e confere poderes aos governantes através de eleições justas que expressam a vontade dos cidadãos, representando o meio mais eficaz e legítimo de escolher governos.

O conceito de Estado de Direito como a melhor forma de proteger a liberdade, a propriedade e a vida do povo contra a arbitrariedade do governo e os caprichos dos governantes continua a ser um valor fundamental, capaz de gerar confiança nas instituições democráticas e melhorar a sua previsibilidade, continuidade e legitimidade.

Por outro lado, nossa noção de cidadania evoluiu muito desde os tempos antigos.

Por exemplo: a ideia de que alguém nascido em um país ou filho de um residente deste país automaticamente tivesse direitos e deveres de cidadania era impensável na Atenas de 450 a.C. Na época, a cidadania ficava restrita a um pequeno grupo de homens com direitos e deveres na participação da vida pública. Mulheres, crianças, escravos e imigrantes não gozavam dos privilégios da cidadania nem podiam participar da vida pública.

As democracias triunfaram porque são o sistema mais eficaz para entregar o que as pessoas querem: liberdade.

Como John Stuart Mill disse certa vez, a ideia de que um indivíduo pode "moldar livremente a sua vida" continua a ser a virtude mais poderosa da democracia.

Liberdade cria competição, Estado de Direito, mercados, experimentação e inovação.

Os germes da liberdade desencadearam mudanças transformacionais na forma como vivemos, trabalhamos, pensamos, criamos, comercializamos e trocamos conhecimento, bens e ideias. Enriqueceram a sociedade e nos libertaram de doenças, miséria, tirania e intolerância.

As democracias asseguraram que vivêssemos bem, melhor e por mais tempo do que as gerações anteriores. Enquanto alguns de nós vivem com conforto em democracias bem estabelecidas, e continuam reclamando do sistema político, de injustiças sociais e da economia, centenas de milhares de pessoas arriscam suas vidas diariamente para fugir de regimes despóticos, na esperança de imigrar para países democráticos nos quais poderão encontrar a liberdade e os benefícios que vêm com ela: prosperidade econômica, Estado de Direito, mobilidade social...

Vale a pena notar que nenhuma pessoa, ao escapar de uma tirania, procura asilo em um país autoritário.

Perseguir utopias pode não ser a resposta

A experiência mostrou que não há nada mais perigoso para a liberdade do que a busca por uma utopia na política.

- A Revolução Francesa cometeu esse erro. Apesar de derrubar a monarquia, prometendo Liberdade, Igualdade e Fraternidade, acabou instalando o "Período do Terror" (em 1793), adotando o método da guilhotina e decapitando seu próprio povo;

- Em 1917, a Revolução Russa prometeu acabar com o reinado de czares autocráticos, mas o país acabou sendo governado por uma ditadura comunista.

A fraqueza dos regimes despóticos reside, em última análise, em sua obsessão em manter a estabilidade e a permanência às custas da liberdade, da mudança e da inovação – em um mundo em constante movimento e autotransformação.

É nesse contexto que a busca por um sistema político que tente replicar o paraíso na Terra leva à tirania.

Se as tiranias tivessem triunfado sobre as democracias do mundo ocidental, ainda estaríamos presos a uma camisa de força feita de miséria, fome, governantes arbitrários e barbárie – coisas que condenaram nossos antepassados a viver durante milhares de anos em um mundo empobrecido, com liberdade limitada e crescimento econômico deplorável.

O que libertou o mundo ocidental dessa vida sombria foi o surgimento da democracia e do capitalismo como as principais forças transformadoras no início do século XIX.

De acordo com o economista britânico Angus Maddison, o crescimento econômico e o PIB *per capita* começaram a crescer rapidamente no século XIX, inaugurando uma era de progresso e prosperidade que mudou o destino de milhões de pessoas.

A democracia e o capitalismo, combinados, converteram esses antecedentes em liberdade, Estado de Direito e instituições de confiança.

Isso gerou crescimento econômico, mobilidade social, paz relativa, ordem civil e governos legítimos, escolhidos pela vontade do povo em eleições livres.

A democracia é um sistema perfeito?

Claro que não.

A *meta* da democracia é garantir que um governo limitado, o Estado de Direito e a liberdade *ajudem* a criar as condições necessárias para que as pessoas e a civilização floresçam.

Curiosamente, porém, as democracias revelam suas maiores fraquezas quando se tornam demasiado confiantes em seu sucesso.

A arrogância não é só para as pessoas, mas também para os sistemas. Ela conduz a um otimismo infantil, que pode comprometer sua capacidade de perceber ameaças e perigos.

Inebriados pela crença nas virtudes irresistíveis da liberdade e da prosperidade econômica, os governos democráticos tendem a minimizar as queixas sociais, os desafios políticos e os sinais de alerta da economia.

As crises frequentemente surgem de problemas recorrentes, que foram ignorados, minimizados ou adiados pelo governo e pelos cidadãos.

Procuramos evitar questões difíceis que nos façam confrontar crenças, lealdades e atitudes profundamente enraizadas em nossos corações, mentes e cultura. Quando fatos desafiam nossas crenças mais íntimas, tendemos a ignorá-los. É a nossa maior falha enquanto povo, governo e democracia.

Na primeira metade do século XX, as democracias venceram duas guerras mundiais, mas o sucesso no campo de batalha não se traduziu em uma ordem internacional mais estável.

O Tratado de Versalhes, acordo feito após a Primeira Guerra Mundial de 1919, pretendia proporcionar uma paz mais "justa e segura" para o mundo – como idealizado por Woodrow Wilson, presidente dos EUA. No entanto, a combinação do idealismo político americano com o ressentimento francês em relação à Alemanha e a indiferença inglesa ao destino do continente europeu gerou instabilidade na ordem política. Em vez de paz e estabilidade internacional, o Tratado de Versalhes ajudou a alimentar rivalidades políticas, crises econômicas e agitações sociais.

Foi o crescente *descontentamento com a democracia e o capitalismo* que, nas décadas de 1920 e 1930, semeou as ideias do nacionalismo, do populismo, do radicalismo e de seus famosos descendentes – fascismo, nazismo e comunismo.

A incapacidade, tanto diplomática quanto de negociação, de conter tais forças perturbadoras levou à Segunda Guerra Mundial em 1939.

Os Estados Unidos emergiram da guerra como a única superpotência do mundo, assumindo o papel de protagonista na formação da nova ordem mundial em 1945. O presidente Franklin Roosevelt combinou idealismo americano com pragmatismo. Ele e o presidente Truman conceberam uma ordem internacional baseada em instituições multilaterais que garantiriam seu funcionamento.

Roosevelt compreendeu que os Estados Unidos precisavam desempenhar um papel ativo nos assuntos internacionais para garantir a paz e a liberdade no mundo. Assim, ele não hesitou em empregar o poder financeiro e econômico do país (os acordos de Bretton Woods, a criação do Fundo Monetário Internacional e do Banco Mundial), o poder militar (à época associado ao monopólio americano da bomba nuclear) e a vontade política para criar uma organização internacional capaz de preservar a paz e garantir melhor entendimento entre as nações (as Nações Unidas).

No entanto, o preço que Roosevelt teve que pagar para construir essa ordem internacional foi alto. Ele permitiu que a União Soviética dominasse metade da Europa.

Essa concessão generosa mostrou o otimismo inflexível do presidente norte-americano. Mostrou, na verdade, sua fé de que nenhuma nação resistiria aos benefícios da democracia, liberdade, prosperidade econômica e do bem-estar social.

Ele acreditava que os povos da Europa Oriental derrotariam o comunismo nas urnas quando os países começaram a promover eleições livres, como Stalin havia prometido na Conferência de Yalta em fevereiro de 1945. Mas Roosevelt morreu poucos meses depois de Yalta – Stalin não honrou a promessa de eleições livres na Europa Oriental – e o mundo teve que passar por 49 anos de Guerra Fria.

A seguir, de novembro de 1989 a dezembro de 1991, o mundo assistiu ao colapso do comunismo.

A queda do Muro de Berlim e dos governos comunistas da Europa Oriental e da Rússia, além da desintegração da União Soviética, no natal de 1991, marcaram o fim da Guerra Fria.

Inaugurou-se uma nova era, na qual o triunfo da democracia, a ascensão da globalização e a difusão das reformas liberais em todo o mundo levaram alguns a acreditar que havíamos chegado ao "fim da história". Nenhuma alternativa para os países crescerem e prosperarem foi descoberta, a não ser a receita da democracia, do liberalismo e do capitalismo. Uma nova era de reformas econômicas e políticas permitiu a abertura dos mercados e o aumento do comércio internacional, assim como estimulou a desregulamentação das economias.

A *globalização* beneficiou as economias desenvolvidas, mas também, e principalmente, as dos países emergentes que abraçaram reformas econômicas. Essas nações experimentaram um período sem precedentes de crescimento econômico e uma redução substancial da pobreza. De 1990 a 2010, cerca de um bilhão de pessoas foram retiradas da pobreza extrema.

O enorme sucesso econômico dos anos 1990 e do início do século XXI criou uma atmosfera de otimismo e confiança excessivos, de forma que as democracias *baixaram a guarda* e ignoraram os sinais de aviso, sendo um deles a "exuberância irracional" da economia.

O resultado foi o colapso dos mercados financeiros em 2008, o que provocou uma grande recessão mundial. As cicatrizes da recessão levaram a resultados trágicos nas democracias.

Primeiro, a recessão produziu um sentimento de injustiça. Os governos socorreram grandes banqueiros e plutocratas industriais – que logo voltaram a ter lucros ganhando bônus enormes – enquanto milhões de pessoas perderam seus empregos ou foram forçadas a aceitar salários mais baixos.

Depois, havia uma percepção geral de que o capitalismo se tornara um sistema fraudulento, no qual incentivos, regras e regulamentos eram adaptados para beneficiar os interesses corporativos e preservar oligopólios em detrimento da concorrência justa de mercado.

Por fim, a recessão mostrou que os políticos haviam perdido o contato com as pessoas. Em vez de se conectar com o eleitorado e lidar com suas queixas, medos e perdas, a política se tornara uma atividade indiferente para tecnocratas e políticos, que haviam deixado de lado as preocupações urgentes do povo.

A narrativa é um ingrediente essencial para incutir esperança e mobilizar as pessoas a passarem pela dor e a perda de um processo de adaptação a uma nova realidade. As figuras políticas foram incapazes de criar uma narrativa que explicasse com eficácia por que os sacrifícios e reformas exigidos naquele momento eram indispensáveis para garantir um futuro com mais empregos, oportunidades econômicas, cidades mais seguras, melhor saúde pública e educação.

Embora a crise financeira tenha sido superada, políticos do mundo democrático ainda não conseguiram recuperar a credibilidade anterior com o eleitorado. Algumas rupturas foram aumentando: entre ricos e pobres; entre jovens desempregados sem acesso à educação e empresários experientes; entre a "exuberância irracional" dos mercados financeiros (a frase ficou famosa na boca do presidente do Banco Central dos EUA, Alan Greenspan) e a decadência do centro das cidades; e entre o crescimento das indústrias, impulsionado pela tecnologia, e a diminuição do salário dos operários. Ainda mais preocupante era a percepção de que a voz dos miseráveis estava sendo desprezada pelos principais partidos políticos. A política começou a ser entendida como um esquema de figuras autistas a serviço dos mercados financeiros, lobistas poderosos, interesses corporativos e viciados em acumular riquezas do Estado.

Essa angústia contribuiu para o desprestígio da democracia e do capitalismo, assegurando terreno fértil para as sementes do populismo e do nacionalismo.

O descontentamento daqueles que se sentiram "excluídos" encontrou eco na narrativa populista e ressonância no discurso nacionalista. Os mercados financeiros passaram a ser o símbolo dos males da globalização, por sua vez percebida como um jogo de soma zero que beneficia os ricos em detrimento dos pobres.

O *nacionalismo*, nesse contexto, serve como um antídoto potencialmente atraente para o globalismo. Ele oferece uma narrativa plausível para que os governos adotem mecanismos aparentemente destinados a proteger empregos domésticos e empresas nacionais contra estrangeiros e contra a concorrência desleal. Em tempos de crise, o nacionalismo proporciona uma narrativa tranquilizadora, que aparenta defender interesses nacionais, identidade, símbolos e valores – coisas que nos dão um sentimento de pertencimento, unidade e orgulho.

Políticas populistas com gosto de nacionalismo podem causar um efeito imediato de bem-estar, mas costumam resultar em consequências terríveis para o mundo.

- Esse discurso injeta tensão política e rivalidades militares em assuntos internacionais;
- Prejudica o comércio mundial por meio da adoção de políticas protecionistas que, na prática, prejudicam especialmente os consumidores das classes mais baixas em benefício dos interesses das empresas;
- Reduz a concorrência, a inovação e a cooperação entre as nações.

Além disso, os problemas mais urgentes do mundo estão de tal forma interligados com os interesses nacionais que muitas vezes é impossível separar as ameaças globais do interesse nacional. Os problemas locais têm consequências globais e vice-versa.

A grande ameaça

O *nacional-populismo* é a maior ameaça à civilização e à democracia. O *nacionalismo* é um anacronismo dos últimos dois séculos, que pode prejudicar o funcionamento e os benefícios da democracia e do capitalismo no século XXI. Ele alimenta uma perigosa fantasia de que, para preservar a nossa identidade nacional, valores e crenças, devemos renunciar à globalização, ignorar o resto do mundo e viver em um isolamento esplêndido. Na prática, o resultado é que um país que viva isolado em sua bolha nacionalista se tornará mais pobre e despótico, como é o caso da Coreia do Norte.

O *populismo* é uma maneira enganosa de agradar as pessoas e de desviar sua atenção dos problemas reais que ameaçam o bem-estar de uma nação. Ele restringe nossa capacidade coletiva de enfrentar questões difíceis e desafios eminentes, e de lidar com medos e perdas, embora tudo isso seja crucial para que a sociedade possa evoluir, mudar e se adaptar a uma nova realidade.

O sucesso da *democracia* está intrinsecamente ligado ao vigor do capitalismo e ao triunfo da globalização. O nacionalismo e o populismo só podem ser subjugados se tivermos a coragem, a determinação e a perseverança de enfrentar as disfunções da política, as dificuldades da economia de mercado e as fragilidades de uma ordem internacional instável – todos fatores que enfraqueceram a democracia, o capitalismo e a globalização.

Os problemas atuais do capitalismo também servem para ilustrar como a economia de mercado se desviou de seus princípios fundamentais.

A pressão dos interesses corporativistas sobre os governos contribuiu para limitar a concorrência leal e para levantar barreiras à entrada de novos operadores no mercado:

- Regras e regulamentos podem e têm sido utilizados como instrumentos para proteger indústrias e postos de trabalho específicos em detrimento do interesse comum das pessoas;
- A concentração de mercado desencoraja a inovação e tende a centralizar os lucros nas mãos dos grandes conglomerados – ajudando a criar uma descontinuidade entre os ricos e privilegiados e os pobres e desfavorecidos.

Não é surpresa que as pesquisas de opinião nos Estados Unidos – o epicentro do capitalismo – mostrem que metade dos jovens reprovam esse sistema. Eles estão céticos quanto aos conceitos prévios de justiça, oportunidade e benefícios de um sistema que tem sido crucial para mobilidade social, o núcleo do "Sonho Americano". Ao invés de avançar para uma configuração cada vez mais bem-sucedida e benéfica, o capitalismo está, em muitos lugares, sendo visto como injusto, sem mérito e com tendências embutidas e inatas.

Restaurando a fé

Então o que pode ser feito para restaurar a fé e a credibilidade na democracia e no capitalismo?

Primeiro, precisamos de *lideranças políticas* capazes de mobilizar as pessoas e o governo a fim de reconhecer que não podemos mais sustentar sistemas obsoletos que criaram benefícios e privilégios insustentáveis.

Em muitas situações, é necessária uma reforma política para impedir o Estado de espalhar seus tentáculos e para desmantelar barreiras e políticas que reduziram drasticamente a liberdade cívica e as liberdades individuais. É imperativo ressuscitar um gene fundamental da democracia: a ideia de *governo limitado*.

Em segundo lugar, devemos *reformar o capitalismo*. O primeiro passo é refrear os interesses corporativistas e sua capacidade para influenciar o governo com o objetivo de criar benefícios, subsídios e incentivos que restrinjam a concorrência. Em seguida, é necessário diminuir restrições de normas, leis e regulamentos que impeçam a liberdade de mercado e a inovação. Por último, temos de criar uma narrativa para mostrar às pessoas que políticas protecionistas são prejudiciais para o bem-estar (e para os bolsos), porque seus efeitos secundários criam uma péssima combinação entre serviços de má qualidade e produtos com custos elevados.

Em terceiro lugar, é imperativo reconhecer que a crise da democracia deve também ser atribuída à *decadência da virtude cívica*. Os cidadãos são corresponsáveis pela formação dos costumes, instituições, valores e leis de um país. Quando assumem uma atitude tacanha, voltada para defender direitos, benefícios e privilégios, mas que ignora seus deveres cívicos, responsabilidades e obrigações, eles ajudam a ampliar as políticas anômalas dos governos. É impossível que adultos "mimados" construam uma democracia que funcione corretamente.

Quando os cidadãos se desviam dos princípios de *virtude cívica*, os valores fundamentais da democracia começam a erodir, e as consequências para a sociedade podem ser terríveis. Para salvar a democracia e o capitalismo, precisamos restaurar o cônceito de virtude cívica. Aristóteles dizia que o bom funcionamento da democracia exige uma comunidade de cidadãos virtuosos. Na verdade, ele afirmava que o propósito da política é, de fato, formar cidadãos virtuosos.

Por fim, a democracia e o capitalismo dependem de uma ordem internacional estável para florescer:

- O fluxo global de bens, pessoas, ideias, investimento e dinheiro produziu uma transformação surpreendente no mundo – entre outras coisas: aumento do comércio global, redução de pessoas na linha da pobreza em países emergentes e maior colaboração entre nações nos temas internacionais;

- As nações precisam trabalhar em conjunto para enfrentar os desafios mais graves do mundo, como mudanças climáticas, terrorismo, cibersegurança, epidemias, imigração, crise financeira e, claro, paz;
- Será muito difícil reconstruir uma ordem internacional estável – especialmente a atual, manchada pelo nacionalismo e pelo populismo – se não formos capazes de restaurar um senso de valores, experiências e interesses comuns;
- A situação exige verdadeiros estadistas, que devem agir como guardiões da civilização. Uma de suas principais tarefas é restaurar a noção de que o interesse comum compartilhado é mais significativo para a nossa sobrevivência do que quaisquer diferenças nacionais.

Este livro mostrará que a democracia, o capitalismo e a globalização já produziram muitas iniciativas inspiradoras para superar esses desafios. E que podemos e seremos capazes de utilizar os mesmos mecanismos para voltar a obter os mesmos resultados.

Neste trabalho, que é de construção e prevenção, todos temos um papel importante a desempenhar na luta contra as Fúrias do populismo e do nacionalismo e no regresso do mundo à via da paz, da prosperidade e do crescimento sustentável.

O objetivo deste livro

Afirmar essa necessidade não é fazer uma declaração de idealismo nem mero otimismo motivacional. É uma afirmação sóbria, prática e pragmática: o reconhecimento da solução necessária para evitar deslizarmos para a arrogância da divisão e a estupidez grosseira do conflito.

Como será a nossa jornada?

Para compreender os desafios da democracia de hoje, precisamos entender como as democracias enfrentaram desafios e evoluíram de 1848 até o presente.

No **Capítulo 1** começo com a fascinante história sobre como o continente europeu emergiu de uma autocracia, dominada por monarcas ou elites tirânicas, e criou para si uma estrutura de democracia, libertando a todos.

No **Capítulo 2** mostro como esse desenvolvimento, baseado nos fatores motivadores da Liberdade, Igualdade e Fraternidade, libertou o enorme poder criativo do livre comércio e do capitalismo, criando um século de crescimento, invenção e prosperidade – principalmente nos Estados Unidos, embora o exemplo se aplique em todos os lugares.

No **Capítulo 3** relato como uma falha nesse desenvolvimento (rivalidade entre Estados-nação que disputam a hegemonia sobre novas tecnologias, incluindo as armas da guerra e do colonialismo) resultou no enorme desastre de duas guerras mundiais – um colapso tão grande que poderia ser descrito como "um enorme fracasso do espírito humano". Aqui, o senso de vingança e a incapacidade, mesmo no pré-guerra, de "agir em conjunto" criaram o enorme e rancoroso fracasso que foi o Tratado de Versalhes de 1919, resultando em um novo conflito.

O **Capítulo 4** descreve como a visão de que quem vence deve ajudar quem perde, e de que o mundo precisa ser visto *mais* como uma unidade econômica do que como uma simples matilha de competidores em disputa – a tolerância dos mais fortes, tendo mais valor que comportamentos inflexíveis, acompanhou uma era brilhante na economia mundial, na qual certos estadistas se certificaram de que o modelo de cooperação internacional fosse primordial; de que o conflito míope não pudesse novamente desconstruir a prosperidade.

Em resumo, na primeira parte deste livro, trago uma imagem relativamente completa de como os primeiros movimentos sólidos em direção à nossa democracia moderna evoluíram desde o seu nascimento, em 1848.

Essa é a história. É o que temos diante de nós, para nos ensinar e guiar.

As soluções

Na segunda parte do livro apresento minhas propostas sobre como lidar com a ameaça crescente a este magnífico patrimônio democrático, construído com tamanho esforço e reforçado pela visão de longo prazo de verdadeiros estadistas, de modo a garantir que seus benefícios permaneçam conosco, mesmo que de uma forma revitalizada e reforçada.

O **Capítulo 5** descreve como a corrupção do ideal democrático se insinuou: a percepção generalizada de um significado egoísta para "cidadania" tende a levar a uma perda de sentido, produzindo graves efeitos adversos na vida cívica, abrindo caminho para o apelo do populismo e do nacionalismo. A tese é que a democracia – e a economia – não proporcionam, para sempre, o direito à prosperidade ininterrupta; ao contrário, seu sustento requer um envolvimento contínuo.

Defendo que precisamos revitalizar o sentido de engajamento e de empoderamento do indivíduo – especialmente a nível local: um envolvimento que revitaliza a participação e a responsabilidade, além de restaurar a percepção de que a democracia, e seus próprios futuros, pertencem *às pessoas*.

O **Capítulo 6** descreve seis maneiras para adaptarmos nossa relação com a democracia: primeiro examina-se quais foram os sentimentos (extremos) após a Segunda Guerra – vergonha, medo e esperança –, as medidas do Ocidente para motivar tais reações e produzir uma nova organização multinacional do mundo e como essa organização recentemente sofreu um revés que levou ao crescimento de governos populistas e nacionalistas.

A vergonha e o medo, os primeiros sentimentos que motivaram tal determinação para construir um mundo melhor, recuaram, mas a esperança permanece. Defendo que podemos e iremos manter e desenvolver este mundo ideal para satisfazer as necessidades de todos os que nele se encontram.

O **Capítulo 7** revisita ao origem do "capitalismo", como beneficiou toda a economia mundial, as anomalias e os abusos que sofre atualmente e o que precisamos fazer para consertar os erros, de forma a restaurar o capitalismo ao seu estado de completude e vê-lo totalmente aceito – com seus benefícios distribuídos mais equitativamente a todos.

Finalmente, o **Capítulo 8** apela a um ato de fé, renovando a nossa esperança e convidando a abraçar as mudanças adaptativas que devemos enfrentar para reavivar as virtudes da democracia.

É para esta jornada que os convido.

Como veremos, pode ser feito.

1.

1848 E A EMERGÊNCIA DO SOCIALISMO, DO LIBERALISMO E DO NACIONALISMO

Alexis de Tocqueville, autor de *Da Democracia na América*, acordou em 24 de fevereiro de 1848 em sua casa, em Paris, e foi surpreendido pelo nervosismo de sua cozinheira: "A bela mulher estava fora de si e eu mal podia compreender suas palavras incongruentes (...). A única coisa que pude entender era que o governo tinha ordenado um massacre às pessoas pobres nas ruas".[1]

Tocqueville, um membro do Parlamento, que conhecia bem as virtudes e as fraquezas do rei francês Luís Filipe, não acreditou que o descontraído, despretensioso e dócil monarca, adorado por seu povo – e apelidado por eles de "O Rei Cidadão" – pudesse emitir ordens para o massacre de seus próprios cidadãos.

Algo estava errado com a narrativa confusa da cozinheira.

Ele decidiu ir à Assembleia Nacional. No caminho para o Parlamento, no entanto, notou nas ruas a tensão que ela havia descrito.

As pessoas corriam e haviam sido instaladas barricadas para bloquear o caminho em alguns lugares. Tocqueville se encontrou com um oficial da *Garde Nationale*, com o rifle na mão, e tentou extrair dele mais informações sobre o estava acontecendo. O oficial apenas respondeu que estava fazendo seu trabalho para restaurar a ordem.

---

[1] TOCQUEVILLE, Alexis de. *De la démocratie en Amérique: souvenirs. L'ancien régime et la révolution*. Paris: Éditions Robert Laffont, 1986, pp. 746.

Apreensivo com a tensão palpável, Tocqueville decidiu fazer um desvio e passar na casa de colegas congressistas para entender melhor o que acontecia. Encontrou-se com três deles, igualmente surpreendidos e sem informações críveis.

Finalmente, decidiram caminhar em direção à Assembleia Nacional. Passaram pelas Tulherias e pela *Praça Luís XV* (hoje Praça da Concórdia) – ambas repletas de tropas de cavalaria, perfeitamente alinhadas, como se estivessem prontas para um desfile militar. Não havia agitação popular em frente ao Parlamento.

Dentro da Assembleia Nacional, congressistas andavam a passos rápidos pelos corredores, procurando líderes do governo e da oposição, ávidos por mais informações sobre o aparente tumulto político.

Mas assim como um vulcão que acaba de entrar em erupção, os efeitos secundários da revolta ainda não tinham chegado no Parlamento. O epicentro da tempestade foi no Palácio Real, onde o rei Luís Filipe protagonizou uma comédia de erros encenada desde a manhã de 23 de fevereiro.

Foi uma peça em quatro atos. Os personagens principais eram: revolucionários errantes, um rei temeroso e um coro de políticos à deriva no tumulto de uma revolta.

Ato I:
Palácio Real, 23 de fevereiro, à tarde.

O rei convoca ao Palácio Real François Guizot, ministro-chefe do governo, e Adolphe Thiers, líder moderado da oposição.

Enquanto tentavam explicar a Luís Filipe as fontes de insatisfação, a única questão concreta que o rei compreende é que as pessoas estavam furiosas com Guizot por proibir que a oposição organizasse reuniões políticas – ou "banquetes".

Em resposta às informações de Guizot e Thiers, o rei decide tentar acalmar os revolucionários demitindo o primeiro e nomeando o segundo como novo líder do governo. Com esta escolha, ele espera acalmar o humor popular e ganhar o apoio de uma ampla gama de políticos e do exército.

Ato II:
Anoitecer, Paris.

Enquanto Tocqueville dorme na tranquilidade de sua casa, barricadas são construídas nas ruas da cidade.

O rei recebe a notícia de que uma boa parte da Guarda Nacional se juntara aos operários, estudantes e artesãos na revolta. Nervoso e assustado, ele consulta seus conselheiros para verificar a lealdade do exército.

Ele começa a entrar em pânico quando ouve que o General Bugeaud, que comanda o exército na capital, mudou de lado e simpatiza com os rebeldes.

Ato III:
Palácio Real, meia-noite.

Os demônios da noite perturbam o rei. Na solidão do Palácio das Tulherias, ele teme que a revolta em Paris possa acabar em tragédia.

Imagina a multidão arrastando-o para a guilhotina e cortando-lhe a cabeça, como acontecera com seu antepassado, o rei Luís XVI, na Revolução Francesa.

Se tivesse sorte, poderia ser deposto e enviado para o exílio, como seu primo, o rei Charles X, após a Revolução de 1830.

Ele decide não correr riscos e planeja, às pressas, uma fuga secreta para salvar sua vida. Disfarçado como um simples burguês, e usando o nome de "Sr. Smith", foge do Palácio e abandona Paris para atravessar o canal para a Inglaterra.

Ato IV:
24 de fevereiro, final da manhã, Assembleia Nacional, Paris.

Enquanto Tocqueville e seus companheiros congressistas procuram mais informações nos corredores da Assembleia Nacional, alguém grita que o Conde de Paris, um menino de nove anos e herdeiro do trono depois de Luís Filipe, e sua mãe, a Duquesa de Orleans, "enlutados", acabaram de chegar à Assembleia Nacional. Membros da Guarda Nacional e um grupo de congressistas cercam o Conde e a Duquesa enquanto entram na sala da Assembleia.

Em minutos, os deputados do Parlamento se reuniram no plenário para uma sessão que se torna tumultuosa. Vendo que Thiers e as principais figuras do governo não estavam presentes, Tocqueville rabiscou uma nota para Thiers e enviou um mensageiro para entregá-la urgentemente.

Enquanto isso, Dupin, um congressista corajoso, dirigiu-se ao plenário propondo declarar a duquesa de Orleans como regente imediatamente. De acordo com o registro de Tocqueville: "a proposta foi recebida com aplausos pela Assembleia, gritos na tribuna e murmúrio nos corredores".[2]

A decisão, porém, não agradou ao público, que resolveu ocupar o plenário. Alguns carregavam armas. Tocqueville ficou preocupado com a segurança do Conde e da Duquesa e procurava, ansioso, por Adolphe Lamartine, poeta e líder político, que poderia conter o povo com sua liderança e oratória.

O presidente da Assembleia estava empenhado em recuperar o controle da situação, tentando remover as pessoas do plenário e pedindo aos guardas para levarem a Duquesa e o Conde para fora da sala. Nem o povo nem a realeza cederam.

Lamartine se pôs a falar e a multidão se acalmou para ouvi-lo. Assim que o discurso começou, o povo, armado, invadiu o lugar. Um furioso revolucionário apontou o mosquete para o presidente da Assembleia Nacional e proclamou: "Sem congressistas daqui em diante. Nós somos os líderes!"

Tocqueville, que assistia à cena sentado, concluiu: "Nós, os franceses, especialmente em Paris, tendemos a misturar nossas necessidades com memórias de nossa literatura e teatro para iluminar os eventos mais graves. Esta tendência revela que nossos sentimentos são falsos e desarranjados".[3]

Ele estava certo. A cena terminou com Lamartine e Ledru-Rollin abandonando o Parlamento e levando o povo ao Hotel De Ville, onde

---

[2] TOCQUEVILLE, Alexis de. *De la démocratie en Amérique: souvenirs. L'ancien régime et la révolution*. Paris: Éditions Robert Laffont, 1986, pp. 754

[3] TOCQUEVILLE, Alexis de. *De la démocratie en Amérique: souvenirs. L'ancien régime et la révolution*. Paris: Éditions Robert Laffont, 1986, pp. 756

a República foi proclamada e um governo provisório assumiu o poder. Os outros membros da família real partiram para a Inglaterra para se juntarem ao rei deposto, Luís Filipe. O novo governo republicano era formado por uma coalizão de radicais, liberais e socialistas, liderada por Lamartine e Ledru-Rollin.

Estava evidente que a missão mais importante para o novo governo era conter a crise econômica e social. A revolução agravou a situação. O medo da desordem, confisco, socialismo e instabilidade política agravaram a crise bancária e a terrível situação financeira do país.

Em meio à crise econômica, Lamartine decidiu aumentar os impostos – provocando mais ressentimento. Louis Blanc, o membro socialista do governo, tentou dar seguimento à ideia de confiscar fábricas que estavam em dificuldades financeiras e transferi-las para os trabalhadores. Ele também propôs a criação de um Ministério do Trabalho para promover os direitos trabalhistas.

Essas ideias foram vetadas pelo governo. Mas outra de suas propostas socialistas foi aceita: para estancar o crescimento do número de desempregados, Blanc propôs estabelecer as "Oficinas Nacionais", um programa patrocinado pelo governo para garantir o emprego a todos os franceses.

Como acontece frequentemente com os esquemas populistas, o programa se tornou financeiramente insustentável quando milhares de desempregados procuraram as suas câmaras municipais para se registrarem nas Oficinas Nacionais. Em junho, o governo precisou encerrar o projeto. Essa foi a faísca para reacender o ressentimento popular, provocando outra revolução em Paris.

1.1. Karl Marx e a narrativa comunista

Se havia uma pessoa que estava celebrando a revolução na França e na Europa era Karl Marx. Ele tinha profetizado em seu *Manifesto Comunista*, publicado em fevereiro de 1848, que uma revolução dos trabalhadores – o *proletariado* – derrubaria o capitalismo e a democracia burguesa. Em seu lugar, seria erguida uma sociedade comunista: "Um espectro assombra a Europa – o espectro de Comunismo. Todos os Poderes da velha Europa entraram numa aliança sagrada para exorcizá-lo".[4]

Marx acreditava que essa transformação teria lugar pela luta de classes e revolução. Ele estava convencido de que era impossível encontrar um lugar-comum para crenças e interesses quando uma classe – a burguesia – criara uma ordem política, econômica e social para explorar os trabalhadores e extrair deles os ganhos materiais que a tornavam poderosa e rica, enquanto a outra classe – os trabalhadores – continuava pobre e oprimida. Ao tomarem consciência de que constituem a grande maioria da população, os operários iriam se revoltar contra a classe opressora e derrubar o regime que os escravizava. Governantes e burgueses se uniriam para preservar o poder, privilégios e riqueza, mas o "espectro do Comunismo" prevaleceria.

Para Marx, as revoltas de 1848 marcaram o despertar do proletariado como uma poderosa força de classe capaz de destruir o sistema político, econômico e social de exploração. Ele acreditava que a economia era a verdadeira fonte de poder que moldava a política e a ordem social. Argumentava que os incentivos econômicos do sistema capitalista – acumulação de riqueza e dos meios de produção – eram a força motriz por trás dos incentivos políticos e sociais da democracia burguesa.

Dizia que a política e a religião eram opiáceos projetados para inibir a compreensão da realidade. Os símbolos do reconhecimento social, da importância e da distinção na sociedade burguesa – como a riqueza, o poder, a educação e o *status* social – eram apenas meios de criar uma cultura de obediência, fidelidade e conformidade, de impedir o florescimento da consciência humana sobre a realidade e de legitimar os incentivos capitalistas à exploração da classe operária.

Raymond Aron, num livro seminal, *Le Marxisme de Marx*, afirmou que Marx se via como um Prometeu moderno, que desafia as falsas crenças aumentando a consciência do homem sobre a realidade: "Não

[4] MARX, Karl; ENGELS, Friedrich. *The Communist Manifesto*. Middlesex: Penguin Books, 1967, pp. 78.

podemos libertar a nossa consciência das ilusões se não pudermos libertá-la da farsa da realidade".[5]

De acordo com Marx, a classe social de uma pessoa determina sua consciência – suas crenças, valores e moral. Isaiah Berlin, um estudioso britânico, enfatizou esse ponto: "não há nenhuma verdade social ou moral que seja igualmente válida para ambas as classes (burguesas e trabalhadoras); pensamentos, crenças, sentimentos morais são, para Marx, maneiras de agir, e sua validade – ou verdade – dependerá dos interesses do grupo a que pertence o observador".[6] Essa é uma visão importante para compreender a crença de Marx quanto à inevitabilidade da revolução. A luta de classes implica não só em um choque de interesses econômicos, mas também em um confronto de valores, crenças e privilégios. Não há espaço para compromissos. Os trabalhadores devem compreender que só se libertarão da servidão imposta pelo capitalismo e pela democracia burguesa quando se levantarem contra eles.

Se olharmos para as condições sombrias dos trabalhadores na maioria das fábricas em 1848, o quadro é chocante. Um sistema de produção no qual crianças e mulheres trabalhavam de 12 a 14 horas por dia, seis dias por semana, em fábricas quentes, sujas e inseguras, não poderia durar – como Marx previu.

Conforme o governo tomou conhecimento da situação terrível, o Parlamento reagiu e aprovou a primeira lei que regulava o mercado de trabalho. O *Factory Act* de 1847 limitava a 10 horas diárias o período de trabalho para mulheres e crianças. Foi o primeiro passo em uma longa jornada para a melhoria das condições de trabalho e dos direitos do trabalhador.

Mas, para Marx, estas pequenas concessões do governo eram apenas meios desonestos que a burguesia empregava para preservar o poder e a riqueza, fazendo pequenos acenos aos trabalhadores a fim de dividi-los e, em última análise, atrasar a marcha da revolução.

---

[5] ARON, Raymond. *Le marxisme de Marx*. Paris: Éditions de Fallois, 2002, pp. 97.

[6] BERLIM, Isaiah. *The power of ideas*. Princeton: Princeton University Press, 2000, pp. 118.

Marx estava convencido de que o capitalismo carregava em si as sementes de sua própria destruição. O irrefreável impulso de acumulação da riqueza e dos meios de produção nas mãos da burguesia só era possível às custas do empobrecimento da classe operária. Em termos práticos, Marx argumentou, os capitalistas procuram reduzir os custos de produção para produzir mais bens a um preço mais baixo. De todos os custos, o mais importante é o trabalho. Daí a inexorabilidade dos capitalistas ao se engajarem em uma concorrência feroz pelos mercados, cortando os salários dos trabalhadores, investindo em novas máquinas para aumentar a produtividade, baixando o preço dos bens e aumentando os lucros.

Em essência, a concorrência seria destruída pelas grandes empresas, que dominariam o mercado eliminando as pequenas, os artesãos e as empresas incapazes de competir. As consequências seriam terríveis. Sociedades teriam desemprego maciço, aumento da pobreza (devido aos baixos salários), decadência econômica e agitação social, o que levaria à queda do capitalismo.

O fim do capitalismo também traria o fim da democracia burguesa e a ascensão da verdadeira democracia. A primeira, ele alegou, é um sistema para garantir a preservação dos privilégios e direitos dos capitalistas, a fim de explorar os trabalhadores e mantê-los fora da política. Quanto à última, significaria a existência de uma sociedade civil na qual todos gozam dos direitos e deveres da cidadania.

Para Marx, era impossível ter uma verdadeira democracia – e uma sociedade civil – quando grande parte da população (os trabalhadores) não participa da política e não é tratada em pé de igualdade perante a lei.

A luta para reformar o sistema eleitoral e ampliar o direito de voto foi uma causa que uniu socialistas e liberais. Porém, enquanto os comunistas procuraram desenvolver uma sociedade civil para governar o destino de um Estado – que deveria ser o único proprietário de todos os bens e meios de produção –, os liberais tentaram conquistar o eleitorado para alcançar o objetivo oposto; isto é, para limitar o poder do Estado e garantir que os indivíduos tivessem liberdade e autonomia para decidir seu próprio destino.

1.2. O liberalismo e a sua narrativa

Liberalismo era outra narrativa do período revolucionário que competia com o comunismo.

Liberais viam as revoluções de 1848 como movimentos espontâneos de empresários, estudantes, trabalhadores e intelectuais que lutavam por um governo constitucional, pelos direitos individuais, pela reforma eleitoral, pela liberdade de expressão, pelos direitos de propriedade e pelo Estado de Direito. Eram filhos e filhas da revolução industrial, que trouxera profundas transformações à Europa. A revolução industrial foi marcada pelo advento do livre comércio e por um período de crescimento econômico sem precedentes, inovação, produtividade e riqueza para nações e indivíduos. Sua principal característica foi a migração em massa da população rural para as cidades, em busca de empregos e oportunidades econômicas, além da ascensão de uma nova classe média urbana, composta por empresários, comerciantes, capitalistas e trabalhadores, que revolucionaram a economia. Mas esses agentes do progresso – a nova classe média urbana – foram excluídos da política, que continuou a ser um monopólio das dinastias de príncipes e aristocratas.

Os portadores do poder político foram surpreendidos com o amanhecer de uma nova era – a "era das massas", como um historiador britânico descreveu o período de 1848. Foi "a era da produção em massa, da migração em massa e da guerra em massa. Na busca da felicidade universal, tudo se tornou universal: sufrágio universal, educação universal, serviço militar universal, destruição universal".[7]

A destruição universal era inevitável caso a política não se adaptasse à era das massas. Para os liberais, o objetivo da revolução não era derrubar a classe privilegiada e implementar um governo socialista, mas reformar a política e torná-la mais inclusiva e responsável. A receita liberal oferecia uma alternativa: alterar a política com mudanças graduais, não pela revolução. Ela fornecia um roteiro: transformar a arbitrariedade real em um governo constitucional, com base no

[7] TAYLOR, A. J. P. *Europe: grandeur and decline*. Middlesex: Penguin Books, 1967, pp. 58.

Estado de Direito; substituir a era dos privilégios hereditários, restritos a uma pequena casta, por uma era de igualdade constitucional de direitos para todos os cidadãos; converter as ferramentas de coerção e de concentração de poder, então nas mãos de dinastias principescas, por um governo eleito pelo povo e consciente de seu papel limitado – que era, em resumo, não pisotear liberdades individuais.

É precisamente o exercício de liberdade com responsabilidade na esfera pública que torna um cidadão consciente de seus direitos e deveres, além de ajudar a construir uma sociedade civil forte. Os elementos essenciais para defender os pilares fundamentais de uma democracia liberal seriam: o governo constitucional, o Estado de Direito, a liberdade individual e o livre comércio.

Assim, a abertura do sistema político à nova classe emergente, que transformou a economia na primeira metade do século XIX, era uma demanda urgente. Um dos instrumentos mais usados para manipular a "vontade do povo", e para manter o poder político restrito a um pequeno grupo, consistia em limitar o tamanho do eleitorado. O direito ao voto foi uma reforma crucial para a incorporação paulatina das novas classes urbanas ao sistema político.

A Grã-Bretanha foi pioneira nessa reforma, aumentando gradualmente o direito de voto. Em 1832, a Lei de Reforma deu fim à disparidade no Parlamento, no qual os distritos rurais estavam super-representados e as novas cidades industriais, sub-representadas. Pequenos distritos rurais – os "distritos podres" – às vezes com menos de mil eleitores, podiam eleger dois membros do Parlamento, enquanto as novas cidades industriais, como Manchester e Birmingham, não tinham representantes na Câmara dos Comuns.

A Lei de Reforma quase duplicou o número de eleitores, mas ainda não admitia o sufrágio universal. A extensão do privilégio foi crucial ao avanço das grandes reformas liberais. As mais importantes delas foram a campanha a favor do livre comércio, assim como a revogação de leis protecionistas – conhecidas como Leis dos Cereais – que haviam aumentado artificialmente os preços do pão e dos alimentos em geral.

As Leis dos Cereais chegaram a agradar proprietários de terras e agricultores, mas depois de uma colheita ruim, em 1846, seguida de fome e escassez de alimentos, os liberais e o primeiro-ministro Robert Peel optaram por revogar essas leis e abrir a economia.

A adoção do livre comércio mostra como a expansão gradual do eleitorado britânico transformou o Parlamento em uma representação mais ampla e equilibrada dos interesses urbanos e rurais.

Os trabalhadores, no entanto, só foram autorizados a votar após a Segunda Lei de Reforma, de 1867, que aumentou o eleitorado britânico para sete milhões de pessoas, em um país de 29 milhões. Enquanto isso, os membros do Parlamento, que representavam as queixas, preocupações e interesses da classe média urbana e dos trabalhadores, ajudaram a avançar as reformas liberais e os direitos sociais. Essas reformas eleitorais transformaram os partidos políticos, o Parlamento e o governo em instituições com mais responsabilidades em relação à vontade do povo.

Na França, por exemplo, o eleitorado em 1848 estava restrito a cerca de 200 mil pessoas, em um país com algo em torno de 35 milhões. O sistema de sufrágio estava intrinsecamente ligado a alianças políticas e interesses econômicos, fatores determinantes na formação dos distritos eleitorais, ao garantir o registro dos eleitores e, naturalmente, controlar o resultado das eleições.

Em um sistema eleitoral tão restrito era difícil que o descontentamento dos trabalhadores das cidades fosse ouvido na arena política. Daí o espanto de Tocqueville com a surpreendente revolta de 1848, seguida pela queda da monarquia.

Não foi nenhuma surpresa que o governo republicano francês tenha decidido imediatamente adotar o sufrágio universal masculino, garantir a liberdade de imprensa e prometer uma constituição democrática. Essas medidas impulsionaram a criação de centenas de jornais, clubes e associações radicais, reunindo grupos de socialistas, liberais, monarquistas e republicanos.

Mais interessante, porém, foi que as revoltas de 1848 motivaram governos autocráticos a adotar reformas liberais, conforme as monarquias europeias rapidamente entenderam que essa seria uma ação vital para garantir o apoio político da nova classe média urbana.

Ferdinando I, o imperador da Áustria, prometeu uma constituição democrática e aboliu o sistema de servidão, transformando servos em pequenos proprietários. Frederico Guilherme IV, rei da Prússia, também se comprometeu a promulgar uma constituição liberal para o "povo alemão". Na Dinamarca, o rei Frederico VII prometeu transformar seu reino em uma monarquia constitucional e dar mais poder e autonomia ao Parlamento. Ele até chamou os liberais para formar um novo governo.

Sem dúvidas, a agenda liberal avançou rapidamente após as revoluções de 1848. Seu apelo se tornou irresistível à medida que as pessoas percebiam que o livre comércio, a liberdade individual, os direitos de propriedade, a liberdade de imprensa e a tolerância religiosa estimulavam a inovação, a diversidade, o empreendedorismo e, mais importante, a autorrealização.

Ao longo da segunda metade do século XIX, as reformas liberais floresceram e transformaram profundamente o cenário político do mundo. A maioria dos países adotou constituições liberais e assegurou direitos e liberdades individuais, vitais para garantir a marcha do progresso, da prosperidade e dos direitos sociais.

O sufrágio universal masculino se tornou a norma, mas as mulheres conquistaram o direito ao voto apenas no início do século XX.

A tolerância religiosa trouxe duas grandes inovações na política: a separação da Igreja e do Estado e o fim dos obstáculos à participação política por parte dos fiéis de determinadas religiões. Judeus, católicos e protestantes puderam participar plenamente da vida política e do governo dos países democráticos.

A escravidão foi banida nas colônias europeias, nos Estados Unidos, bem como em países recém-independentes, como o Brasil. A liberdade de imprensa e a liberdade de associação ajudaram a transformar o cenário. A criação de uma variedade de jornais, associações e até mesmo de partidos políticos fomentou o debate de ideias, de questões políticas, sociais e econômicas que mobilizaram a participação cívica para promover causas, direitos e interesses na arena pública.

Evidentemente, algumas dessas causas eram antiliberais. Marx pregava o comunismo e lutava para derrubar o capitalismo. A pior ameaça para os reis e príncipes na época, contudo, não veio do comunismo ou do liberalismo, mas derivou do nacionalismo.

1.3. O nacionalismo e a sua narrativa

O nacionalismo foi uma das ideologias mais importantes que moldaram a política no século XIX. O conceito de "nação" foi também um subproduto do processo de urbanização e industrialização que deu origem à classe média.

Desde os tempos feudais, um "contrato social" de vassalagem e suserania mantinha os reis, os latifundiários e uma pequena burguesia unidos em torno da defesa da ordem, paz, segurança e necessidades básicas da sociedade. Mas com o surgimento da revolução industrial, oportunidades econômicas e migração em massa para as cidades, as velhas lealdades, que tinham mantido esse sistema funcionando, se desfizeram. Uma nova burguesia de "*self-made men*", trabalhadores, intelectuais e estudantes, que acreditavam que seu destino dependia de suas próprias escolhas (e não da vontade de reis), percebeu que o senso de *nacionalidade* os conectava a uma comunidade. Eles partilhavam um conjunto comum de valores e princípios, moldados por uma língua, tradições, história e crenças comuns.

Esses elementos definem o caráter de um povo, ou *Volksgeist* – o espírito da nação –, como o filósofo alemão Johann von Herder nomeou.

Von Herder escreveu um importante livro, *Ideas for a Philosophy of Human History*, no qual argumentou que a civilização derivava de pessoas unidas por um idioma comum, raça, sangue, religião, tradições e crenças. Reis, donos de terras, burgueses e operários pertenciam a um corpo único: a nação. O patriotismo era o sangue que irrigava a nação e a mantinha viva, ajudando a valorizar as tradições, as crenças, a moral e os princípios que constituem o elemento vital do caráter e da unidade nacional. O patriotismo, Herder argumentou, fortifica o senso de comunidade e a noção de interesse nacional.

Para von Herder, as ideias estrangeiras enfraquecem o espírito nacional e colocam a nação em perigo. Ele acreditava que o liberalismo e a democracia eram conceitos estranhos ao povo alemão. Para ele, ambas as ideologias representavam princípios universais que não estavam em harmonia com a história, as crenças e as tradições alemãs.

O liberalismo, disse ele, descendia do Iluminismo e de sua noção de que os seres humanos, como criaturas racionais, compartilham ideais comuns de liberdade, justiça e felicidade. Segundo Herder, essa era uma suposição absurda. Não havia nenhum princípio universal, ele disse, nenhum critério único válido para todos os povos e países.

Era imperativo decompor a humanidade em indivíduos; compreender como os valores e os princípios ressoavam diferentemente para cada nação e seu povo. Foi o contexto histórico particular de cada nação que moldou os valores, as crenças e as tradições de um povo, não princípios universais definidos pelos filósofos do Iluminismo.

Na verdade, Herder concluiu, a suprema arrogância de traduzir valores universais em ação política levava ao caos e ao despotismo, como ilustrara a Revolução Francesa. Em nome dos princípios supremos da democracia – liberdade, igualdade e fraternidade –, a França mergulhou em um banho de sangue, caos político e no Período do Terror, que só terminou quando Napoleão, um líder despótico, subjugou o povo francês e devastou a Europa nas guerras de "libertação".

A paz retornou ao continente europeu apenas quando Napoleão foi derrotado por uma coalizão de potências europeias, na batalha de Waterloo, no verão de 1814. O principal artífice da nova ordem internacional foi o príncipe Klemens von Metternich, o chanceler do Império Austríaco, que reuniu as grandes potências no Congresso de Viena em 1814.

Herder e Metternich pertenciam à geração que sobreviveu à Revolução Francesa e às Guerras Napoleônicas que devastaram a Europa de 1789 a 1814, mas tiveram respostas bastante diferentes aos desafios de seu tempo.

Herder acreditava que o nacionalismo pavimentaria o caminho para a paz e a ordem, substituindo impérios por estados-nação. Metternich, por outro lado, estava convencido de que a paz na Europa só poderia ser mantida por uma aliança de príncipes e impérios que contivesse as forças ameaçadoras do nacionalismo, socialismo e liberalismo. Para ele, a política era demasiado complexa para ser conduzida pelas massas. A sua ascensão ao poder geraria instabilidade, insegurança e, em última análise, revoluções e guerra na Europa.

Metternich – aristocrata charmoso, político astuto e sagaz estadista – pensava que a manutenção da paz e da ordem dependia de um complexo sistema de alianças, tratados e arranjos diplomáticos capaz de garantir o equilíbrio de poder entre as grandes potências europeias. A preservação poder desse equilíbrio exigiria dois ingredientes básicos:

- Na política interna, os governos deveriam empregar todos os meios para manter a ordem e esmagar revoltas populares e movimentos revolucionários que pudessem desestabilizar a paz na Europa;
- Em assuntos internacionais, exigiria uma constante mudança de alianças entre os principais países para evitar que uma nação se tornasse uma potência predominante na Europa (suspeitas caíam sobre a França, que precisava ser contida) e para manter o assentamento territorial acordado no Congresso de Viena.

Para Von Herder, esses complexos e sofisticados sistemas de alianças não garantiriam a paz na Europa. A grande falha do sistema Metternich, disse ele, residia na própria existência de impérios pan-nacionais, como o Austríaco e o Otomano. Eles representavam um subproduto de arranjos dinásticos artificiais; uma coleção de dezenas de nacionalidades, línguas e tradições que não refletiam a vontade do povo. Esses falsos impérios constituiriam uma fonte permanente de instabilidade para a Europa.

A história mostrou que ambos – Metternich e von Herder – estavam parcialmente certos. O sistema de Metternich promoveu a paz entre as grandes potências europeias por cem anos (1814-1914), mas o advento do nacionalismo foi uma fonte permanente de conflito e instabilidade, que finalmente levou à Primeira Guerra Mundial – e à queda dos impérios Austríaco e Otomano.

As revoluções de 1848 testaram o equilíbrio de poder projetado por Metternich. Em março, a revolução chegou a Viena e forçou Metternich a renunciar como chefe de governo do Império Austríaco.

Os nacionalistas se regozijaram com a demissão do homem que representava o símbolo mais visível do sistema que queriam derrubar.

Eles queriam revogar o acordo territorial do Congresso de Viena e substituí-lo pelo princípio das fronteiras nacionais, definindo as divisas dos Estados.

Revoltas domésticas deram força aos demônios que Metternich temia – o medo de que as revoltas populares derrubassem os governos e colocassem em risco os assentamentos territoriais do Congresso de Viena. Nacionalismo, liberalismo e socialismo, na sua percepção, ameaçavam redesenhar as fronteiras dos países, os sistemas de governo e a ordem social.

De Viena, a onda revolucionária chegou à Alemanha. Uma revolta em Berlim levou o rei Frederico Guilherme IV da Prússia a aderir às reivindicações dos liberais, que exigiram uma Constituição. Mas ele também deu ouvidos ao clamor do nacionalismo, prometendo fundir a "Prússia à Alemanha" e tornar-se o protetor da Alemanha contra inimigos estrangeiros (nomeadamente França e Rússia).

No entanto, a Confederação Germânica optou por uma alternativa. Em maio de 1848, enviou membros eleitos dos estados alemães a um congresso em Frankfurt a fim de escrever uma constituição liberal para a Alemanha. O rei Frederico Guilherme recusou o convite para se tornar anfitrião de tal iniciativa, e a Assembleia de Frankfurt foi dissolvida no final de 1848.

Na Itália, que passara por uma série de revoltas locais na Sicília, Turim e em outras cidades, a mesma tendência se tornou uma questão internacional quando Milão e Veneza decidiram romper com o domínio da Áustria se alinhando com Carlos Alberto, o rei da Sardenha.

Voluntários de outras regiões da Itália se juntaram ao exército sardo para "libertar" a Itália. Foi um movimento ousado, que desafiou diretamente o arranjo territorial concebido pelos poderes no Congresso de Viena. O Rei Carlos Alberto se via como líder do povo italiano e libertador da Itália. Ele declarou guerra à Áustria no final de março.

Não demorou muito para que reis e generais recuperassem o controle da situação, empregando força bruta para derrubar as revoltas, restaurar a ordem anterior e impor sua soberania sobre os territórios reivindicados pelos revolucionários. O General Radetzky comandou a campanha militar austríaca, marchou para a Itália e impôs uma derrota humilhante às tropas italianas em Custozza, restabelecendo o *status quo* na região.

Em junho de 1848, as tropas austríacas bombardearam Praga e puseram fim à revolta da Boêmia.

Na Hungria, onde um Parlamento proclamara a independência da Áustria e estabelecera um governo republicano, a Áustria e a Rússia se uniram para esmagar a revolta.

Na França, o General Eugène Cavaignac esmagou a revolta de junho de 1848 com ferocidade. Durante os quatro dias da revolta (23-26 de junho), 3 mil pessoas morreram em Paris e mais de 12 mil foram presas e deportadas. A normalidade só retornou quando Luís Napoleão – sobrinho de Napoleão Bonaparte – venceu a eleição presidencial em dezembro, derrotando o General Cavaignac e Ledru-Rollin, o líder socialista.

No início de 1849, as rebeliões revolucionárias que haviam abalado a Europa estavam definitivamente enterradas. A reação dos monarcas e estadistas europeus revelou eficiência e poder para o envio de forças capazes de reinstituir a paz doméstica e cumprir a ordem internacional estabelecida pelo Congresso de Viena.

A vida parecia voltar ao seu curso natural: príncipes comandavam, estadistas governavam, generais mantinham a paz, empresários e trabalhadores produziam bens e serviços que faziam a economia crescer. Mas a história não faz recuar o relógio e o sistema internacional concebido por Metternich não passou ileso.

1.4. O rescaldo de 1848 – de Metternich a Sarajevo

A Revolução Francesa e as Guerras Napoleônicas, que devastaram a Europa e destronaram os príncipes, traumatizaram a geração do Congresso de Viena.

Restaurar a paz e a ordem tornou-se uma obrigação moral associada à defesa do princípio de *legitimidade*. Os monarcas reconheceram a preservação das fronteiras territoriais estabelecidas pelo Congresso de Viena como a base legítima da ordem internacional.

Os meios diplomáticos e o uso da força seriam utilizados para salvaguardar o *status quo* e para garantir que as revoltas domésticas não desafiassem a ordem legítima: "O conflito foi evitado pela solidariedade monárquica, não por ameaças mútuas".[8] Foi precisamente esse o caso quando o czar da Rússia enviou tropas para ajudar o imperador austríaco a conter a revolta na Hungria, em 1848.

Era uma época em que príncipes e estadistas compartilhavam um código comum de princípios, valores e comportamentos, algo vital para preservar a paz e a ordem. A diplomacia era uma obra de arte na qual a sutileza, a delicadeza e as boas maneiras eram tão importantes quanto as relações pessoais, a astúcia política e as promessas confidenciais, para garantir confiança, impor obrigações morais e moldar decisões políticas. As alianças dinásticas e a pressão dos pares eram mais eficazes do que tratados políticos ou ameaças militares. Decisões políticas importantes eram assunto de gabinete; os caprichos da opinião pública nunca eram considerados – para os príncipes e estadistas, eram sinônimo de governo das massas. Mais importante, esses líderes tinham em comum uma visão iluminada do mundo que ia além dos limites das fronteiras territoriais e culturais.

> Todos os colegas de Metternich eram, portanto, essencialmente produtos da mesma cultura, professando os mesmos ideais e compartilhando gostos semelhantes. Eles se entendiam, não apenas por conversar com facilidade em francês, mas porque, em um sentido mais profundo, estavam conscientes de que aquilo que compartilhavam era mais fundamental do que o que os separava. Quando Metternich introduziu a ópera italiana naViena, ou o Czar Alexandre trouxe a filosofia alemã para a Rússia, eles não estavam sendo conscientemente tolerantes ou sequer cientes de estarem importando algo "estrangeiro". O ideal de excelência ainda era mais importante do que o de origem. Assim, o primeiro-ministro russo, Capo D'Istra, era grego...; e o Duque de Wellington dava conselhos militares à Áustria.[9]

---

[8] TAYLOR, A. J. P. *The struggle for the mastery in Europe 1848-1918*. Oxford: Oxford University Press, 1984, pp. 3.

[9] KISSINGER, Henry. *A world restored: metternich, castlereagh and the problems of peace 1812-1822*. Boston: Houghton, Mifflin Company, 1957, pp. 320-321.

Mas essa visão aristocrática do mundo não fazia sentido para a nova geração de monarcas e estadistas que chegaram ao poder na segunda metade do século XIX. Eles tinham ideias diferentes a respeito do papel da política. Estavam cientes de que as três narrativas que moldaram as revoluções de 1848 – socialismo, liberalismo e nacionalismo – refletiam o descontentamento popular com a ordem política vigente. Os governos não sobreviveriam se ignorassem essas poderosas forças políticas. Assim, era hora de adaptar as regras da política à "era das massas".

A nova geração de estadistas redefiniu o princípio da legitimidade. Em vez de partilhar uma obrigação moral comum de manter o *status quo* na Europa, a principal responsabilidade dos governos era defender os interesses nacionais de cada país, tanto a nível interno como internacional.

Em termos práticos, significava que a busca dos interesses nacionais poderia ser utilizada para redesenhar o mapa da Europa, tanto pela diplomacia quanto pelo uso da força.

A diplomacia se tornou um claro instrumento de poder político. Tratados secretos, confrontos diplomáticos e o uso da força militar eram meios de mostrar o poder de uma nação em assuntos internacionais, além de instilar orgulho nacional.

Agradar às massas se tornou um trunfo político importante. A formulação de políticas não era mais um assunto restrito a um pequeno círculo de monarcas e ministros do gabinete. A opinião pública se transformara em uma força política significativa, e os governos tiveram que conquistá-la para permanecer no poder.

À medida que os governantes se esforçavam para ganhar popularidade, tornaram-se mais teatrais e ousados, em palavras e atos; consequentemente, a política ficou mais imprevisível e perigosa.

Se Metternich era o símbolo indiscutível da velha geração, Luís Napoleão era a epítome da nova. Depois de falhar na liderança de dois *coup d'Etat* para depor o rei francês Luís Filipe, ele se exilou na Suíça e até mesmo viajou para países distantes, como o Brasil e os Estados Unidos. Após a morte de sua mãe, herdou uma fortuna e decidiu se instalar em Londres, onde aproveitava o teatro, as amantes, os livros e a caça. Quando a monarquia foi finalmente derrubada, em 1848, voltou para a França e ganhou a eleição presidencial em dezembro.

Como um verdadeiro Napoleão, procurou o poder absoluto. Mas como não herdara do tio o gênio militar, tornou-se um populista supremo. Ele se esforçou para ganhar apoio popular a fim de aumentar seu poder pessoal e subjugar as instituições à sua vontade. Agradou aos conservadores, restaurando a ordem e impedindo os socialistas de ganharem poder.

Ele também devolveu à Igreja Católica o controle sobre a educação primária e reintegrou o ensino religioso nas escolas. Luís Napoleão encantou a classe média com suas "enriquecedoras" políticas pró-negócios e de apoio ao livre comércio, que incentivaram empresários e empreendedores – com a ajuda do Estado – a investir na expansão da indústria, do sistema ferroviário, do setor bancário e da construção, principalmente em projetos de infraestrutura.

Ele ganhou o apoio da classe trabalhadora aprovando leis para melhorar as condições de trabalho, oferecendo habitação acessível de baixo custo, criando hospitais públicos e tratamento médico gratuito para os trabalhadores. Mais tarde, permitiu a criação de sindicatos e reconheceu o direito à greve.

Quando seu mandato presidencial estava prestes a expirar, no final de 1851, pediu à Assembleia Nacional que aprovasse uma lei que o permitisse concorrer à reeleição. O Parlamento se recusou, e ele não hesitou em conduzir um golpe de Estado.

Encerrou a Assembleia Nacional, censurou a imprensa e prendeu os seus opositores; depois, convocou um plebiscito nacional em dezembro, perguntando ao povo francês se devia continuar a ser o seu presidente – e ganhou com 92% dos votos.

O presidente reeleito seguiu a receita dos *caudillos* do terceiro mundo. O governo limitou a liberdade de imprensa e restringiu o poder dos tribunais e da Assembleia Nacional.

Mas era importante manter as aparências democráticas. Assim, o sufrágio universal foi mantido, e um pequeno grupo de congressistas, representando a oposição, foi eleito para o Parlamento. E, como seria de esperar, o Parlamento aprovou uma emenda constitucional dando a Luís Napoleão o direito de permanecer presidente para sempre.

Em 1852, ele finalmente fez outro plebiscito, pedindo ao povo francês para enterrar a República e proclamar o renascimento do Império, transformando o presidente em Imperador Napoleão III. Os eleitores apoiaram entusiasticamente a proposta.

O retorno aos dias gloriosos do Império Napoleônico foi representado pela reconstrução de Paris.

Napoleão III deu à França as formas da capital majestosa que conhecemos hoje: uma Paris bela e bem planejada, com as suas encantadoras avenidas, edifícios deslumbrantes, monumentos, parques e palácios.

Mas a reconstrução da cidade também tinha um propósito estratégico: grandes avenidas permitiriam o rápido movimento das tropas e impediriam o povo de construir barricadas, em caso de revoltas populares.

Ao mesmo tempo, enquanto Paris se tornou o símbolo mais visível do esplendor, do poder e do orgulho do Segundo Império, a verdadeira busca por glória nacional estava na política externa.

Napoleão III compreendeu que os assuntos internacionais eram o palco principal para mostrar o poder e a influência da França e o espaço para se apresentar como o verdadeiro líder do interesse nacional do país. Sua principal preocupação nessa área não era preservar a estabilidade da ordem internacional, mas aumentar o apoio interno. Cada ato que representou na cena internacional foi calculado com o intuito de ganhar popularidade interna.

A estreia de Napoleão como imperador foi a Guerra da Crimeia, em 1853, um conflito no qual França, Grã-Bretanha e Império Otomano lutaram contra a Rússia para deter o seu ambicioso plano de dominar o Mar Negro e os despojos do decadente Império Otomano. Napoleão III posou como um estadista sóbrio que defendia o *status quo* europeu ao refrear a ambição russa.

Em 1860, surgiu na Itália uma oportunidade fantástica para Napoleão III se apresentar como líder revolucionário. A ascensão do nacionalismo foi a força motriz para transformar em realidade o sonho da unificação **italiana**.

Muitos haviam tentado unificar a Itália no século XIX, mas falharam. Poetas, intelectuais e príncipes românticos eram ótimos ao inspirar as pessoas e mobilizá-las em torno da ideia de uma nação italiana, mas não tinham a habilidade militar e política para transformar aspirações em realidade. Assim, foram sistematicamente esmagados no campo de batalha, e a Itália permanecia uma manta de retalhos de estados independentes desde a queda do Império Romano.

Em 1860, porém, os italianos tinham os ingredientes certos para juntar aspiração, habilidade política e poder militar e, assim, criar uma nação. Giuseppe Mazzini inspirou os italianos a lutar para construir um país, enquanto o rei Vittorio Emanuele II da Sardenha e seu primeiro-ministro Conde Cavour, entraram em cena com seu poder militar e habilidade política. Mas em um país com um talento natural para as artes, não há fim feliz sem o triunfo heroico de um revolucionário carismático. Esta personagem foi Giuseppe Garibaldi. O elenco estava completo para uma saga épica.

A história começou no verão de 1848, quando Vittorio Emanuele lutou ao lado do pai, o rei Carlos Alberto, na batalha de Custozza, na qual sofreram uma humilhante derrota das tropas austríacas.

Foi mais uma das tentativas falhas em unificar a Itália e expulsar potências estrangeiras das terras italianas. O rei Carlos Alberto ficou tão deprimido que, logo após Custozza, renunciou ao trono e Vittorio Emanuele se tornou rei da Sardenha. Depois de algumas tentativas e erros, o novo rei sabiamente escolheu um astuto e competente primeiro-ministro Conde Camillo di Cavour.

Em 1852, Cavour começou a planejar a unificação da Itália. Ele não acreditava em idealismos ou explosões românticas, fossem de nacionalistas, republicanos ou agitadores políticos. Cavour era pragmático, um estrategista que empregava diplomacia astuta, oratória eficaz e manobras políticas ousadas, mas calculadas, para seduzir, neutralizar e atacar seus adversários.

Seus inimigos eram, por um lado — e por sua definição —, idealistas tolos que ansiavam pela independência italiana e, por outro, potências estrangeiras que queriam manter a Itália enfraquecida e dividida.

Ele compreendia perfeitamente que a unificação da Itália não era mais do que uma tentativa revolucionária de redesenhar o mapa da Europa e derrubar a configuração territorial do Congresso de Viena.

Para um pequeno reino sem exército ou recursos poderosos para desafiar a ordem internacional existente, era um objetivo ambicioso.

Cavour deu início ao plano com o apoio interno – designando o rei Vittorio Emanuele para cativar os liberais, introduzindo uma monarquia constitucional com um parlamento ativo, garantindo liberdade de imprensa e políticas de livre comércio. Ele usou o poder, os amigos e até os nacionalistas para moldar Vittorio Emanuele como símbolo do *Risorgimento* – o movimento nacional pela independência italiana.

Embora odiasse radicais, Cavour precisava deles para mobilizar o sul da Itália. Reuniu-se secretamente com Garibaldi, líder radical que acreditava que o sentimento nacionalista seria o suficiente para unir a Itália, e convenceu-o a ir para a Sicília suscitar a revolução quando a hora chegasse. O momento certo, é claro, dependia do sucesso da política externa de Cavour.

Utilizou-se de diplomacia para dividir as grandes potências, ciente de que precisaria de aliados poderosos para redesenhar o mapa da Europa. Seu objetivo era isolar a Áustria e a Rússia e ganhar o apoio da França e da Grã-Bretanha. A Guerra da Crimeia ofereceu-lhe a primeira oportunidade de agir. As tropas da Sardenha se juntaram à Grã-Bretanha e à França na guerra contra a Rússia.

Em seguida, Cavour cortejou Napoleão III, um aliado indispensável para sua empreitada. Precisou de dois anos para preparar o cenário, convencendo Napoleão III a apoiar a causa italiana. Eles se encontraram secretamente em Plombières em 20 de julho de 1858. Cavour revelou a Napoleão III apenas metade de suas ambições. Disse ao imperador francês que seu objetivo era unir o norte da Itália, mas que não incorporaria o Reino de Nápoles, nem Roma, a cidade do papa.

Napoleão III queria saber o que a França ganharia oferecendo apoio. Cavour fez uma oferta irresistível. A França receberia Saboia e Nice como pagamento inicial. Napoleão III gostava da ideia de receber dois territórios que haviam pertencido à França no passado e de se colocar no papel do revolucionário que apoiava uma causa nacionalista popular.

A Áustria ajudou Cavour dando ao rei Sardo um ultimato quanto a uma disputa local sobre os assuntos italianos nos territórios austríacos ocupados na Lombardia. A guerra começou em 1859, e as tropas sardenhas e francesas avançaram rapidamente, invadindo a Lombardia.

A rápida vitória militar levou o imperador austríaco, Franz Joseph, a pedir a paz para salvar o restante do seu território na Itália. Ele encontrou Napoleão III em Villafranca em julho para fazer um acordo. A Áustria concordou em dar à França toda a Lombardia, que poderia então ser transferida para o rei da Sardenha, mas manteria Vêneto. O resto da Itália permaneceria inalterado.

Ao aceitar os termos da paz, Napoleão III honrou metade da sua promessa. Cavour ficou furioso com a traição do imperador e ofereceu a própria renúncia ao rei Vittorio Emanuele. O rei italiano, ainda que precisasse abrir mão do poder por alguns meses, sabia que ninguém tinha a competência e habilidade de Cavour para conduzir a unificação da Itália. Em janeiro de 1860, ele pediu a Cavour para formar um novo governo.

A vitória militar do reino da Sardenha contra a Áustria e a incorporação da Lombardia desencadearam uma série de revoltas populares na Toscana, em Parma e em Modena, forçando os príncipes locais a fugirem. Essas revoltas preocuparam as grandes potências. Porém, quando ficou claro que eram os locais italianos que voluntariamente desejavam se juntar ao reino da Sardenha, Napoleão refreou o impulso das grandes potências quanto a intervir na Itália.

Um plebiscito popular organizado nas províncias italianas confirmou a vontade do povo de ser anexado pelo reino da Sardenha. Napoleão III recebeu o seu quinhão, incorporando Saboia e Nice.

A unificação das províncias do norte e do centro da Itália encorajou Giuseppe Garibaldi a desembarcar na Sicília, o que levou à guerra de libertação das províncias do sul.

Seu regimento de "mil camisas vermelhas" derrubou o impopular "rei Bourbon das Duas Sicílias", Francisco II. Garibaldi se tornou uma figura popular quando seus camisas vermelhas conquistaram a Sicília e marcharam em direção a Nápoles. A população local o recebia como um herói nas cidades por onde passava e muitos jovens se juntaram às suas tropas.

Mas, para conquistar Nápoles, os "camisas vermelhas" de Garibaldi precisavam da ajuda de Cavour, que enviou tropas para garantir a vitória militar. Garibaldi, em seu papel de herói, evitou o canto de sereia de Mazzini, que queria criar uma República, e encontrou o rei Vittorio Emanuele em Nápoles.

Em um cenário perfeito, Garibaldi, o revolucionário, entregou ao rei as províncias do sul que seus camisas vermelhas haviam liberado, reconhecendo Vittorio Emanuele como o soberano italiano.

Finalmente, em 17 de março de 1861, o reino italiano foi proclamado, e Vittorio Emanuele se tornou o primeiro rei da Itália. Cavour morreu seis meses depois deste acontecimento histórico. Ele não viveu para ver Veneza e Roma serem anexadas à Itália, em 1866 e 1871, respectivamente.

As forças do nacionalismo tinham redesenhado o mapa da Itália e inspiraram outro grande estadista, Otto von Bismarck, a unir os principados alemães.

Em uma era de proeminentes primeiros-ministros, como Cavour, na Itália, e Disraeli e Gladstone, na Grã-Bretanha, Bismarck emergiu como o maior estadista da Europa. Tornou-se o Metternich da sua época, o árbitro do poder europeu e o guardião da ordem internacional. Suas manobras políticas foram da maior importância para manter a paz entre as potências europeias e para conter o radicalismo e a demagogia internas.

A grandeza de seu trabalho é mais bem compreendida pelo que aconteceu na Europa depois de o kaiser Guilherme II despedi-lo em 1890. A Alemanha virou a presa de um monarca indisciplinado, que transformou seu país na potência que abalou o continente. O mais importante, porém, foi que nenhum outro estadista apareceu em cena para desempenhar o papel talentoso e competente de Bismarck como o guardião do complexo sistema de equilíbrio de poder na Europa. O resultado foi trágico: as nações europeias marcharam para a Primeira Guerra Mundial.

Bismarck pertencia à classe Junker – a nobreza fundiária da Prússia, que enaltecia a terra, a ordem, a fé luterana e a monarquia. Tinha uma obsessão: unir a Prússia e usar seu poder para manter a paz e a ordem na Europa. A principal diferença entre Bismarck e Metternich (ou Cavour) era que ele poderia combinar a supremacia da *realpolitik* com o exército prussiano — o melhor da Europa. Como ele mesmo disse em um discurso na Câmara dos Deputados em 1862: "As grandes questões da época não serão resolvidas por discursos e decisões da maioria, mas por sangue e ferro".

Ele tinha um pouco de razão. Na verdade, o sangue e o ferro seriam essenciais para unir a Alemanha – mas se Bismarck não tivesse sido habilidoso em suas manobras diplomáticas, a Prússia teria sido derrotada nessa empreitada. Com competência, ele criou alianças temporárias para esconder sua ambição, evitando uma coalizão de grandes potências contra a Prússia e limitando o escopo de suas guerras contra a Dinamarca, a Áustria e a França.

Era um oportunista astuto que sabia como usar uma crise diplomática para promover os interesses da Prússia. Em 1863, um impasse dinástico em relação à sucessão em dois ducados pequenos, Schleswig e Holstein, ofereceu a Bismarck sua primeira oportunidade de agir. Os dois ducados eram habitados principalmente por alemães, mas governados pelo rei da Dinamarca, Frederico VII. Como não tinha filhos, a sucessão dos dois ducados ficaria com novo rei dinamarquês, Cristiano IX ou com o Duque Frederico von Augustenburg.

Nada resultaria de um episódio tão pequeno se o rei Cristiano IX não tivesse cometido o erro fatal de inaugurar seu reinado anexando Schleswig. Ao contrário de Napoleão III, que perseguia os negócios estrangeiros como um meio de aumentar sua popularidade e prestígio em casa, Bismarck agia para salvaguardar os interesses da Prússia.

Em vez de liderar a insatisfação alemã com a anexação de Schleswig, Bismarck seguiu os passos de um estadista europeu. Ele denunciou a decisão do rei Cristiano IX como uma clara violação do Tratado de Londres e formou uma aliança militar com a Áustria para atacar a Dinamarca em 1864.

A breve guerra subsequente forçou o rei Cristiano IX a abdicar de seus direitos sobre os dois ducados e transferi-los para a Prússia e a Áustria. O primeiro reteve Schleswig e o segundo, Holstein. O resultado foi uma grande decepção para os nacionalistas alemães, que esperavam que a Prússia se tornasse representante de sua causa.

Bismarck não se concentrou em vitórias rápidas para agradar aos nacionalistas. Ele atuou como um coreógrafo paciente, cuidadosamente construindo a criação da Alemanha no coração da Europa.

O segundo passo da coreografia era se tornar o poder dominante na Alemanha. Antes de se voltar para uma política de sangue e ferro em relação à Áustria, utilizou-se da diplomacia para pavimentar o caminho da neutralização da França.

Em outubro de 1865, Bismarck encontrou Napoleão III em Biarritz, para fazer um acordo. Se a Prússia atacasse a Áustria, a França permaneceria neutra. Napoleão III tinha um preço pela neutralidade: pediu que Bismarck entregasse Vêneto à Itália. Dessa forma, cumpriu seu acordo com Cavour.

O imperador francês apoiou Bismarck em sua campanha porque pensou que a França tinha muito a ganhar com uma Prússia mais forte no norte da Alemanha, capaz de enfraquecer a Áustria e servir como um contrapeso útil contra a Rússia na Europa Central.

Depois de Biarritz, Bismarck estabeleceu uma aliança militar com a Itália. Em caso de guerra com a Áustria, as tropas italianas atacariam Vêneto, dividindo assim as tropas austríacas em duas frentes; no norte da Itália e na Alemanha. Não era do interesse da Rússia resgatar a Áustria. O czar se ressentia da neutralidade da Áustria na Guerra da Crimeia e não se importava em ver o Império Austríaco enfraquecido pela ascensão da Prússia.

Assim, o palco estava montado para uma guerra limitada entre a Prússia e a Áustria. Bismarck sempre gostou de justificar o uso da força com argumentos legalistas. Ele denunciou a Áustria como violadora da Convenção de Gastein, que governava o Acordo entre a Áustria e a Prússia sobre os ducados de Schleswig e Holstein. As tropas alemãs invadiram Holstein e a Itália atacou as tropas austríacas em Vêneto. Em sete semanas a Áustria foi derrotada. A Prússia uniu as províncias alemãs ao norte do rio Main.

Sobreveio um interlúdio da política de sangue e ferro para organizar a incorporação dos novos estados à Prússia antes do conflito final visando a unificação com os estados do sul. Bismarck foi o cérebro da política de poder. Ele não era nacionalista, mas usou o nacionalismo para unir a Alemanha sob a Prússia. Não gostava do liberalismo, mas criou uma constituição liberal, eleições livres e um parlamento dividido em câmara Baixa e Alta. Acreditava que esses artifícios liberais eram os melhores meios para evitar o radicalismo, ouvindo as exigências do povo e as preocupações dos novos estados incorporados à Prússia. Ele odiava o socialismo, mas concebeu o primeiro Estado do Bem-Estar Social da Europa para garantir direitos e pensões aos trabalhadores, a fim de reforçar a ligação deles com o Estado.

Essas políticas deram a Bismarck a paz doméstica e a ordem de que precisava para voltar sua atenção para a terceira e última parte da coreografia que uniria a Alemanha. Desta vez, a estratégia de sangue e ferro visava a França.

Bismarck precisava de uma boa desculpa para provocar Napoleão III e elevar o espírito nacionalista do povo alemão contra a França.

Um pequeno episódio foi o adereço perfeito. Em 1868, a rainha espanhola Isabel II procurara exílio na França depois de ser destronada em uma revolta doméstica. O trono ficou vago e um dos candidatos a se tornar rei foi um príncipe prussiano, Leopold von Hohenzollern. Napoleão ficou furioso com a proposta, porque se via como árbitro da questão da sucessão espanhola. Em vez de pedir simplesmente ao Imperador Prussiano, Guilherme I, que retirasse a candidatura do príncipe Leopoldo, Napoleão III decidiu humilhá-lo, exigindo que a Prússia renunciasse para sempre a qualquer reivindicação futura relacionada com o trono espanhol. Se esta exigência não fosse satisfeita, a França poderia declarar guerra contra a Prússia.

Em uma última tentativa de preservar a paz, ocorreu um encontro entre o monarca prussiano e o embaixador francês no rio **Ems**, na Prússia. O kaiser Guilherme I educadamente disse que a Prússia não assinaria tal documento. Bismarck, com o consentimento do monarca, editou a declaração educada e transformou-a em uma repreensão diplomática. A nova versão do Despacho Ems foi divulgada à imprensa e causou um furor na França e na Prússia. Deu a impressão de que o imperador alemão se recusara a assinar um documento tão humilhante. Os franceses tomaram as ruas de Paris e exigiram guerra.

Na Alemanha, as pessoas também se sentiram afrontadas pela atitude arrogante de Napoleão; um ultraje nacional pedindo guerra irrompeu em toda a Prússia e nas províncias independentes do sul da Alemanha.

Era precisamente isso que Bismarck esperava ao preparar a sua armadilha para Napoleão III com a provocação. A política externa de Napoleão III foi encenada para imbuir franceses de orgulho nacional e ganhar aplausos domésticos. Ele muitas vezes empregava negócios secretos com uma combinação de oratória explosiva e uso limitado de força para oferecer à França as melhores manchetes de jornais. Essa tática teatral em assuntos internacionais funcionou bem quando a França lidava com poderes e exércitos fracos que não foram capazes de pagar o blefe. Mas quando Napoleão III usou a mesma tática contra uma Prússia poderosa, teve problemas.

A França declarou guerra em 19 de julho de 1870. O exército altamente treinado e equipado da Prússia destruiu as tropas francesas em poucos meses. Em Sedan, o exército prussiano derrotou os franceses e capturou Napoleão III. Uma insurreição popular continuou em Paris, Napoleão III foi deposto e um governo republicano foi proclamado.

Em 18 de janeiro de 1871, a França teve que assinar um tratado humilhante no Palácio de Versalhes, que a obrigava a reconhecer o novo Império Alemão e ceder a região da Alsácia para a Alemanha. Napoleão III foi exilado na Grã-Bretanha e viveu como um feliz burguês até sua morte em 1873. Foi o fim do imperador francês e do seu reinado.

Bismarck estava ciente de que sua tarefa primordial, após a unificação da Alemanha, era restaurar o equilíbrio de poder na Europa. O nascimento de uma poderosa Alemanha colocou um sério desafio à ordem internacional. Havia três grandes tarefas para enfrentar ao mesmo tempo.

Primeiro, ele precisava empregar todas as suas habilidades diplomáticas para mostrar às nações europeias que a intenção da Alemanha não era agir como um império faminto de poder, sedenta por dominar o continente. Isso era vital para evitar a formação de uma coalizão de poderes contra a nação, algo que Bismarck temia. Ele entendeu que o novo papel da Alemanha consistia em agir como um árbitro neutro, supervisionando as disputas que poderiam afetar a paz e a ordem na Europa.

Em segundo lugar, Bismarck tinha a tarefa desafiadora de manter vivos dois impérios em estágio terminal – o Austríaco e o Otomano.

Ambos tiveram um papel importante para contrabalançar a ambição da Rússia no Oriente e conter as forças do nacionalismo, o que desafiou a própria existência desses dois impérios.

Finalmente, Bismarck precisaria conter a pressão doméstica do nacionalismo, do socialismo e do liberalismo. Ele temia que essas forças perturbadoras pudessem ameaçar sua política externa, despertando os receios sobre a ambição alemã na Europa. Em suma, Bismarck acreditava que uma superpotência deve ser discreta, eficiente e crível para garantir o bom funcionamento da ordem internacional.

Determinado a reconstruir o equilíbrio de poder na Europa, Bismarck criou a Liga dos Três Imperadores em 1873, uma aliança informal entre Alemanha, Áustria e Rússia. Esse acordo o permitiu agir para evitar que disputas e rixas entre a Rússia e a Áustria nos Bálcãs levassem à guerra. A Liga também foi um mecanismo inteligente para manter a Rússia perto da Alemanha e impedir o czar de procurar uma aliança com a França.

Bismarck sabia que o ressentimento francês em relação à Alemanha não desaparecera após a guerra. A perda da Alsácia era algo que nenhum francês poderia esquecer. Como a Alemanha não tinha intenção de devolver o território, Bismarck queria que a França procurasse glória em outro lugar.

Felizmente, a França, a Grã-Bretanha e outras grandes potências europeias decidiram procurar riqueza, poder e orgulho nacional na África. A corrida para a conquista das colônias africanas representou uma oportunidade econômica, com a missão moral de "civilizar" o continente.

A "luta pela África" causou atrito entre as potências pelo controle territorial. Bismarck novamente desempenhou o papel de moderador. Depois de uma disputa entre a Bélgica e a França sobre o Congo, o chanceler alemão organizou uma cúpula em Berlim, em 1884, para estabelecer os domínios territoriais entre as potências europeias e determinar as "regras do jogo" na África.

Todas essas cuidadosas manobras diplomáticas concebidas por Bismarck para manter a paz e a ordem na Europa chegaram ao fim com a ascensão do kaiser Guilherme II ao trono, em 1888. Guilherme II era o governante perfeitamente inadequado para a Alemanha.

Descuidado com as palavras, causava indignação com seus comentários indiscretos sobre as pessoas – especialmente governantes e políticos. Ele deixava que todos ouvissem seus comentários desagradáveis sobre o rei da Itália (um "anão"), o czar da Rússia (um "chorão") ou sobre seus primeiros-ministros.

O problema é que essas palavras refletiam suas políticas. Em 1890, Guilherme II não renovou o Tratado de Resseguro com a Rússia – um acordo secreto concebido por Bismarck para garantir a neutralidade da Alemanha, caso a Rússia atacasse a Áustria e, reciprocamente, se a Alemanha atacasse a França. Isso encorajou a Rússia a procurar uma aliança com a França em 1894, coisa que Bismarck sempre procurara evitar com a diplomacia.

O comportamento errático de Guilherme II, e os ataques de raiva com as pessoas que discordavam dele ou que ousavam criticar suas políticas, tornaram-no um governante imprevisível. Ele muitas vezes mudava de opinião sobre as pessoas e assuntos políticos, fazendo com que fosse visto como alguém duvidoso, campeão de incidentes diplomáticos que causavam tensão desnecessária entre as potências estrangeiras. Em 1896, por exemplo, Guilherme II enviou um telegrama a Paul Krueger, presidente da África do Sul, para felicitá-lo por derrotar as tropas britânicas. O telegrama causou uma crise política desnecessária com a Grã-Bretanha.

Adorava uniformes militares, medalhas e desfiles. Orgulhava-se do exército alemão e gabava-se – em discursos improvisados e imprudentes – de sua determinação em empregá-lo para defender os interesses nacionais da Alemanha. No entanto, temia uma grande guerra na Europa e muitas vezes detectou sinais de conspirações de potências estrangeiras para cercar e destruir a Alemanha. Essa paranoia o levou a escolher obstinados líderes militares nacionalistas, que lucraram com o desejo delirante do kaiser de aumentar drasticamente os gastos militares e desencadearam uma corrida armamentista na Europa.

O almirante Alfred von Tirpitz persuadiu Guilherme II a construir uma marinha forte para desafiar o controle britânico dos mares. Na verdade, o projeto de Lei Naval alemão de 1897 foi um elemento crucial para a reaproximação da Grã-Bretanha e da França como contraponto ao poder da Alemanha na Europa.

Outro Alfred, o marechal de Campo von Schlieffen, criou uma estratégia militar ofensiva na qual a Alemanha lutaria uma guerra de duas frentes com a Rússia e a França. Uma vez que velocidade e vitória rápidas eram elementos vitais para o sucesso do Plano Schlieffen, quando a batalha começasse, não haveria como parar a máquina de guerra ou fazer concessões até a vitória final (ou derrota). O Plano Schlieffen tinha como objetivo empregar o poder militar alemão para derrotar rapidamente a França e, em seguida, voltar-se contra a Rússia.

Uma ordem internacional estável exigia a existência de um conjunto comum de princípios e valores que deveriam ser compartilhados por potências e governantes. A confiança é um ingrediente delicado que exige tempo para criar raízes. É um processo lento que se consolida gradualmente pela tradição, respeito e previsibilidade de regras, costumes e atitudes. Quando líderes erráticos, irresponsáveis e populistas ridicularizam princípios, valores, tratados e a lei, minam a credibilidade da ordem internacional. A confiança diminui, a diplomacia deixa de ser eficaz e os países recorrem ao uso da força para defender os seus interesses. A guerra se torna o último recurso da diplomacia para restaurar a ordem e a paz nos assuntos internacionais.

É injusto culpar inteiramente as atitudes de kaiser Guilherme II pelo início da Primeira Guerra Mundial, mas o seu comportamento errático e egoísta, e seu caráter instável, produziram oscilações nas políticas da Alemanha, o que contribuiu para aumentar drasticamente a insegurança quanto à ordem internacional.

Ele gerou desconfiança e suspeita entre países e governantes, que entenderam que teriam que contrabalançar o poder da Alemanha para preservar o equilíbrio de poder europeu.

A ênfase exagerada de Guilherme II no poder militar, em lugar da diplomacia, encorajou outros países a se armarem e se prepararem para a guerra. Com as políticas belicosas do kaiser, as perspectivas de uma guerra europeia se tornaram reais.

Em vez de desempenhar o papel de poder estabilizador na Europa, a Alemanha se tornou fonte de instabilidade e preocupação. De fato, a tensão entre as potências na primeira década do século XX crescia tanto que se tornou uma crença comum de que a guerra era inevitável. A faísca foi o assassinato do Arquiduque austríaco Francisco Ferdinando em Sarajevo, no dia 28 de junho de 1914.

Um nacionalista sérvio atirou no Arquiduque – o herdeiro do Império Austríaco, que na época mantinha a Sérvia submissa – e isso rapidamente desencadeou uma forte reação do governo austríaco.

Apoiada pelos militares da Alemanha, a Áustria declarou guerra à Sérvia. A Rússia, que atuou nos Bálcãs como protetora dos eslavos, aliou-se aos sérvios e declarou guerra à Áustria. A Alemanha imediatamente veio em socorro da Áustria e declarou guerra à Rússia. A França honrou seu acordo com a Rússia e declarou guerra à Áustria e à Alemanha. A Grã-Bretanha ficou do lado da França e da Rússia.

A guerra, que todas as potências suspeitavam que durasse dois meses, foi transformada em uma carnificina de quatro anos que terminou apenas com a entrada dos Estados Unidos, derrubando o impasse das forças em favor da França e da Grã-Bretanha. O equilíbrio de poder concebido por Metternich e Bismarck nunca mais foi restaurado e o eixo do poder tinha definitivamente mudado – da Europa para a América.

2.

O CAPITALISMO E A DEMOCRACIA PROSPERAM NA AMÉRICA

Enquanto o nacionalismo moldou a criação de estados-nação na Europa durante a segunda metade do século XIX, o liberalismo formou as políticas econômicas que fizeram o capitalismo prosperar, dando origem a um período de crescimento econômico sem precedentes.

De 1848 a 1914, uma combinação de políticas liberais, inovação e expansão do capitalismo produziu uma mudança surpreendente na vida de uma geração. Esse período começou com pessoas usando cavalos e navios como meio de transporte e terminou com pessoas viajando de trem, carro, ônibus e navio, além de se testemunhar o nascimento do avião.

Foi uma época iniciada à luz de velas e que terminou com eletricidade. De toda a correspondência sendo feita unicamente por cartas, passou-se para o uso do telégrafo e do telefone. A combinação de industrialização, concorrência internacional, livre comércio e políticas liberais promoveu uma significativa transformação política, econômica e social em muitos países. A crescente importância da indústria e do comércio desafiou o poder monopolista da aristocracia latifundiária.

Uma nova classe média urbana, bem representada nos ramos legislativo e executivo do governo, fez pressão por reformas liberais, extensão do poder de voto, a abertura da economia e o avanço da democracia. Pela primeira vez na história, a Europa teve um período de rápido crescimento econômico. De acordo com Angus Maddison, um economista britânico, o mundo não sabia o que era o crescimento econômico até o século XIX.

Desde a Idade Média, as economias na Europa tinham crescido em cerca de 0,11% ao ano. Essa taxa de crescimento estagnada influenciou as lentas mudanças nos padrões de vida. Isso significa que, na média, alguém que viveu no ano 1200 teve uma renda semelhante à de uma pessoa que viveu em 1700. Além disso, essas pessoas devem ter comido, vivido e se vestido praticamente da mesma maneira.

De repente, porém, no século XIX, o crescimento econômico começou a acelerar – e a renda mais do que duplicou em uma geração. A taxa de mortalidade caiu, padrões de vida melhoraram, salários aumentaram e o acesso a alimentos, abrigo e bens se tornou mais fácil e mais barato. O rápido aumento do consumo de produtos manufaturados nas grandes cidades foi um sinal de que a qualidade de vida tinha mudado para melhor. Nas lojas de departamento de 1860, uma nova meca de consumo para uma classe média crescente surgiu em Nova York, Londres e Berlim. O motor por trás dessa transformação espetacular foi o liberalismo.

O conceito de livre mercado, concebido por Adam Smith, tornou-se o núcleo central da política britânica no século XIX. O liberalismo não teria prosperado se a Grã-Bretanha, maior potência econômica da época, não tivesse usado seu papel dominante no mundo para promover o livre comércio, abrindo a sua própria economia, reduzindo tarifas e criando um mercado financeiro dinâmico.

O herói dessa revolução foi o primeiro-ministro britânico Sir Robert Peel, que aboliu as tarifas protecionistas em 1846, com as medidas conhecidas como Lei dos Cereais, e abriu o mercado britânico ao livre comércio de forma unilateral.

Peel entendeu corretamente que o livre comércio promoveria o crescimento econômico e a expansão do comércio internacional da Grã-Bretanha: dois elementos essenciais para o crescimento de um país que dependia da exportação de produtos manufaturados e da importação de alimentos e mercadorias. A demanda por *commodities* estimulou o investimento e o crescimento da produção de alimentos e matérias-primas nas colônias britânicas na África e na Ásia: "a riqueza britânica mantida no exterior aumentou de 17% em 1870 para 33%

em 1913, enquanto a parcela das poupanças britânicas investidas no exterior era enorme. No auge, os investimentos britânicos no estrangeiro representaram mais de 40%, ou até 50%, do Tesouro britânico".[10]

Sem a abertura do comércio internacional e a criação de um mercado financeiro forte, a Grã-Bretanha não teria se tornado a grande potência econômica do século XIX. O Império Britânico se transformou em um importante mercado comum, em que a poderosa marinha britânica e o papel de Londres como o centro financeiro mais importante do mundo garantiram o comércio global e o investimento internacional no exterior.

Na Europa, as políticas de livre comércio começaram a ser adotadas após um longo período de protecionismo.

Em 1860, a Grã-Bretanha e a França assinaram um acordo de livre comércio – o Tratado Cobden-Chevalier. O nome era uma homenagem a dois entusiastas do livre comércio: Richard Cobden, membro do Parlamento Britânico e aliado de William Gladstone; e Michel Chevalier, Ministro das Finanças de Napoleão III.

O tratado incentivou outros países europeus a baixarem os direitos aduaneiros e abrirem as economias. As políticas liberais e o livre comércio encorajaram o avanço da tecnologia e a transformação da indústria.

Nos transportes, os navios a *vapor* foram revolucionários, reduzindo o custo e o tempo de transporte de mercadorias para o exterior. A rápida expansão dos estradas de ferro, conectando o campo às cidades e portos, foi essencial para ligar os produtores aos mercados: "Na década de 1850, todos os grandes portos do noroeste da Europa estavam ao alcance de todas as pequenas cidades. As taxas de frete do Atlântico caíram quase 55% em termos reais entre os anos 1830 e 1850. O custo do frete britânico entre Liverpool e Londres caiu cerca de 70% após 1840".[11]

---

[10] NEAL, Larry; WILLIAMSON, Jeffery. *The Cambridge history of capitalism (Volume II)*. Cambridge: Cambridge University Press, 2014, pp. 11.

[11] NEAL, Larry; WILLIAMSON, Jeffery. *The Cambridge history of capitalism*. Cambridge: Cambridge University Press, 2014, pp. 5-6.

O *aço* foi outra invenção britânica que revolucionou a indústria – substituindo o ferro e reduzindo de maneira considerável o preço dos materiais de construção. A *eletricidade* ajudou a impulsionar a produção industrial: o primeiro gerador de corrente contínua foi vendido em 1870; dez anos depois, alternadores e transformadores permitiram a criação das primeiras centrais hidrelétricas. Essas inovações tecnológicas fomentaram um aumento da produtividade nas indústrias, mas também a rivalidade entre os países. A *Alemanha* se tornou uma potência industrial.

Na virada do século, a indústria alemã já havia superado a da Grã-Bretanha na produção de aço, e em 1914, perfazia o dobro de sua produção. A indústria manufatureira da Alemanha se tornou mais eficiente e produtiva do que a da Grã-Bretanha, expandindo-se em seis vezes entre 1870 e 1913, enquanto a Grã-Bretanha apenas dobrou nesse período.

No final do século XIX, a Alemanha estava exportando para todo o mundo, disputando mercados com a Grã-Bretanha na América do Sul, na Ásia e em outras regiões. Talvez uma das maiores vantagens comparativas que a Alemanha tinha em relação à Grã-Bretanha fosse o capital humano. Seu sistema educacional fora projetado para produzir uma força formada por mecânicos, técnicos e cientistas. A educação inglesa não se focava na aprendizagem tecnológica e científica. Escolas tradicionais, como Eton e Harrow, e universidades, como Oxford e Cambridge, ofereciam uma educação de cavalheiros, baseada em grego, latim e nas humanidades.

Na Alemanha, o capital humano foi um elemento vital para impulsionar uma fantástica profusão de empresas, que proporcionaram inovações na indústria, na química e na ciência aplicada, estimulando os ganhos de produtividade e eficiência do país, além da fabricação de produtos de alta qualidade. No início do século XX, a Alemanha se tornou a maior potência industrial da Europa, enquanto a Bretanha permaneceu o centro do poder comercial e financeiro do mundo.

A competição econômica levou à rivalidade militar entre os países, especialmente depois que o kaiser Guilherme II decidiu criar uma poderosa marinha. Para os ingleses isso era inaceitável, uma vez que viam sua marinha como elemento vital para garantir a própria soberania, o comércio internacional e o domínio dos mares – todos vistos como essenciais para o bem-estar e prosperidade do Império Britânico.

A decisão do kaiser de construir uma marinha encorajou a Grã-Bretanha a melhorar as relações com a França e a Rússia, o que levou à criação da *Entente Cordiale* em 1904 – uma série de acordos que governavam as questões coloniais e que pavimentaram o caminho para uma aliança contra a Alemanha e a Áustria na Primeira Guerra Mundial.

O nacionalismo não só fomentou rivalidades políticas e militares entre as nações europeias, como começou a interferir nas políticas econômicas. Isso dava a falsa impressão de que, ao proteger as indústrias e fomentar o orgulho nacional, podia-se melhorar o ritmo do progresso, da globalização e da tecnologia.

O aumento das taxas alfandegárias entre as grandes potências no final do século XIX e o surgimento do protecionismo para blindar as indústrias nacionais da concorrência internacional causaram algumas revogações das políticas liberais iniciadas por Sir Robert Peel.

Em um mundo de rápido progresso tecnológico e de transformação econômica e social, o abismo crescente entre vencedores e vencidos provocou uma cisma em muitos países. Os vencedores elogiaram a globalização, o liberalismo, a concorrência e o livre comércio, enquanto os perdedores buscaram o nacionalismo, o protecionismo e a intervenção do Estado.

Os primeiros se sentiam motivados em um mundo cosmopolita, onde a ambição individual, o empreendedorismo engenhoso e o mérito do trabalho árduo os libertavam da carência, promoviam a mobilidade social e estimulavam a prosperidade. Os últimos, entretanto, se sentiram marginalizados em um mundo que mudava rapidamente e tenderam a procurar a proteção de um Estado poderoso para restabelecer a ordem, a autoridade e o sentimento de pertencimento que prevalecia nos bons e velhos tempos de mudanças lentas, vida comunal e solidariedade local.

O abismo entre vencedores e vencidos, liberais e nacionalistas, deixou de existir com a eclosão da Primeira Guerra Mundial. Em um momento de perigo nacional e de guerra, o orgulho de ser inglês, francês ou alemão e lutar por um país uniu toda a nação. Nas trincheiras, todas as diferenças políticas, econômicas e sociais foram vencidas pela camaradagem militar, necessária na luta pela vida e pela vitória.

Mas, infelizmente, no final da guerra não havia vencedores. Dilacerada, a Europa perdeu seu papel de protagonista no mundo para uma nova potência emergente: os Estados Unidos da América.

No início do século XIX, os Estados Unidos eram uma nação insignificante de agricultores. Mas no final desse mesmo século, tinham ultrapassado a Grã-Bretanha e a Alemanha na produção industrial e se tornado a maior potência econômica do mundo.

Essa extraordinária saga foi criada por uma nação que combinava recursos naturais abundantes, um abençoado isolamento geográfico das outras grandes potências e uma população de pessoas engenhosas e imigrantes com uma fé infindável nas virtudes dos valores cristãos, do trabalho duro, da liberdade, da democracia, do capitalismo e da limitação do poder do Estado.

Para compreender como essa antiga colônia britânica se transformou em uma nação proeminente, é importante decifrar as pessoas e ideias que moldaram o governo americano e a economia.

Após a Guerra de Independência dos Estados Unidos, o novo país teve que lutar para construir uma nação. O senso de urgência e o perigo percebido de que a falta de consenso sobre a forma de governo de um país poderia levar à sua fragmentação foram catalisadores para unir um dos grupos mais extraordinários de pessoas: os participantes na Convenção Constitucional, que começou na Filadélfia em 25 de maio de 1787.

Delegados das 13 antigas colônias se reuniram no *Independence Hall* para escrever a Constituição Americana. Durante quatro meses, homens como Thomas Jefferson, Alexander Hamilton, James Madison e Benjamin Franklin estiveram envolvidos em debates ferozes a respeito da forma de governo dos Estados Unidos, longe do público e da imprensa. Mas, como discípulos do Iluminismo e da Razão, chegaram a um consenso, e a Constituição Americana foi ratificada pelos estados.

O desafio, no entanto, foi traduzir os princípios dos artigos da Constituição em decisões e políticas governamentais. O primeiro presidente americano, George Washington, teve que mediar os pontos de vista contrastantes de dois dos membros mais proeminentes do gabinete: Thomas Jefferson, Secretário de Estado, e Alexander Hamilton, Secretário do Tesouro.

Jefferson abominava a noção de um governo nacional forte. Acreditava em um pequeno governo, no poder descentralizado e nas virtudes das comunidades rurais. Ele foi um firme defensor do federalismo – a ideia de que a maioria do poder deveria residir nos estados, porque o governo é mais eficiente e responsivo quando está mais perto das necessidades e problemas das pessoas. Ele também acreditava que as pequenas vilas eram o melhor lugar para incutir valores cívicos, fortalecer laços sociais e criar um senso de solidariedade, ingredientes importantes na criação de cidadãos virtuosos em uma sociedade democrática, em sua visão.

Alexander Hamilton acreditava que um governo federal forte era vital para uma grande nação. Os três pilares de um país forte, na sua opinião, eram: um governo eficaz, capaz de fazer cumprir as leis e prover serviços públicos decentes para as pessoas; uma economia robusta, com instituições financeiras confiáveis, para garantir um sistema financeiro forte que desse suporte aos negócios e empresários; e a criação do Exército e da Marinha para garantir a paz, a soberania e o comércio.

Como Secretário do Tesouro, Hamilton iniciou uma campanha para a criação de um banco nacional e para federalizar as dívidas dos governos dos estados que haviam surgido a partir da Guerra de Independência, a fim de estabelecer uma moeda nacional forte.

Ele lutou pela assinatura de tratados comerciais com as potências europeias, ao mesmo tempo que era um defensor de tarifas protecionistas que fortalecessem a indústria nascente nacional e seu mercado interno. Em sua opinião, empresários, comerciantes, industriais e banqueiros eram o motor do país para gerar riqueza, oportunidades, empregos e prosperidade.

Assim, na opinião de Hamilton, as ideias de Jefferson quanto a poderes descentralizados, com cidadãos virtuosos vivendo em pequenas comunidades no campo, constituíram não só uma fantasia idílica, mas uma ideia perigosa que poderia deter o progresso e enfraquecer o país. Hamilton sentia que o turbulento interlúdio entre o fim da Guerra de Independência Americana e a ratificação da Constituição (1783-1788) revelara o perigo que a fragmentação do poder entre os Estados representava à tarefa de construir um país forte e unido.

A rivalidade política entre Thomas Jefferson e Alexander Hamilton ilustrava a contradição entre os Pais Fundadores sobre o futuro do país.

Hamilton organizou seu partido político – os Federalistas – para defender suas propostas de um governo nacional forte. Jefferson também criou seu partido – o Partido Democrata-Republicano – para defender o poder dos estados e a descentralização. As aspirações pessoais desses dois homens retrataram suas crenças e valores – moldados por suas origens, histórias pessoais e princípios.

Thomas Jefferson era a epítome da elite rural do país. Sua riqueza vinha de uma magnífica plantação na Virgínia, onde centenas de escravos cultivavam mais de 3 mil hectares de tabaco e trigo. Ele era um homem do Iluminismo. Gostava de arquitetura (projetou sua própria casa, em Monticello, e sua casa de campo, na Virgínia), música (tocava piano e violoncelo), astronomia e botânica – e, claro, adorava livros.

Sua vasta biblioteca em Monticello refletia sua profunda admiração por três grandes figuras da civilização ocidental: Isaac Newton, Francis Bacon e John Locke. Seus livros atestavam a predileção pela razão, ciência, filosofia e história, e um governo baseado em uma constituição liberal, cujo papel seria o de servir como uma luz para garantir a liberdade individual, o Estado de Direito e um complexo sistema de pesos e contrapesos para evitar a concentração de poder nas mãos de alguns governantes ou ramos do governo.

Jefferson protagonizou a formação dos Estados Unidos. Ele foi o principal autor da Declaração de Independência dos Estados Unidos, em 4 de julho de 1776, um dos documentos mais importantes da história política. Também foi um dos "Pais Fundadores" – os homens que participaram do Congresso Continental que elaborou a Constituição em 1787. Foi o primeiro Secretário de Estado dos Estados Unidos, no governo de George Washington, e depois vice-presidente do segundo presidente, John Adams. Finalmente, tornou-se o terceiro presidente da nova nação, em 1801.

Alexander Hamilton era um "*self-made man*", que acreditava que caráter, ambição individual e resiliência para lutar por suas ideias e crenças eram imperativos para se enfrentar as dificuldades da vida e prosperar. Nascido nas Índias Ocidentais, de uma união ilegítima, foi abandonado pelo pai e ficou órfão aos 13 anos, quando sua mãe morreu de febre amarela.

Na juventude já mostrava duas de suas maiores qualidades: o talento para o trabalho árduo e a curiosidade intelectual insaciável. Como um jovem ambicioso, decidiu trocar as Índias Ocidentais por Nova York. Estudou no *King's College* (Universidade de Columbia) e, graças à sua brilhante escrita e oratória, tornou-se uma das principais vozes a defender a independência das colônias americanas da Grã-Bretanha.

Ele adorava ação e glória, e a Guerra da Independência foi uma excelente oportunidade para conquistar ambos. Alistou-se na milícia de Nova York, ansiando por ação militar. Participou das batalhas iniciais da guerra, em Lexington e Concord, mas logo chamou a atenção de George Washington, que o fez seu ajudante e protegido. No último estágio da guerra, Washington cumpriu o sonho de Hamilton e permitiu que comandasse um batalhão na batalha de Yorktown, em 1781.

Após a guerra, Hamilton dedicou sua vida aos negócios, ao Direito e à política. Fundou o Banco de Nova York e um jornal – o *New York Post* – além de ter se envolvido bastante com o processo de ratificação da Constituição. Em parceria com James Madison, seu colega e delegado na Convenção Constitucional, escreveu famosos *Artigos Federalistas* – uma das coleções mais memoráveis de artigos e ensaios já escritos – para mobilizar a opinião pública e os apoiadores políticos em favor da ratificação da Constituição.

Em 1789, tornou-se Secretário do Tesouro de George Washington – o apogeu de sua carreira política. No entanto, um de seus atos políticos mais nobres ocorreu quando estava fora do poder: na eleição presidencial de 1800, decidiu apoiar seu inimigo, Thomas Jefferson.

Hamilton e Jefferson estavam em diferentes lados do espectro político. Contudo eram, acima de tudo, estadistas, que enxergavam o caráter, a honra e os princípios morais como virtudes quintessenciais da conduta pessoal na vida pública. Sem isso, acreditavam, as disputas políticas transcenderiam as fronteiras do respeito pelas leis, instituições e adversários. Dessa forma, as nações seriam presas fáceis para os tiranos, os demagogos e as rebeliões – três coisas que ambos detestavam e consideravam as maiores ameaças aos Estados Unidos. Para eles, ignorar esses princípios colocaria a civilização em risco e a sociedade poderia sucumbir à barbárie.

Na opinião dos dois, a eleição de Aaron Burr, adversário de Jefferson na eleição presidencial de 1800, representava uma terrível ameaça para a América. Hamilton viu que a sede de Burr por poder e sua ganância nos negócios representavam uma combinação arriscada para alguém que queria ser presidente dos Estados Unidos. Jefferson e Hamilton acreditavam que a democracia norte-americana não era forte o suficiente para sobreviver à presidência de um homem cuja conduta pessoal e as políticas poderiam minar a credibilidade das instituições e envenenar a confiança das pessoas no governo federal.

A reconciliação dos dois Pais Fundadores também simbolizava o melhor de ambos os mundos para os EUA. De Jefferson, os Estados Unidos herdaram a noção de poder descentralizado, os direitos dos estados e a liberdade individual para se apropriar do governo. De Hamilton, a nação aprendeu a importância de um governo federal poderoso e de uma administração pública eficaz para garantir a paz e estimular o florescimento do capitalismo, da concorrência e do empreendedorismo.

Juntos, esses valores foram a receita de sucesso que promoveu o crescimento econômico e a prosperidade nos EUA, transformando o país na terra de oportunidades para indivíduos ambiciosos e talentosos. De 1800 até 1860, o produto interno bruto da América aumentou em média 3,7% ao ano. E nesta terra de oportunidades, que atraiu imigrantes da Europa, a renda por pessoa aumentou 40% durante o mesmo período. Por outro lado, o paraíso foi quase arruinado pelo episódio mais sangrento da história dos Estados Unidos: a Guerra Civil.

O conflito durou quatro anos (1861-1865), após suas primeiras dissidências dividirem a nação ao ponto de os estados do sul se separarem do restante do país. Foi o duelo final dos mundos de Jefferson e Hamilton. De um lado estava o sul agrário dos proprietários de escravos, responsável pela exportação de algodão, tabaco e trigo. Do outro, o norte industrial do trabalho livre, empresários, investidores e comércios. Ambos entraram em uma luta mortal, que não só resolveu a questão da escravidão – com sua abolição – como determinou o modelo econômico que prevaleceria. A vitória do norte no conflito representou o triunfo da república comercial e industrial de empresários e pessoas livres prevista por Hamilton.

Mas a pergunta intrigante é: como um país tão dilacerado por essa Guerra Civil conseguiu se recuperar rapidamente e se tornar a economia mais poderosa do mundo menos de 40 anos depois, por volta do final do século XIX? A resposta está nas instituições fortes que os Pais Fundadores deixaram como seu maior legado. Um dos aspectos únicos da história dos EUA foi o extraordinário empenho dos Pais Fundadores na construção da democracia.

Eles lutaram pela independência do país e pelo estabelecimento de uma democracia baseada nos princípios orientadores de uma constituição liberal. Serviram seu país como membros do Congresso, governadores e titulares de cargos no governo federal. Mais importante ainda, a presidência dos Estados Unidos permaneceu nas mãos dos Pais Fundadores por 36 anos consecutivos. Este longo reinado, de George Washington a James Monroe (que deixou a Casa Branca em 1825), foi crucial para consolidar costumes, hábitos, regras e precedentes para fortalecer a Constituição, as instituições do país e os papéis de um governo eficaz. Assim, em 1828, quando elegeram Andrew Jackson como seu primeiro presidente populista, as instituições democráticas já estavam bem estabelecidas e foram capazes de sobreviver ao período sem rupturas no sistema político.

O legado de um populista sempre debilita o funcionamento da democracia. O presidente Jackson foi o Pai Fundador do "*spoils system*": um sistema contraditório que distribuía sinecuras e cargos governamentais a partidários políticos, amigos pessoais e parentes intimamente associados ao presidente ou ao seu partido. O sistema durou quase um século, minando a eficácia do governo, destruindo a meritocracia no serviço público e abrindo a porta para nepotismo e corrupção no governo. Lentamente corroeu a credibilidade do governo e manteve pessoas talentosas e brilhantes longe de cargos públicos. Ele deu à política americana a má reputação de ineficiente e corrupta, destruindo o prestígio desfrutado nos tempos dos Pais Fundadores. Se o populismo tivesse prevalecido como tendência política principal depois de Jackson, os Estados Unidos poderiam ter espelhado o destino infeliz dos regimes republicanos da América Latina.

Em contraste com os Estados Unidos, as repúblicas latino-americanas se tornaram presas fáceis para déspotas e populistas que tendiam a arruinar seus países, transformando o governo em feudos pessoais, oferecendo favores, patrocínio e riquezas para uma oligarquia. Em vez de empreendedores, as repúblicas da América Latina produziram dependentes. Em vez de uma economia de mercado e concorrência leal, os governos ergueram o capitalismo de Estado. Em lugar do Estado de Direito e do Governo Constitucional, as nações sofreram sob o poder arbitrário e o despotismo. Esse destino trágico retardou a maré das reformas liberais – que reforçam a economia de mercado e os regimes democráticos – na América Latina durante mais de cem anos.

Nos Estados Unidos, a combinação de uma economia de mercado com instituições fortes e Estado de Direito, além de um governo democrático e da liberdade individual, criou condições essenciais para libertar o espírito empreendedor dos americanos ambiciosos. Após a Guerra Civil (1861-1865), magnatas dos negócios começaram a forjar a história do capitalismo no país. Eram exemplos vívidos do que viria a ser reconhecido como um modelo norte-americano: os "*self-made man*", que construíram impérios econômicos surpreendentes nas novas indústrias da época, tais como ferrovias, aço, petróleo, eletricidade, bancos e automóveis.

Estes homens revolucionaram a economia dos Estados Unidos ao competir, investir e ousar correr riscos, inovando e criando mercados para bens e serviços. Sua ousadia empreendedora criou novos postos de trabalho, empresas, serviços e, naturalmente, riqueza. Também transformaram a filantropia nos EUA. Doaram boa parte de suas fortunas a museus, universidades, fundações e instituições que desempenharam um papel proeminente no avanço das atividades sociais, educacionais e culturais para o público.

O impacto deles na formação do capitalismo norte-americano foi tão profundo e transformador que, menos de 30 anos após a Guerra Civil, os Estados Unidos se tornaram o país mais rico do mundo em todos os indicadores: produto interno bruto, renda *per capita*, número de patentes registradas, produção industrial, produtividade do trabalho, tamanho e riqueza de seu mercado financeiro.

A saga desses empreendedores mostra como uma combinação frutífera de capitalismo e democracia cria um ecossistema onde a concorrência de mercado, liberdade individual e poder de Estado limitado pode encorajar os incentivos certos para o empreendedorismo, a inovação, os negócios e produtos que impulsionam a prosperidade e o crescimento econômico.

A expansão territorial dos Estados Unidos no século XIX, seja pela aquisição, guerra ou conquista, transformou, em 1898, os 13 estados iniciais em 50. Os EUA se tornaram um dos maiores países do mundo, com uma área de 3 milhões de quilômetros quadrados, do Atlântico ao Oceano Pacífico. A população cresceu de 5 milhões, em 1800, para 99 milhões em 1914.

As ferrovias eram as veias e artérias que ligavam o país, movimentando pessoas e produtos. Sua expansão foi um fator vital para a sua prosperidade econômica.

Em primeiro lugar, conectavam as remotas cidades e produtores de bens agrícolas e minérios, na costa oeste, com os mercados prósperos da costa leste, transportando mercadorias rapidamente. Em segundo lugar, reduziram drasticamente o custo do frete: "Em 1890, o custo do frete ferroviário era de $0,875 por tonelada, em comparação com $24,50 por tonelada de frete de cada vagão, uma redução de 96%. As ferrovias agilizaram as conexões: a Transcontinental reduziu o tempo necessário para atravessar o continente de seis meses para seis dias".[12]

[12] GREENSPAN, Alan; WOOLDRIDGE, Adrian. *Capitalism in America.* New York: Penguin Press, 2018, pp. 97.

Por fim, o negócio ferroviário movia a economia: "As ferrovias também atuaram como estimulantes industriais por si próprias. Na década de 1880, 200 mil pessoas trabalharam em sua construção e outras 250 mil faziam-nas funcionar. Cerca de metade do aço produzido nas três décadas após a Guerra Civil foi para fazer trilhos".[13]

A notável velocidade de expansão das ferrovias ilustra o poder transformador do capitalismo nos Estados Unidos. A primeira delas, conectando Baltimore a Ohio, foi inaugurada em 1830. Dez anos depois, em 1840, os Estados Unidos já tinham mais de quase 5 mil quilômetros de trilhos, o que representava mais do que o total construído até essa data na Europa. Em 1850, o país tinha construído 14,5 mil quilômetros de trilhos ferroviários – mais do que o total somado de todo o mundo naquela época. Em 1871, o total era de 72,5 mil quilômetros e, na virada do século, 273,5 mil quilômetros.

As ferrovias se tornaram o principal meio de transporte nos Estados Unidos. Começaram como uma alternativa ao transporte fluvial, por canais ou rios, que era dominante no movimento de carga norte-sul na costa leste.

Um dos primeiros magnatas das ferrovias, Cornelius Vanderbilt, começou sua vida como um garoto pobre transportando cargas em barcos de Staten Island para Nova York. Ele deixou a escola aos 11 anos para se tornar barqueiro, como o pai. Aos 16, pediu cem dólares à mãe e comprou uma barca de dois mastros, sua primeira embarcação. Sua perspicácia para negócios chamou a atenção de George Gibbon, um rico político e fazendeiro, dono de navios a vapor no rio Hudson. Aos 23 anos, Vanderbilt se tornou capitão de uma das embarcações de Gibbon, o *Bellona*.

Gibbon ensinou a ele que o segredo do negócio era cortar os preços de tarifa e oferecer um bom serviço, a fim de falir seus concorrentes – uma lição que Vanderbilt empregou com grande sucesso em seus negócios.

Também o ensinou a lidar com a lei e os políticos, no difícil mundo da concorrência de mercado. Gibbon tinha um parceiro de negócios,

[13] GREENSPAN, Alan; WOOLDRIDGE, Adrian. *Capitalism in America*. New York: Penguin Press, 2018, pp. 97-98.

o governador de Nova Jersey, Aaron Ogden, dono do monopólio do uso de barcos a vapor. Quando a parceria fracassou, Gibbon continuou a usar barcos a vapor e Ogden o processou.

O caso acabou no Supremo Tribunal e Gibbon ganhou: "Vanderbilt passou a ver a lei como algo criado em favor de um grupo de empresários capazes de manipular membros de legislaturas estaduais ou pagar advogados caros para ganhar decisões judiciais".[14] O advogado de Gibbon no caso do Supremo Tribunal foi ninguém menos do que Daniel Webster, um dos advogados mais brilhantes da época e político renomado que serviu três presidentes dos Estados Unidos como Secretário de Estado.

Vanderbilt empregou os métodos rudimentares e as práticas de Gibbon para construir um gigantesco negócio de transporte marítimo que cobriu não só a navegação por canal, como o transporte transatlântico. Por volta de 1850, ele estava milionário e decidiu entrar no negócio ferroviário. Começou por comprar ações da ferrovia New York-Harlem, tornando-se membro do conselho. Em 1860, comprou ações suficientes para se tornar o acionista majoritário e presidente. Com sua boa gestão e política de "cortar tarifas e oferecer um bom serviço", a New York-Harlem virou um negócio rentável. Vanderbilt então comprou outras companhias ferroviárias, como a do rio Hudson, New York Central e Michigan Southern Railroad. Quando buscou consolidar seu império ferroviário, adquirindo a Eire Railroad, em 1868, encontrou forte resistência de um grupo de magnatas liderados por Daniel Drew, Jim Fisk e Jay Gould.

Este trio foi páreo duro para Vanderbilt. Eles eram especuladores financeiros durões, agressivos e sem escrúpulos, que procuraram impedir seu plano de empregar o método habitual de compra de ações até que controlasse a empresa. Drew, Fisk e Gould, que faziam parte do conselho da Eire Railroad, barraram-no emitindo mais ações da companhia – procedimento conhecido como "watered stock" –, assim evitando que Valderbilt concluísse sua aquisição. As 100 mil novas ações da Eire Railroad disponíveis deixaram o mercado em pânico e

[14] JOHNSON, Paul. *A history of the american people.* New York: Harper Collins Publishers, 1999, pp. 537

os preços caíram rapidamente. A batalha da bolsa de valores se tornou uma disputa jurídica. Vanderbilt pediu aos tribunais (e a um amigo juiz) para cancelar a questão do "watered stock". Drew, Fisk e Gould subornaram outro juiz para apoiá-los. "Grande parte dessas táticas foram possíveis pelo fato de que especuladores inteligentes, junto aos seus advogados, conseguiam colocar as leis de Nova York contra as de Nova Jersey e vice-versa".[15] No final, Vanderbilt perdeu o caso, mas Gould também não levou o prêmio. Ele estava envolvido em outros escândalos financeiros e foi obrigado a vender suas ações na empresa. A Eire Railroad faliu em 1877, sendo incorporada pela New York, Lake Eire e Western Railroad. "As ferrovias representavam o balanço do sistema norte-americano: uma liberdade inimaginável de construir e servir a população, equilibrada com uma ausência de salvaguardas legais para excluir os despojos e proteger o público".[16]

A expansão das ferrovias fornece um retrato da era dos barões ladrões e seus expedientes sem escrúpulos: formas de contornar a lei, subornando juízes e políticos para garantir vantagens para seus negócios.

Os Estados Unidos ofereceram as condições ideais para a proliferação de barões ladrões. De início, a combinação de justiça fraca e governos corruptos encorajava a fraude e a impunidade, em vez da aplicação da concorrência justa no mercado. Além disso, os governos estaduais e federais ofereciam muitos incentivos para promover a expansão das ferrovias, tais como concessões de benefícios fiscais e direitos de monopólio para as empresas ferroviárias. No entanto, o incentivo mais atraente eram as terras públicas. Os governos cederam 100 milhões de acres de terra para grandes conglomerados ferroviários – o equivalente às áreas da Alemanha, Bélgica e Holanda combinadas. A terra era capital barato, mas virou um ativo valioso depois que as ferrovias começaram a conectar o interior com os mercados e grandes cidades. De fato, elas foram responsáveis pela transformação dos

[15] JOHNSON, Paul. *A history of the american people*. New York: Harper Collins Publishers, 1999, pp. 540

[16] JOHNSON, Paul. *A history of the american people*. New York: Harper Collins Publishers, 1999, pp. 541

Estados Unidos em superpotência agrícola na segunda metade do século XIX. Os produtos agrícolas representavam mais de 70% das exportações norte-americanas neste período.

Por fim, lá estavam os ingredientes liberais certos, fazendo o capitalismo prosperar. A regulamentação e tributação leve do governo, a criação de corporações que limitavam o passivo financeiro dos proprietários; uma lei de patentes liberal, que incentivava a inovação e o empreendedorismo e que permitia aos inovadores colher os ganhos financeiros de suas invenções; e a existência de uma dinâmica de mercado de capitais que financiava empresas, ideias e empresários, além de oferecer a oportunidade para os cidadãos comuns adquirirem os ganhos (e perdas) de grandes corporações negociando ações na bolsa de valores.

Alan Greenspan, ex-presidente da Reserva Federal, listou os três ingredientes que fizeram a economia norte-americana prosperar: "Tornar as inovações mais amigáveis para o usuário; produzir empresas capazes de comercializar essas inovações; e desenvolver técnicas para administrar essas empresas com sucesso".[17] Os barões ladrões foram um catalisador desse processo. Sem eles, os Estados Unidos seriam uma nação de agricultores, artesãos e pequenas empresas. A era dos barões ladrões revelou o difícil caminho da criação do capitalismo e da democracia no país.

Vanderbilt foi o primeiro de muitos magnatas que não se esquivou de usar táticas escusas e sem escrúpulos para criar grandes impérios ferroviários. Outro foi James Hill, que começou no negócio do barco a vapor e passou às ferrovias para criar a Grande Ferrovia do Norte, na costa oeste. Os "Quatro Grandes" – Collin Huntington, Leland Stanford, Mark Hopkins e Charles Crocker – construíram a Central Pacific, a primeira ferrovia transcontinental dos Estados Unidos. Estas corporações gigantes moviam a economia. Gastaram 20 bilhões de dólares em investimentos antes de 1914 e atraíram pessoas ambiciosas e trabalhadoras que sonhavam em criar grandes negócios e riqueza nos Estados Unidos.

---

[17] GREENSPAN, Alan; WOOLDRIDGE, Adrian. *Capitalism in America.* New York: Penguin Press, 2018, pp. 104

Uma dessas pessoas foi um pobre imigrante da Escócia, Andrew Carnegie. Ele se mudou com seus pais da Escócia para Filadélfia em 1848 e, no ano seguinte, aos 14 anos, conseguiu um emprego como telegrafista no Ohio Telegraph, em Pittsburgh. Aos 18 anos, foi contratado como telegrafista pela Pennsylvania Railroad – um trabalho que mudou sua vida. Logo chamou a atenção de um dos líderes da empresa, Thomas Scott, tornando-se, além de telegrafista, secretário pessoal de Scott. O convívio dos dois ofereceu à Carnegie a melhor formação prática que poderia ter. Ele aprendeu a liderar um negócio complexo e foi introduzido aos métodos dos barões ladrões de usar poder e dinheiro para salvaguardar os interesses da empresa. Scott promoveu Carnegie a superintendente da Western Union Telegraph Company, aos 23 anos. Também apresentou o rapaz a John Edgar Thomson, o presidente da empresa, e ao mundo da especulação financeira. Eles lhe ensinaram uma lição importante: você só especula se tiver informações internas. Em pouco tempo, a renda bruta de Carnegie não vinha mais de seu salário, mas da especulação .

Durante a Guerra Civil, Thomas Scott foi nomeado Secretário de Guerra Adjunto do presidente Abraham Lincoln. Scott levou Carnegie consigo e o deixou responsável pelos serviços ferroviários e telegráficos do governo. A guerra deu a Carnegie noção da extraordinária demanda por ferro, não só para uso militar, como também para construir pontes e ferrovias. Porém, a descoberta de Henry Bessemer sobre como tornar o *aço* barato, em 1864, encorajou Carnegie a investir no material ao invés de ferro – e, posteriormente, a empregar todas as suas habilidades de gestão e liderança para construir seu império de aço.

Carnegie estava obcecado em melhorar o processo de obtenção de aço de qualidade em grande escala. Ele percebeu que a produção em massa resultaria em ganhos de produtividade e diminuição de custos, reduzindo o preço de seu produto. Acreditava seriamente que "o aço estava no coração de uma economia industrial moderna e que, se você pudesse baixar os custos do aço, reduziria o preço de praticamente tudo e assim aumentaria o nível de vida".[18]

---

[18] JOHNSON, Paul. *A history of the american people*. New York: Harper Collins Publishers, 1999, pp. 552.

Carnegie tinha razão. Graças a ele, a produção de aço nos Estados Unidos saltou de 220 mil toneladas em 1873 para 11,4 milhões de toneladas em 1900; o custo do aço diminuiu de 160 dólares em 1875 para apenas 17 dólares em 1898. Essa transformação estupenda teria sido impossível caso Carnegie não tivesse insistido na meritocracia e investido em pessoas talentosas. Orgulhava-se de contratar os melhores profissionais do mercado e de pagá-los bem. Também oferecia incentivos de ações aos melhores gerentes, para alinhar o desempenho deles ao da Homestead Steel Company. Em 1892, a Homestead se tornou a Carnegie Steel Company, maior produtora de aço do mundo. Em 1901, a Carnegie vendeu a empresa para J. P. Morgan pela quantia sem precedentes de 450 milhões de dólares. Como homem mais rico do mundo, dedicou seu tempo e fortuna a deixar um legado igualmente notável na filantropia. Acreditava que o capitalismo o permitira fazer uma grande fortuna, então era seu dever moral empregá-la no avanço da sociedade.

Ele adorava livros e era um ávido leitor. Quando jovem, gostava da Biblioteca do Coronel James Anderson. O coronel tinha o hábito de abrir sua biblioteca ao público aos sábados, e Carnegie pegou muitos livros emprestados de lá. Era grato à generosidade de Anderson e decidiu que, se ele se tornasse um homem rico um dia, seguiria o exemplo.

Carnegie honrou a promessa. Ele criou quase 3 mil bibliotecas públicas em cidades por todo os Estados Unidos. Fundou o Carnegie Institute for the Advancement of Teaching (para prover aposentadoria aos professores), um fundo para bolsas de estudo para estudantes pobres e a Carnegie Institution for Research, para financiar pesquisas científicas. Ele também se tornou um grande patrono das artes cênicas, com a criação do Carnegie Hall em Nova York.

À medida que o mundo marchava para a guerra, no início do século XX, Carnegie ficou muito preocupado com a preservação da paz. Em 1910, criou a Fundação Carnegie para a Paz Internacional e, em 1914, o Conselho Carnegie para Ética e Assuntos Internacionais. Quando morreu, em 1919, havia doado 90% de sua riqueza.

Enquanto Vanderbilt viu a oportunidade de construir ferrovias para conectar o país, e Carnegie foi o empreendedor visionário que transformou o aço no elemento indispensável para a construção de um país industrial, John Rockefeller foi pioneiro no uso do petróleo como fonte de energia para a economia dos EUA.

Ele foi criado por sua mãe Eliza Davison, uma batista devota que ensinou a ele e aos outros três filhos o valor do trabalho duro e de ser um bom cristão. Seu pai, William Rockefeller, era um vigarista e bêbado, sempre na estrada, retornando para casa apenas quando estava sem dinheiro. Mas John, desde a infância, revelou os traços de caráter que o tornariam o rei do petróleo. Era sério, disciplinado, estudioso, metódico, religioso e um negociador brilhante.

Seu primeiro emprego, aos 16 anos, como contador em uma empresa comercial, aguçou suas habilidades comerciais e de negociação. Aos 20, criou seu primeiro negócio – Clark & Rockefeller – com seu parceiro Maurice Clark. Eles negociavam grãos, mas com a eclosão da Guerra Civil, se concentraram no comércio de alimentos e suprimentos para o Exército do Norte. Rockefeller e Clark foram tão bem-sucedidos que, no segundo ano de empresa, haviam negociado mais de 450 mil dólares.

Depois da Guerra Civil, Rockefeller se virou para o petróleo. Com o rápido crescimento populacional, era importante encontrar um combustível alternativo para substituir o óleo de baleia como o principal combustível para a iluminação. O governo federal começou a subsidiar o petróleo, provocando uma corrida de aventureiros em busca de fortuna, que escavavam o solo à procura de petróleo. Rockefeller, no entanto, entendeu que a grande oportunidade não estava em encontrar petróleo, mas em refiná-lo. O que tornava o petróleo valioso era refiná-lo e transformá-lo em querosene.

Em 1865, ele comprou a parte de Clark na empresa e fez parceria com outros dois empresários, Samuel Andrews e Henry Flagler, interessados na refinação de petróleo. Em 1870, fundaram a Standard Oil Company. Conforme o preço do petróleo começou a cair com a descoberta de novas reservas, Rockefeller passou a comprar campos de petróleo e investir na logística, para baixar os preços. Ele se tornou o cliente mais importante das ferrovias, conquistando preços inigualáveis para o transporte de seu petróleo. Também investiu em oleodutos para reduzir os custos de deslocamento.

A Standard Oil se tornou a empresa petrolífera líder nos Estados Unidos. Em 1880, a empresa refinou 90% de todo o petróleo do país. Quem estava no negócio do petróleo tinha duas opções: se juntar à Standard Oil, vendendo o produto para Rockefeller, ou falir.

A década de 1880 foi um período incrível para inovações que afetaram o negócio de petróleo. Thomas Edison, inventor em série e empresário, que criara um laboratório industrial em Menlo Park, Nova Jersey, "para produzir uma invenção pequena a cada dez dias e uma grande a cada seis meses", transformou a energia elétrica em uma fonte de energia acessível a milhões de cidadãos. As lâmpadas substituíram o querosene. Rockefeller estaria com problemas se uma segunda grande invenção não tivesse surgido: o motor de combustão interna. "A eletricidade deu origem a ferramentas elétricas para fábricas e casas; elevadores; ferrovias elétricas e trens subterrâneos; máquinas de lavar roupa, fogões, ferros, refrigeradores e ar-condicionado. O motor de combustão interna deu origem a carros, caminhões e ônibus".[19]

O homem que transformou o motor de combustão interna em um veículo a motor acessível foi Henry Ford. Ele fez do carro, um bem de luxo, um produto popular. Sua ambição era produzir carros para "a massa", no que foi bem-sucedio, ao criar o modelo T: "poderoso de se dirigir (22 cavalos e 1.200 libras); fácil de se conduzir no dia a dia; leve e forte graças ao uso de aço vanádio; e capaz de vencer estradas de terra. Ford reduziu o preço do Modelo T de 950 dólares em 1910 para 269 dólares em 1923, mesmo com melhorias de qualidade. O número de carros nas estradas dos EUA aumentou para 468 mil em 1910 e 9 milhões em 1920".[20]

O carro, junto ao rápido crescimento da atividade industrial nos Estados Unidos, viciou o país em petróleo. Os EUA precisavam de petróleo para mover carros e caminhões, para construir estradas, para abastecer a indústria química, para fornecer energia e para produzir muitos produtos de consumo. À medida que o petróleo se tornou

---

[19] GREENSPAN, Alan; WOOLDRIDGE, Adrian. *Capitalism in America.* New York: Penguin Press, 2018, pp. 104.

[20] GREENSPAN, Alan; WOOLDRIDGE, Adrian. *Capitalism in America.* New York: Penguin Press, 2018, pp. 107.

uma das mercadorias mais importantes do mundo, Rockefeller e sua Standard Oil Company usaram todo o seu poder e influência para monopolizar a cadeia petrolífera inteira – desde campos de petróleo até refinarias, transporte e venda. A Standard Oil esmagou concorrentes, absorveu rivais e dominou a cadeia de petróleo a tal ponto que até o Congresso inerte foi pressionado a agir – aprovando a Lei Sherman Antitruste, em 1890, e obrigando Rockefeller a dissolver a corporação. Ele revidou criando uma *holding* que manteve o controle de muitas empresas independentes derivadas da Standard Oil.

Em 1895, Rockefeller se retirou do cotidiano dos negócios e se dedicou à filantropia. Como um batista devoto, doou generosamente para igrejas e para a educação. Ele acreditava que a educação era a melhor forma de garantir a igualdade de oportunidades para os norte-mericanos. Doou grandes somas de dinheiro para várias universidades e fez uma doação de mais de 80 milhões de dólares à Universidade de Chicago, mas também deu dinheiro à Spelman College, uma faculdade liberal para negros em Atlanta. Fundou a Universidade Rockefeller, que se concentrava na pesquisa médica, e criou a Fundação Rockefeller. Durante sua vida, doou cerca de 500 milhões de dólares – ele e Carnegie foram os dois maiores filantropos de seu tempo.

Por trás de quase todas as corporações importantes e empreendedores ambiciosos deste período dos Estados Unidos, havia a influência de um único homem, que dominava as finanças e fornecia crédito para transformar grandes ideias em grandes negócios. Este homem era John Pierpont Morgan. Ao contrário daqueles que se tornaram titãs das indústrias petrolífera, ferroviária e siderúrgica, J. P. Morgan nasceu em uma família rica, estudou nas melhores escolas privadas dos Estados Unidos e Suíça, além de ter frequentado uma das melhores universidades da época: Gottingen, na Alemanha. Depois de completar seus estudos, ele se juntou à família em Londres, onde seu pai, Junius Spencer Morgan, administrava o Peabody, Morgan & Co., um banco comercial com escritórios em Londres e Nova York. Começou trabalhando com o pai, que o treinou para voltar para Nova York em 1858 e começar sua própria carreira. Há época, ele tinha 21 anos.

J. P. Morgan mostrou-se talentoso em usar sua experiência financeira para organizar o capitalismo nos Estados Unidos. Como um homem religioso e episcopal dedicado, indo à igreja duas vezes por semana, acreditava que a liberdade e o capitalismo só poderiam produzir bons frutos se fossem moldados por três princípios.

O primeiro era *ordem.* O capitalismo, acreditava ele, floresce em um universo ordenado, no qual as leis e as regras garantem uma concorrência justa de mercado. Morgan estabeleceu a ordem consolidando negócios e fornecendo a eles boa governança, administração profissional e crédito para criar empresas que se tornassem dominantes nos Estados Unidos. Ele acreditava que negócios consolidados disciplinavam a concorrência e reduziam a desordenada e caótica disputa por *market share* e consumidores.

O segundo princípio era *confiança.* A liderança de uma empresa não era apenas questão de tamanho ou dominância no mercado. Ela precisava inspirar a confiança dos consumidores em seus produtos e marcas; precisava desenvolver relações de confiança com fornecedores, comerciantes, banqueiros e, claro, funcionários. Morgan valorizava a governança, a meritocracia e a gestão profissional. Mas, para ele, a verdadeira reputação de um negócio estava essencialmente nos exemplos da conduta pessoal de seus líderes: "Quando ele disse ao Senado dos EUA que, em Wall Street, sob sua égide, 'caráter determina crédito'; ele quis exatamente isso".[21] Ele e seus sócios no banco fizeram parte do conselho de quase todas as empresas importantes do país, de forma que pudessem avaliar adequadamente a qualidade da liderança e a eficácia da gestão.

O terceiro princípio era *responsabilidade cívica.* Acreditava que o fruto do capitalismo não deve ser a acumulação de riqueza pessoal, mas garantir o bem-estar da comunidade. A responsabilidade cívica implica em compensar a sociedade, doando-lhe dinheiro, tempo e trabalho. Morgan era um filantropo generoso, apaixonado pelas artes e pelos livros. Como presidente do Metropolitan Museum of Art em Nova York, ele o transformou em um dos mais importantes do

---

[21] JOHNSON, Paul. *A history of the american people*. New York: Harper Collins Publishers, 1999, pp. 556.

mundo, abrigando coleções de muitos milionários americanos que doaram para o "Met".

Também contratou uma jovem de 21 anos, Belle da Costa Greene, para viajar pelo mundo em uma missão para comprar livros e manuscritos raros. Belle estudou em Princeton, e era filha de Richard Theodor Greener, o primeiro negro a se formar na Universidade de Harvard, em 1870. Ela se tornou conhecida nos mais sofisticados círculos culturais e sociais da Europa e dos EUA por seus modos encantadores, inteligência, roupas elegantes e competência profissional. Construiu uma coleção de livros verdadeiramente incrível, que veio a formar a maior parte da Biblioteca Morgan. Belle permaneceu no comando da Biblioteca por toda a vida.

Mas ser um filantropo de renome não era suficiente para Morgan. Os bons cidadãos, ele acreditava, devem ajudar a liderar o país. Como veremos em breve, foi precisamente isso que fez para salvar os Estados Unidos durante as crises financeiras de 1893 e 1907. Para ele, ajudar o governo federal a evitar a inadimplência era um dever cívico primordial, de forma a evitar o colapso da economia e da ordem social, e impedir a perda de confiança na democracia e no capitalismo.

A crença de Morgan era que o caráter de uma pessoa deve ser medido pelo grau de coerência entre palavras e ações. Ele traduziu seus princípios em ação assumindo o papel de grande condutor das finanças dos Estados Unidos. Como um maestro engenhoso, fez a orquestra do capitalismo tocar harmoniosamente durante tempos próspero, mas turbulentos, para o mercado financeiro.

Ele começou colocando ordem na seção de cordas da orquestra: o sistema ferroviário. Pacientemente consolidou as empresas do ramo, comprando-as, implementando gestão profissional, melhorando processos, reduzindo custos e tornando-as eficientes. Ele fortaleceu a Nova York Central, de Vanderbilt, a Filadélfia & Reading, a Chesapeake e a Ohio Railroads. Após a crise de 1893, absorveu companhias ferroviárias falidas, como a Northern Pacific, a Great Northern e a Chicago Railroads. Tornando-se o rei das ferrovias, impôs ordem ao caos, melhorando a qualidade da gestão, trazendo eficiência e confiabilidade ao transporte ferroviário e determinando preços justos. Logo, essas regras de conduta se tornaram o padrão para o negócio.

Depois, Morgan reorganizou a seção de percussão. Na virada do século XX, em um movimento ousado, comprou a Carnegie Steel. Essa foi sua plataforma para estruturar o setor de aço e criar a maior empresa de aço do mundo, a United States Steel Corporation.

Ele repetiu a fórmula em áreas tão diversas quanto a indústria manufatureira, o transporte e as telecomunicações, comprando várias empresas em cada campo e incorporando-as em grandes corporações, que se tornaram as líderes em seus setores. Em telecomunicações, por exemplo, consolidou várias companhias telefônicas em uma corporação gigante, a American Telephone & Telegraph (AT&T), que continua a ser um player importante hoje em dia.

Como um bom maestro, Morgan encorajou seus virtuosos músicos a ousar. Financiou *startups* e apostou em ideias inovadoras e empresários talentosos. Foi o primeiro investidor a financiar Thomas Edison e a sua ideia revolucionária de tornar a eletricidade acessível. As inovações produzidas no laboratório de Edison deram origem à General Electric (GE), uma das poucas empresas bem-sucedidas e duradouras a prosperar no século XXI.

Em 1905, seu banco liderou a fusão mais importante de corporações nos Estados Unidos: "Morgan acreditava que a consolidação era de interesse público, desde que os responsáveis por isso estivessem realmente preocupados em impor a ordem, de acordo com três critérios: (1) os preços mais baixos possíveis, compatíveis com a eficiência e a durabilidade; (2) retorno adequado aos acionistas, por proverem capital; e (3) investimentos regulares, para garantir a avanços".[22]

Numa era de concorrência selvagem dominada por magnatas e um por governo fraco, Morgan organizou empresas em grandes conglomerados, o que, em sua opinião, ajudou a restaurar a ordem e a confiança no capitalismo e na democracia.

---

[22] JOHNSON, Paul. *A history of the american people*. New York: Harper Collins Publishers, 1999, pp. 563.

Na verdade, ele desempenhou um papel de liderança durante duas crises financeiras, visando – e conseguindo – salvar o governo federal da inadimplência.

Em 1893, uma corrida pelas reservas de ouro dos EUA gerou pânico no mercado. Tudo começou com vendas de ações norte-mericanos, após uma queda nos preços internacionais do trigo, milho e algodão (*commodities* importantes exportadas pelos EUA); seguida por indivíduos que, temendo as possíveis consequências, venderam mais ações e correram para os bancos para converter o papel-moeda em ouro.

Esta crise financeira – de 1983 a 1986 – causou uma das piores recessões econômicas da história do país. Muitos bancos faliram, milhares de empresas quebraram e o desemprego disparou, atingindo mais de 20% da força de trabalho industrial. O PIB caiu cerca de 6% entre 1893-1894 e mais 3% entre 1895-1896. As reservas de ouro do Tesouro dos EUA estavam tão baixas em 1895 que o presidente Cleveland procurou ajuda do homem cujo poder e reputação no mercado eram as únicas coisas que poderiam parar a corrida ao ouro: J. P. Morgan.

Morgan reuniu um grupo de banqueiros nos EUA e na Europa para elaborar um plano financeiro baseado na troca de títulos de longo prazo do governo federal por ouro. O plano funcionou. A onda de especulação no mercado de ações cessou e a economia saiu lentamente da recessão.

Em 1907, outra crise financeira gerou pânico no mercado. Dessa vez, o presidente Theodore Roosevelt e seu Secretário do Tesouro, George Cortelyou, não esperaram a economia se deteriorar antes de convocar Morgan. Agindo rápido, pediram a Morgan que ajudasse o governo imediatamente após o início de uma corrida aos bancos, em 22 de outubro, depois do colapso do Knickerbocker Trust. Nos dois dias seguintes, os juros sobre as taxas de *overnight* saltaram de 9,5% para 100%. Morgan convocou os banqueiros mais importantes de Nova York para sua casa e apresentou-lhes um plano. Antes da reunião, fizera a lição de casa. Tinha um mapa claro da situação, em particular suas conclusões sobre quais bancos poderiam ser salvos através da injeção de liquidez e quais precisariam ser fechados. Além disso, chegara a um acordo com o Secretário do Tesouro, e o governo federal iria transferir 35 milhões de dólares para os bancos de Nova York. A outra parte do fundo para resgatar os bancos viria do grupo reunido na casa de Morgan. Os convidados não tinham outra opção senão seguir o plano.

Para segurar o pânico financeiro é preciso três coisas: liquidez, credibilidade e mobilização rápida dos grandes atores (governo e setor privado), agindo de forma coordenada. O plano de Morgan foi um exemplo perfeito dessa combinação, vital para acalmar o mercado financeiro e restaurar a ordem. Em 7 de novembro, a crise tinha acabado e os EUA estavam de volta aos negócios. Mas os efeitos colaterais políticos das crises de 1893 e 1907 não desapareceram. Pelo contrário, tiveram um efeito profundo na política.

Na terra das políticas liberais, trabalho árduo e oportunidades, os empresários prosperaram a partir de um mercado doméstico em expansão. Mas os criminosos também se beneficiaram do ambiente daquela época – um país de regras fraudulentas, governo fraco e políticos corruptos.

Em certo sentido é possível dizer que, felizmente, no início do século XX, os Estados Unidos tinham o melhor dos dois mundos: o capitalismo fez o país prosperar, os empresários e os negócios floresceram, enquanto a democracia produziu uma nova geração de estadistas que lutou para restaurar a decência na política, combater a impunidade, fazer cumprir o Estado de Direito e garantir que a concorrência de mercado justa prevalecesse sobre os esquemas fraudulentos organizados por plutocratas.

Mas no período após a Guerra Civil, a política norte-americana estava em um estado lamentável. Desde o assassinato de Abraham Lincoln em 1865 até a presidência de Theodore Roosevelt em 1901, uma trágica combinação de presidentes medíocres, políticos corruptos e governos despreparados tinha desfigurado o legado dos Pais Fundadores.

A única exceção foi Grover Cleveland, o único presidente eleito para dois mandatos não consecutivos (1885-1889 e 1893-1897). Na Casa Branca, ele foi um zagueiro gigante, poderoso e eficiente: defensor firme da justiça, com um governo limpo e eficiente, em um momento em que a política estava manchada por corrupção, suborno e ineficiência. Sempre se distinguiu do político médio por seu caráter, coragem, retidão – e por sua incorruptibilidade.

Sua reputação por essas virtudes pavimentara seu caminho de sucesso na política. Ele ganhou a eleição para prefeito de Buffalo em 1882, para governador de Nova York em 1883 e, finalmente, para presidente dos Estados Unidos em 1884. Contudo, viver a vida de um presidente com grandes princípios e permanecer resoluto em tempos de imoralidade e corrupção na política foi um verdadeiro teste de coragem e resiliência.

Após a morte de Lincoln, o Congresso se acostumou a lidar com presidentes submissos, que evitavam o confronto com o Legislativo. O método mais comum era fechar os olhos para a corrupção rotineira e as sinecuras que mancharam a política em Washington DC. Cleveland prontamente disse que isso era desprezível e começou uma abordagem de "tolerância zero".

Entrou em sua primeira luta contra o Congresso, suspendendo funcionários públicos nomeados pelos senadores para cargos do governo. Um grupo de senadores tentou ter uma conversa privada com ele para explicar as regras do jogo. Ele rebateu afirmando que as nomeações do governo eram uma prerrogativa do presidente e que não tinha intenção de renunciar a isso. Os senadores contra-atacaram dizendo que, se ele se recusasse a ceder, encontraria uma resistência feroz no Congresso para a aprovação de suas nomeações seniores. Mas, para ele, não existia pacto com práticas imorais. Ele confrontou o Congresso, e o Senado cedeu.

A segunda luta foi sobre as pensões da Guerra Civil. Tornou-se prática comum para os congressistas aprovar leis para pensões de guerra fraudulentas entregues a pessoas perfeitamente saudáveis. Quando Cleveland chegou à Casa Branca, mais de 300 mil pessoas recebiam pensões da Guerra Civil. Ele decidiu examinar cada pedido cuidadosamente e, pela primeira vez desde 1865, um presidente dos Estados Unidos pôs fim aos pedidos fraudulentos, vetando-os.

Como um bom zagueiro, defendeu o interesse público, um governo enxuto e o uso adequado do dinheiro público. Ele mostrou coragem e determinação na luta contra a corrupção e contra a pressão por interesses especiais – e não fazia diferença para ele se os adversários eram grandes corporações, trabalhadores sindicais ou agricultores. Como resultado da batalha pela preservação do bem público, usou seu poder de veto mais do que todos os presidentes que vieram antes.

Como um exemplo de sua abordagem "sem medo e sem favores", Cleveland vetou um projeto de lei elaborado pelo Congregsso para ajudar os agricultores texanos em apuros após uma severa seca em 1887. Ele disse que o governo não era uma instituição de caridade; essa era uma tarefa para igrejas e comunidades locais. Adotou a mesma postura linha-dura para lidar com as duas principais greves dos trabalhadores, em 1886 e 1897:

- A primeira, uma greve no Haymarket de Chicago, acabou em sangue. A polícia abriu fogo e matou quatro trabalhadores, que revidaram matando sete policiais. Os líderes trabalhistas foram presos, levados a julgamento e condenados;
- A segunda, liderada pelo líder da União Ferroviária Americana Eugene Debs, tinha como objetivo paralisar os serviços de trem que transportavam tanto pessoas quanto a correspondência dos Correios dos EUA. Neste caso, o presidente usou tropas federais para acabar com a greve e garantir a entrega das correspondências. Cleveland disse que não hesitaria em enviar o Exército dos EUA "para entregar cartões-postais em Chicago". Ele também irritou os magnatas com as suas políticas *laissez-faire.*

Os políticos estavam acostumados a receber dinheiro de grandes corporações em troca de apoio legislativo para o aumento de impostos e políticas protecionistas que restringissem a concorrência no mercado. O congressista James Blaine, ex-presidente da câmara e candidato republicano na eleição presidencial contra Cleveland em 1884, foi um dos beneficiados pela Union Pacific Railroad. Em uma carta a um executivo da empresa, Blaine fez uma referência (se queixando) à proprina que recebera, mas pediu ao destinatário da mensagem que "queimasse a carta".

Cleveland era um defensor ferrenho da redução de impostos e dos direitos de importação. Acreditava que eram contra os interesses do país, prejudicando principalmente aos pobres, que precisavam pagar por bens e serviços mais caros.

No fim, Cleveland perdeu a presidência para Benjamin Harriman, em 1888, por causa de sua promessa de reduzir impostos e taxas. Os grandes executivos apoiaram Harriman. Como presidente, Harriman honrou seu acordo com as grandes empresas e, em 1890, aprovou a Lei Tarifária McKinley, que aumentava os impostos e os direitos de importação em 50%.

Quando Cleveland voltou ao poder, em 1893, os Estados Unidos enfrentavam uma das piores recessões econômicas de sua história. Ele não percebera que, em tempos de crise, um governo pouco intervencionista como o seu agravaria a situação econômica e social. Bancos e empresas foram hipotecados, o desemprego aumentou dramaticamente e o PIB entrou em colapso, mas Cleveland permaneceu comprometido com suas políticas de *laissez-faire*.

Inicialmente, ele se recusou a intervir na economia e ajudar corporações ou cidadãos pobres em apuros, mas quando as reservas do Tesouro atingiram um ponto dramaticamente baixo, Cleveland precisou pedir a ajuda de J. P. Morgan, que reuniu um grupo de banqueiros para emprestar 62 milhões de dólares em ouro ao governo a fim de evitar a inadimplência. Neste momento, os norte-mericanos irritados com Cleveland – porque ele se recusava a adotar políticas que aliviassem as dores da recessão – acusaram-no de vender o governo para banqueiros em troca de ouro.

Quando o sistema político parece surdo à raiva da população, abre caminho para o florescimento do populismo e do radicalismo. Cidadãos destilavam indignação e frustração reclamando do governo, dos banqueiros e dos magnatas das ferrovias.

Outro bode expiatório recorrente era o lastro do ouro. Durante a recessão, Cleveland foi criticado por sua insistência em mantê-lo. Trabalhadores, empresários e até políticos de seu próprio partido pressionaram o presidente a abandonar o ouro e adotar políticas pró-inflacionárias para ajudar na recuperação da economia, mas Cleveland acreditava que a inflação prejudicava principalmente os pobres e que era seu dever preservar uma moeda sólida, a disciplina financeira no governo e a inflação baixa. Sua fé inabalável de que a intervenção do governo no mercado apenas produziria distorções perversas e retardaria a saída do país da recessão fez com que ele se tornasse um alvo fácil para os populistas.

E, de fato, as cicatrizes sociais e econômicas da recessão despertaram as Fúrias do populismo. O principal adversário de Cleveland era de seu próprio partido: o congressista William Jennings Bryan, de Nebraska, tinha uma oratória poderosa e a capacidade de mobilizar milhares de pessoas com sua retórica, que denunciava os capitalistas e criticava o governo por ser insensível à situação dos agricultores e trabalhadores. O ouro – dizia ele – era o símbolo visível de todos os males na nação. Representava a ânsia pela riqueza e impedia o governo de ajudar agricultores e trabalhadores com programas de auxílio, já que refreava a desvalorização do dólar.

Na Convenção Democrática de 1896, Bryan foi escolhido como candidato presidencial e levou 20 mil pessoas a um frenesi coletivo com seu discurso que acusava magnatas de serem Pôncio Pilatos. Bryan, é claro, se apresentou como salvador do país, proclamando que não permitiria que os EUA fossem colocados à mercê de interesses financeiros: "Não pressionarás sobre a fronte do trabalho a coroa de espinhos. Não crucificarás a humanidade em uma cruz de ouro". O delírio da multidão na Convenção não se traduziu em votos – e o candidato republicano William McKinley venceu a eleição.

Cleveland se recusou a apoiar Bryan, a quem chamou de "demagogo e cruzado insolente". Ele compreendeu, com razão, o trágico destino do partido quando caiu nas mãos de um líder populista. Os democratas renunciaram à tradicional defesa de governos enxutos, baixos impostos e não intervenção no mercado para abraçar o sermão demagógico de Bryan quanto a atacar os ricos, defender a intervenção estatal na economia e criar programas de bem-estar social. Enquanto Bryan dominasse o partido, os democratas seriam derrotados nas eleições presidenciais – em 1896, 1900 e 1908. O partido só recuperou a presidência em 1912, quando Woodrow Wilson foi eleito após uma ruptura no Partido Republicano.

Antes de deixar a Casa Branca, em 1887, Cleveland já tinha recuperado sua popularidade. O fim da recessão trouxe de volta o otimismo sobre a economia e o futuro. A população mais uma vez apreciou o esforço evidente de Cleveland para dar ao povo um governo decente e lutar contra a corrupção, os interesses especiais e os demagogos. Ele até se tornou mais cortês e atencioso com as pessoas após seu casamento com Frances Folsom, em 1886. Foi o primeiro presidente a se casar na Casa Branca.

Cleveland restaurou a dignidade da política nos Estados Unidos. Trouxe de volta à Casa Branca e à presidência a aura de seriedade que havia sido perdida depois de Lincoln. Sua incansável luta contra a corrupção ajudou a mitigar o cinismo na política. Com uma conduta exemplar e direção firme, reestabeleceu a preponderância do Poder Executivo na direção da nação. Mas, na virada do século, os Estados Unidos precisavam de mais do que apenas um bom líder na Casa Branca. Era imperativo ter um presidente capaz de salvar a democracia dos populistas – e o capitalismo dos capitalistas.

O homem para esta tarefa era Theodore Roosevelt. Aos 42 anos – o mais jovem presidente dos EUA a assumir na época –, ele chegou à presidência por acidente: o presidente McKinley foi assassinado em 14 de setembro de 1901, e Roosevelt, como vice-presidente, foi empossado.

Apesar de sua juventude, ele já tinha um histórico impressionante com o público: ex-governador de Nova York, Secretário Assistente da Marinha na primeira administração de McKinley e, mais importante, herói de guerra. Ele participou da Guerra Hispano-Americana de 1898 em Cuba, liderando um regimento conhecido como os *Rough Riders* na conquista de San Juan Hill, uma batalha decisiva que levou a Espanha a pedir a paz.

Era um vulcão de energia ilimitada e um homem de ação. Adorava caça, boxe, caminhadas e equitação, e era apaixonado pela natureza e pela vida selvagem. Para ele, a vida era uma luta permanente contra adversidades e dificuldades, mas também uma aventura maravilhosa e emocionante: para aproveitar a grande aventura da vida, é preciso ter resistência física, altos padrões morais e um senso de propósito para governar a própria conduta – e a do país.

Nascido de uma família proeminente e rica, Teddy Roosevelt era uma criança frágil, tímida e míope que sofria de asma grave. Seguindo o conselho de seu pai, decidiu superar essas dificuldades e começou a praticar esportes. Logo se tornou um atleta inveterado. Aos 16 anos foi estudar na Universidade de Harvard. Em seu segundo ano, seu pai, a quem adorava e admirava, morreu de câncer. Ele ficou devastado, mas mergulhou nos livros, permaneceu firmemente comprometido com os estudos e conseguiu seu diploma de Harvard com honras, enquanto participava ativamente de esportes competitivos (boxe, remo) e da Sociedade Literária, socializando também no clube mais prestigiado, o *Porcellian Club*. Uma de suas paixões de estudo foi a história naval, tópico que seria tema de seu primeiro livro. Como veremos em breve, a Marinha passou a desempenhar um papel dominante em sua política externa.

Enquanto estava em Harvard, conheceu Alice Lee. Apaixonou-se loucamente por ela e se casaram em 1880. Mas outra tragédia se abateu sobre ele. Alice morreu em 1884, no Dia dos Namorados, depois de dar à luz uma menina. A mãe de Teddy morreu no mesmo dia. Ele decidiu se refugiar em um rancho em Dakota, onde criava gado, caçava e desfrutava da solidão do deserto.

A preservação da natureza e da vida selvagem foram algumas de suas causas mais queridas como presidente dos Estados Unidos. Ele se tornou o primeiro estadista conservacionista, tendo designado grandes áreas para preservação e criado parques nacionais para proteger os recursos naturais.

De volta a Nova York, em 1886, ele reatou um contato de infância, Edith Carow. Eles se casaram e foram morar em Sagamore Hill, Long Island, onde formaram uma família com cinco filhos – além de Alice, filha do primeiro casamento dele. Roosevelt era um homem de família. Ele adorava estar na companhia de sua esposa e filhos em casa: "Ele honestamente pensava que as crianças e a vida familiar eram as grandes bênçãos de Deus para a humanidade".[23]

---

[23] BRANDS, H. W. *TR:The last romantic*. New York: BasicBooks, 1997, pp. 160.

Como um homem rico que amava a vida familiar, os livros e os esportes, ele poderia ter sido apenas mais um *bon vivant* da Era Dourada dos Estados Unidos. Mas, sem dúvida, ele sentia que a vida não era divertida se não colocasse a barra lá no alto. A política era a melhor atividade para elevar a barra ao limite. A família e os esportes deram-lhe o apoio e a resistência que precisava para ter sucesso na política.

Ele começou sua carreira política na Assembleia do Estado de Nova York, onde construiu sua reputação pública lutando contra a corrupção corporativa – mais tarde, um de seus alvos favoritos durante a presidência. Quando Benjamin Harrison se tornou presidente, Roosevelt foi nomeado para dirigir a Comissão do Serviço Civil dos EUA, um trabalho que assumiu como uma cruzada, no qual promoveria a meritocracia no governo federal e erradicaria as sinecuras e o *spoils system* que dominavam as nomeações públicas.

Em 1894, o prefeito Lafayette Strong convidou Roosevelt para presidir a Polícia de Nova York como Comissário. A polícia era um meio não só de garantir a lei e a ordem, mas também de combater os criminosos e a corrupção. Sua nomeação também foi uma boa oportunidade para que conhecesse melhor o submundo do crime e da pobreza. Roosevelt se tornou amigo de Jacob Riis e Lincoln Steffens, dois jornalistas que o acompanharam em suas visitas aos bairros pobres. Ele viu em primeira mão as condições miseráveis em que as pessoas viviam e entendeu que o governo deveria fazer algo para ajudá-las. Uma vez na Casa Branca, trabalhou para melhorar as condições dos necessitados.

Sua carreira política ascendeu após deixar uma posição confortável como Secretário Assistente da Marinha para se juntar à luta na guerra Hispano-Americana em 1898. Retornou aos Estados Unidos como um herói de guerra, o que ajudou em sua eleição como governador de Nova York em 1899. No ano seguinte, ele foi escolhido para ser vice-presidente da candidatura do presidente William McKinley pela reeleição. Em 1901, tornou-se presidente dos Estados Unidos. Quando Roosevelt alcançou a presidência, sabia exatamente o que queria fazer – e não perdeu tempo em alcançar seus objetivos.

Começou sua presidência declarando guerra aos trustes corporativos. Roosevelt acreditava que o governo federal tinha um papel importante a desempenhar para endireitar o capitalismo. Uma combinação de governo fraco e políticas *laissez-faire*, acreditava, prejudicara a concorrência justa de mercado e dera origem a monopólios e grandes trustes. Como primeira missão, escolheu combater o passe livre das grandes corporações em um mercado não regulamentado que permitia a consolidação dos monopólios.

Sua cruzada contra a "tirania da plutocracia" começou atacando seus maiores símbolos: as ferrovias. Roosevelt instruiu seu procurador-geral, Philander Knox, a processar a Northern Security Company – um grande fundo ferroviário criado por J.P. Morgan – por violar a Lei Antitruste de Sherman de 1890. Morgan visitou Roosevelt na Casa Branca para fazer um acordo, sem sucesso.

O caso chegou à Suprema Corte em 1904 e a decisão final (por cinco votos a quatro) foi que a Northern Security Company deveria ser desmembrada. A decisão da Suprema Corte foi vital para Roosevelt continuar sua luta contra os grandes trustes. Ele seguiu a mesma estratégia para dissolver o maior fundo de petróleo (Rockefeller Standard Oil), bem como a American Tobacco Company, a DuPont Company e mais de 40 outros trustes.

Para Roosevelt, o capitalismo só ajudaria a melhorar a sociedade se fosse supervisionado e regulado pelo governo. Os papéis do governo como mediador e executor de regras, ele acreditava, eram essenciais para o bem-estar de uma nação. As grandes empresas têm de ser transparentes, declarar publicamente os seus lucros e, naturalmente, ser tributadas. Assim, depois de quebrar os monopólios ferroviários, ele criou a Comissão de Comércio Interestadual para regular o transporte ferroviário e as tarifas de trem. Também criou o Departamento de Comércio e Trabalho, para supervisionar e regular as atividades empresariais e trabalhistas.

Quando a greve dos carvoeiros desestabilizou o país em 1902, quadruplicando o preço do produto e ameaçando paralisar todos os Estados Unidos, Roosevelt fez algo impensável para um presidente: convocou os líderes do setor, além de John Mitchell, líder do Sindicato Trabalhista, para a Casa Branca, a fim de mediar um acordo. Mitchell aceitou a sugestão de Roosevelt: criar um comitê de arbitragem e cumprir sua decisão, mesmo que ela fosse de encontro aos desejos dos trabalhadores. Mas os representantes do setor foram inflexíveis e se recusaram a aceitar um acordo. A anuência veio somente após Roosevelt ameaçar enviar o Exército para ocupar as minas de carvão, rendendo elogios ao presidente pelo sucesso de sua negociação.

Roosevelt tinha uma antipatia particular por patrões inescrupulosos que manipulavam as pessoas para seus próprios fins, quer estivessem atuando em negócios, na política ou em sindicatos. Ele era intransigente ao lidar com demagogos que manobravam sindicatos, partidos políticos, movimentos sociais e greves para desestabilizar o país. Naquela época, o socialismo e a "anarquia" eram vistas como forças destrutivas que ameaçavam a democracia e o capitalismo nos Estados Unidos. Roosevelt não hesitou em usar as tropas federais e o rigor da lei para parar a propagação de ambos. Ao mesmo tempo, porém, promulgou uma legislação pró-trabalho, incluindo projetos de lei sobre trabalho infantil e sobre a remuneração dos trabalhadores.

Suas políticas também foram influenciadas pela literatura. Depois de ler o romance *The Jungle*, de Upton Sinclair, que descrevia as horríveis condições de trabalho na indústria frigorífica, Roosevelt pediu ao seu secretário de Agricultura que conduzisse uma investigação sobre a indústria de carne enlatada. A ficção de Sinclair provou ser uma descrição precisa da realidade, e Roosevelt tomou medidas firmes: rompeu os trustes e impôs rigorosos regulamentos de saúde e inspeção de qualidade – exigindo que cada produto de carne de bovina tivesse a data em que foi enlatado no rótulo.

Ele se via como um líder com a função de corrigir os erros e comportamentos imorais de empresários sem escrúpulos: "Se uma corporação fosse encontrada tendo lucro por meio de injúria ou opressão da comunidade, restringindo a produção por meio de truques ou artifícios, por trama ou conspiração contra concorrentes ou pela opressão dos trabalhadores assalariados (...) seria impedida, perseguida e eclipsada por todo o poder do governo". Por outro lado, acreditava que o governo devia dar total apoio para que as empresas busquem "seus lucros servindo à comunidade, estimulando a produção, baixando preços, melhorando o serviço, respeitando os direitos dos outros com escrúpulos e obedecendo rigorosamente à lei".[24]

Na crise financeira de 1907, Roosevelt teve de recorrer aos "bons capitalistas" para salvar o país. Ao contrário de Cleveland, que deixou a predominância do *laissez-faire* correr livremente até o país mergulhar em uma depressão econômica, Roosevelt agiu prontamente. De imediato, procurou J. P. Morgan. Como um bom capitalista e com espírito cívico, Morgan não hesitou em reunir o mercado e obter fundos suficientes para evitar uma corrida caótica aos bancos.

A atitude heroica de Roosevelt – como o mediador honesto que protegia as pessoas comuns contra magnatas, demagogos e agitadores socialistas – aumentou sua popularidade e o ajudou a conquistar a reeleição em 1904. Sua postura política e realizações notáveis esvaziaram a narrativa populista de William Jennings Bryan de jogar os ricos contra os pobres e pregar suas polêmicas socialistas contra o capitalismo. Durante a eleição de 1900, Roosevelt disse aos eleitores: "Se Bryan ganhar, temos diante de nós alguns anos de miséria social não muito diferentes do que em qualquer República da América do Sul".[25]

Felizmente, os norte-mericanos elegeram Roosevelt e evitaram o destino de ver seu país se tornar uma república sul-americana, onde o populismo e a dependência do Estado tornavam os países pobres, voláteis e desiguais. Depois de sua terceira derrota presidencial, em 1908, Bryan seguiu para o esquecimento – para o alívio dos Estados Unidos.

Roosevelt acreditava que *caráter* era um elemento essencial ao bem-estar de uma nação. Ele era particularmente exigente com seus iguais. Em uma cerimônia de formatura em Groton, uma das melhores escolas preparatórias de elite de Massachusetts, Roosevelt disse à turma de formandos: "Vocês não têm direito a um pingo de privilégio porque estiveram em Groton. Muito foi dado a vocês, portanto,

---

[24] BRANDS, H. W. *TR: The last romantic*. New York: BasicBooks, 1997, pp. 438.

[25] OLASKY, Marvin. *The American leadership tradition*. New York: Free Press, 1999, pp. 175.

temos licença para esperar muito de vocês. Não sejam esnobes. Há criaturas piores do que esnobes, mas não mais desprezíveis". Um dos alunos que ouviu com entusiasmo o discurso foi seu sobrinho de 15 anos – e futuro presidente dos Estados Unidos – Franklin Delano Roosevelt.[26]

"Teddy" Roosevelt acreditava que a elite deveria conduzir o país com probidade, moderação, competência, firmeza e senso de dever. Seja na política, filantropia ou negócios, deve estabelecer padrões elevados e liderar exemplarmente, evitando o esnobismo, a exibição de riqueza e a desprezível vida ociosa simbolizada por alguns membros dos novos ricos da Era Dourada.

A política externa foi uma área em que o caráter e o senso de propósito moral de Roosevelt ditaram seu ativismo político e moldaram o novo papel dos Estados Unidos no mundo. Antes dele, os presidentes norte-mericanos preferiam cultivar o esplêndido isolamento do país e concentrar sua atenção apenas nos assuntos internos. Roosevelt mudou isso. Os Estados Unidos se tornaram a nação mais rica do mundo e, em sua opinião, tinham a obrigação de assumir deveres e responsabilidades morais, especialmente para preservar a paz e a ordem nos assuntos internacionais.

Sua política externa foi baseada em dois conceitos básicos: princípios morais e interesse nacional. Quando as potências europeias decidiram estabelecer um bloqueio naval à Venezuela para obrigar o governo daquele país a honrar o pagamento de sua dívida externa, Roosevelt anunciou que os Estados Unidos tinham o direito de intervir nos países da América do Sul para garantir a paz e a ordem na região e proibir qualquer intromissão de potências europeias no continente americano. Conhecida como o Corolário Roosevelt, essa política precisaria ser sustentada pela força, caso as potências estrangeiras desafiassem os Estados Unidos. Assim, ele começou um ambicioso programa naval para construir a Marinha mais poderosa do mundo.

A combinação de uma poderosa marinha com o Corolário Roosevelt deu origem à diplomacia do "*Big Stick*", que foi definida

---

[26] BURNS, James M.; DUNN, Susan. *The three Roosevelts: patrician leaders who transformed America*. New York: Grove Press, 2001, pp. 56.

de forma sucinta pelo presidente em uma frase: "Fale com suavidade e carregue um porrete". Em outras palavras, como o novo vigilante do mundo, os Estados Unidos seriam magnânimos e justos na diplomacia, mas não hesitariam em usar a força para realizar o que fosse melhor para seu próprio interesse nacional e para a estabilidade da ordem internacional.

O "*Big Stick*" foi posto em prática em 1904, quando a Colômbia se recusou a chegar a um acordo com os Estados Unidos sobre a construção do Canal do Panamá. A Marinha dos EUA apoiou as forças insurgentes que lutaram para que o Panamá (à época uma província colombiana) se separasse da Colômbia. Os Estados Unidos imediatamente reconheceram o Panamá como uma nação independente, e o tratado que permitia a construção do Canal do Panamá foi aprovado.

Esse recurso diplomático foi bastante visível com a turnê da Marinha dos EUA ao redor do mundo em 1907. Foi uma demonstração impressionante de poder militar. "Dezesseis navios de guerra, numerosas embarcações de escolta e cerca de 18 mil militares uniformizados foram uma visão impressionante. Nunca se tinha reunido tanto poder naval num só lugar, quanto mais em um grande passeio pelo mundo".[27] Roosevelt tinha dois objetivos com essa demonstração de poder: impressionar potências estrangeiras e instilar orgulho e um senso de dever militar nos norte-mericanos – cujo país ele sentia estar muito amolecido pelo excesso de riqueza.

Curiosamente, os maiores triunfos diplomáticos de Roosevelt foram alcançados usando não *hard power*, mas *soft power*.

Ele atuou como mediador para acabar com a Guerra Russo-Japonesa em 1905. Suas habilidades diplomáticas foram essenciais na mediação de um tratado de paz, arrematado em Portsmouth, New Hampshire – pelo qual ganhou o Prêmio Nobel da Paz. No ano seguinte, também desempenhou um papel importante na mediação de uma disputa entre a Alemanha e a França sobre o Marrocos. Ele estava agindo como um mediador honesto entre os dois países, mas quando percebeu que a procrastinação do kaiser Guilherme II em

[27] BRANDS, H. W. *TR: The last romantic*. New York: BasicBooks, 1997, pp. 610.

aceitar um dos pontos do acordo tratava-se de má-fé, "ameaçou publicar toda a correspondência entre ele e o kaiser, o que colocaria a honra e a boa-fé da Alemanha em maus lençóis. Por outro lado, se o imperador pudesse chegar a um acordo, ele – Roosevelt – manteria a correspondência confidencial e sairia do caminho, dando crédito a Guilherme pela sua sabedoria e benevolência".[28] O kaiser aceitou os termos e Roosevelt manteve a sua promessa.

Na presidência dos Estados Unidos, Theodore Roosevelt inaugurou um novo tipo de liderança. Ele promoveu o presidente como o protagonista que definia as prioridades do país nas políticas interna e externa, se colocou entre as nações como árbitro e usou seu poder executivo para impor regras e ordem tanto dentro do país quanto nos assuntos internacionais.

Internamente, fez pleno uso de seu poder para evitar que a democracia se desintegrasse com o socialismo e para promover a visão de que plutocratas deformavam as virtudes do capitalismo. A nível internacional, os Estados Unidos começaram a desempenhar um papel ativo como os guardiões da ordem mundial. Roosevelt "sempre acreditara em uma presidência 'Hamiltoniana': forte liderança executiva, política central – investindo na tomada de poder com ou sem participação do Congresso, e no poder político presidencial baseado em seu partido, mas, quando necessário, em seus próprios eleitorados pessoais".[29]

Em 1913, Woodrow Wilson foi eleito presidente dos Estados Unidos depois que o Partido Republicano foi dividido entre a reeleição de William Taft ou Theodore Roosevelt – Roosevelt simplesmente deixou o partido e concorreu como candidato do Partido Progressista. Wilson, filho de um ministro presbiteriano que o imbuiu de fervor religioso pela retidão moral, entrou na política com o zelo missionário de um guerreiro cristão para combater o mal. Todos que discordavam dele estavam, claro, do lado do diabo. A busca por certezas absolutas

---

28 BRANDS, H. W. *TR: The last romantic.* New York: BasicBooks, 1997, pp. 578.

29 BURNS, James M.; DUNN, Susan. *The three Roosevelts: patrician leaders who transformed America.* New York: Grove Press, 2001, pp. 108.

na política, porém, leva ao extremismo que muitas vezes pode resultar em mudanças disruptivas ou traumáticas.

Na política interna, sua atitude arrogante e confiante trouxe mudanças significativas. Ele reviveu a guerra de Cleveland quanto às tarifas, eliminando políticas protecionistas e reduzindo aquelas que o presidente Taft havia reintegrado. Resistiu à pressão de interesses especiais, mantendo firmemente sua maioria no Congresso, abolindo por completo os impostos sobre certas mercadorias e reduzindo o imposto médio pela metade. Também continuou a guerra de Theodore Roosevelt contra os trustes. A Lei Antitruste de Clayton, que reforçou a Lei Antitruste de Sherman de 1890, aumentou as restrições às práticas de monopólio e cartel que prejudicavam os interesses dos consumidores. Como um historiador colocou, estes dois atos "encerraram a Era do barão ladrão".[30]

Woodrow Wilson também seguiu os passos de Roosevelt quanto ao fortalecimento do poder do Governo Federal. Em dezembro de 1913, ele estabeleceu o Federal Reserve – o Banco Central Americano –, uma instituição que desempenhou papel crucial no controle do crédito e na estabilidade da política monetária. No ano seguinte, ele aprovou a Lei da Comissão Federal de Comércio, que tratou de restrições de mercado injustas, investigou práticas comerciais e recomendou iniciativas legislativas ao Congresso.

Mas ele também era sensível às exigências da ala progressista do Partido Democrata. Instituiu um imposto de renda federal, uma taxa progressiva, que isentava os pobres e a classe média, mas taxava os ricos e os muito ricos. Atendeu às solicitações dos agricultores, aprovando uma forma de subsídio de crédito para agricultura (Lei Federal de Empréstimo) e atendeu às exigências dos trabalhadores da indústria para limitar a jornada de trabalho a oito horas.

Durante a sua presidência, o Congresso aprovou também duas medidas significativas que reforçaram a participação democrática. Pela 17ª Emenda à Constituição, o Senado, antes escolhido pelo voto indireto das legislaturas dos Estados, passou a ser eleito diretamente

---

[30] JOHNSON, Paul. *A history of the american people*. New York: Harper Collins Publishers, 1999, pp. 638.

pelo povo. E a 20ª Emenda, no final da Primeira Guerra Mundial, em 1919, deu às mulheres o direito de votar. Essas foram, de fato, conquistas extraordinárias nos dois mandatos de Wilson. Mas a eclosão da Primeira Guerra Mundial mudou o destino geral, a visão e a reputação de sua administração.

Quando a guerra começou, em agosto de 1914, Wilson estava determinado a manter os Estados Unidos fora dela. Ele queria, de fato, se afastar da "política externa agressiva" de Roosevelt, focada em fazer dos Estados Unidos um grande ator nos assuntos internacionais. Wilson acreditava que a determinação de Roosevelt em fazer com que os EUA desempenhassem o papel de guardião da ordem internacional era uma ambição típica das potências europeias, mas não estava de forma alguma relacionada com as tradições do país.

Ele queria que os EUA voltassem à sua política externa tradicional de evitar disputas internacionais que não tivessem relação com o interesse nacional. Na verdade, sua campanha de reeleição prometia manter os Estados Unidos fora da guerra. Ironicamente, ele confessou em conversas privadas que não seria capaz de manter sua promessa: "Seria uma ironia do destino se minha administração tivesse que lidar principalmente com assuntos externos". Foi exatamente isso que o destino reservou para ele. Pouco depois de começar o segundo mandato na Casa Branca, Wilson quebrou sua palavra.

A Alemanha deu a Wilson a razão política para liderar os Estados Unidos à Primeira Guerra Mundial. Em janeiro de 1917, o governo alemão declarou que todos os navios destinados à Grã-Bretanha seriam atacados e destruídos. Então, nos meses seguintes, submarinos alemães atacaram navios norte-mericanos – no que Wilson descreveu como uma violação flagrante "contra cidadãos e propriedades americanos". Em seguida, o Serviço Secreto Britânico interceptou uma mensagem do Ministro dos Negócios Estrangeiros alemão, Arthur Zimmerman, ao governo mexicano – conhecido como *Telegrama Zimmerman* –, que oferecia uma aliança militar contra os Estados Unidos em troca da recuperação dos territórios que o México tinha perdido para os EUA na guerra de 1846-1848. Esses elementos, juntos, levaram Wilson a pedir ao Congresso, em 2 de abril de 1917, uma declaração de guerra contra a Alemanha.

Wilson se via como o salvador do mundo livre em uma luta contra a tirania. A guerra que queria evitar se tornara o conflito final para "tornar o mundo seguro para a democracia". Sua missão seria salvar a civilização e ele empregaria todos os recursos dos EUA para vencer a cruzada contra a barbárie teutônica.

Para traduzir este conceito em ações, Wilson não hesitou em sacrificar, temporariamente, alguns princípios fundamentais da democracia e do capitalismo. O governo instituiu o serviço militar obrigatório, coagindo mais de 20 milhões de jovens a se alistar nas Forças Armadas. A *Lei da Espionagem* permitiu que a polícia prendesse pessoas suspeitas de espionagem ou atos não patrióticos sem o devido processo legal. Na verdade, essa foi a justificativa legal para a prisão do líder sindical socialista Eugene Debs. A liberdade de expressão também foi drasticamente reduzida pela *Lei de Sedição*, que transformou em crime qualquer ataque ao "governo dos EUA, à bandeira americana ou às Forças Armadas".

O Estado interveio diretamente na economia de mercado. O governo criou várias agências para controlar o preço e a produção de alimentos, combustíveis e bens industriais de forma a atender às necessidades da guerra. Enquanto a guerra seguia, as ferrovias foram nacionalizadas.

Os impostos aumentaram drasticamente para pagar os custos da guerra, que consumiram 52% do PIB: "Taxas rigorosos foram impostas sobre os lucros das empresas, com o objetivo de restringir a especulação na guerra".[31] William McAdoo, Secretário do Tesouro e genro de Wilson, ficou encarregado da poderosa War Finance Corporation, "cujo objetivo principal era ajudar empresas civis a se converter à produção de guerra".[32] Este enorme esforço nacional foi categórico para vencer a guerra.

Felizmente, esse enorme aparelho foi desfeito após o fim do conflito. Os norte-mericanos recuperaram suas liberdades democráticas e

---

[31] GREENSPAN, Alan; WOOLDRIDGE, Adrian. *Capitalism in America*. New York: Penguin Press, 2018, pp. 185-186.

[32] JOHNSON, Paul. *A history of the american people*. New York: Harper Collins Publishers, 1999, pp. 646.

o capitalismo mais uma vez respirou os ares da economia de mercado, em lugar da intervenção do Estado.

Com o fim da guerra, Wilson estava pronto para partir para a Europa e participar da Conferência de Paz em Versalhes. Foi o cenário perfeito para coroá-lo como o estadista que garantiu a vitória no campo de batalha e liderou a reconstrução da nova ordem internacional "para tornar o mundo seguro para a democracia". Contudo, durante o ato final de sua carreira política, ele "estragou tudo". A sua intransigência e a sua hipocrisia ajudaram a tornar o mundo mais *inseguro* para a democracia e menos seguro para o capitalismo.

3.

O CHOQUE DA DEMOCRACIA E DA TIRANIA NO SÉCULO XX

3.1. Da Primeira Guerra Mundial à queda do Muro de Berlim

Quando Woodrow Wilson chegou à França em janeiro de 1919, multidões nas ruas de Paris cumprimentaram-no como um herói. Essa acolhida calorosa revelou dois sentimentos predominantes.

O primeiro foi gratidão. O compromisso decisivo dos Estados Unidos para o esforço de guerra fora crucial para quebrar o impasse militar e garantir a vitória contra a Alemanha. Um armistício assinado pelos alemães em 11 de novembro de 1918 pôs fim ao conflito mais sangrento da história europeia.

O segundo sentimento era esperança. Havia grande expectativa de que Wilson ajudaria a reconstruir a paz na Europa e restabelecer dois atributos, típicos dos norte-mericanos e que os europeus haviam perdido durante a carnificina das trincheiras de guerra: a autoconfiança e um otimismo irresistível sobre o futuro.

Mas quando Wilson voltou para os Estados Unidos em julho, havia uma amarga sensação de decepção e ceticismo sobre a nova ordem mundial. Nas ruas de Paris, um silêncio apático tomara o lugar das multidões animadas que o haviam cumprimentado em janeiro.

Na França, Wilson destruiu a chance de criar uma ordem mundial estável. Sua inexperiência em política externa foi sucedida por sua pregação idealista das virtudes universais da democracia e por sua fé inabalável na Liga das Nações, concebida para desempenhar um papel de liderança na preservação da paz e da ordem no mundo.

Em casa, a feroz teimosia política de Wilson arruinou as chances de fazer concessões razoáveis ao Congresso de forma a garantir a ratificação do Tratado de Versalhes – o projeto do novo sistema internacional, do qual ele fora um dos principais arquitetos. O resultado foi a criação de uma frágil ordem mundial, na qual os Estados Unidos não desempenhavam um papel de liderança e as potências europeias desconfiavam de sua capacidade para garantir a paz e a segurança.

Em 1939, o sistema internacional entrou em colapso e, mais uma vez, as grandes potências foram engolidas pela guerra – até 1945.

Nós nos conhecemos melhor quando entendemos os nossos fracassos mais do que os nossos sucessos. O Tratado de Versalhes é um bom caso de estudo sobre como criar uma ordem internacional instável desencadearia uma sensação de insegurança entre as nações, aumentando o risco de guerra. A compreensão dos receios que isso gerou pode trazer luz à nossa era atual, em que a erosão da confiança entre as nações – bem como entre os governos e o povo – ameaça o bom funcionamento da ordem mundial e a credibilidade da democracia.

O primeiro receio dizia respeito à incapacidade das grandes potências de chegar a um consenso mínimo sobre os princípios que deveriam guiar a nova ordem mundial. O presidente Wilson queria criar um sistema internacional baseado nos valores norte-mericanos: democracia, autodeterminação e segurança coletiva.

Seus Quatorze Pontos eram princípios nobres que mais tarde se tornariam *mainstream* e hoje são senso comum, mas, na época, pareciam aspirações elevadas. Procuravam, por exemplo, abolir os tratados secretos: todos os acordos entre países deveriam ser abertos e transparentes. Previam a redução das barreiras comerciais, a garantia da liberdade econômica e a garantia da liberdade dos mares. Uma vez que a guerra se tornou impensável após a carnificina Europeia, Wilson insistiu em reduzir drasticamente os armamentos de todas as nações. A segurança deveria ser garantida pela Liga das Nações e pela ação coletiva.

A mudança mais abrangente de seus Quatorze Pontos foi a proposta de reorganização territorial baseada no princípio da autodeterminação: as fronteiras seriam ajustadas de acordo com a nacionalidade e o princípio do "desenvolvimento autônomo". Esse critério foi usado para cortar o Império Austro-Húngaro e o Império Otomano. A Checoslováquia, a Polônia, a Hungria e a Romênia se tornaram países independentes. As fronteiras dos Balcãs foram determinadas de acordo com a nacionalidade e com as "promessas de lealdade".

A Turquia se tornou independente, mas seu império foi desmembrado em estados autônomos. A passagem marítima dos Dardanelos se tornou aberta ao comércio internacional e não era controlada pela Turquia.

Finalmente, o último – o décimo quarto ponto – criou a Liga das Nações. Esses nobres princípios pregados pelo presidente norte-americano eram boas aspirações para um homem que governava um país distante e que nunca tivera que lidar com as rivalidades de potências estrangeiras vizinhas que representavam uma ameaça à sua soberania.

Os governantes europeus viviam em um contexto completamente diferente, no qual as disputas econômicas, políticas e militares entre as grandes potências forjavam um acordo internacional de coexistência baseado no conceito de "equilíbrio de poder". Era mais frequentemente um conjunto de alianças temporárias entre países para conter uma ameaça eminente de outra potência ou grupo de potências. Assim que a ameaça desaparecesse e o equilíbrio de forças fosse restabelecido pelo uso da força e/ou de manobras diplomáticas, as alianças seriam dissolvidas. As relações entre os principais países europeus eram ditadas pelo interesse nacional e pela política de poder.

O presidente Wilson condenou esse sistema "maligno", baseado em interesses egoístas e relações secretas entre príncipes e governos, como sendo a principal causa da Primeira Guerra Mundial. Seu objetivo era se impor sobre a Europa para erradicá-lo e encontrar uma nova ordem mundial baseada em seus Quatorze Pontos.

Mesmo antes do fim da guerra, Wilson foi inflexível em sua determinação de ditar as regras do novo sistema internacional de acordo com os princípios norte-mericanos. Ele escreveu ao Coronel House, seu principal conselheiro e chefe negociador na Conferência de Paz em Paris: "Quando a guerra acabar, podemos forçá-los (os europeus) o nosso modo de pensar, porque a essa altura eles estarão, entre outras coisas, financeiramente em nossas mãos".[33]

Henry Kissinger, em seu soberbo livro *Diplomacy*, afirmou que as opiniões de Wilson refletiam uma longa tradição norte-americana que via a política externa como "uma ideologia de cruzada". Ele relata esta crença nos seguintes termos:

- "A missão especial dos Estados Unidos transcende a diplomacia do dia a dia, obrigando-a a servir de farol da liberdade para o resto da humanidade;
- As políticas externas das democracias são moralmente superiores porque o povo, sobretudo, ama a paz;
- A política externa deve refletir os mesmos padrões morais que a ética pessoal;
- O Estado não tem o direito de reivindicar uma moralidade separada para si mesmo."[34]

Os governantes europeus partilhavam de crenças diferentes. O sistema de equilíbrio de poder havia garantido a paz entre os principais países europeus por cem anos (1814-1914). Isso não foi um feito pequeno; foi o maior período de paz na Europa. Assim, eles estavam bastante inquietos com uma nova ordem internacional que fosse baseada em princípios elevados pregados pelo presidente dos Estados Unidos. Ainda assim, seguiram Wilson porque acreditavam que um sistema internacional apoiado pelo poder dos EUA, somado ao seu poder militar e ajuda financeira, poderia garantir o equilíbrio: paz, segurança e estabilidade na Europa.

De fato, essa era a principal aspiração de Georges Clemenceau, primeiro-ministro francês. Ele estava do lado oposto do espectro político de Wilson – um realista que acreditava na política de poder,

---

[33] KISSINGER, Henry. *Diplomacy*. London: Simon & Schuster, 1995, pp. 224.

[34] KISSINGER, Henry. *Diplomacy*. London: Simon & Schuster, 1995, pp. 46.

não no idealismo do outro. Ele queria uma ordem internacional para garantir que a França estivesse a salvo da Alemanha.

Como John Maynard Keynes relatou: "ele via a questão em termos de França e Alemanha, não da humanidade e da civilização europeia lutando por uma nova ordem mundial".[35] Keynes não se importava com os princípios norte-mericanos, mas sim com o poder e a criação de um sistema internacional que mantivesse a Alemanha sob controle e fraca o suficiente para não ser uma ameaça à Europa. Se o poder militar dos Estados Unidos era essencial para que a França alcançasse esse objetivo, estava disposto a aceitar as crenças e condições de Wilson.

David Lloyd George, o primeiro-ministro britânico, também argumentou a favor do equilíbrio de poder. Ele desejava uma ordem internacional estável para garantir os principais interesses da Grã-Bretanha. No caso, a restauração do comércio mundial e um equilíbrio de forças no continente europeu tal que França ou Alemanha não pudessem se tornar potências dominantes. Lloyd George acreditava que a disposição dos Estados Unidos em desempenhar um papel de liderança em assuntos internacionais poderia ajudar a Grã-Bretanha a garantir ambos os interesses e, assim, aceitou os termos de paz de Wilson. Mas as expectativas dos estadistas europeus em relação ao protagonismo dos EUA na nova ordem mundial tiveram uma vida curta. Ficaria evidente que o idealismo norte-americano, ao lado da política de poder bruto da França e do desejo da Grã-Bretanha de restaurar o equilíbrio de forças no continente europeu, eram, na prática, forças irreconciliáveis.

Logo surgiu uma segunda fonte de apreensão: em tempos de crise, se as grandes potências não estão alinhadas na defesa dos princípios e no cumprimento das decisões do sistema internacional, suas diferenças ficam evidentes. Os desafios internacionais exigem uma resposta coordenada às ameaças. Todavia, é difícil sincronizar a ação quando há expectativas conflitantes. O teste de fogo da legitimidade do sistema internacional reside na sua capacidade de responder de maneira eficaz às provações que ameaçam a paz, a estabilidade e a

---

[35] KEYNES, John M. *The economic consequences of the peace*. Great Britain: The Royal Economic Society, 1971, pp. 23.

ordem. Tais desafios só podem ser superados quando as grandes potências trabalham em conjunto. Infelizmente, a dissonância provou ser fatal para o trabalho bem-sucedido da nova ordem mundial, e o sistema internacional concebido em 1919 começou a desmoronar logo após a assinatura do Tratado de Versalhes.

O Congresso dos Estados Unidos foi quem impôs a primeira grande derrota para a nova ordem internacional. A incapacidade de Wilson de negociar com a maioria republicana no Senado foi surpreendente. Henry Cabot Lodge, senador Republicano e presidente do Comitê de Relações Exteriores do Senado, favoreceu a aprovação do Tratado de Versalhes e a participação dos Estados Unidos na Liga das Nações. Não obstante, ele expressou algumas reservas a respeito do Tratado, particularmente quanto à intervenção militar dos Estados Unidos no exterior. De acordo com a Constituição, era o Senado quem tinha a prerrogativa de declarar guerra e aprovar intervenções militares no exterior. O senador Lodge insistiu que o Senado deveria ter a última palavra quando uma ação militar no exterior fosse necessária. Ele não queria ver os Estados Unidos envolvidos em pequenos conflitos que nada tinham a ver com a manutenção da paz e da estabilidade da ordem internacional, muito menos com os interesses nacionais. Por exemplo: "Os Estados Unidos iriam para a guerra para proteger as fronteiras da Grã-Bretanha na Índia? Claro que não".[36]

Wilson tentou rejeitar as reservas de Lodge e foi inflexível ao confrontar os republicanos no Senado. Em vez de negociar com os senadores, tentou um truque populista, apelando diretamente ao povo. Ele decidiu viajar mais de 8 mil quilômetros por todo o país para falar diretamente ao povo a favor do tratado de paz e mobilizar a opinião pública contra o Senado.

Wilson já tinha sofrido um AVC em Paris, mas teve outro durante a turnê, que o deixou com o lado esquerdo do corpo paralisado. Embora precisasse de descanso absoluto, recusou-se a delegar o governo ao seu vice-presidente, Thomas Marshall. Sua esposa, Edith

---

[36] JOHNSON, Paul. *A history of the american people*. New York: Harper Collins Publishers, 1999, pp. 653.

Wilson, era a única ligação entre o presidente e o seu governo. Ela tornou-se, de fato, a governante do país.

O Senado se recusou a aceitar o ultimato de Wilson, e o tratado não foi ratificado. Na prática, os Estados Unidos não pertenceriam à Liga das Nações. A intransigência política de Wilson e seu excesso de confiança quanto aos valores norte-mericanos e aos princípios universais consagrados na carta da Liga das Nações arruinaram sua aspiração de construir uma ordem internacional estável. Sem a participação dos Estados Unidos, a Liga nasceu incompleta, e a ordem mundial ficou debilitada. Os países europeus não podiam contar com o país mais poderoso do mundo para impor grandes decisões internacionais. Wilson tentou uma última vez ao transformar a eleição presidencial de 1920 em um referendo sobre sua administração e o tratado de paz. Novamente, sofreu uma grande derrota. O povo elegeu o republicano Warren Harding, que derrotou o candidato de Wilson, James Cox, nas urnas.

Em um estado lamentável, Wilson terminou sua carreira política. Os estadistas europeus tiveram de encontrar outra forma para gerir a ordem internacional sem a participação dos EUA. Decidiram voltar aos métodos de equilíbrio de poder.

*

Um dos principais problemas desse retorno às origens foi a falta de uma liderança capaz de operar o sistema. Essa foi a terceira dúvida. Não havia um Metternich ou Bismarck para reconstruir a ordem internacional que todas as grandes potências se esforçassem para manter, em vez de derrubar. Depois das guerras napoleônicas, Metternich procurou reintegrar a França no Concerto da Europa e tratá-la como uma potência igual nas negociações da conferência de paz em Viena. Ele entendeu que não haveria paz na Europa se uma grande potência estivesse tão insatisfeita com o sistema internacional a ponto de tentar destruí-lo por meio da força. Bismarck seguiu a mesma receita usada após a unificação alemã em 1871. Empregou todas as suas habilidades políticas para se certificar de que o nascimento de uma Alemanha poderosa não representasse uma ameaça para a paz europeia e para a estabilidade do sistema internacional. Na verdade, ele desempenhou um papel fundamental como árbitro do equilíbrio de poder europeu.

Se Bismarck e Metternich estivessem no poder em 1914, provavelmente a guerra teria acabado em 1915. Era evidente que as grandes potências tinham chegado a um impasse militar e nenhuma delas tinha poder militar suficiente para impor sua vontade. Era hora de usar diplomacia para resolver as diferenças.

Mas a nova geração de políticos não tinha as virtudes de seus antecessores. Não compartilhavam um conjunto comum de crenças (para preservar a paz e a ordem entre as grandes potências), objetivos (manutenção do equilíbrio de poder) e valores (agir como guardiões da civilização). A nova geração foi focada nos novos motores das sociedades democráticas modernas: popularidade, política de poder e objetivos de curto prazo. Então, ao invés de procurar negociar a paz em 1915, dobraram as apostas sobre a mobilização militar e transformaram uma guerra restrita em guerra total.

Nesse sentido, Wilson estava certo: a nova geração de políticos europeus não sabia como operar um sistema internacional apoiado no equilíbrio de poder: "Enquanto os líderes europeus baseavam seu sistema internacional na convicção de que era possível destilar harmonia a partir de uma competição de interesses egoístas, seus colegas americanos imaginavam um mundo em que os Estados agiriam como parceiros cooperativos, sem desconfiar dos rivais".[37]

Infelizmente, sem a participação dos Estados Unidos na Liga das Nações, o futuro da Europa estava nas mãos de Lloyd George e Georges Clemenceau, os primeiros-ministros da Grã-Bretanha e da França.

Lloyd George desempenhou o papel de um líder sonâmbulo, totalmente entediado com as longas discussões técnicas sobre o destino do continente europeu. Seu desinteresse o levou a seguir quase tudo o que França e Estados Unidos decidiam. A Grã-Bretanha queria voltar ao tradicional distanciamento dos conflitos europeus, liberando-se para se envolver em guerras continentais apenas no caso extremo de uma ameaça ao seu interesse nacional.

---

[37] KISSINGER, Henry. *Diplomacy*. London: Simon & Schuster, 1995, pp. 32.

Como John Maynard Keynes disse: "Com este espírito, o povo britânico recebeu o contrato sem ler".[38] A indiferença de Lloyd George abriu caminho para Clemenceau protagonizar a definição do futuro da Europa junto de Wilson. Ele fez tudo o que podia para humilhar a Alemanha. Na sua visão, uma Alemanha unificada sempre representaria uma ameaça para a França e para a Europa.

Em vez de reintegrar a Alemanha no sistema europeu e tratá-la como uma grande potência, queria mantê-la fraca. Ele lutou, na Conferência de Paz, para impor condições draconianas à Alemanha: dura reparação financeira, perda para a França da Alsácia Lorena e todas as colônias na África, além de uma absurda "cláusula de culpa de guerra". Alemães orgulhosos acharam termos tão severos muito difíceis de aceitar. Era apenas uma questão de tempo até os germânicos recuperarem a força política, econômica e militar e derrubarem o Tratado de Versalhes. Na verdade, a destruição do "diktat" de Versalhes se tornou um dos *slogans* de Hitler na mobilização do povo alemão.

Com três grandes potências excluídas da Liga das Nações – Estados Unidos, Alemanha e Rússia comunista –, o sistema internacional era frágil e pouco confiável para garantir a paz e a segurança entre os países. Em um dos primeiros desafios, a Liga falhou miseravelmente. Mustapha Kamal Ataturk, um oficial militar e líder do Movimento dos Jovens Turcos (responsável por depor o sultão), desencadeou uma revolta nacionalista e declarou a independência turca. Isso representou um desafio direto para o Tratado de Sevres, assinado pelas grandes potências e que enterrou o Império Otomano.

Na época, a maior parte do território turco era ocupada por potências estrangeiras. Grécia, Itália, França e Grã-Bretanha controlavam as províncias de Esmirna, Cilícia e o Estreito de Dardanelos. A Rússia percebeu a revolta turca como uma excelente oportunidade para fomentar a discórdia política entre as grandes potências e decidiu apoiar Kemal. Com dinheiro e armas russos, Kemal derrotou os

[38] KEYNES, John M. *The economic consequences of the peace*. Great Britain: The Royal Economic Society, 1971, pp. 4.

franceses na Cilícia e os gregos em Esmirna. Os italianos desistiram dos territórios sem luta.

Kemal teve o bom senso de não desafiar os britânicos no estreito, o que abriu o caminho para um entendimento com as grandes potências. Em 1923, a Turquia se tornou uma república independente e Kemal Ataturk, seu primeiro presidente.

A Turquia não foi o único teste embaraçoso para a nova ordem internacional. Em 1922, o Tratado de Rapallo, assinado entre a Alemanha e a Rússia Soviética, gerou enorme preocupação entre as grandes potências. A renúncia dos dois países a certas reivindicações financeiras e territoriais mútuas foi apenas a ponta do iceberg. O que causou preocupação foi a possibilidade de uma aliança militar contra a Grã-Bretanha e a França, em caso de guerra. A Rússia e a Alemanha compartilhavam o objetivo de derrubar os pontos mais pesados do Tratado de Versalhes.

Contudo, a discórdia diplomática mais importante entre as grandes potências aconteceu em 1923. A França decidiu invadir unilateralmente o território da Alemanha e ocupar a região do Ruhr, em retaliação à moratória alemã sobre o pagamento das reparações de guerra acordadas no Tratado de Versalhes; isso, é claro, gerou reações amargas e até mesmo conflitos entre França e Grã-Bretanha, Itália e Estados Unidos.

Primeiramente, todos criticaram a invasão francesa, condenando-a como prejudicial ao esforço de reconstrução da paz e da segurança na Europa. Todavia, ela também causou duas reações que colaboraram para minar as relações entre esses países. Por um lado, a França interpretou a crítica como um sinal claro de que, em caso de guerra com a Alemanha, não poderia contar plenamente com o apoio da Grã-Bretanha e dos Estados Unidos. Por outro lado, a Grã-Bretanha e a Itália perceberam a atitude francesa como uma posição arrogante tomada contra a Alemanha por parte de um país movido principalmente pelo ressentimento, sem compromisso com o equilíbrio de poder na Europa.

O episódio de Ruhr deu origem a uma desconfiança geral entre os membros da Liga sobre sua capacidade de agir coletivamente para preservar a paz e a segurança na Europa. A França se afastou da Grã-Bretanha e começou a procurar aliados na Europa Oriental, onde os países partilhavam uma preocupação semelhante quanto a uma Alemanha ou uma Rússia Soviética poderosas. A Grã-Bretanha, por outro lado, procurou melhorar as relações com a Alemanha a fim de contrabalançar o papel dominante da França no continente. A Itália se tornou imprevisível com a chegada ao poder do líder fascista Benito Mussolini, que prometeu restaurar a ordem no país.

Em 1925, uma nova leva de líderes chegou ao poder com a verdadeira missão de salvaguardar a paz e a ordem na Europa. Aristide Briand e Gustav Stresemann, ministros de Relações Exteriores da França e da Alemanha, respectivamente, tornaram-se a esperança de a Liga das Nações funcionar.

Na França, Aristide Briand abandonou a atitude belicosa de Clemenceau em relação à Alemanha e promoveu uma aproximação entre ambos os países. Na Alemanha, Gustav Stresemann, o maior estadista germânico do período entre guerras, chegou ao poder determinado a prosseguir com uma política conciliatória em relação à França e a transformar o seu país em um ator importante para a manutenção da paz e da ordem na Europa.

Stresemann estava convencido de que cooperar com as grandes potências, em vez de desafiá-las, era melhor para garantir a recuperação econômica e a influência política da Alemanha nos assuntos internacionais. Em sua opinião, a permanência do acesso alemão aos empréstimos e mercados internacionais – dois ingredientes vitais para impulsionar empregos e investimentos no país – dependia da sua capacidade de melhorar as relações com a Grã-Bretanha, a França e os Estados Unidos. Stresemann acreditava que o crescimento econômico da Alemanha era importante para garantir a paz em casa e para honrar os pagamentos acordados quanto às reparações de guerra para a França.

O espírito da nova era foi celebrado com a assinatura do Pacto de Locarno em dezembro de 1925. A Alemanha reconheceu a fronteira com a França e ambos os países renunciaram ao uso de força para resolver as diferenças.

Os Tratados de Locarno deram à França a garantia de que a Alemanha não recuperaria a Alsácia-Lorena, região que poderia causar conflitos entre os dois países. Locarno também foi um passo importante na reintegração da Alemanha ao sistema internacional, abrindo caminho para sua admissão na Liga das Nações.

Enquanto Briand e Stresemann foram responsáveis pela política externa, a Europa viveu em paz. Em verdade, o espírito colaborativo entre as grandes potências criou uma era de otimismo. Os países se reuniram em Genebra para assinar um protocolo a fim de reduzir os armamentos e buscar arbitragem na resolução de disputas. Em 1928, o Pacto Kellogg-Briand foi assinado entre os Estados Unidos, a França e a Alemanha, renunciando à guerra como meio de resolver suas diferenças. Essas iniciativas criaram um sentimento de esperança de que a Europa poderia regressar ao período de relativa estabilidade, paz e ordem que existia antes da Primeira Guerra Mundial. Infelizmente, a brisa do otimismo foi curta.

Em 1929, a queda do Bolsa em Nova York e a morte de Gustav Stresemann na Alemanha deram fim ao período otimista que havia prevalecido em meados dos anos 1920. O mundo estava submerso numa terrível espiral de depressão econômica, crise política e agitação social, que ameaçavam a existência da democracia e do capitalismo. Nos Estados Unidos, "a terra da abundância foi transformada na terra da miséria, a terra da oportunidade, em uma terra de sonhos desfeitos".[39]

O desemprego atingiu quase um quarto da força de trabalho; em algumas cidades industriais, chegou a 50%. Milhões de investidores foram arruinados; pessoas comuns que investiram em ações viram suas economias evaporarem. Mais da metade dos bancos fechou. O comércio internacional entrou em colapso, os preços caíram vertiginosamente. A produção industrial caiu mais de 40%. Foi um período de agitação social, conspirações comunistas e anarquistas, além de greves nas grandes indústrias.

A crise econômica gerou críticas ferozes às políticas econômicas liberais do presidente dos EUA, Herbert Hoover, e sua determinação em evitar medidas intervencionistas para deter a depressão

---

[39] GREENSPAN, Alan; WOOLDRIDGE, Adrian. *Capitalism in America*. New York: Penguin Press, 2018, pp. 224.

econômica. Hoover perdeu a eleição presidencial de 1932 para o candidato democrata Franklin Delano Roosevelt.

Ao contrário de Hoover, "FDR" era um otimista inveterado – e tinha um plano: o *New Deal*. Roosevelt acreditava que era dever do governo reviver a economia, por meio de um programa massivo de obras públicas, e ajudar os miseráveis criando um sistema de bem-estar social. O *New Deal* se tornou a vacilante esperança que os Estados Unidos abraçaram para permitir que emergissem dessa enorme crise econômica.

Na Europa, as consequências devastadoras da depressão econômica foram terreno fértil para novos partidos radicais. A combinação fatal de crise econômica e agitação social foi agravada pelas democracias fracas. Graças a um sistema eleitoral caótico, baseado na representação proporcional, os governos parlamentares na Europa assemelhavam-se a caleidoscópios de partidos políticos. Os governos tiveram que contar com coalizões multipartidárias, além de apoio político frágil, para se manterem relevantes. A impotência dos partidos moderados de centro-direita e centro-esquerda ficou evidente quando não conseguiram reunir apoio político para tirar os países da crise econômica e conter a agitação social ao mesmo tempo

Em democracias estáveis, a insatisfação do povo com o governo é demonstrada nas eleições, quando existe a chance de derrubar um partido e eleger outro. Mas em democracias fracas, a insatisfação do eleitorado com o funcionamento do governo transforma-se em desconfiança quanto ao regime político. Frustradas e, em muitos casos, furiosas, as pessoas começaram a depositar suas esperanças nas alternativas radicais propostas por partidos que ou se aproximavam ou endossavam completamente o ponto de vista comunista ou fascista.

A Rússia Soviética foi a primeira grande potência a adotar o comunismo, em 1917. Vladimir Lênin, o líder revolucionário que estabeleceu um regime comunista após derrubar a monarquia autocrática da Rússia durante a Revolução de Outubro de 1917, queria espalhar o comunismo em todo o mundo. Ele acreditava que era impossível a coexistência do capitalismo e do comunismo. A democracia, em sua visão, era um sistema político burguês capturado pelos capitalistas, que controlavam o Estado, os meios de produção e a propriedade privada. Suas riquezas dependiam da exploração da classe trabalhadora: o comunismo visava inverter a ordem social e a política vigente no capitalismo: os trabalhadores estariam no topo, controlando o Estado e os meios de produção.

Mas Lênin não tinha poder para espalhar a revolução comunista para além da Rússia. De fato, seu país se viu em uma sangrenta guerra civil após a Revolução de Outubro – na qual os comunistas de Lênin ("vermelhos") confrontaram anti-comunistas ("brancos"). Apesar de os brancos terem certo apoio das potências europeias e dos Estados Unidos, os vermelhos venceram, e Lênin consolidou seu poder sobre a Rússia.

Lênin e seu sucessor, Joseph Stalin, tiveram que contar com o apoio dos trabalhadores, sindicatos e partidos marxistas dos países europeus para expandir o comunismo e derrubar o capitalismo. Alianças tácitas de partidos socialistas, comunistas e radicais com os sindicatos eram uma força política potente em muitos países da Europa, América Latina, Ásia e África. Eles desafiaram a ordem econômica com greves trabalhistas, a ordem social com tumultos e protestos e a ordem política ao eleger os membros do parlamento que propuseram uma legislação radical, o que levantou preocupações entre a classe média, bem como entre os setores de negócios, finanças e agrícola.

Como resultado, os partidos radicais de direita e os seus líderes populistas usaram astutamente o dispositivo da "ameaça vermelha" – cenários em que, por exemplo, a Europa é infiltrada e depois dominada por uma onda internacional de comunismo – apresentando-se como a única força eficaz de contra-ataque para conter os marxistas revolucionários.

A ascensão dos populistas de direita na década de 1930 pode, talvez, ser explicada por uma combinação de três tendências. Em primeiro lugar estava a capacidade dos líderes populistas de manipular o ressentimento e medos verdadeiros das pessoas, criando uma narrativa poderosa que prometia destruir bodes expiatórios e restaurar a ordem, a confiança e o progresso. A seguir, vinha a incapacidade dos partidos moderados de se conectarem com o medo das pessoas e fornecerem soluções concretas para enfrentá-las. Por fim, existia a perda de confiança das elites políticas e econômicas nos partidos democráticos estabelecidos e a adesão partidos radicais e seus líderes populistas – de modo que, em muitos casos, os populistas de direita pareciam o único remédio para conter a disseminação do comunismo, do caos econômico e do medo de agitação social.

3.1.1. A ascensão do fascismo

A Itália foi o primeiro país a sucumbir ao populismo de direita.

Benito Mussolini era filho de um ferreiro socialista e começou suas atividades políticas se juntando ao Partido Socialista e como repórter em um jornal socialista radical. Sua ruptura com os socialistas veio no início da Primeira Guerra Mundial, quando eles se opuseram à entrada da Itália na guerra. Ele foi cativado pelo fervor nacionalista de Gabriele D'Annunzio, o célebre poeta e jornalista, que transformou a campanha italiana pela entrada do país na guerra em uma luta patriótica para uni-lo. D'Annunzio acreditava que mobilizar o povo italiano para se juntar à França e à Grã-Bretanha contra a Alemanha e a Áustria era uma grande oportunidade para expulsar os austríacos do norte da Itália, uma missão gloriosa para forjar a identidade nacional da nação em uma guerra patriótica. Mussolini se tornou um nacionalista fervoroso e juntou-se à guerra como soldado. Quando o conflito terminou, filiou-se ao Partido Fascista e recrutou alguns de seus companheiros veteranos de guerra para se juntarem ao esquadrão "camisa negra" – o ramo de milícia do partido. Seus "camisas negras" ganharam apoio popular confrontando gangues socialistas e anarquistas e restaurando a ordem em cidades onde o governo local parecia impotente para controlar esses movimentos radicais. Em 1921, Mussolini foi eleito membro da câmara baixa do Parlamento Italiano (Câmara dos Deputados).

Os fascistas adotaram um discurso radical contra o governo constitucional, mas foram vistos como ativo útil para conter anarquistas e socialistas pelos figurões de partidos moderados e pela elite econômica. Os partidos moderados ocupavam a maioria dos assentos no parlamento, e os líderes empresariais tinham Mussolini no bolso porque financiavam suas campanhas políticas. Como acontece frequentemente, as elites políticas e econômicas não levam os populistas a sério – até que seja tarde demais. Eles frequentemente os tratavam como um suporte político menor, mas útil, para ajudar a preservar a ordem política e a estabilidade econômica de uma nação e conter a agitação social. Em 1921, o Partido Fascista de Mussolini tinha alguns assentos no parlamento e controlava apenas províncias pobres no sul da Itália. Mas o contexto mudou rapidamente no ano seguinte.

Uma divisão entre partidos moderados no Parlamento causou a queda do governo de centro-esquerda liderado por Ivanoe Bonomi. Sua renúncia gerou um impasse político e, após algumas tentativas frustradas de formar um novo governo, os partidos chegaram a um consenso com o nome de Luigi Facta, um homem cordial e conciliador que não tinha disposição pessoal nem apoio político para implementar as duras medidas que poderiam ser necessárias para conter a ascensão do radicalismo.

O cheiro de um líder frágil encorajou os partidos radicais de esquerda e de direita a serem ainda mais audazes em suas tentativas de derrubar o governo. Os socialistas mobilizaram os trabalhadores e declararam greve geral, em agosto, no coração de Milão, centro financeiro e industrial do país. Fascistas, anarquistas, socialistas e suas quadrilhas partidárias invadiram as ruas de várias cidades italianas em conflitos sangrentos. A desordem reinou e o medo de uma revolução, que poderia causar incontroláveis distúrbios sociais e políticos, gerou pânico entre os agricultores, a classe média e a elite industrial e financeira. Artigos em jornais fascistas clamavam por uma ditadura temporária para restaurar a ordem e acabar com o derramamento de sangue.

Esse era o cenário perfeito para fortalecer o Partido Fascista. Enquanto o país vivia um permanente estado de anarquia — vítima, principalmente, dos tumultos liderados por partidos de esquerda —, Mussolini se apresentou como um líder capaz de restabelecer a ordem e eliminar a ameaça do marxismo, confrontando seus seguidores com seu esquadrão fascista de "camisas negras". O país estava cansado de um sistema parlamentar anárquico e Mussolini oferecia um governo forte. Nesse contexto, ele parecia a melhor alternativa para os democratas liberais, os empresários, a classe média e os pobres nas áreas rurais.

O mais importante, o rei da Itália, Vittorio Emanuele III, pensava em Mussolini como o homem que poderia liderar o país e ajudá-lo a permanecer no trono: "O rei estava com medo de que, se ele se opusesse aos fascistas, estes teriam poder de destituí-lo e dariam a coroa para o outro extremo da família, melhor e mais atraente, liderado por seu primo, o Duque de Aosta".[40]

Em outubro, Mussolini já um político em ascensão e possível candidato ao próximo governo. Ele não perdeu tempo em planejar o ato final de sua conquista de poder. Enquanto os fascistas em todo o país começaram a mobilizar uma milícia de "camisas negras" para marchar sobre Roma e exigir a demissão do governo de Facta, Mussolini permaneceu em Milão, fingindo uma rotina de reuniões e eventos sociais. O rei Vittorio Emanuele, como comandante supremo das Forças Armadas, recebeu relatórios de governo e de seu pessoal militar alertando sobre a mobilização das milícias fascistas, recomendando-lhe declarar a lei marcial como monarca. Esta seria uma medida extrema, mas necessária, na qual o exército agiria prontamente para desmantelar as milícias fascistas e tratá-las como fora da lei.

Todavia, na manhã de 27 de outubro, o rei rejeitou o conselho de seus ministros e comandantes militares e decidiu não assinar o pedido de lei marcial. Ele seguiu as próprias convicções. Acreditava que Facta não tinha poder ou vontade política para lidar com uma situação tão terrível. Depois de receber a surpreendente decisão do rei, Facta renunciou. O rei passou o dia seguinte (28 de outubro) conversando com líderes do partido e conselheiros políticos para formar um novo governo. Todos os candidatos educadamente recusaram, cientes de que encontrariam as mesmas dificuldades e coligações frágeis dos governos anteriores. Salandra, um dos líderes políticos convidados para formar um governo, sugeriu o nome de Mussolini. Em 29 de outubro, o rei finalmente ofereceu a ele o cargo de primeiro-ministro.

---

[40] SMITH, Denis M. *Modern Italy: a political history*. New Haven: Yale University Press 1997, pp. 312.

Mussolini ainda estava em Milão quando recebeu o convite do rei. Mas, como líder revolucionário, precisava encenar uma grande performance teatral de forma a impressionar os italianos. Sua ascensão ao poder precisava ser retratada como uma manifestação da vontade do povo. Ele decidiu reviver a travessia histórica de Júlio César pelo rio Rubicão, quando César entrou em Roma para acabar com a contenda política da República decadente e ser proclamado ditador vitalício. Montado a cavalo, atravessou o Rubicão e entrou em Roma, acompanhado de sua milícia fascista. Como o historiador Denis Mack Smith expressou, "a ausência de resistência implica que o público não tinha confiança nos líderes dos liberais e estava pronto para aceitar o novo governo com resignação, senão com prazer (...). Houve manifestações populares de alegria e Roma foi varrida por um clima de férias".[41] Foi, provavelmente, o último exemplo de uma manifestação popular espontânea no país.

Ele começou a refrear a liberdade política logo após se tornar primeiro-ministro. Precisou aproveitar a popularidade, o apoio do rei e o momentâneo apoio político para ser ousado. Em vez de ser convencional e tentar formar uma coalizão multipartidária, pediu ao Parlamento poder total para aprovar as reformas necessárias para corrigir o governo disfuncional do país. Ele fora colocado no poder, argumentou, para salvar as instituições políticas, restabelecer a ordem e restaurar a esperança em um país manchado pela violência, turbulência política e crise econômica. Se o Parlamento se recusasse a dar a ele plenos poderes, deveria estar pronto para o pior: uma insurreição fascista com apoio popular, que conduziria a mais violência e à queda do regime político.

A ameaça é uma arma poderosa contra uma classe política desanimada e um povo desesperançoso. Mussolini teve uma votação maciça na Câmara dos Deputados e no Senado, dando-lhe plenos poderes para enterrar a democracia na Itália.

Ele era um mestre do duplo uso da mão de veludo e do punho de ferro para, gradualmente, construir o Estado fascista.

---

41 SMITH, Denis M. *Mussolini*. London: Granada Publishing, 1983, pp. 65.

Em nome do restabelecimento da ordem, a milícia fascista foi incorporada à força policial e usada para atacar seus adversários, prender líderes de oposição e até mesmo assassinar militantes socialistas – como Giacomo Matteotti. Em nome do fim da anarquia e da propaganda política contra o governo, sufocou a liberdade de imprensa, alegando a necessidade de encerrar jornais subversivos. Em nome da moralidade cristã, da família tradicional e dos valores católicos, combateu as crenças marxistas e o ateísmo, impondo a ética fascista do respeito à autoridade, à lei e aos valores cristãos. À medida que a sociedade se submetia ao credo fascista e as vozes de oposição eram silenciadas no Parlamento, na imprensa e nas ruas, Mussolini seguiu com seu plano para assumir o Estado.

Em 1924, apesar de alguns protestos democráticos de partidos liberais, o Parlamento aprovou a Lei Acerbo, determinando que o partido que tivesse um terço do total de votos teria a maioria dos assentos. Era uma legislação feita sob medida para o partido fascista controlar o parlamento italiano pelo voto democrático. Uma avalanche fascista nas eleições seguintes (com uma pequena ajuda dos camisas negras para intimidar os eleitores da oposição) deu a Mussolini sólida maioria no Parlamento, que ele usou, nos dois anos seguintes, para aprovar leis que institucionalizavam a ditadura na Itália.

Em 1925, foi aprovada uma lei determinando que apenas o rei poderia demitir o primeiro-ministro. Isso significava que Mussolini permaneceria no poder para sempre — os partidos não poderiam mais fazer manobras para abandonar a coalizão e derrubar o governo. Mussolini se tornou um ditador eleito de fato.

Em 1926, após duas tentativas falhas de assassinar Mussolini por parte dos anarquistas, este aprovou uma lei abolindo os partidos políticos. Uma nova lei eleitoral determinava que os candidatos parlamentares deveriam ser selecionados pelo Grande Conselho (controlado pelo partido fascista) para fazer parte de uma lista eleitoral. Os eleitores foram às urnas simplesmente para aprovar ou reprovar a lista de candidatos apresentada, sem poder de escolha sobre os candidatos ou partidos. Com as novas regras eleitorais, a lista de candidatos parlamentares aprovados pelo Grande Conselho recebeu mais de 95% de aprovação.

Os tentáculos do fascismo se estenderam sobre a economia, sufocando os últimos vestígios da liberdade econômica e do capitalismo. Os fascistas foram os inventores do "Estado corporativo", no qual o Estado controla os meios de produção por uma aliança de empresas, comércio e sindicatos agrícolas e operários. Isso implica em um sistema econômico centralizado, baseado em comando e controle da burocracia estatal e sob o patrocínio do partido fascista. Em tempos de crise econômica, era um meio de o Estado investir em obras públicas e estimular a produção industrial ou agrícola.

Cartéis privados foram estabelecidos e receberam apoio ou subsídios do governo para produzir bens, fornecer empregos seguros e salários. Foi, evidentemente, um modelo econômico altamente ineficiente, que não contribuiu de modo algum para o crescimento da economia italiana. Mas o "deleite" com o fato de que o Estado cuidava do povo reacendeu uma brisa de esperança nos negócios, na classe média e nos trabalhadores, apoiada e agravada por dois potentes estimulantes: propaganda e política externa.

Mussolini era um gênio da propaganda. Ele foi o primeiro líder populista moderno a entender a importância da comunicação em massa. Sua voz era onipresente – ouvida em todas as estações de rádio (um monopólio do Estado) e vista em todas as telas de cinema. Ele criou a indústria cinematográfica italiana para produzir filmes heroicos e relatar suas atividades, devidamente exibidas antes dos filmes. Artistas e intelectuais foram seduzidos com pensões do Estado e posições bem pagas em instituições culturais e artísticas, até mesmo com nomeações políticas.

O famoso dramaturgo Pirandello "assinou o manifesto dos intelectuais fascistas e vestiu o espalhafatoso uniforme fascista da Nova Academia de Mussolini (...). O decano dos economistas italianos, Pantaleoni, foi feito senador, assim como o sociólogo Pareto".[42] D'Annunzio recebeu do rei o título de "Príncipe de Monte Nevoso". A doutrina fascista permeava escolas e universidades. Competições

[42] SMITH, Denis M. *Modern Italy: a political history*. New Haven: Yale University Press 1997, pp. 359.

esportivas e performances culturais estudantis reforçavam o culto fascista da resistência física e do patriotismo.

O segundo estimulante foi a política externa. O desejo de mostrar a grandeza italiana e demonstrar o respeitado papel do país nos assuntos internacionais foi um ingrediente importante no fomento do orgulho nacionalista de Mussolini. Quando soldados italianos foram assassinados em 1923 na ilha grega de Corfu, ele imediatamente mobilizou tropas para bombardear a ilha e ocupá-la. A guerra com a Grécia foi evitada pelo papel mediador da Grã-Bretanha. Mussolini estava pronto para empregar força contra países fracos na África – um grande exemplo foi sua guerra com a Etiópia, em 1935. Mas ele também gostava de se fazer passar por um estadista conciliador ao lidar com as grandes potências. Assim, assinou os Tratados de Locarno, em 1925, e desempenhou um papel proeminente na proposta do Pacto de Quatro Poderes entre a Itália, a Alemanha, a França e a Grã-Bretanha em 1933. O objetivo do pacto era garantir a estabilidade internacional na Europa. Sua assinatura, em Roma, foi a ocasião perfeita para Mussolini mostrar seu prestígio internacional e a importância da Itália na política europeia.

Essa foi provavelmente a última vez que Mussolini brilhou no palco internacional. Na Alemanha, um novo governo autoritário, inspirado pelo fascismo, conquistara o poder em janeiro de 1933. O nome do novo primeiro-ministro alemão, que logo ofuscaria Mussolini, era Adolf Hitler.

3.1.2. A ascensão do nazismo

Como poderia uma nação rica e próspera de pessoas bem-educadas, com uma elite civilizada, se deixar seduzir por um líder populista que institucionalizou a tirania nazista na Alemanha?

Essa é uma questão intrigante e importante, porque pode ajudar a compreender um fenômeno do nosso tempo — o aumento do populismo como resposta à percepção crescente de uma suposta incapacidade das democracias para responder aos problemas e preocupações mais prementes das pessoas.

Quando Mussolini finalmente chegou ao poder, em 1922, Hitler era um líder nazista radical desconhecido – mais tarde, ele seria preso depois de tentar um golpe de Estado fracassado em 1923. Durante seu período na prisão, escreveu *Mein Kampf*, um livro revelando as ideias radicais que moldaram o Partido Nazista, assim como seu desprezo pela democracia e pelo capitalismo, incluindo o virulento antissemitismo. Era um rascunho do que pretendia fazer quando estivesse no poder. Contudo, ninguém prestou muita atenção ao livro, nem mesmo quando ele estava prestes a governar a Alemanha. Quando confrontados com algo absurdo e que entra dramaticamente em conflito com a nossa visão da realidade, nosso preconceito pessoal nos leva a desconsiderar dados e informações que pareçam absurdos.

Interpretar as ideias radicais de um líder populista como um pequeno adereço para conquistar os eleitores, em vez de um mapa real do seu modo de pensar, que ditará o seu comportamento e políticas, é um erro comum e fatal. O despertar da consciência muitas vezes chega tarde demais, quando a tirania já é uma realidade e apenas pode ser combatida com o uso da força e derramamento de sangue.

Para Hitler, seu tempo na prisão foi importante por permitir que organizasse suas ideias e chegasse à conclusão de que a melhor maneira de conseguir poder era seguindo os passos de Mussolini: conquistar votos e ganhar eleições em vez de tentar derrubar o governo por meio de uma revolução. Uma vez tomada essa decisão, ele mostrou resolução política, um senso preciso de *timing* e comandou com mão de ferro o Partido Nazista. Essas eram habilidades fundamentais em um tempo em que a República de Weimar – a democracia liberal alemã – desmoronava.

O colapso abrupto da economia, após a queda de Wall Street em 1929, devastou o país. A combinação explosiva de corrida aos bancos, declínio do investimento estrangeiro e queda acentuada das exportações levaram as indústrias a demitir empregados e reduzir custos. As receitas de impostos também caíram dramaticamente, ajudando a destruir as finanças públicas.

A escala do problema – uma crise múltipla – exigia forte ação do governo, mas os alemães encontraram um parlamento fraco e dividido, incapaz de atender às preocupações da época, enfrentar medos ou protegê-los das terríveis consequências do caos econômico.

Graças a um sistema eleitoral que impedia um único partido de comandar a maioria no *Reichstag* (a câmara baixa), o Parlamento era uma manta de retalhos de partidos políticos. A fraqueza inerente a um parlamento fragmentado agravou-se com coligações fracas, geralmente de líderes dos partidos centro-democráticos, incapazes de abandonar suas diferenças mesquinhas e unir-se em torno das medidas drásticas que o momento terrível exigia. Por exemplo: os partidos do centro defendiam aliviar a classe média e as tarifas protecionistas; enquanto os socialistas, pressionados pelos sindicatos operários, se recusaram a aceitar o custo sob a forma de benefícios sociais mais baixos.

O resultado foi um impasse político que levou o presidente von Hindenburg a dissolver o Parlamento e convocar eleições em 1930. O Partido Social-Democrata ganhou a eleição, com 143 assentos (dez a menos que na eleição anterior em 1928), mas o fenômeno da eleição foi o Partido Nazista: conquistou 107 assentos – um aumento de 95 assentos em relação à eleição anterior. O Partido Comunista também teve ganhos expressivos, aumentando seu número de assentos de 54 para 77. Os outros 143 lugares foram conquistados pelo centro, pelos partidos Cristão e Populista, e outros partidos menores.

A popularidade evidente do Partido Nazista refletia a desilusão do eleitorado com a democracia, assim como sua simpatia com os ataques de Hitler aos males do capitalismo (banqueiros e judeus, sendo apresentados como os bodes expiatórios favoritos) e sua defesa de um governo forte. Mas os partidos de centro permaneceram surdos à mensagem das urnas.

O presidente Hindenburg convidou o líder do Partido Central, Henrich Bruning, para se unir ao governo. Com os partidos Nazista e Comunista controlando 40% dos assentos no parlamento e recusando-se a participar do jogo político, era evidente que a única alternativa de Bruning seria uma coalizão de partidos democráticos da centro-direita e da centro-esquerda.

Em seu governo, porém, Bruning ignorou os medos e preocupações do povo alemão e seguiu um plano econômico austero para combater a inflação, aumentando a tributação, reduzindo as despesas públicas para equilibrar o orçamento e, consequentemente, agravando o desemprego e a insatisfação popular.

O desemprego aumentou de 900 mil, em 1929, para 6 milhões de pessoas no início de 1932. Essa situação dramática derrubou o governo de Bruning. O presidente Hindenburg convidou Franz von Papen, um aristocrata do Partido Central, para se tornar chanceler em maio de 1932.

A escolha por von Papen revelava o triste estado da República de Weimar e a frágil democracia alemã. Ele foi provavelmente o chanceler mais inepto do período entreguerras. Era um símbolo vivo dos preconceitos da elite dominante em relação a Hitler e ao nazismo. Era um industrial rico e charmoso, que adorava intrigas políticas e os prazeres frívolos da vida social. Ele escolheu um grupo de "barões" idosos para seu gabinete, precisamente porque isso seria inaceitável para o Parlamento e forçaria o presidente Hindenburg a chamar novas eleições.

Por que ele queria novas eleições? A resposta é: porque acreditava que os nazistas estavam perdendo o apoio popular e Hitler seria forçado a abandonar a atitude intransigente, fechada a negociações, aceitando os termos para se juntar a uma coalizão com os partidos moderados. Ele acreditava que Hitler se tornaria um membro de seu novo gabinete, trazendo o Partido Nazista para o governo, dando ao chanceler uma sólida maioria que permitisse implementar as reformas econômicas e políticas de que o país precisava urgentemente.

Von Papen tinha razão. Em março de 1932, Hitler concorreu para a presidência da Alemanha contra Hindenburg, mas perdeu. Os partidos moderados se uniram e deram todo apoio a Hindenburg. Todos temiam a perspectiva de Hitler se tornar presidente e usar seus poderes constitucionais para dissolver o Parlamento, nomear um chanceler e, mais importante, declarar estado de emergência para governar o país sem parlamento.

A unidade dos partidos moderados deu a Hindenburg uma vitória clara: 53% dos votos, enquanto Hitler recebeu 36% e o candidato comunista Ernst Thälmann, 10%. Von Papen acreditava que as eleições de julho confirmariam a sua teoria de que os nazistas estavam em uma curva descendente. Enquanto os partidos democráticos tinham sua máquina partidária e a boa vontade do eleitorado para conquistar votos, os nazistas contavam com os discursos inflamados de Hitler e seus "camisas marrons", a milícia partidária inspirada nos "camisas negras" de Mussolini, para intimidar adversários políticos e entrar em conflitos violentos com os comunistas.

O triunfo dos nazistas nas eleições de julho foi surpreendente. Hitler conquistou 230 lugares e seu partido se tornou maioria no Parlamento. Apesar de Hitler ser o líder do maior partido do *Reichstag*, Hindenburg se recusou a escolhê-lo para formar um governo. O presidente convidou Hitler para uma audiência no palácio em 13 de agosto.

Foi uma conversa desastrosa. Hindenburg ficou ofendido com a exigência petulante de Hitler para ter todo o poder para escolher o primeiro-ministro e os membros do gabinete. Ele não apenas rejeitou o pedido absurdo do "cabo boêmio" como lembrou Hitler de controlar melhor sua milícia partidária ilegal, que causava violência e perturbava o processo eleitoral. Hindenburg foi um dos poucos líderes lúcidos que compreenderam claramente a ameaça que Hitler representava para o país. Ele reconvocou von Papen para formar um governo, mas sabia que sem o apoio de Hitler participando do novo gabinete, o governo não tinha nenhuma chance de sobreviver.

Von Papen convidou Hitler para se tornar vice-chanceler, mas ele recusou. Em setembro, os nazistas lideraram uma coligação de partidos para aprovar uma moção de censura. Foi o fim de outro breve governo de von Papen.

Dessa forma, em novembro, a Alemanha esteve mais uma vez envolvida em eleições gerais. Como esperado, o resultado foi outro impasse. O Partido Nazista foi novamente o vencedor, com 196 lugares (34 a menos do que em julho). O Partido Comunista também ganhou mais poder, conquistando 100 assentos. Incapaz de formar um novo governo, von Papen pediu a Hindenburg que declarasse lei marcial, dissolvesse o Parlamento e aprovasse as reformas constitucionais de que o país precisava, mas Hindenburg se recusou a conceder a ele poderes ditatoriais. O chanceler, mais uma vez, se demitiu.

Em vez de chamar Hitler, Hindenburg fez uma última tentativa. Ele trouxe o general von Schleicher, um importante líder militar e amigo do presidente, que tentara formar um governo com Gregor Strasser, um líder nazista que acreditava que a postura intransigente de Hitler acabaria por arrasá-los. Hitler vetou o acordo e manteve seu punho de ferro no partido a fim de evitar uma divisão entre nazistas, o que arruinaria seus planos. Strasser recuou e Hitler se manteve a postura fechada a negociações, pois sabia que Hindenburg não tinha alternativa senão chamá-lo para formar um governo. Von Papen chegou à mesma conclusão e decidiu estender a mão a Hitler.

Desta vez, o aristocrata aceitou que Hitler fosse responsável pelo governo, ficando com um papel secundário. Von Papen reuniu um grupo de importantes empresários para conhecerem Hitler. O líder nazista foi introduzido como um homem sensível que tinha aceitado uma oferta para formar um gabinete com a maioria dos figurões dos partidos do centro (havia apenas dois ministros nazistas). Era uma garantia de que o governo poderia contar com uma sólida maioria no Parlamento para aprovar as reformas políticas e garantir o governo forte que o povo alemão exigia.

Von Papen legitimou Hitler como um chanceler "confiável" e a reunião selou o apoio político e financeiro dados a ele: "Von Papen pensou que havia realizado um milagre: ele havia feito de Hitler um prisioneiro, figura de proa de um gabinete não nazista responsável. Os alemães ricos chegaram à mesma conclusão. Assinaturas começaram a fluir para os fundos nazistas".[43] Essa é uma atitude arrogante recorrente das elites políticas e econômicas ao redor do mundo. Elas acreditam que, ao controlar as instituições do país, é possível domar um líder populista e fazê-lo aceitar as regras do jogo. Pensam que é possível removê-lo do poder, caso saia da linha e ameace destruir as instituições.

Embriagadas por sua autoconfiança, as elites simplesmente deixam de ouvir as palavras, avaliar os atos e ponderar sobre as escolhas feitas por um líder populista. Se tivessem prestado atenção às palavras e

[43] TAYLOR, A. J. P. *Europe: grandeur and decline*. Middlesex: Penguin Books, 1967, pp. 214.

ações de Hitler, ficaria claro que sua intenção era derrubar a ordem existente. Hitler desprezava os valores, hábitos e crenças cultivados pelas classes dominantes. Abominava a democracia constitucional, o capitalismo, as eleições, o Estado de Direito e a liberdade individual. Um líder populista não aspira a ser um cavalheiro, quer se livrar deles. Uma vez no poder, visam destruir a civilização e criar uma sociedade "nova", baseada no domínio autoritário e em dogmas totalitários. Mas os populistas não prosperam se não conseguirem encontrar um eco na sociedade.

Na década de 1930, os alemães estavam cansados de democracia parlamentar, do governo fraco, das agitações políticas e da crise econômica. A República de Weimar havia se tornado uma coleção de administrações fracassadas, incapazes de entregar ordem, direção e bens para o povo. Hitler prometeu restaurar a ordem, o orgulho, a dignidade e os empregos da Alemanha, além de impulsionar a economia. Era uma promessa irresistível para um povo desesperado.

Os industriais estavam satisfeitos com a determinação de Hitler em esmagar os sindicatos e ajudá-los com a renovação das obras públicas. Os agricultores ansiavam por tarifas protecionistas, defendidas por Hitler, para garantir preços estáveis. A classe média esperava um governo forte, capaz de restaurar a ordem e de trazer de volta os bons velhos tempos de crescimento econômico e negócios prósperos. Mesmo o exército, um dos últimos bastiões a aderir à liderança de Hitler, sucumbiu à sua determinação em rearmar a Alemanha e restaurar sua grandeza. Com o apoio maciço da sociedade, o presidente Hindenburg convidou Hitler para formar um governo em 30 de janeiro de 1933.

Uma vez no poder, Hitler não perdeu tempo em consolidá-lo. Em 23 de março, aprovou a Lei de Concessão de Plenos Poderes, uma emenda constitucional que lhe dava o poder de promulgar leis sem necessidade de aprovação do Parlamento. Rapidamente usou seus decretos pessoais para abolir todos os partidos políticos (exceto o Partido Nazista) e para fechar os sindicatos. Em poucos meses, essas medidas – juntamente com a intimidação e o uso da violência por parte das gangues nazistas dos "camisas marrons", que perseguiam os bodes expiatórios tradicionais do partido, isto é, marxistas e judeus

– tinham desarticulado grupos e movimentos de oposição. As vítimas não tinham para onde correr. Não havia mais tribunais independentes ou Justiça para condenar os "camisas marrons" ou os simpatizantes nazistas. Os jornais da oposição foram fechados; não havia mais liberdade de imprensa.

Na política externa, Hitler fez sua grande estreia ao tirar a Alemanha da Liga das Nações e da Conferência para o Desarmamento. Era um sinal claro de que o país havia deixado de aceitar as decisões humilhantes dos autores do "*diktat*" de Versalhes. As decisões nacionais e internacionais de Hitler agradaram à maioria dos alemães. A ordem e a paz social foram restauradas, e o orgulho nacional alemão cresceu com a corajosa posição de Hitler nos assuntos internacionais. Em 1934, ele consolidou seu poder absoluto.

Nesse aspecto, as gangues de "camisas marrons" desempenharam um papel de liderança. Mas uma vez que Hitler se tornou chanceler, os "camisas marrons" se tornaram uma ameaça. Eles o pressionavam por cargos proeminentes no governo e exigiam ser uma voz de liderança. A postura violenta e radical das gangues se tornou um problema político. Uma vez que Hitler procurava ter boas relações com os figurões dos partidos do centro e os líderes militares do exército, dando-lhes papéis importantes no governo, os "camisas marrons" seguiram pressionando pelos melhores cargos e por um papel de liderança no Partido Nazista.

Percebendo a ameaça política que representavam para sua consolidação no poder, Hitler começou, secretamente, com um pequeno grupo de confidentes, a planejar um expurgo dentro da organização nazista.

Em 30 de junho, um evento que ficou conhecido como a "Noite das Facas Longas" desmantelou os "camisas marrons" enquanto grupo paramilitar, com um rápido golpe que destruiu o grupo, seguido da execução e prisão de seus principais líderes. Pouco depois, em agosto, a morte de Hindenburg ajudou em uma manobra política para abolir a presidência e concentrar todo o poder nas mãos do chanceler, Hitler. Ele se tornou o único governante da Alemanha. Uma vez que a política interna era completamente dominada pelo Partido Nazista, o único obstáculo para a ambição de Hitler era o sistema internacional. Infelizmente, a ordem internacional resultante do Tratado de Versalhes se revelou um fracasso na tarefa de colocar restrições à Alemanha.

De fato, a audácia de Hitler crescia conforme ele notava que o sistema internacional era fraco e incapaz de impedi-lo de colher os ganhos de sua política externa – alcançando três objetivos principais: destruir a ordem humilhante imposta à Alemanha pelo Tratado de Versalhes e torná-la uma grande nação novamente, propagar o vigor e o poder do nazismo e deixar os alemães orgulhosos de seu país novamente.

Em seu projeto para implodir o sistema internacional, Hitler contava com dois componentes principais. Primeiro, as democracias estavam colapsando na Europa. Regimes autoritários se espalhavam por todo o continente, derrubando frágeis sistemas parlamentares na Rússia, Itália, Alemanha, Áustria, Espanha e Portugal. Depois, a crescente fissura entre os países democráticos nos assuntos internacionais revelou a impotência destes para agir de forma coordenada quando precisaram responder às ameaças eminentes de regimes autoritários. Hitler tinha um senso refinado de *timing* em suas vitórias políticas, nas relações exteriores, na combinação de ameaças e em gestos conciliatórios.

Em 1935, o período de ocupação francesa do Sarre expirou. Um plebiscito foi organizado para que os habitantes da região decidissem se queriam permanecer sob a tutela francesa ou retornar à Alemanha. Hitler transformou o plebiscito em uma campanha nacional para acabar com a humilhante ocupação francesa e recuperar a soberania da Alemanha no território. O resultado do plebiscito foi uma vitória esmagadora para Hitler: 90% dos eleitores escolheram voltar a pertencer ao país.

Ao mesmo tempo em que os alemães celebravam a recuperação do Sarre por um plebiscito legal e justo, Mussolini estava prestes a destruir o Tratado de Versalhes por meios ilegais. Ele invadiu a Abissínia, país membro da Liga das Nações.

A reação da Grã-Bretanha e da França foi, francamente, patética. Sua recusa em agir prontamente e em mobilizar outros membros da Liga para condenar a Itália e impor medidas drásticas que pressionassem Mussolini a deixar a Abissínia, foi um sinal claro da impotência da Liga quanto a assegurar a paz e a ordem no sistema internacional. O ato de Mussolini foi uma violação flagrante do princípio fundamental da Liga de que, se um dos seus membros (Itália) atacasse um colega (Abissínia) sem razão injustificável, a Liga seria obrigada a agir. A inação da Liga no episódio encorajou Hitler a ser mais audacioso em seu próximo alvo: a reocupação da Renânia.

Em 7 de março de 1936, Hitler desafiou o Tratado de Versalhes ao mover suas tropas para reocupar a Renânia, uma zona não militar. Como no caso de Mussolini, houve um protesto hesitante da Liga, mas nenhuma ação clara para parar a ocupação. Ele justificou a invasão como uma resposta ao Pacto Franco-Soviético, que afirmou ter sido concebido como um projeto para enfraquecer a Alemanha. Mas, ao mesmo tempo, revelou o seu compromisso com a paz na Europa, oferecendo um pacto de não agressão com a França e a Bélgica, e outro com a Polônia. Após a reocupação da Renânia, seguida do programa de rearmamento rápido da Alemanha, tornou-se claro que um caminho fora aberto para Hitler ditar os termos das relações internacionais.

A débil Liga das Nações, os Estados Unidos indiferentes e as desunidas França e Grã-Bretanha só poderiam oferecer uma resposta: apaziguamento. Hitler interpretou corretamente a postura tímida como um sinal da fraqueza das democracias para contê-lo. Em contrapartida, os regimes autoritários mostraram senso de unidade e cooperação nos assuntos internacionais. Ele entendeu que era hora de avançar suas peças no tabuleiro de xadrez dos assuntos exteriores. Para isso, criou uma aliança com a Itália e o acordo do "Eixo" Roma-Berlim foi assinado em 1936. Hitler prestigiou Mussolini ao reconhecer a conquista italiana da Abissínia. A retribuição de Mussolini viria alguns anos depois, com o reconhecimento das anexações da Áustria e da Checoslováquia, em 1938, por Hitler.

A Alemanha e a Itália decidiram permanecer neutras na Guerra Civil Espanhola – mas ofereceram apoio tático às tropas de Franco na luta contra os republicanos, uma horda de comunistas e apoiadores de esquerda. A vitória final do general Franco neste hediondo conflito foi outro triunfo importante do fascismo sobre o comunismo e democracias parlamentares "decadentes".

O sucesso do nazismo e do fascismo inspirou muitos líderes populistas a imitarem Mussolini e implementarem regimes autoritários em outros lugares, como na América Latina e na Ásia. Países como Argentina, Brasil e Japão criaram sua própria versão de governantes autoritários, comprometidos em enterrar a democracia local.

Enquanto isso, as democracias tropeçaram em seus esforços para agir em conjunto e salvar o mundo das tiranias.

A França enfrentava um período difícil, com problemas financeiros, crises políticas que estimularam uma sucessão de fracas coligações governamentais no Parlamento, além de agitação social. Esse período de turbulência interna fez com que o país evitasse posicionamentos duros nos negócios estrangeiros que pudessem levar à guerra.

Na Grã-Bretanha, os campeões do apaziguamento com a Alemanha governavam o país. O trio composto pelo primeiro-ministro Neville Chamberlain, o Secretário do Exterior Lord Halifax e o Embaixador Britânico para a Alemanha, Neville Henderson, ansiava por uma aproximação com os alemães e parecia acreditar sinceramente que essa seria a melhor alternativa para preservar a paz e a segurança na Europa.

Os Estados Unidos viviam em seu "isolamento esplêndido", enfrentando os desafios domésticos de tirar sua economia do desastre com o *New Deal* de Roosevelt, ignorando o que estava acontecendo no mundo.

Tudo isso formava um cenário perfeito para um governante audacioso expandir seu poder na Europa. Em fevereiro de 1938, Hitler convocou o chanceler da Áustria, Schuschnigg, para seu retiro em Berchtesgaden, dando-lhe um ultimato contundente. Von Papen, então embaixador da Alemanha na Áustria, acompanhou Schuschnigg a esse encontro, no qual Hitler anunciou que a Áustria seria anexada ao *Reich*.

Em 13 de março, as tropas nazistas marcharam para a Áustria e realizaram uma simples e rápida anexação (*anschluss*) do país. Mais uma vez, não houve nenhuma ação da Liga, nem nenhuma posição forte por parte de qualquer uma das grandes potências contra Hitler. A ocupação da Checoslováquia foi ainda mais patética.

Quando Hitler deixou clara sua intenção de anexar os Sudetos, uma faixa do território checo com uma considerável população alemã, a França e a Grã-Bretanha apenas tentaram negociar com Hitler a ocupação "voluntária", em vez de uma conquista, que seria humilhante para eles. Ao invés de proteger a Checoslováquia, a Grã-Bretanha e a França pressionaram o governo checo para ceder a região à Alemanha, a fim de preservar a soberania no resto do país e, mais importante, para salvar a ambas de um embaraço diplomático.

Isso ficou conhecido como o malfadado "Acordo de Munique", de 29 de setembro de 1938. Em Munique, Chamberlain encontrou Hitler, que o convenceu de que a ocupação dos Sudetos era a sua última exigência territorial e que previa a paz na Europa. Chamberlain retornou à Grã-Bretanha acenando o acordo assinado com Hitler e afirmando que era a garantia de "paz em nosso tempo". Ele foi aclamado não só no país, mas na Europa, como um estadista capaz de domar as ambições de Hitler e garantir a pacificação no continente. Mas aquela "paz em nosso tempo" não durou seis meses. Em março de 1939, Hitler quebrou sua promessa e ocupou o resto da Checoslováquia.

A França e a Grã-Bretanha finalmente perceberam que, se não estivessem prontas para apoiar os tratados e princípios com o uso da força, Hitler conquistaria a Europa sem disparar um tiro. Em setembro, Hitler tentou repetir o truque da Checoslováquia. Ele invadiu a Polônia, reivindicando o direito de defender cidadãos alemães no corredor polonês de Danzig. Dessa vez, a Grã-Bretanha e a França honraram sua palavra e declararam guerra à Alemanha.

Curiosamente, Chamberlain disse, em 1938, que a Grã-Bretanha não iria para a guerra contra a Alemanha para defender a Checoslováquia, "um país distante sobre o qual sabemos pouco". Mas em 1° de setembro de 1939, a Grã-Bretanha e a França declararam guerra à Alemanha para defender a Polônia, outro país distante. O comportamento errático de Chamberlain era um retrato do fracasso daquela política de apaziguamento. Foi uma resposta tímida e ineficaz para conter a determinação de Hitler em derrubar a ordem internacional. Enquanto ficava claro para Hitler que as potências europeias e os EUA não tinham vontade política para empregar a força e a diplomacia de forma a conter a Alemanha Nazista, a insistência em apaziguá-lo só o tornava mais ousado e agressivo.

A verdadeira mudança de atitude, entre a invasão da Checoslováquia, em 1938, e a invasão da Polônia, em 1939, foi o fato de que a Grã-Bretanha e a França finalmente perceberam que a tática de apaziguamento havia falhado e a única alternativa viável para deter Hitler seria a guerra total. Esses países pagaram um preço alto por uma política externa ineficaz que contribuiu para debilitar os princípios centrais da ordem internacional.

3.1.3. Como os Estados Unidos reinventaram o capitalismo

Enquanto a Europa continental sucumbia ao domínio nazista em 1939, o presidente Franklin Delano Roosevelt liderava uma profunda reinvenção do capitalismo nos Estados Unidos.

Quando assumiu a presidência, em 1933, os Estados Unidos eram uma nação desanimada, paralisada pelos efeitos sociais e econômicos devastadores da Grande Depressão. Os cidadãos pareciam ter perdido a confiança nas virtudes do capitalismo e da democracia. Esse infeliz sentimento nasceu de duas sensações.

Em primeiro lugar, o mercado não restabeleceu a confiança na economia. A "destruição criativa" eliminara as empresas ineficientes e falira bancos, mas não dera origem a novos investimentos ou empregos que impulsionassem o crescimento. O país permaneceu em um atoleiro dramático de desemprego, recessão econômica e armadilha de liquidez, o que gerou deflação e agravou a já péssima situação financeira de empresas e indivíduos.

Em segundo lugar, a democracia falhou em atender às expectativas das pessoas. O governo parecia ineficaz na implementação de políticas capazes de tirar o país da crise econômica e aliviar a angústia social de milhões de norte-mericanos mergulhados no desemprego, na dívida e na pobreza. A insatisfação tomou a forma de uma vitória esmagadora para os Democratas e seu candidato, Franklin Roosevelt, conforme a raiva do povo atropelou o presidente Hoover e seu partido Republicano na eleição de 1932.

Roosevelt sabia que sua tarefa principal era restaurar a confiança no governo e no capitalismo. Em seu discurso inaugural, disse:

"A única coisa que temos que temer é o próprio medo". Medo era, de fato, o sentimento mais forte que dominava a população, que havia enfrentado a dura perda de empregos, economias e propriedades.

Uma das primeiras atitudes ousadas do presidente foi eliminar uma das grandes fontes desse medo: a fragilidade do sistema bancário. As pessoas temiam que os bancos pudessem quebrar e, assim, perder seu dinheiro. Uma corrida significativa aos bancos poderia levar à quebra do sistema financeiro. Roosevelt agiu prontamente e declarou um feriado bancário de quatro dias, ao mesmo tempo que pediu ao Congresso que aprovasse uma Lei de Emergência Bancária em 24 horas. Este poderoso instrumento permitiria que o presidente interviesse nos bancos, fechando as instituições falidas, e asseguraria ao povo que os bancos sólidos receberiam o apoio total da Reserva Federal para garantia de depósitos e reservas de ouro e prata.

Roosevelt era um excelente comunicador e usou o rádio para inaugurar o seu primeiro "*fireside chat*": uma conversa entre o presidente e o povo para explicar as medidas de emergência que tomara para garantir que os bancos estavam seguros, e que os depósitos das pessoas, protegidos pelas garantias do governo federal. Os norte-mericanos confiaram nas palavras do presidente, e Roosevelt marcou sua primeira conquista política: restaurar a confiança das pessoas no sistema bancário foi crucial para fazer o dinheiro e o crédito circularem novamente. Muitos historiadores e economistas creditam a decisão de Roosevelt de salvar o sistema bancário como uma das vitórias mais bem-sucedidas do *New Deal* – uma coleção de medidas do governo para tirar o país da recessão e restaurar o crescimento.

O *New Deal* não foi um plano estratégico, cuidadosamente concebido pelo presidente e sua equipe, complexo e organizado por inteiro. Foi, na verdade, uma série frenética de decisões improvisadas e experimentações para tentar reviver a economia, os empregos e os investimentos. Em termos econômicos, gerou resultados fracos, mas acabou sendo um programa político muito bem-sucedido.

Com ele, Franklin Roosevelt inaugurou e foi pioneiro da era da intervenção governamental na economia, com uma multiplicidade do que hoje seriam consideradas medidas extremamente fortes e não ortodoxas.

- O *Agricultural Adjustment Act* (AAA) foi bom para os agricultores e ruim para os consumidores. Os subsídios do governo para os agricultores garantiam um bom preço para seus produtos, mas tornavam os alimentos mais caros para os consumidores;
- O *National Recovery Act* (NRA), em 1933, foi a iniciativa governamental mais ousada para disciplinar a concorrência no mercado. Burocratas criaram regras e regulamentos para intervir em empresas privadas, fixando preços para produtos e determinando salários: "a NRA exigiu que as empresas pagassem salários mais elevados e aceitassem a negociação coletiva obrigatória. As empresas que cumprissem podiam exibir uma insígnia de 'Blue Eagle'. Aquelas que não o fizessem acabavam saindo dos negócios. As *Blue Eagles* rapidamente se tornaram onipresentes em janelas e *outdoors*"[44], um símbolo visível de empresas alinhadas com os esforços presidenciais para reconciliar o capitalismo com a justiça social.

Roosevelt também foi o pai do "inchaço da máquina pública". Durante seu mandato, o Governo Federal foi de uma estrutura política de porte modesto para um enorme e complexo sistema de burocratas, *experts* políticos, agências e departamentos para a supervisão, controle e implementação de uma miríade de iniciativas do *New Deal*.

Ele criou um ambicioso programa de obras públicas, no valor de 5 bilhões de dólares, para construir projetos de infraestrutura como estradas, pontes, barragens, sistemas de água e esgoto, moradia, escolas e hospitais. As obras públicas mobilizaram empresas, geraram emprego e envolveram estados e governos locais na supervisão da implementação dos projetos.

A tentativa de colocar de pé projetos para escolas, hospitais e estradas demonstrou os vívidos esforços do presidente em restaurar a esperança na economia e a confiança no governo. Roosevelt acreditava que se a economia de mercado não tinha conseguido tirar o

[44] GREENSPAN, Alan; WOOLDRIDGE, Adrian. *Capitalism in America*. New York: Penguin Press, 2018, pp. 255.

país da recessão, então era responsabilidade do governo intervir para fazer o capitalismo funcionar novamente. O governo financiou obras públicas, mas empresas do setor privado foram responsáveis pela contratação de trabalhadores, gestão de contratos e projetos, além de entregá-los a tempo.

Roosevelt estava convencido de que uma reinvenção do capitalismo exigia, necessariamente, ação do governo para estabelecer uma relação mais equilibrada entre o capital e o trabalho. Ele deu especial atenção aos trabalhadores e sindicatos. A Lei Nacional de Relações Trabalhistas, conhecida como Lei Wagner, deu um enorme poder aos sindicatos: garantia a eles o direito de se envolver em negociações coletivas e de realizar greves. O governo também estabeleceu salários-mínimos, limitou o dia de trabalho a oito horas e proibiu o trabalho infantil durante as horas escolares. Roosevelt também criou a Lei de Segurança Social, estabelecendo o primeiro programa de bem-estar social e garantindo pensões por velhice e ajuda financeira para os desempregados.

É claro que muitos empresários, acostumados ao capitalismo *laissez-faire*, consideravam as medidas uma intervenção indesejada do governo nos assuntos privados. Isso contribuiu para a tensão entre as grandes empresas e o governo federal, mas também gerou críticas das pequenas empresas. Acusando os regulamentos governamentais de serem excessivos, alegaram serem incapazes de competir com os grandes negócios e, de fato, algumas delas foram forçadas a fechar.

O setor de negócios não era o único reclamando da interferência arbitrária de Roosevelt na economia. A Suprema Corte considerou inconstitucionais muitas das iniciativas do *New Deal*. O *National Recovery Act* foi desmantelado em maio de 1935. A Corte considerou que o governo federal tinha excedido o seu poder de intervir nos assuntos privados das empresas e do comércio. O mesmo veredicto de inconstitucionalidade condenou o programa de ajuda agrícola aprovado pelo AAA.

A raiva de Roosevelt diante de tais decisões do Supremo Tribunal o levou a um dos seus piores erros políticos. Ele pretendia colocar no tribunal juízes que favorecessem suas iniciativas do *New Deal*. Os seus próprios apoiadores no Congresso, que interpretaram corretamente o estratagema do presidente como uma clara violação da Constituição, repudiaram o esquema. A Suprema Corte e as empresas acreditavam que Roosevelt, na reconstrução do capitalismo, ultrapassara a fronteira do poder presidencial para além dos limites constitucionais.

Apesar de a Suprema Corte desmantelar algumas políticas do *New Deal*, e da crítica feroz feita pelos magnatas dos negócios e financeiros, a eleição de 1936 mostrou claramente que Franklin Roosevelt havia conquistado os corações e as mentes do povo. Ele derrotou o candidato Republicano, Alf Landon, em todos os estados, exceto Vermont e Maine, com 27,8 milhões de votos (contra 16,7 milhões para Landon), e ganhou 523 votos (Landon recebeu apenas 8) no Colégio Eleitoral – um recorde até hoje nunca batido por nenhum outro presidente. No Congresso, os Democratas derrotaram os Republicanos, ganhando 381 lugares. Os Republicanos detinham apenas 89. A eleição demonstrou o bem mais valioso de Roosevelt: sua capacidade de incutir esperança e confiança no povo norte-americano.

Foi nesse período que Roosevelt e os Democratas deram um novo significado ao "liberalismo". Ser liberal era defender uma concorrência de mercado justa, equilibrar os pontos fortes do capital e do trabalho e usar o poder do governo para intervir na economia quando os mercados falhassem. Os liberais protegem as pessoas dos "barões ladrões", da concorrência desleal e do tipo de políticas *laissez-faire* que levou o país à recessão e ao desemprego. Os opositores dos "liberais" foram os "conservadores", que lutaram para preservar interesses nichados que, na visão deles e na minha, corroeram as virtudes do capitalismo e do empreendedorismo nos Estados Unidos.

Os "conservadores" transformaram negócios em uma atividade dinástica, que beneficiava apenas poucas famílias privilegiadas. As suas políticas distorceram o mercado, impedindo a inovação e a concorrência justa. Enquanto os "conservadores" realmente acreditavam que os mercados curariam os excessos do capitalismo, Roosevelt reconheceu que o governo precisava e, ocasionalmente, deveria intervir em mercados para reviver a economia. A elite empresarial e financeira criticou as políticas de Roosevelt. Eles o rotularam de populista, traidor de sua classe social e, pior, um demagogo perigoso que usurpara o poder presidencial para dobrar os outros ramos do governo à sua vontade e limitar a liberdade das empresas e dos indivíduos na economia – a veia que fez dos Estados Unidos uma grande nação.

Franklin Roosevelt realmente pertencia a uma família distinta, ao mundo das riquezas, à educação privilegiada (Academia Groton, Universidade de Harvard) e tinha laços familiares que o ajudaram a ascender na política. Mas foi precisamente por ser um membro da elite que Roosevelt reservou a crítica mais dura para seus pares. Ele tinha aprendido em casa com seus pais, na escola com Endicott Peabody, diretor em Groton, e com dois presidentes – seu tio, Teddy Roosevelt, e Woodrow Wilson, a quem ele serviu em um posto de gabinete júnior na Marinha – que a verdadeira elite deve ter um senso de dever público, servir a comunidade e liderar a nação pelo exemplo, pelas palavras e pelas ações, a fim de garantir o bom funcionamento da democracia e do capitalismo. A elite, ele acreditava, deveria ser a guardiã da civilização.

Se os pais, avós e bisavós dessa elite tinham feito dos EUA uma grande nação com o suor de seu trabalho, empreendedorismo engenhoso, inovação ousada e espírito público – que transformaram os Estados Unidos na terra da liberdade, da democracia e do triunfo do capitalismo –, seus descendentes forneciam apenas um retrato da decadência desses nobres valores. Eles simplesmente viviam da riqueza dos antepassados, ignorando o destino da comunidade, sem vontade de trabalhar duro e competir em um mercado justo, gastando seu tempo em rotinas fúteis nos clubes, eventos sociais e em exibições vulgares de riqueza.

Roosevelt estava determinado a usar seu poder para criar um capitalismo e uma sociedade mais justos, alinhando-se com os desfavorecidos contra os privilegiados e com os pobres contra os ricos. Ele gostava de desempenhar o papel do patrício-cavalheiro-agricultor, que protegia pessoas comuns, agricultores, trabalhadores e a classe média da concorrência selvagem do mercado, que se preocupava apenas em beneficiar os interesses do grande negócio sobre os dos americanos comuns. Roosevelt não era antinegócios. Compreendia muito bem que as empresas eram o motor do capitalismo, da inovação e do empreendedorismo. Ele era pragmático e reconheceu que precisava das empresas para ajudar o país a crescer novamente e gerar empregos. Sua antipatia era direcionada a certos magnatas da Main Street e da Wall Street, que tinham o poder de distorcer as virtudes do capitalismo, transformando-o num sistema manipulado que limitava a concorrência, monopolizava os lucros e inibia o empreendedorismo e a inovação. Por outro lado, os líderes das grandes empresas e finanças repudiaram as políticas de Roosevelt, não inteiramente por causa de diferenças ideológicas, mas principalmente por terem falhado em colocar os EUA de volta nos trilhos do crescimento econômico e da prosperidade na década de 1930.

O estímulo do governo para reviver a economia durante a primeira administração de Roosevelt não conseguiu produzir os resultados esperados. Suas ações hiperativas para intervir nos preços dos produtos, regular os salários e o trabalho e aumentar a tributação a fim de financiar programas sociais, serviram para aumentar a desconfiança nos negócios e nos mercados financeiros. Em vez de gerar crescimento e empregabilidade, a economia mergulhou novamente na recessão em 1937. O desemprego atingiu 10 milhões de americanos – 20% da força de trabalho –, retornando ao mesmo patamar sombrio da Grande Depressão de 1929. "As ações perderam mais de um terço de seu valor. Os lucros das empresas caíram entre 40% e 50%. A produção de aço no último trimestre de 1937 afundou 25% na metade daquele ano."[45]

A insatisfação popular com o governo traduziu-se na derrota política de Roosevelt nas eleições intercalares de 1938. Os Democratas perderam sua maioria no Congresso, de modo que os Republicanos recuperaram o poder para conter as políticas liberais de Roosevelt.

Roosevelt reagiu estimulando programas de obras públicas e bombardeando o Congresso com projetos de lei para diminuir a pobreza com programas sociais, ajudando os agricultores com subsídios e garantindo salários-mínimos e direitos trabalhistas para os trabalhadores urbanos. Mas nenhuma dessas iniciativas foi suficiente para fazer o país crescer novamente. O que salvou Roosevelt e o *New Deal* do fracasso foi a Segunda Guerra Mundial. A economia de guerra foi

[45] GREENSPAN, Alan; WOOLDRIDGE, Adrian. *Capitalism in America.* New York: Penguin Press, 2018, pp. 254.

responsável por gerar um período de crescimento, emprego e prosperidade que transformou os EUA em uma superpotência política, militar e econômica ao fim da guerra em 1945.

Quando os Estados Unidos entraram na guerra, em dezembro de 1941, voltaram a florescer. O Departamento de Defesa foi responsável por dar o maior impulso à recuperação econômica. Os gastos militares passaram de 1,4 bilhões dólares por ano para 83 bilhões em 1945. A produtividade industrial desabrochou, crescendo 96% no mesmo período. Mais de 17 milhões de postos de trabalho foram criados, levando o país ao pleno emprego.

Quando os jovens foram lutar na guerra, o mercado de trabalho se abriu para as mulheres e as minorias. Os salários aumentaram em 50%; os lucros das empresas mais do que duplicaram. Apesar das restrições e do racionamento, a economia de guerra criou um *boom* no mercado de consumo de massa. A reviravolta da economia foi surpreendente. O PIB dos EUA quase duplicou durante a guerra: "os Estados Unidos emergiram da Segunda Guerra Mundial um gigante entre os anões. Um país com 7% da população mundial produziu 42% dos produtos manufaturados, 43% da eletricidade, 57% do aço, 62% do petróleo e 80% dos carros".[46]

Nenhuma ditadura ou governo populista foi capaz de fornecer uma mobilização tão impressionante da sociedade, dos mercados e do setor privado para produzir tamanha abundância para o povo, ao mesmo tempo em que produzia o arsenal militar necessário para ganhar a guerra.

Esse milagre foi o resultado de duas forças poderosas: a soberba liderança de Franklin Roosevelt e as bênçãos do capitalismo e da democracia. Seu modelo de liderança contrastava fortemente com o comando de ferro de Adolf Hitler na Alemanha. Roosevelt galvanizou os americanos com autoconfiança, boas maneiras e um otimismo esmagador sobre a democracia e o futuro. Hitler destilava raiva e ódio para mobilizar os alemães em torno da vingança por causa do Tratado de Versalhes. Hitler queimou livros, eliminou partidos

---

[46] GREENSPAN, Alan; WOOLDRIDGE, Adrian. *Capitalism in America.* New York: Penguin Press, 2018, pp. 272.

políticos e instaurou a tirania; Roosevelt, ao contrário, trabalhou com o Congresso, respeitou os vereditos desfavoráveis da Suprema Corte e sempre procurou a legitimidade da vontade popular, ganhando eleições limpas e justas. Hitler se importava com o poder do Estado, que usou para eliminar adversários e todo tipo de oposição ao seu governo – os quais considerava ilegítimos e antipatrióticos. Roosevelt aprendeu com seus erros, aceitou as derrotas políticas e percebeu que contratempos poderiam ajudá-lo a eliminar as más políticas e refinar as boas.

Hitler criou bodes expiatórios – judeus, comunistas e banqueiros –, tratando-os como inimigos da nação, responsáveis pela situação em que estavam. Roosevelt se cercou de um grupo de políticos variados, especialistas políticos, líderes de negócios e trabalhadores para conceber programas de governo e enfrentar os desafios reais da nação.

Hitler doutrinou o seu povo com suas ideias sobre as virtudes da raça ariana e do nazismo, transformando-os em seguidores cegos, que temiam questionar sua autoridade e eram incapazes de criticar as políticas do governo. Roosevelt genuinamente se preocupava com as pessoas – sua situação, necessidades e esperanças – e sabia como se comunicar com elas. Usava a empatia para se conectar com o povo, encantar aliados e adversários e educar a opinião pública sobre questões importantes. Seus "*fireside chats*", discursos, conferências de imprensa e entrevistas eram oportunidades para explicar as decisões políticas, mobilizar a opinião pública, incutir esperança e demonstrar que o governo estava trabalhando duro para colocar o país de volta nos trilhos.

No final, Hitler se suicidou quando perdeu a guerra e a Alemanha foi derrotada e dividida entre os países Aliados, enquanto Roosevelt emergia como um dos maiores presidentes dos EUA, responsável por vencer a guerra, criar uma nova ordem mundial, reviver o capitalismo e transformar os Estados Unidos em uma superpotência política, militar e econômica.

Nenhum sistema político e econômico foi capaz de mobilizar a sociedade, os mercados e o setor privado de forma tão eficiente quanto a democracia norte-americana e o capitalismo. Ditaduras fascistas e nazistas buscaram eficiência através de processos de comando e controle do governo – utilizando-se de planejamento centralizado e da imposição rígida de suas decisões sobre a sociedade. O capitalismo, por outro lado, cria e fornece a motivação e o incentivo para a concorrência de mercado, o empreendedorismo e a liberdade individual, estimulando as pessoas a criar, inovar e produzir de forma mais eficiente.

Os regimes autoritários louvam a ordem, a disciplina e a obediência na implementação das decisões do Estado. As democracias estimulam o pensamento crítico, a análise construtiva, a crítica e a liberdade de opinião – atividades que desafiam práticas e ideias estabelecidas, apontam novos caminhos e reinventam a forma como pensamos, produzimos e nos comportamos. As democracias aprendem com os erros e com a experimentação – o que permite que façam mudanças e se adaptem a novos contextos e realidades. Os regimes autoritários mobilizam a sociedade usando ferramentas que, em vez de permitir que novas ideias surjam, tendem a reprimi-las. Essas ferramentas geralmente são o medo e a coerção. Por isso, em momentos de extrema tensão que exigem flexibilidade, experimentação e improvisação para sobreviver e prosperar, os regimes autoritários tendem a sofrer e, muito provavelmente, a colapsar. As democracias unem os pontos de vista das pessoas por meio da persuasão, da discussão, do consentimento e de um senso de propósito superior. Para o esforço de guerra de 1941, norte-mericanos de todas as classes sociais – trabalhadores e empresários, agricultores e industriais, governo e setor privado – uniram-se voluntariamente em torno do esforço de guerra e da luta para libertar o mundo da tirania.

Essas diferenças selaram o destino das nações. No final da guerra, em 1945, os regimes nazistas e fascistas foram derrotados, e as democracias triunfaram mais uma vez. O único regime autoritário que sobreviveu à guerra na Europa foi a União Soviética.

3.1.4. A Segunda Guerra Mundial e a reconstrução de uma "Nova Ordem Mundial"

Durante a Segunda Guerra Mundial, o destino da democracia estava nas mãos de dois amigos e estadistas: Franklin Roosevelt e o primeiro-ministro britânico, Winston Churchill. Sua amizade pessoal proporcionou uma conexão vital para a sobrevivência desse sistema.

Em 1940, Hitler já havia conquistado o continente europeu. O único foco de resistência era a Grã-Bretanha. Winston Churchill se tornou primeiro-ministro em maio, prometendo lutar contra Hitler e "nunca se render":

> Lutaremos nos mares e oceanos, lutaremos com confiança e força crescentes no ar, defenderemos nossa ilha, custe o que custar, lutaremos nas praias, lutaremos nos aeródromos, lutaremos nos campos e nas ruas, lutaremos nas colinas; nunca nos renderemos, e mesmo que, o que não acredito nem por um momento, essa ilha ou grande parte dela seja subjugada e despossuída, nosso Império além-mar, armado e guardado pela Frota Britânica, continuaria a luta, até que, no bom tempo de Deus, o Novo Mundo, com todo o seu poder e força, dê um passo para o resgate e a libertação do velho.[47]

Churchill foi o único estadista europeu que razoavelmente compreendeu as terríveis implicações da queda da democracia para o mundo ocidental. A ditadura nazista representava uma ameaça à liberdade, ao capitalismo, à tolerância, ao pluralismo e à democracia. Esses eram os valores fundamentais em que a civilização Ocidental fora construída, responsáveis pela erradicação da barbárie na Europa e por criar condições para a institucionalização do Estado de Direito, o fim do poder arbitrário, o avanço da ciência, o aumento do crescimento econômico e da prosperidade, além do triunfo da liberdade individual e da tolerância religiosa, o que transformou as pessoas de sujeitos governados em cidadãos conscientes, responsáveis por seus próprios destinos.

Para Churchill, Hitler não era apenas mais um ditador que deveria ser derrotado; ele personificava uma ameaça perigosa para a civilização europeia e para a sobrevivência da Grã-Bretanha como uma nação livre e democrática. Mas ele era realista: sabia perfeitamente

---

[47] CHURCHILL, Winston. *Blood, toil, tears and sweat.* Editado por David Cannadine. Boston: Houghton Mifflin Company, 1989, pp. 165.

que o Reino Unido não podia vencer a guerra contra Hitler sozinho. Percebeu a importância de contar com os Estados Unidos para entrar na guerra "com todo o seu poder e força... ao resgate e à libertação" da Europa. Assim que Churchill se tornou primeiro-ministro, em 1940, começou a se corresponder com Roosevelt e pediu ajuda. O presidente norte-americano se viu sujeito a severas limitações que o impediam de ajudar o amigo:

- Em primeiro lugar, o Congresso tinha aprovado a Lei da Neutralidade, que impedia o presidente de se envolver na guerra ou ajudar qualquer potência europeia com dinheiro ou apoio militar;
- Além disso, havia o estado de espírito isolacionista da opinião pública dos EUA; na sua grande maioria, os cidadãos se recusavam a participar de outra guerra europeia;
- Finalmente, o presidente tinha a obrigação de honrar sua promessa de campanha eleitoral, em 1940, de manter os Estados Unidos fora da guerra.

Pessoalmente, porém, Roosevelt compartilhava da crença de Churchill de que Hitler representava uma ameaça para o mundo e para os Estados Unidos. Como presidente, percebeu que precisava navegar em um canal estreito entre suas limitações políticas e sua convicção pessoal quanto à necessidade de ajudar Churchill.

Churchill precisava urgentemente de ajuda para manter a Grã-Bretanha viva na guerra. Ele bombardeou Roosevelt com pedidos de *destroyers* e navios de guerra. O presidente, no entanto, precisava de tempo para agir, para se certificar de que tinha o apoio do povo e do Congresso. Demorou quase nove meses para Roosevelt e a sua equipe conceberem um plano que não violasse as prerrogativas da Lei da Neutralidade. Proposto no final de 1940 e aprovado em 11 de março de 1941, o *Lend-Lease Act* foi o principal meio para fornecer ajuda militar dos EUA a nações estrangeiras durante a guerra. Ele criava um programa administrado pelo governo federal, que permitia à Grã-Bretanha comprar *destroyers* norte-mericanos.

Enquanto isso, Roosevelt usou seus "*fireside chats*" e seus discursos para conscientizar a população sobre a ameaça que o nazismo representava para os interesses dos EUA. Essas conversas prepararam os norte-mericanos, e o Congresso, para o que veio a ser uma decisão rápida de se juntar à guerra, quando, em 1° de dezembro de 1941, o Japão fez um ataque surpresa à base dos EUA em uma distante ilha do Pacífico, Pearl Harbor. A profecia de Churchill finalmente se tornou realidade: os Estados Unidos entraram na batalha. O Novo Mundo veio ajudar a salvar a Europa do domínio de Hitler.

Roosevelt estava ciente de que os Estados Unidos não poderiam lutar, sozinhos, uma guerra de duas frentes: no Pacífico contra o Japão e na Europa contra a Alemanha. Eles precisavam contar com aliados na Ásia e na Europa – nomeadamente a China, a União Soviética e a Grã-Bretanha. O programa *Lend-Lease* foi estendido a esses países Aliados, o que rapidamente permitiu que adquirissem armas, munições e bens dos EUA para enfrentar o Japão e a Alemanha.

Com abundância de mão de obra e armas, os Aliados mudaram a maré da guerra e derrotaram a Alemanha Nazista em 1945. A União Soviética era um fruto estranho no meio dos Aliados. Era uma ditadura comunista, que não partilhava os princípios e valores democráticos que uniam a Grã-Bretanha e os Estados Unidos. Quando Hitler a invadiu, em junho de 1941, e os russos se juntaram à Inglaterra no esforço de guerra para derrotar Hitler, Churchill, que era um crítico ferrenho do regime comunista na Rússia, disse ironicamente: "Se Hitler invadisse o inferno, eu faria pelo menos uma observação favorável ao diabo na Câmara dos Comuns".[48] Foi um comentário apropriado e revelador sobre a parceria desconfortável com um país com quem não dividiam o mesmo conjunto de princípios e valores, mas com o qual estava momentaneamente unido no esforço de guerra para derrotar Hitler.

Quando os Estados Unidos aderiram à guerra, em dezembro de 1941, Churchill pensou que os países livres – Grã-Bretanha, EUA, França e China – fossem fortes o suficiente para contrabalançar o

---

[48] CHURCHILL, Winston. *The grand alliance*. Boston: Houghton Mifflin, 1950, pp. 370.

poder da União Soviética na criação de uma nova ordem mundial após a guerra. Mas ele estava sozinho nessa crença. Roosevelt reconheceu que a guerra não poderia ter sido ganha sem o apoio dos russos – e que se os EUA eram o principal fornecedor de armas e bens para o esforço de guerra, a União Soviética era o maior fornecedor de mão de obra.

Mais de 8 milhões de soldados russos morreram durante a guerra, o dobro das baixas militares da Alemanha. Assim, a União Soviética tinha de participar da reconstrução da ordem mundial. Roosevelt acreditava que a manutenção da unidade dos Aliados durante a guerra era vital para a reconstrução do sistema internacional em torno de dois grandes princípios: manutenção da paz por meio da segurança coletiva e a criação de instituições para garantir a estabilidade econômica e financeira global – o que seria vital, na visão dele, para evitar outra crise traumática como a Grande Depressão de 1929, que trouxera a queda das democracias e a ascensão de regimes totalitários no Europa.

Roosevelt usou sua liderança e poder, durante a guerra, para envolver as nações aliadas e o Congresso dos EUA na reconstrução do mundo pós-guerra. Ele deixou dois legados importantes para esse novo mundo. Um deles foi a criação de instituições que seriam a base do sistema internacional – as Nações Unidas, o Fundo Monetário Internacional e o Banco Mundial. O outro, ainda mais importante, foi o compromisso dos Estados Unidos de participar ativamente dessas instituições, que moldariam a nova ordem internacional.

Em 1942, ele assinou a Carta do Atlântico com a Grã-Bretanha, a China e a União Soviética, além 22 outras nações envolvidas na grande aliança contra a Alemanha Nazista. Essa aliança previa a criação das Nações Unidas para substituir a fracassada Liga das Nações e empreender esforços permanentes para a paz e a segurança internacionais no mundo pós-guerra. Em contraste com o presidente Wilson, Roosevelt imediatamente envolveu o Congresso na discussão sobre as futuras Nações Unidas, estabelecendo um comitê bipartidário. Quando a guerra terminou, a carta que criou a ONU foi finalmente assinada pelos Aliados em uma conferência em São Francisco, em abril de 1945.

Outra reunião importante ocorreu em julho de 1944 em New Hampshire. O Acordo de Bretton Woods foi assinado por 44 nações, estabelecendo as novas regras e instituições da nova ordem econômica mundial. Ficou combinada a criação de duas entidades econômicas e financeiras para garantir a estabilidade do sistema monetário internacional. Os dois pilares da nova ordem eram o Fundo Monetário Internacional (FMI) e o Banco para Reconstrução e Desenvolvimento (o Banco Mundial). O FMI ficou responsável pela supervisão da segurança do sistema monetário internacional, emprestando dinheiro aos países durante períodos de dificuldades financeiras. O Banco Mundial seria responsável por financiar a reconstrução dos países após a guerra.

Durante a guerra, a Europa entrara em colapso econômico, político e social. Em contraste com a Primeira Guerra Mundial, que matou uma geração inteira de europeus nas trincheiras, mas preservou as cidades da destruição, a Segunda Guerra Mundial destruiu centenas de cidades e matou mais de 30 milhões de civis, vítimas de fome, doença, bombardeios aéreos, genocídio (no caso dos judeus e das minorias em campos de concentração) e da perseguição indiscriminada nas ocupações de forças nazistas.

Antes de reconstruir a economia, a Europa precisava desesperadamente de ajuda com alimentos, medicamentos e abrigo para pessoas traumatizadas pela destruição de suas cidades, famílias e propriedades. Politicamente, o destino do continente já não estava nas mãos dos europeus, dependendo das decisões das duas grandes potências que emergiram da guerra: os Estados Unidos e a União Soviética.

Infelizmente, os dois maiores líderes de guerra, Franklin Roosevelt e Winston Churchill, deixaram o palco político durante o período crucial das negociações com a União Soviética quanto ao estabelecimento territorial na Europa. Roosevelt morreu em abril de 1945, e Churchill deixou de ser primeiro-ministro após ser derrotado nas eleições britânicas, em julho do mesmo ano. Apenas dois meses antes, em 8 de maio de 1945 – o "Dia da Vitória", a data da rendição alemã que marcou o fim da Segunda Guerra Mundial –, Churchill foi saudado nas ruas da Grã-Bretanha e no resto da Europa como o grande líder responsável por derrotar Hitler. Assim, nas negociações finais da guerra, na conferência de Potsdam, Stalin se tornou a figura dominante diante de suas contrapartes, o presidente dos Estados Unidos, Harry Truman, e o primeiro-ministro britânico, Clement Attlee. Ainda tomando as rédeas de seus países, ambos encontravam Stalin pela primeira vez. Este foi o cenário perfeito para que ele dominasse a conferência.

Truman era inexperiente em política externa, assim seguiu o tradicional mantra wilsoniano de pressionar por governos democráticos e eleições justas na Europa Oriental, com que Stalin concordou desde que as tropas soviéticas continuassem a ocupar os países da região até que se realizassem novas eleições e houvessem novos governos.

Enquanto Truman queria tornar o mundo seguro para a democracia, Stalin visava tornar a Europa segura para a Rússia. A ocupação territorial da Europa Oriental foi um elemento vital para criar uma região que protegesse a União Soviética de futuras invasões. Ao passo que o presidente norte-americano acreditava no triunfo inevitável da democracia, quando as pessoas tinham a chance de escolher seus próprios governos em eleições livres e justas, Stalin contava com partidos de esquerda nos países democráticos da Europa para espalhar o socialismo e o comunismo e enterrar a democracia. Esses interesses irreconciliáveis não estavam claros para Truman na Conferência de Potsdam, mas ele aprendia rápido e logo percebeu que precisava mudar de estratégia para lidar com Stalin.

O líder russo interpretou a atitude cordial e condescendente da nova presidência norte-americana em Potsdam como um sinal de fraqueza. Assim, pressionou Truman com mais concessões em 1946. Uma guerra civil eclodiu na Grécia. O governo grego, apoiado pela Grã-Bretanha e pelos Estados Unidos, lutava contra o Exército de Libertação Popular da Grécia, uma organização comunista que queria depor o governo e implementar o regime, com o apoio da União Soviética e dos países da Europa Oriental.

A Grécia foi o primeiro território no qual os soviéticos tentaram expulsar os norte-mericanos da Europa, enquanto planejavam dominar o resto do continente, despertando os partidos comunistas e seus apoiadores nos países da Europa Ocidental. Na Grécia, partidos de esquerda e militantes tinham constituído a base do movimento de resistência do país que lutara contra os nazistas durante a guerra. Eles se tornaram os libertadores e assim emergiram da guerra como uma importante força política e eleitoral.

Em geral, os partidos de direita na Europa tinham apoiado os nazistas ou colaborado com eles, por isso estavam desacreditados e enfraquecidos. Não foi tarefa fácil restaurar democracias na Europa Ocidental, nem encontrar líderes com fortes credenciais democráticas que não estivessem maculados pela colaboração com nazistas nem fossem simpatizantes dos comunistas. Felizmente para a Europa, o processo de seleção trouxe bons estadistas: De Gaulle na França, De Gasperi na Itália e Adenauer na Alemanha Ocidental. Esses líderes foram capazes de reconstruir a democracia e o capitalismo em seus países, mas, mesmo assim, os partidos comunistas e socialistas eram uma força política predominante e ameaçavam desmantelar o sistema capitalista. Eles defendiam a nacionalização de setores da economia, como energia, transportes públicos e telecomunicações; uma forte presença do Estado na economia; impostos mais elevados para os ricos; e a criação de sistemas de bem-estar social.

O primeiro governo trabalhista de Clement Attlee na Grã-Bretanha inaugurou, na Europa Ocidental, a era do Estado do Bem-Estar Social das políticas socialistas. Empresas de uma infinidade de setores foram nacionalizadas: ferro e aço, eletricidade e gás, além dos transportes – ferrovias, estradas e aeroportos. Attlee introduziu o Serviço Nacional de Saúde, para garantir saúde pública. Ele estabeleceu o Estado do Bem-Estar Social do berço à sepultura, e a Lei da Educação (aprovada durante a guerra, em 1944) assegurou que crianças e jovens tivessem acesso à escola e à educação pública.

Mas Attlee não era um revolucionário que queria enterrar a democracia ou alinhar a política externa da Grã-Bretanha com Moscou. Ele mostrou que era possível conciliar a democracia com as políticas socialistas. Na verdade, ele percebia Stalin como uma ameaça à Grã-Bretanha e à Europa Ocidental. Attlee tinha um estilo moderado de liderança, rodeado por competentes membros do gabinete, como Ernest Bevin como Secretário do Exterior e Hugh Dalton como chanceler do Tesouro, o que permitiu a ele criar uma "terceira via" em um mundo polarizado que tinha de um lado os EUA capitalistas e, do outro, a União Soviética com seu sistema comunista autoritário. Assim, a "terceira via" britânica prevaleceu pela maior parte da Europa Ocidental, com partidos de esquerda se tornando a força política dominante em muitos países.

Foi dessa maneira que a intervenção do Estado, a nacionalização das empresas e a criação do Estado do Bem-Estar Social e de benefícios sociais se tornaram as políticas principais na Europa Ocidental. Essa tendência dominou a política europeia e as políticas sociais e econômicas durante 40 anos, dando origem a uma nova terminologia – a "economia mista".

Era um sistema econômico que combinava elementos da economia de mercado (como propriedade privada e preço de mercado) com o intervencionismo estatal; misturava empresas privadas e empresas estatais, além de uma forte força de trabalho sindicalizada. O Estado se tornou o grande provedor de serviços públicos de infraestrutura, saúde e educação, por serem elementos essenciais ao sistema de bem-estar social.

Claramente, a combinação de planejamento estatal, subsídios, atividades econômicas altamente regulamentadas e intervenção governamental na economia acabou por distorcer os mecanismos de preços, criando uma enorme ineficiência na alocação de recursos e capital e, o pior de tudo, limitando a concorrência e transformando empresas privadas ineficientes em unidades dependentes de favores e subsídios do governo para sobreviver.

Por outro lado, o sistema de bem-estar social promovia uma sociedade mais igualitária, com benefícios sociais que libertaram as pessoas da miséria, da fome e das más condições de vida que atormentaram as gerações anteriores – que enfrentaram escassez, miséria, tiranias, guerras e a destruição sem precedentes de famílias, propriedades e empregos, que arruinaram a Europa na primeira metade do século XX.

Uma geração traumatizada por duas guerras mundiais exigia mais estabilidade e uma rede de segurança social do Estado que criasse uma sociedade mais igualitária, mesmo que isso significasse sacrificar os princípios do capitalismo. Os países escandinavos – Suécia,

Dinamarca e Noruega – criaram o "estado da arte" do sistema de bem-estar social. Combinavam generosos benefícios sociais, alto grau de intervenção estatal na economia e trabalhadores sindicalizados com espaço nos conselhos de administração de empresas privadas e estatais. Esse modelo também produziu uma rara combinação de sociedade igualitária com alto PIB *per capita*.

As várias versões do sistema de bem-estar social, que prevaleceram na Europa Ocidental por quase meio século, se tornaram tão arraigadas na sociedade, ganhando apoio popular, que nem mesmo conservadores e candidatos da direita que venceram as eleições – como Churchill, em seu retorno ao poder em 1951, ou De Gaulle, em sua chegada ao poder na França em 1958 – tiveram a coragem ou o apoio político para reverter a maioria das políticas sociais do sistema de bem-estar social. Como veremos, esse sistema só foi desafiado em 1979, quando Margaret Thatcher se tornou a Primeira-Ministra da Grã-Bretanha.

A renúncia à democracia nunca foi algo que os europeus ocidentais consideraram. Depois de suportar a a dor trágica e as perdas da guerra contra as tiranias nazistas e fascistas, a liberdade e a democracia eram inegociáveis. Stalin, um tirano que raciocinava apenas em termos de política de poder, só fortaleceu a determinação das democracias de lutar vigorosamente pela preservação de sua independência política em relação a Moscou, além de sua liberdade econômica e, acima de tudo, de sua liberdade individual.

Stalin fez mau julgamento dos Estados Unidos e da Europa Ocidental porque nunca poderia compreender a importância da defesa de valores como democracia e liberdade. Era um homem brutal, que nunca vivera em um país onde a liberdade existisse. Para sobreviver em um Estado governado por tiranos cruéis – fossem czares ou governantes do Partido Comunista –, Stalin aprendeu que, para alcançar o poder e mantê-lo em um mundo de desconfiança, medo e violência, a única coisa que importava era o próprio poder. Era necessário matar, torturar e expulsar adversários e potenciais rivais que não estivessem totalmente comprometidos e alinhados com o governante. Ele usou purgas de camaradas no Partido Comunista, "gulags" – campos de prisão de trabalho forçado para seus inimigos

– e uma força implacável para sufocar líderes dissidentes na União Soviética e na Europa Oriental.

Achava que poderia conquistar a Europa Ocidental ameaçando usar a força e chantageando o novo e inexperiente presidente dos EUA, Harry Truman. Esperava que a ameaça de guerra fosse suficiente para despertar o instinto isolacionista do povo norte-americano, que pressionaria o governo dos EUA a abandonar a Europa ao seu próprio destino. Ele tinha visto Woodrow Wilson, como presidente, fazê-lo, após a opinião pública pressioná-lo a manter seu país fora dos assuntos europeus quando o Senado dos EUA se recusou a ratificar a participação na Liga das Nações.

Sem a presença dos Estados Unidos na Europa Ocidental, Stalin pensou que poderia conquistar o continente avançando com tanques, ocupando países e instalando governos fantoches sem um único tiro, como fizera na Europa Oriental. Para isso, tentou explorar duas oportunidades que surgiram na Europa para pressionar por uma mudança no *status quo*.

Na primeira delas, pressionou a Turquia a abrir seus estreitos para que os navios soviéticos tivessem livre acesso ao Mediterrâneo. A Turquia se recusou e Stalin ameaçou usar a força. Na segunda, apoiou o Partido Comunista na guerra civil na Grécia, em 1946-47, com o objetivo de derrubar a democracia e expandir sua influência na Europa Ocidental. Para sua surpresa, Stalin se deparou com a firme determinação do presidente Truman em conter o avanço soviético tanto na Grécia quanto na Turquia. Truman enviou uma frota dos EUA para o Mediterrâneo, em um sinal claro de que se os soviéticos tentassem mudar o *status quo* pela força, os Estados Unidos responderiam com poder militar. Stalin recuou: não queria arriscar uma guerra com os EUA pela Grécia e a Turquia. Truman foi um dos presidentes mais subestimados dos Estados Unidos. Sua franqueza, atitude prática e extraordinária capacidade de se cercar dos homens mais brilhantes de seu tempo o ajudaram a moldar a política externa.

Ele cultivava uma rara mistura de líderes civis e militares em cargos-chave do governo. George Marshall e Dwight Eisenhower, dois brilhantes generais e estrategistas essenciais à Segunda Guerra Mundial, agora desempenhavam papéis proeminentes em seu governo. Dean Acheson e George Kennan, dois grandes diplomatas, não tinham ilusões quanto à ambição de Stalin de espalhar o comunismo por todo o mundo. John McCloy e Averell Harriman foram conselheiros importantes, cruciais nos bastidores da diplomacia e na construção de pontes entre o governo e o setor privado. Essa equipe foi um elemento decisivo para dar a Truman a coragem de resistir ao avanço de Stalin na Europa.

Em 1948, o ditador soviético escolheu Berlim para encenar um confronto que demonstrasse o avanço irresistível do comunismo sobre as democracias. Berlim, a antiga capital da Alemanha, foi transformada em um enclave ocupado no meio da Alemanha Oriental. A cidade foi dividida em quatro zonas – britânica, francesa, norte-americana e russa.

Stalin bloqueou todo o acesso ferroviário e rodoviário à cidade, impedindo o transporte de alimentos, combustível e suprimentos básicos para moradores da Berlim Ocidental.

Uma operação de transporte aéreo sem precedentes foi realizada com a liderança dos Estados Unidos. Durante os 300 dias do bloqueio, 200 mil voos foram organizados para abastecer a Berlim Ocidental; mais de 900 mil toneladas de carvão foram transportadas para a cidade para fornecer energia.

O bloqueio de Stalin falhou.

Em vez de fomentar disputas e controvérsias entre a Grã-Bretanha, a França e os Estados Unidos, o bloqueio apenas os uniu. Em vez de expulsar as potências ocidentais da Berlim Ocidental e mostrar ao mundo o "triunfo do comunismo", Stalin teve de recuar frente à unidade triunfante e à resiliência das democracias.

O bloqueio de Berlim foi a última tentativa da União Soviética para mudar o *status quo* territorial na Europa por métodos truculentos. Também inaugurou a era da "Guerra Fria" e uma corrida de armas nucleares sem precedentes entre as duas novas superpotências – Estados Unidos e União Soviética.

A manutenção do *status quo* na Europa dependia de um receio permanente de que qualquer tentativa de alterá-lo pela força desencadeasse uma guerra nuclear, sem vencedores. À medida que o arsenal militar de armas nucleares e convencionais das duas superpotências aumentava para níveis sem precedentes, a paz relativa dependia do conceito de Destruição Mútua Assegurada (MAD) – um ataque militar direto à Europa, ou aos Estados Unidos e à União Soviética, causaria a aniquilação de ambos os lados. Enquanto a MAD restringia o uso da força militar na Europa e contra as superpotências, a diplomacia se tornou o instrumento político para conter o avanço do comunismo.

Em 1946, George Kennan, um diplomata norte-americano servindo na embaixada dos EUA em Moscou, enviou um longo telegrama ao Secretário de Estado colocando suas impressões sobre como os Estados Unidos deveriam conduzir suas relações com a União Soviética. Ele argumentou que a União Soviética cultivava uma suspeita permanente em relação às democracias. Stalin acreditava que a coexistência pacífica entre o comunismo e a democracia era impossível. De acordo com Kennan, os soviéticos usariam constantemente a pressão política e a ameaça militar para expandir sua esfera de influência na Europa e no resto do mundo, de forma a espalhar o comunismo e minar a democracia.

Kennan disse que a insegurança dos soviéticos só desapareceria com a erradicação da democracia e o triunfo do comunismo. Neste cenário, ele propôs, a política externa dos Estados Unidos deveria ter como objetivo o uso da diplomacia e da força militar para conter o avanço do comunismo na Europa e no mundo. A teoria de contenção de Kennan foi a base da diplomacia dos Estados Unidos durante toda a Guerra Fria. Isso inspirou a criação da Doutrina Truman: "Esta deve ser a política dos Estados Unidos para apoiar as pessoas livres que estão resistindo à tentativa de subjugação por minorias armadas ou por pressões externas."

O sucesso da política externa de Truman dependia de uma mistura cuidadosa de *soft* e *hard power*. Era necessário recorrer à diplomacia, bem como aos princípios políticos e econômicos, para reforçar as democracias e a economia de mercado na Europa. Era também essencial usar o poder militar para conter as ameaças soviéticas e a propagação do comunismo no resto do mundo.

Truman acreditava que o meio mais eficaz de conter o comunismo, o populismo e os governos autoritários era reatar o crescimento econômico na Europa. Em 1947, ele anunciou o Plano Marshall: um ambicioso programa econômico para ajudar a Europa a reconstruir suas infraestruturas e indústrias devastadas pela guerra.

Esse programa de recuperação econômica – nomeado em homenagem ao Secretário de Estado George Marshall – injetou 15 bilhões de dólares na Europa; um estímulo vital para inflamar a recuperação econômica, gerar empregos e restaurar o comércio internacional.

A criação do Tratado do Atlântico Norte (OTAN), em 1949, simbolizou o núcleo *hard power* das democracias. Isso representou uma grande mudança na política externa dos EUA. Pela primeira vez na história norte-americana, o país participou de uma aliança militar permanente com a Europa Ocidental, de forma a defender as democracias europeias. Os membros da OTAN consideravam qualquer ataque militar contra um de seus membros como um ato de agressão a todos. Doze nações participaram da assinatura do Pacto da OTAN, em 1949: Grã-Bretanha, França, Holanda, Bélgica, Islândia, Portugal, Luxemburgo, Itália, Noruega, Dinamarca, Canadá e Estados Unidos.

A OTAN foi uma resposta clara às tentativas agressivas da União Soviética na Europa Ocidental. A criação da OTAN e o anúncio do Plano Marshall representaram uma transformação na política externa norte-americana: "Se Wilson e Roosevelt quebraram a tradição ao enviar grandes exércitos para o exterior, Truman foi fundamental por mantê-los lá. Ele mudou a política externa de 'nenhuma aliança comprometedora' para uma presença permanente no exterior".[49]

A decisão de Truman de conter a União Soviética obrigou os Estados Unidos a se envolverem em alianças permanentes, mantendo suas tropas no exterior, a fim de desempenhar efetivamente o papel de polícia da nova ordem mundial. Os EUA assumiram o dever de defender as instituições livres contra o comunismo. Foi uma questão moral que moldou os deveres políticos e militares do país como uma superpotência durante a Guerra Fria.

Stalin respondeu a essas iniciativas econômicas e militares em estilo soviético. Primeiro, ele proibiu todos os países do leste europeu de receberem ajuda econômica do Plano Marshall. Em seguida,

[49] NYE JR., Joseph S. *Presidential leadership and the creation of the American Era*. Princeton: Princeton University Press, 2013, pp. 41

concebeu o Pacto de Varsóvia, uma aliança militar dos países da Europa Oriental com a União Soviética para contrabalancear os poderes da OTAN. Finalmente, a União Soviética criou a *Cominform*, uma organização para fortalecer a disciplina dos partidos comunistas na Europa Oriental e seu alinhamento com o Partido Comunista da União Soviética. A rigorosa disciplina partidária imposta pela *Cominform* acabou causando a ele um embaraço político na Iugoslávia. Josip Tito, o ditador comunista iugoslavo, se recusou a acatar as ordens soviéticas.

Tito era um caso único de governante rebelde na Europa Oriental, capaz de desafiar Stalin e permanecer vivo e no poder. Herói nacional que havia expulsado os nazistas do país, não precisava do apoio militar de Moscou para governar. Era o único líder comunista da Europa que tinha o apoio e a admiração do povo. Embora Stalin se vangloriasse de poder depor Tito a qualquer momento, não teve coragem de fazê-lo. Tito buscou um caminho independente de Moscou, mas o preço dessa independência foi permanecer dentro da esfera de influência comunista da Europa Ocidental.

Se a Iugoslávia representava um pequeno revés para Stalin, os comunistas receberam grandes notícias da China. Em 1º de outubro de 1949, o líder comunista Mao Zedong anunciou a criação da República Popular da China. Depois de duas décadas de guerra civil, ele derrotou Chiang Kai-shek, líder do exército e da facção nacionalista, que fugiu para Taiwan com seus seguidores.

Mao era um marxista-leninista convicto que não teve dificuldade em se alinhar rapidamente com Stalin. Em dezembro, viajou para Moscou para se encontrar com ele e selar um pacto de assistência militar mútua entre a China e a União Soviética. Mao acreditava que a revolução comunista estava destinada a se espalhar por todo o mundo, porque a coexistência pacífica com o capitalismo e a democracia era impossível. Havia, ele acreditava, muitas oportunidades para derrubar governos burgueses corruptos e decadentes, fomentando insurreições comunistas no exterior.

Era uma jogada inteligente espalhar a Revolução Comunista da Europa para o resto do mundo, com o apoio militar e político da Rússia e da China. A União Soviética e os Estados Unidos, Mao e

Stalin, acreditavam, não se envolveriam em uma guerra nuclear para defender países em desenvolvimento que não representassem uma ameaça à sua soberania ou aos interesses nacionais.

Assim, a Ásia Oriental, a África e a América Latina se tornaram o campo de batalha das superpotências. O conflito aberto começou em 25 de junho de 1950 com a invasão da Coreia do Sul pela Coreia do Norte Comunista. Isso levou os Estados Unidos a enviarem forças militares para cumprir a resolução das Nações Unidas de proteger a soberania da Coreia do Sul de um ato injustificado de agressão.

Foram necessários três anos de uma guerra cruel para empurrar a Coreia do Norte de volta ao Paralelo 38 N – a fronteira estabelecida entre os dois países. Insurreições comunistas surgiram no Vietnã, eventualmente arrastando os Estados Unidos para um longo conflito que durou até 1975. O resultado foi um desastre político: mais de 200 mil baixas militares, além de 1 milhão de civis mortos. O governo norte-americano gastou mais de 900 bilhões de dólares (valores convertidos para 2020) em ajuda e apoio militar no Vietnã do Sul, mas o país sucumbiu e o Vietnã se uniu sob um governo comunista em 1975.

A guerra civil eclodiu no Camboja: a facção comunista do Khmer Vermelho derrubou a monarquia e instalou uma das ditaduras mais cruéis do século XX. Os comunistas tomaram o Laos e espalharam sua influência pela América Latina, onde Fidel Castro chegou ao poder, em Cuba, e os sandinistas na Nicarágua. Grupos comunistas penetraram na África, assumindo Etiópia, Moçambique, Angola, Congo, Benim, Somália e Madagascar.

A impressão era que os comunistas estavam na ofensiva, libertando pessoas de governos corruptos e "conquistando" as nações em desenvolvimento. Os anticomunistas estavam na defensiva: o melhor que podiam fazer era tentar conter a força irresistível dos movimentos de esquerda.

Embora os movimentos anticomunistas tenham sido vitoriosos em países como Coreia do Sul, Brasil, Chile, Guatemala, Honduras, El Salvador e República Dominicana, suas vitórias pareciam mais um ato de resistência do que uma conquista fácil, de direito, a ser comemorada. Ironicamente, o caso mais tenso da Guerra Fria ocorreu na América Latina.

A crise dos mísseis cubanos, em outubro de 1962, quase suscitou o pesadelo de um confronto nuclear entre os Estados Unidos e a União Soviética. Nikita Khrushchev, o imprudente líder soviético, decidiu desafiar o aviso do governo norte-americano de que não toleraria a instalação de mísseis nucleares de médio alcance em Cuba. Fidel Castro requisitara os mísseis para proteger a ilha da ameaça de invasão dos EUA.

Castro repeliu com sucesso uma tentativa fracassada de invasão por um grupo de cubanos exilados contrários a ele, apoiados pelos Estados Unidos, que tentaram entrar pela Baía dos Porcos para derrubar o regime comunista em 1961. Mas os EUA foram inflexíveis na tentativa de impedir que navios de guerra soviéticos se aproximassem de Cuba com mísseis nucleares que seriam instalados a cerca de 100 quilômetros da costa da Flórida.

À medida que os navios soviéticos se aproximavam de Cuba, uma intensa negociação diplomática acontecia entre os governos de Kennedy e Khrushchev, durante os 13 dias mais tensos da Guerra Fria. Felizmente, Khrushchev recuou com a promessa dos Estados Unidos de não invadir Cuba, e prometendo que removeria os mísseis de alcance intermediário da Turquia. A expansão da Guerra Fria para o mundo em desenvolvimento retardou o avanço da democracia nos países emergentes.

Cada superpotência cultivava seus próprios pequenos tiranos, alimentando-os com dinheiro, armas e ajuda econômica, o que, por sua vez, os tornava ainda mais autoritários e corruptos. Não havia qualquer preocupação em construir instituições e fortalecer a democracia, o Estado de Direito, a liberdade individual e o capitalismo. Nesse mundo recém-dominado por governantes autoritários, por corruptos e pelo poder arbitrário exercido por generais e déspotas, tanto da direita como da esquerda, democratas que acreditavam no capitalismo e no liberalismo se viam engolidos. Alguns foram trabalhar no setor privado; outros encontraram refúgio em *think-tanks* norte-mericanos e em universidades. O liberalismo político e econômico clássico subitamente parecia uma teoria antiquada, e foi amplamente abandonado pelos governantes europeus até Margaret Thatcher em 1979.

Os Estados Unidos eram agora o único país onde reinava o capitalismo de pleno direito. É verdade que Franklin Roosevelt criou a base do Estado do Bem-Estar Social, garantindo direitos aos trabalhadores e benefícios sociais – mas nenhum governo dos EUA no período pós-guerra ousou estatizar empresas, estabelecer controles de preços ou intervir na economia, como suas contrapartes europeias fizeram.

A crença nas virtudes da economia de mercado e do capitalismo continuou a predominar nos EUA. Mais importante ainda, o governo não controlava as universidades – a base do conhecimento presente e futuro do país. Instituições públicas e privadas, *think-tanks* e organizações de pesquisa disputavam por estudantes talentosos, professores, pesquisadores e bolsas.

Continuando a exercer a sua independência, a Academia dos EUA se tornou uma importante aliada, mas não uma vassala, dos negócios e do governo. As três áreas eram parceiras em projetos inovadores, descobertas tecnológicas e no avanço da ciência. A criação de um ecossistema de conhecimento foi um dos ativos mais importantes do capitalismo nos EUA. Isso contribuiu para uma profusão de invenções e descobertas, que catapultou a produtividade nas indústrias e na agricultura, atraiu os melhores cérebros de muitos países para as instituições do país e garantiu a sua superioridade militar e a supremacia tecnológica no mundo.

Na Europa Ocidental, a narrativa comunista triunfante nos países em desenvolvimento foi ampliada pelo crescente poder e influência dos partidos de esquerda, dos sindicatos e aqueles de esquerda na *intelligentsia*. Este poderoso triunvirato dominou parlamentos, universidades, meios de comunicação, artes e cultura. Infiltrou-se na burocracia estatal, na governança das empresas estatais e tornou-se o conjunto predominante de atores na formulação de políticas.

Por uma questão de lógica, essa combinação fatal refletiu a mão pesada do Estado na regulação dos mercados e da concorrência, nacionalizando empresas e institucionalizando o sistema de bem-estar social. O resultado foi que tanto os governos dominados pela esquerda quanto os pela direita se inclinaram para a intervenção estatal na economia, a negociação coletiva sindical, o controle de preços e as restrições à concorrência de mercado (muitas vezes em nome do "interesse nacional"). Na Europa Ocidental, essas eram as normas que nenhum partido político poderia se recusar a cumprir, uma vez que estivesse no governo.

As anomalias dessas políticas eram camufladas pelo rápido crescimento econômico durante as décadas de 1950 e 1960. Percebida como uma "Idade de Ouro" para a Europa Ocidental, esse foi um período em que as pessoas prosperaram, o comércio internacional floresceu, a produtividade aumentou e o rendimento *per capita* duplicou.

O sucesso econômico e social da Europa Ocidental contrastava com as condições inflexíveis do bloco comunista. Na Europa Oriental, a economia planificada e centralizada não estava conseguindo entregar o padrão de vida do Ocidente, além de seu forte crescimento econômico e inovação. O contraste entre as duas realidades era mais evidente em Berlim – o lugar onde a democracia e o comunismo coexistiam em bairros adjacentes dentro dos limites da cidade. Os russos tiveram dificuldade em conter o fluxo de pessoas que queriam se mudar para Berlim Ocidental. Sua solução radical foi erguer o Muro de Berlim em 1961.

Enquanto a Europa comunista se isolava construindo o muro, a Europa Ocidental integrava seu próprio mercado. Jean Monnet, um estadista e diplomata francês, "Pai Fundador" da Comunidade Europeia, argumentou que as rivalidades entre Estados haviam sido as responsáveis por causar as duas guerras mundiais que destruíram a Europa. Ele acreditava que a paz e a prosperidade econômica no continente residiam na capacidade dos franceses, alemães, ingleses e demais nacionalidades da Europa de olhar além de seus interesses nacionais e suas diferenças e entender que seu destino estava conectado pela criação de um interesse e um mercado comum, com uma Europa unida.

Com o poder do governo francês, Monnet começou a arquitetar a construção de uma unidade europeia. Em 1950, ele e o Ministro dos Negócios Estrangeiros francês, Robert Schuman, propuseram a criação da Comunidade Europeia do Carvão e do Aço, uma instituição supranacional responsável pelo controle da produção de carvão e de aço na Europa. Foi a primeira tentativa de forjar um entendimento comum entre a França e a Alemanha quanto à produção da matéria-prima predominante utilizada na indústria militar.

Alemanha Ocidental, França, Holanda, Bélgica, Itália e Luxemburgo se tornaram membros-fundadores da Comunidade Europeia do Carvão e do Aço. Em 1957, o grupo se tornou fundador da Comunidade Econômica Europeia, que estabeleceu um mercado comum, reduziu as tarifas sobre as mercadorias e permitiu a livre circulação de pessoas dentro de sua área. Esse foi o início de uma experiência que se tornou o pilar central da integração europeia e da criação de uma moeda comum – o Euro, em 1995 – adotada por 28 países.

Como Monnet tinha previsto, a gradual integração da Europa em um mercado comum criou um senso de propósito que reduziu drasticamente rivalidades nacionais e promoveu um entendimento compartilhado sobre temas fundamentais, como defesa, segurança, meio ambiente e economia. Enquanto a Europa Ocidental se tornava mais integrada, a Europa Oriental ficava para trás em todos os aspectos: crescimento econômico, bem-estar social, tecnologia, inovação e, naturalmente, no grau de liberdade política e individual. A grande divergência entre as Europas se agravou quando a "Idade de Ouro" do crescimento econômico chegou ao fim no começo dos anos 1970.

À medida que o ciclo econômico entrou na curva de recessão, no início dos anos de 1970, a sociedade começou a pagar a conta dos "anos de ouro" dos governos esbanjadores. Uma expansão maciça do direito ao financiamento de programas sociais e do Estado do Bem-Estar Social estava aumentando os gastos do governo. A excessiva intervenção e regulação do Estado nos mercados reduziu a concorrência e criou empresas menos eficientes. A produtividade diminuiu, mas os salários dos trabalhadores continuaram a subir, graças à regulação do trabalho e aos sindicatos poderosos.

Não se tratava de um fenômeno restrito à Europa Ocidental. Nos Estados Unidos, o presidente Lyndon Johnson declarou "guerra contra a pobreza" e promoveu a "Grande Sociedade", uma série de reformas sociais que incluíam o *Medicare* e *Medicaid* –, dois importantes planos de saúde pública para jovens e idosos – além de programas sociais expandidos para trabalhadores com deficiência e famílias pobres e aumento das doações federais para a educação. Johnson também aprovou leis ambientais, leis de proteção ao consumidor e seu projeto de lei magna, a Lei dos Direitos Civis de 1964, que proibia a discriminação contra negros.

Além dos custos com as reformas da Grande Sociedade, os gastos militares aumentaram com a escalada do envolvimento dos Estados Unidos na guerra do Vietnã e a pressão para continuar na corrida armamentista contra a União Soviética. Infelizmente, o *timing* do presidente Johnson na expansão das despesas públicas não podia ter sido pior.

Como a inflação e o desemprego começaram a aumentar, o sucessor de Johnson na Casa Branca, Richard Nixon, anunciou medidas duras para conter os efeitos negativos da recessão em 1971. Ele cometeu a heresia de apelar a algo inédito na terra do capitalismo: impôs um controle de preços de 90 dias e um congelamento dos salários que se assemelhavam às medidas de países socialistas e de economias planificadas. Durante a guerra, era justificado impor o controle de preços aos bens essenciais mirando o esforço de guerra, mas em tempos de paz, era uma declaração de que o governo não tinha mais confiança na capacidade do mercado de determinar preços e salários. Além disso, o governo anunciou uma sobretaxa de 10% sobre as mercadorias importadas, em benefício da indústria norte-americana.

Sua medida mais surpreendente, porém – adotada em 15 de agosto de 1971 –, foi a decisão unilateral de abandonar o padrão-ouro e deixar o dólar flutuar (desvalorização). Seus conselheiros econômicos alegaram que a crise financeira havia sido exacerbada pela rigidez do padrão-ouro, que limitava as políticas financeiras e monetárias do país para combater a inflação e o desemprego.

Ao abandonar o padrão-ouro, o presidente dos EUA implodiu um dos pilares do Sistema Financeiro Internacional concebido pelo Acordo de Bretton Woods. Desde o fim da Segunda Guerra Mundial, as reservas monetárias dos países estavam ligadas ao dólar e ao ouro, um mecanismo para salvaguardar a estabilidade do Sistema Monetário Internacional e evitar desvalorizações abruptas que poderiam desestabilizar a ordem financeira internacional.

As medidas econômicas de Nixon trouxeram a ele uma popularidade de curto prazo. Foram vistas como um estímulo vital para a economia do país. A bolsa reagiu com entusiasmo e a indústria aplaudiu a decisão. No entanto, as medidas artificiais são atalhos e não agem nos principais desafios de uma economia: as indústrias norte-mericanos tinham se tornado menos competitivas, a inflação aumentava e o país estava viciado em petróleo barato como principal fonte de energia.

Esses problemas eminentes agravaram-se de forma explosiva quando os países árabes que controlavam a produção mundial de petróleo decidiram impor um embargo à matéria-prima em 1973. Foi uma medida de retaliação da Organização dos Países Árabes Exportadores de Petróleo (OPEP) contra as nações que apoiaram Israel na guerra do Yom Kippur – um conflito de três semanas em outubro daquele ano que terminou com uma derrota humilhante das forças árabes lideradas pelo Egito e pela Síria.

O embargo afetou as potências econômicas de todo o mundo – em especial dos Estados Unidos, da Grã-Bretanha, do Japão, da Holanda e do Canadá. O preço de um barril de petróleo subiu de 3 para 12 dólares em seis meses.

Embora o embargo tenha terminado em 17 de março de 1974, os efeitos da crise do petróleo reverberaram por toda a década. Com o aumento de seu preço, aumentou-se também o preço do transporte, de produtos químicos e do aço, que por sua vez afetaram os custos de cadeias de produção inteiras de bens e serviços. A inflação anual aumentou para dois dígitos. Empresas e consumidores começaram a reduzir os custos, diminuindo o consumo de bens, energia e transporte. A economia dos EUA desacelerou abruptamente, gerando estagnação – a temida combinação de imobilidade econômica e inflação.

Para piorar as coisas, o presidente Nixon teve que renunciar em 9 de agosto de 1974 para evitar um processo de impeachment desmoralizante após o escândalo de Watergate – uma grave contravenção política, na qual membros da equipe de campanha de Nixon grampearam ligações e roubaram documentos da sede de seus adversários, o Comitê Nacional Democrata. Dois repórteres do *Washington Post*,

Bob Woodward e Carl Bernstein, descobriram o papel ativo de Nixon em apoiar a ilegalidade e tentar encobrir os crimes da equipe.

É verdade, por outro lado, que a iniciativa Kissinger-Nixon de abrir relações diplomáticas com a China em 1972 foi, talvez, a maior obra-prima diplomática da Guerra Fria. A aproximação dos dois países ajudou a distanciar a China da União Soviética e criou um caminho para o diálogo político e para laços comerciais com os Estados Unidos. Todavia, esse entendimento com a China não foi suficiente para atenuar a crise política e econômica nos EUA. No final de 1973, Nixon simbolizava a decadência de um país dilacerado pela estagnação econômica, alta da inflação, escândalos políticos e a vergonha militar de conduzir uma guerra altamente impopular no Vietnã, sem qualquer perspectiva de vencê-la.

Gerald Ford, vice-presidente de Nixon, assumiu a presidência em 1974 e foi incapaz de retomar a economia. Internamente, a estagflação continuou a castigar e prolongar os tempos difíceis para os Estados Unidos. Na política externa, Ford encerrou a guerra do Vietnã, mas foi incapaz de parar o avanço do comunismo no Sudeste Asiático. Em 1975, o Vietnã do Norte comunista invadiu o Sul e uniu o país. No mesmo ano, ditadores comunistas assumiram o poder em Laos e Camboja.

Se Nixon e Ford representavam a decadência dos EUA, Jimmy Carter, o presidente Democrata que se mudou para a Casa Branca em 1977, foi o retrato da impotência do país, de sua incapacidade de liderar o mundo. Dono de uma fazenda de amendoins e cristão dedicado que ansiava por restaurar a decência na política e por um governo honesto, Carter era um homem virtuoso, mas não tinha as habilidades de liderança e a perspicácia política para conduzir o país em tempos difíceis. Sua política econômica não conseguiu reduzir o desemprego e a inflação, que atingiu um pico de 14%.

Em 1979, uma segunda crise do petróleo eclodiu com a revolução do Irã, que derrubou a monarquia e instituiu uma teocracia comandada pelo líder religioso Ruhollah Khomeini, transformando o país em uma República Islâmica. O tumulto político resultante reduziu a produção de petróleo do Irã em quase 5 milhões de barris por dia – cerca de 7% da produção mundial. O preço do petróleo disparou e norte-mericanos furiosos fizeram fila por horas para encher os tanques dos carros. O descontentamento com o governo atingiu seu pico no feriado do 4 de julho, quando metade dos postos de gasolina nos EUA foram fechados porque não tinham combustível para vender – um símbolo da impotência do governo. Carter reconheceu, em discurso, que a população estava perdendo a fé no governo, bem como nos "formadores da nossa democracia".

Ele também parecia ser impotente na política externa. Depois de sua grande história de sucesso como presidente – os acordos de Camp David em 1978, selando um tratado de paz entre Egito e Israel, um sucesso extraordinário que colocou fim à guerra e à violência entre esses dois protagonistas do Oriente Médio –, falhou miseravelmente em outro desafio.

Em 4 de novembro de 1979, revolucionários iranianos invadiram a embaixada dos EUA no Teerã e tomaram como reféns 52 funcionários do lugar. Quando a negociação falhou, Carter autorizou uma missão militar para resgatá-los – mas esta foi pega por uma tempestade de areia e acabou sendo um fiasco. A imagem de helicópteros militares destruídos e enterrados na areia do deserto e oito militares americanos mortos, foi o retrato perfeito do governo e da liderança mundial fracassados de Carter.

Um mal-estar (semelhante ao tempo presente no momento em que escrevo, em 2019) dominou o mundo democrático. Taxas crescentes de criminalidade, revoltas estudantis contra o governo, greves trabalhistas e escândalos políticos (como Watergate), agravados pela estagnação econômica, pela alta inflação e a impotência para resolver a crise do petróleo, eram sinais de "fraqueza" do capitalismo, além da falta de confiança nos líderes e instituições democráticas.

Na Europa, a regulamentação excessiva, aliada ao aumento dos impostos e à intervenção do governo na economia contribuíram para reduzir a produtividade das empresas tanto públicas quanto privadas. Sintomas como burocracia, procedimentos administrativos morosos e o declínio da qualidade dos serviços e dos bens afetaram ambos os setores. Nos EUA, as indústrias se tornaram complacentes e começaram a perder parte do mercado para os novos atores.

As indústrias automobilística e siderúrgica, por exemplo, perdiam mercado para as alemãs e japonesas, mais eficientes e modernas: "Em 1979, com os japoneses controlando 20% do mercado de automóveis dos EUA, a Chrysler perdeu 1,1 bilhão de dólares, a maior perda da história do país, demandando empréstimo do governo para permanecer no mercado".[50] O mesmo declínio sombrio da produtividade e da capacidade para competir com novos *players* acontecia na indústria do aço. Em 1976, as siderúrgicas japonesas eram 17% mais produtivas do que as norte-americanas".[51]

A política também passava por um momento sombrio. Na Europa, a população sofria com as greves e com queda de qualidade dos serviços controlados pelo Estado, como transportes, telecomunicações, saúde e educação públicas. Interesses especiais, sindicatos e a burocracia do Estado se infiltraram nos principais partidos políticos e pediram por ainda mais intervenção estatal, com concessões aos sindicatos e restrições à concorrência de mercado. Organizações terroristas de esquerda – como a Brigada Vermelha na Itália, o Exército Republicano Irlandês (IRA) e o ETA na Espanha – pretendiam destruir a democracia e o capitalismo detonando bombas, matando políticos, sequestrando empresários e roubando bancos. No mundo em desenvolvimento, as nações capitalistas pareciam estar perdendo a Guerra Fria. O avanço do comunismo foi contido apenas por democracias que, para deter a "ameaça vermelha", apoiavam governos autoritários e ditadores igualmente corruptos.

Em 1978, a Guerra Fria gerou tensão na Europa novamente, quando os soviéticos lançaram os primeiros mísseis balísticos de alcance intermediário (ICBMs), os SS-20, ameaçando a segurança da Europa Ocidental. O SS-20 foi considerado uma arma nuclear tática que poderia atingir a Europa Ocidental. Como não havia arma equivalente no arsenal militar europeu, os países da OTAN

---

[50] GREENSPAN, Alan; WOOLDRIDGE, Adrian. *Capitalism in America*. New York: Penguin Press, 2018, pp. 314.

[51] GREENSPAN, Alan; WOOLDRIDGE, Adrian. *Capitalism in America*. New York: Penguin Press, 2018, pp. 315.

decidiram investir na modernização de seus mísseis de médio alcance, os Pershing II dos EUA, que haviam sido implantados na Alemanha Ocidental no início de 1980.

Todos esses sinais de "decadência" – estagflação, desilusão com a política e a impressão de estar perdendo tanto a Guerra Fria quanto a corrida armamentista para a União Soviética – geraram um sentimento de perda de confiança no capitalismo e na democracia. Essas eram, no entanto, percepções imprecisas, que refletiam apenas a ponta do iceberg e ignoravam a transformação silenciosa que estava acontecendo sob a superfície. As células brancas do capitalismo e da democracia já estavam trabalhando para eliminar as deficiências dos sistemas econômico e político.

Se Detroit e Pittsburg eram os símbolos da decadente indústria automobilística e siderúrgica nos EUA, uma revolução tranquila acontecia longe do Cinturão de Ferrugem e de Wall Street. Em 1975, um jovem empresário, Bill Gates, criava a Microsoft no Novo México. No ano seguinte, uma dupla de jovens criativos, Steve Jobs e Steve Wozniak, fundavam a Apple. Esse foi o início da "revolução tecnológica" que mudaria profundamente a forma como vivemos, produzimos e consumimos bens e serviços.

Em Washington DC, depois de muitas tentativas falhas de reduzir a inflação, o presidente Carter tomou uma decisão política ousada. Ele indicou Paul Volcker como chefe da Reserva Federal em 1979. Volcker servira na administração Nixon como subsecretário do Tesouro. Ele foi absolutamente franco em sua entrevista com Carter na Sala Oval: se fosse nomeado presidente da Reserva Federal, adotaria uma política monetária firme para reduzir a inflação.

Para um político, isso significava altas taxas de juros e recessão econômica; uma receita desagradável para um presidente que pretendia concorrer à reeleição em 1980. Contudo, Jimmy Carter agiu como um estadista, colocando o interesse do país acima de sua carreira eleitoral e nomeou Volcker para o cargo. Volcker quase duplicou as taxas de juros em um período de dois anos: de 11% para 20%. Foi um remédio amargo: os efeitos colaterais foram recessão econômica e taxa de desemprego em 10%. Carter perdeu a eleição para o candidato republicano, Ronald Reagan, mas a política monetária firme de

Volcker ajudou a pavimentar o caminho para uma forte recuperação econômica na década de 1980.

A recessão econômica da década de 1970 também desestabilizou a parte comunista do mundo. Vozes de descontentamento começaram a desafiar os regimes comunistas na Europa Oriental. Em 1977, a recessão e a inflação na Europa Oriental estimulavam a insatisfação contra os governos. Apenas uma pequena faísca era necessária para inflamar a agitação social. A prisão de uma banda de rock na Checoslováquia, acusada de causar desordem civil em um concerto, serviu para estourar um movimento de proeminentes artistas, escritores, políticos e líderes religiosos para criar a Carta 77 – um manifesto público que exigia do governo respeito às liberdades cívicas e aos direitos humanos, além de pedir a soltura da banda.

A Carta 77 circulou amplamente no país e no exterior, onde foi publicada nos principais jornais da Europa Ocidental e dos Estados Unidos, causando considerável embaraço para o governo. Como era de se esperar, a reação deste foi empregar a força. O governo checo ordenou a prisão dos signatários da Carta 77 e acusou-os de serem agentes do capitalismo.

Apesar da repressão do governo, a carta continuou a atrair pessoas e dissidentes do regime, que se encontravam secretamente e denunciavam os abusos contra os Direitos Humanos cometidos pelo Estado. A Carta 77 foi a base do movimento de resistência que acabou por derrubar o regime comunista na Checoslováquia em 1989, na "Revolução de Veludo". Um dos líderes da Carta 77, Vaclav Havel, escritor proeminente, tornou-se o primeiro presidente democrático do país em 1990.

Surgiria, então, um quinteto transformador: um padre polonês, um chinês reformista, uma *lady* inglesa, um ator de Hollywood e o último czar comunista na Rússia

Embora houvesse sinais preocupantes de que a combinação de recessão econômica, inflação e incapacidade do sistema político de responder efetivamente a problemas prementes levaria a uma crescente insatisfação popular com os governos nos mundos capitalista e comunista, não era fácil enxergar perspectivas de grandes mudanças.

No mundo comunista, o governo tinha o controle absoluto dos partidos, do exército, da mídia e de todos os meios de produção econômica. Vozes de descontentamento eram silenciadas, presas ou mortas. No mundo capitalista, a situação também era sombria. As pessoas e o governo pareciam estar acostumados com certas verdades estabelecidas, tais como greves regulares, máquina estatal inchada, políticas econômicas keynesianas, inflação, declínio da produtividade e cinismo em relação à política. Os governos eram vistos como reféns de interesses especiais (sindicatos, burocracia e empresas estatais) e incapazes de fazer a economia voltar a crescer. A estagflação era a norma dos "novos tempos".

Nenhum vidente poderia prever que tal desânimo com a democracia e com o capitalismo desapareceria em menos de uma década, e que o regime comunista estava prestes a entrar em colapso – ou, no caso da China, a ser radicalmente transformado. O que abalou tanto o mundo capitalista quanto o comunista foi a liderança transformadora de cinco líderes extraordinários. Vinham de ambientes, culturas e origens distintos, mas compartilhavam traços em comum: um profundo senso de missão – baseado em valores e princípios –, visão pragmática da política, espírito reformista e a convicção de que deveriam usar o poder para tornar o mundo um lugar melhor para se viver, prosperar e garantir a ordem e a paz. "Todos os grandes líderes andam sozinhos. Sua singularidade brota da capacidade de discernir os desafios que ainda não são aparentes para seus contemporâneos".[52] Essa era precisamente a característica em comum que destacava a liderança deste extraordinário quinteto.

O primeiro desses líderes veio do lugar mais inesperado: a Igreja Católica. Depois de mais de 400 anos sendo liderados pelos papas italianos, os cardeais elegeram um sacerdote polonês com um nome estranho para liderar a Igreja como papa. Karol Wojtyla, o arcebispo de Cracóvia, tornou-se o papa João Paulo II em 1978. Eleger um jovem cardeal (56 anos) de um país comunista para ser papa, em um momento crucial para a Igreja Católica, foi uma escolha

[52] KISSINGER, Henry. *Diplomacy*. London: Simon & Schuster, 1995, pp. 370.

surpreendente. Em um mundo secular de mudanças profundas de comportamento e valores e de questionamento dos símbolos tradicionais de autoridade – governo, religião e família tradicional –, João Paulo II teve a tarefa desafiadora de revigorar a relevância dos valores cristãos como um meio de mudar a sociedade. Sua vida foi uma prova viva da fé implacável nos princípios cristãos e na Igreja Católica como forças poderosas para moldar ações e resistir às tiranias.

Ele sobreviveu a duas ditaduras que perseguiram a Igreja. Os nazistas invadiram a Polônia em 1939 e enviaram vários sacerdotes para campos de concentração. Posteriormente, os comunistas ocuparam o país e tentaram sufocar a religião. No entanto, Karol Wojtyla e a Igreja Católica sobreviveram. Eles representavam as forças de resistência em um país que historicamente havia sido invadido e ocupado por potências estrangeiras. Príncipes e tiranos vêm e vão, mas a fé católica e a Igreja sempre permaneceram como a base da identidade polonesa e o símbolo de sua unidade como povo.

A Igreja não era apenas um templo espiritual; era a força viva da nacionalidade polonesa e a trincheira da resistência contra tiranos e invasores. Nem mesmo o poder militar da União Soviética e o punho de ferro do Partido Comunista foram suficientemente fortes para destruir a Igreja Católica na Polônia. De fato, ser católico era sinônimo de ser polonês.

Essa mistura de religião, nacionalidade e resistência política criou uma tensão no seio do regime comunista polonês, mas nenhuma força poderia destruir a Igreja Católica daquele país, que representava a crença religiosa de mais de 70% da população.

Não foi de se admirar que o anúncio da visita do papa João Paulo II à Polônia, no início de 1979, tenha gerado ansiedade tanto em Varsóvia quanto em Moscou. Os soviéticos pressionaram o governo polaco para impedir a visita, mas era uma tarefa impossível – mesmo em uma ditadura.

Os poloneses estavam imensamente orgulhosos de terem um papa que visitaria sua terra natal como primeira grande viagem internacional. Durante sua visita de nove dias, o papa agiu como um artesão magistral, planejando cuidadosamente o itinerário das cidades a serem visitadas e as palavras a serem ditas como declarações poderosas para infundir esperança e fé, e fortalecer a coragem e a determinação do povo para suportar tempos difíceis.

Iniciou a sua visita celebrando os 900 anos de Santo Estanislau, um mártir polaco que desafiou o rei, de forma a recordar seu rebanho das virtudes da resiliência e ação individual: "Sem Cristo, é impossível compreender esta nação com um passado tão cheio de esplendor e, também, terríveis dificuldades... E clamo na vigília de Pentecostes: Desça o vosso Espírito. Desça o vosso espírito e renove a Terra, e esta terra". Para os fiéis, foi um apelo à ação individual.[53]

Como líder religioso, o papa João Paulo II buscava sempre conectar o mundo espiritual com questões da vida cotidiana; as palavras e obras de Cristo com os desafios pessoais das pessoas; e o destino da Igreja com o destino da civilização. A fé liberta as pessoas porque lhes dá liberdade de consciência para exercer o livre arbítrio; algo que nenhuma tirania pode tirar de qualquer indivíduo.

Em sua homilia na Cracóvia, sua cidade natal, foi aplaudido por uma imensa multidão nas ruas e disse: "Não seja derrotado ou desencorajado... nunca perca sua liberdade espiritual, com a qual Ele torna o ser humano livre".[54] Em outra homilia, João Paulo II enfatizou a unidade da Europa e do Cristianismo. Ele falou em termos wilsonianos, garantindo aos ouvintes que as nações têm o direito de autodeterminação; um ataque claro à ocupação soviética da Europa Oriental.

Ele escolheu passagens da Bíblia e das tribulações de Cristo para lembrar às pessoas que a fé em Deus e a liberdade de espírito podem renovar a esperança e prover escolhas reais, apesar de viverem sob uma ditadura. O destino é moldado pelas nossas escolhas e ações. Ser fiel a Deus (e não ao governo) é a coisa mais importante, pois – como ele argumentou – sem amor e misericórdia, não há cristianismo, não há respeito pelos Direitos Humanos e, portanto, não há espaço para a liberdade de consciência e perdão.

---

[53] CARYL, Christian. *Strange rebels: 1979 and the birth of the 21st Century*. New York: Basic Books, a member of Perseus Books Groups, 2013, pp. 203.

[54] CARYL, Christian. *Strange rebels: 1979 and the birth of the 21st Century*. New York: Basic Books, a member of Perseus Books Groups, 2013, pp. 208.

O papa mobilizou não só os poloneses, mas toda a população da Europa Oriental. Húngaros, checos e alemães orientais se reuniram na Polônia para ouvi-lo falar em igrejas, ruas e festividades religiosas. Milhões de pessoas se reuniram para ver e ouvir o papa falar sobre "a centralidade de Cristo e a inviolabilidade dos direitos humanos individuais. Essa foi uma mensagem que unificou muitos poloneses através das fronteiras de classe: estudantes, camponeses, trabalhadores e até mesmo alguns intelectuais não muito religiosos". A visita do papa desencadeou uma crença comum de que os poloneses poderiam viver a verdade, rejeitando as mentiras do regime comunista sem restaurar a violência.[55]

Esta era a tática da "resistência passiva" adotada pelos grevistas no estaleiro de Lenin, em Gdansk, quando o governo anunciou um grande aumento no preço dos alimentos, no verão de 1980. Lech Walesa, líder carismático da greve, transformou o protesto local em um chamado nacional para "pararem de beber (uma grande fonte de receita do governo), ir à missa todas as tardes às 17 horas e ter a imagem de João Paulo II pendurada na Igreja".[56] As greves se espalharam por todo o país; a oração se tornou um ato de resistência religioso e político. A péssima situação econômica e a resistência dos grevistas forçaram o governo a aceitar duas exigências vitais apresentadas por Lech Walesa: formar um sindicato independente e garantir aos trabalhadores o direito à greve. O sindicato Solidariedade foi criado como uma entidade independente do governo e logo se tornou o mais importante movimento sindical dos trabalhadores na Europa Oriental e a base da resistência política. O Solidariedade ganhou notoriedade internacional e teve apoio do papa.

Quando Wojciech Jaruzelski, um general linha-dura que assumiu o controle do partido Comunista polonês em dezembro de 1981, usou força para reprimir o Solidariedade e prendeu Walesa, a base do movimento estava tão arraigada naquela sociedade que este continuou

[55] CARYL, Christian. *Strange rebels: 1979 and the birth of the 21st Century*. New York: Basic Books, a member of Perseus Books Groups, 2013, pp. 277-278.

[56] CARYL, Christian. *Strange rebels: 1979 and the birth of the 21st Century*. New York: Basic Books, a member of Perseus Books Groups, 2013, pp. 281.

ativo como movimento clandestino, organizando e mobilizando os trabalhadores. Na verdade, o Solidariedade se tornou mais forte clandestinamente. Fortaleceu os laços entre os membros e a determinação em ser o coração da resistência política ao governo comunista.

Walesa e Solidariedade se tornaram símbolos mundiais de resistência. Em 1983, ele recebeu o Prêmio Nobel da Paz. Em 1986, o governo proclamou anistia e libertou Walesa e outros líderes do Solidariedade. Em 1988, o sindicalista liderou uma greve em Gdansk, que levaria à queda pacífica do governo comunista da Polônia um ano depois. O papa apoiava tacitamente o Solidariedade e Walesa, que desempenharam um papel crucial na transição democrática na Polônia. A greve marcou o início do colapso do regime comunista na Europa Oriental. Em 1989, Lech Walesa participou do primeiro governo não comunista na Polônia e, no ano seguinte, tornou-se o primeiro presidente da Polônia Democrática.

Se o papa João Paulo II foi a força espiritual que fomentou as iniciativas populares que levaram à queda do comunismo na Polônia, o grande cataclismo no mundo comunista foi marcado pela ascensão de Deng Xiaoping na China. Depois de uma amarga luta interna dentro do Partido Comunista Chinês, Deng emergiu como sucessor de Mao Zedong.

Deng Xiaoping foi um sobrevivente da era de Mao. Ele participou da Longa Marcha em 1934 – uma viagem de 5 mil quilômetros das forças comunistas no interior da China para reagrupar e evitar o confronto militar com o exército nacionalista. Em 1949, Deng se tornou um proeminente líder da campanha militar que derrotou as forças nacionalistas, colocando fim à guerra civil e levando Mao e os comunistas ao poder. Ele se tornou um funcionário do alto escalão do Partido Comunista e membro do círculo íntimo de Mao. Sobreviveu ao Grande Salto para Frente, um esforço lunático para industrializar rapidamente a China e aumentar a produção agrícola através da criação de fazendas comunitárias e cooperativas. A experiência foi desastrosa. Mais de 40 milhões de pessoas morreram de fome. A liderança de Mao ficou enfraquecida, e um movimento interno no Partido Comunista para afastá-lo do poder acabou levando a outro evento complicado: a Revolução Cultural, em 1966.

Mao apelou ao povo na Revolução Cultural, com o objetivo de enfraquecer o movimento que existia contra si dentro do Partido Comunista. Ele atribuiu parte do fracasso do Grande Salto para Frente às fantasias e ideias burguesas que ainda prevaleciam na sociedade e em alguns membros do Partido Comunista. Começou uma purga no partido, e muitos funcionários de alto escalão foram perseguidos, exilados ou mortos.

Deng escapou, mas foi exilado em uma aldeia rural, onde teve que trabalhar em uma fábrica de tratores por oito anos. O exílio pretendia reeducá-lo nos verdadeiros valores do comunismo. Sua objetividade na política e na defesa das reformas econômicas era vista como sinal de traços burgueses. As habilidades de Deng como um reformista pragmático, altamente condenadas durante a Revolução Cultural, acabaram sendo um ativo valioso em 1974, quando o país enfrentou dificuldades econômicas – fruto das consequências trágicas do Grande Salto para Frente e da Revolução Cultural. Mao chamou Deng de volta do exílio e o reintegrou ao Partido Comunista em uma posição importante.

A missão de Deng era liderar as reformas econômicas, mas como muitas vezes acontece, os reformistas são vistos como inimigos do regime político pelos membros radicais do Partido Comunista. A ala radical do partido era comandada pela "Gangue dos Quatro" – um grupo de radicais liderados pela esposa de Mao, que desprezava as reformas de Deng e que o elegeu como um inimigo a ser destruído.

Isso se tornou uma séria ameaça à vida de Deng após a morte de Mao em 1976. Para sobreviver, ele permaneceu distante da luta interna pelo controle do Partido Comunista entre a Gangue dos Quatro e os reformistas. Como estes venceram a disputa no partido, e com a condenação dos membros da Gangue à morte em um julgamento público, Deng emergiu como o grande líder da China.

O pragmatismo político e as reformas econômicas foram os dois principais ativos que a China precisava para sair da pobreza e se tornar uma das nações mais poderosas do mundo. Deng enaltecia os fatos mais do que a ideologia do partido, mas sabia que o gradualismo era a essência para alcançar resultados concretos sem desestabilizar o monopólio do poder do Partido Comunista. Seu primeiro desafio foi libertar o país da fome. Ele fez isso enfrentando um dos paradigmas sagrados da era maoísta: as fazendas comunais foram substituídas pela propriedade familiar, o que significava que as famílias que trabalhavam na terra tinham quotas estabelecidas pelas autoridades locais do Partido Comunista para fornecer alimentos, mas podiam comercializar o resto de suas colheitas. Esse incentivo à "iniciativa privada" foi essencial para aumentar substancialmente a produção de alimentos e livrar o país da fome: "A produção de grãos em Xiaogang aumentou seis vezes durante aquele ano. A renda *per capita* dos aldeões passou de 22 yuan para quatrocentos".[57]

Enquanto um leve incentivo capitalista transformava radicalmente a produção alimentar no campo, gerava também uma mudança milagrosa nas cidades, que foram abençoadas com a experiência audaciosa das zonas econômicas especiais (ZEEs). Deng sabia que uma das maiores falhas do comunismo era a insistência em uma economia planificada.

A ideia de que o planejamento governamental seja mais eficiente do que os mercados na distribuição de bens e serviços para a população é uma das crenças mais absurdas do comunismo. Ela resultou na miséria e na fome de milhões de pessoas e destruiu o espírito empresarial responsável por estimular a inovação e a criação de novas empresas, bens e serviços, nos quais se opta por investir, comprar e consumir pelos mecanismos de mercado. Deng era um reformista com perspicácia política. Ele entendia que a introdução de incentivos capitalistas para reformar a economia seria uma heresia para o Partido Comunista, mas estava ciente de que eram vitais para estabelecer o dinamismo econômico de que a China precisava para crescer.

Deng Xiaoping optou por fazer experimentos locais, de forma a evitar ser criticado pelos membros conservadores do partido. As Zonas Econômicas Especiais foram testadas pela primeira vez na província de Guangdong, em 1979, e em cidades como Shenzhen, depois de Deng voltar de uma visita ao Japão, Cingapura, Coreia do Sul e Twain. Durante a viagem, fora hipnotizado pela qualidade

---

[57] CARYL, Christian. *Strange rebels: 1979 and the birth of the 21st Century*. New York: Basic Books, a member of Perseus Books Groups, 2013, pp. 251.

dos produtos, a eficiência do processo e a qualidade da gestão nas empresas. Ele queria que a China alcançasse os mesmos padrões de eficiência de gestão, qualidade de bens e competitividade nos mercados internacionais de que as potências econômicas asiáticas desfrutavam.

As ZEEs foram um mecanismo concebido para iniciar a transformação econômica que Deng elaborara. Elas se tornaram áreas de inovação abertas ao investimento estrangeiro, com baixa regulamentação e impostos, além de incentivo ao empreendedorismo, onde as indústrias poderiam importar tecnologia estrangeira, treinar a força de trabalho para ser mais produtiva e desenvolver empresas chinesas capazes de produzir bens orientados para a exportação que pudessem competir nos mercados globais.

A experiência foi um sucesso surpreendente. Shenzhen se tornou o símbolo de uma prosperidade econômica que poderia ser estendida para o resto da China: "De 1981 a 1984, a economia local (em Shenzhen) se expandiu em surpreendentes 75% por ano. Entre 1981 e 1993, a economia chinesa cresceu a uma taxa anual de 9,6%; o crescimento de Shenzhen durante o mesmo período foi de 40%. Os chineses começaram a usar o termo 'velocidade e eficiência de Shenzhen' como referência de desenvolvimento".[58]

A expansão da economia se deveu à expansão das Zonas Econômicas Especiais para 14 cidades na área costeira da China. Elas se tornaram a potência do crescimento econômico da China. Nem mesmo o Partido Comunista poderia ignorar fatos e evidências do surpreendente crescimento econômico, que beneficiou a vida de milhões de chineses e os tirou da pobreza para viverem em uma era de prosperidade.

Deng entendeu que o principal motor do crescimento estava no conhecimento. Abriu as universidades e transformou-as em um silo de liberdade de pensamento e de conhecimento prático. Mas, quando os estudantes ocuparam a Praça Tiananmen em junho de 1989 para transformar a liberdade intelectual nas universidades em um

---

[58] CARYL, Christian. *Strange rebels: 1979 and the birth of the 21st Century*. New York: Basic Books, a member of Perseus Books Groups, 2013, pp. 330.

movimento que pressionava por reformas liberais na política, Deng mobilizou o exército para reprimir o movimento estudantil.

A mensagem era clara. O governo apoiava as reformas do mercado para estimular o crescimento econômico, mas o poder político permanecia monopólio do Partido Comunista. Depois do episódio na praça Tiananmen, não houve mais movimentos exigindo reformas políticas. O capitalismo havia transformado a economia chinesa, proporcionando crescimento econômico sustentável por quatro décadas, tirando milhões de pessoas da pobreza e tornando o país uma superpotência econômica – porém, enquanto o governo continuar a ser provedor de crescimento econômico e prosperidade, o monopólio do poder do Partido Comunista permanecerá eterno.

No mesmo ano em que Deng Xiaoping assumiu o comando do Partido Comunista e fomentou as reformas econômicas na China, ou seja, 1979, a Grã-Bretanha elegia sua primeira mulher como Primeira-Ministra. Margaret Thatcher era uma firme defensora do capitalismo e da democracia. Ela acreditava que a estagflação era uma consequência direta das muitas concessões dos governos anteriores ao socialismo. A Grã-Bretanha, berço do liberalismo, do capitalismo e da liberdade individual, tinha se tornado uma terra de intervenção estatal na economia, com um sistema de bem-estar social generoso e um governo burocrático que, na visão dela, estava matando o país, destruindo postos de trabalho, sufocando empresas e destruindo o espírito empresarial que fizeram da Bretanha uma grande nação no passado. Ela argumentava que a intervenção do Estado na economia inibia a liberdade, a inovação e a experimentação dos indivíduos.

Thatcher acreditava que a melhor maneira de curar uma nação viciada no socialismo era injetando uma alta dose de concorrência de mercado, políticas liberais e governo enxuto. Foi precisamente essa tarefa que propôs a si mesma colocar em prática, com o apoio dos britânicos desiludidos que a elegeram para promover a mudança. As pessoas estavam cansadas do governo trabalhista, especialmente após o "inverno do descontentamento" – quando o governo trabalhista pareceu incapaz de lidar com uma greve geral que paralisou o país, dando às pessoas a impressão de que a Grã-Bretanha havia se tornado refém dos sindicatos, dos interesses especiais e de demandas corporativistas do setor público.

Thatcher foi a primeira estadista do pós-guerra a questionar as verdades estabelecidas quanto ao Estado do Bem-Estar Social, às empresas estatais, aos gastos públicos e ao poder dos sindicatos para decidir políticas e salários. Ela foi uma voz dissonante, que defendia a necessidade de abrir a economia, reduzir o poder dos sindicatos, enxugar a política monetária para evitar a inflação e, mais importante, remover o Estado da economia e dos ombros da população, de forma que o mercado, a concorrência e os empresários pudessem prosperar.

Depois de ganhar a liderança do Partido Conservador em 1975, não perdeu tempo em mobilizá-lo para conceber um programa de governo baseado em princípios liberais que pareciam fora de moda na época. Ela sabia que seria uma batalha difícil; afinal, os governos conservadores no período pós-guerra não haviam feito nada para reverter a crescente adoção de políticas socialistas que reduziram a economia britânica a uma ruína instável.

Em sua opinião, uma plataforma conservadora para mudar o destino sombrio do país tinha que estar pronta para enfrentar três grandes problemas: "o declínio econômico no longo prazo, os efeitos debilitantes do socialismo e a crescente ameaça soviética".[59] Para enfrentá-los, pediu ao "Partido Conservador que colocasse sua fé na liberdade e nos mercados livres, no governo limitado e em uma forte defesa nacional".[60] Foi um pedido extraordinário, que exigiu uma profunda mudança de comportamento e crenças dos membros de seu partido e do povo britânico. Quando os conservadores ganharam as eleições em 1979, Thatcher e seu gabinete estavam prontos para implementar um programa audacioso orientado para o mercado, que mudaria drasticamente o país.

Suas políticas governamentais ilustravam seu compromisso com os princípios liberais. Ela cortou o imposto de renda, reduziu as

---

[59] THATCHER, Margaret. *The downing street years*. London: Harper Collins Publishers, 1993, pp. 9

[60] THATCHER, Margaret. *The downing street years*. London: Harper Collins Publishers, 1993, pp. 15.

despesas públicas e aumentou as taxas de juros. Eliminou os controles de preços e deixou a libra flutuar com a eliminação das restrições de taxas de câmbio. Sua "terapia de choque" foi implementada ao mesmo tempo que a segunda crise petrolífera de 1979 subia o preço do petróleo abruptamente. A combinação desses fatores causou turbulência na economia. A taxa de inflação dobrou, atingindo 20%, e o desemprego aumentou drasticamente para 3 milhões de pessoas – a taxa mais alta desde a década de 1930.

A pressão política dentro de seu próprio partido começou a aumentar, e alguns conservadores pediram que aliviasse o aperto monetário e fosse mais flexível com os cortes de gastos públicos durante esse período difícil de desemprego elevado e recessão econômica. Ela respondeu aos críticos com divagações belicosas.

Dirigindo-se aos membros da Conferência do Partido Conservador, em 1980, rotulou seus críticos como "molhados" e mostrou determinação em continuar seu firme compromisso com a contenção da inflação: "Para aqueles que esperam ansiosamente por aquele bordão favorito da mídia, o 'Re-torno', tenho apenas uma mensagem: volte se quiser. Esta senhora não está voltando!"[61] As políticas impopulares de Thatcher deram a ela uma baixa taxa de aprovação nas pesquisas de opinião. Mas em 1982, a Roda da Fortuna começou a girar a seu favor.

Embora a taxa de desemprego permanecesse alta, a dura política monetária do governo começou a mostrar bons resultados; a inflação caiu para 8%. Mas o que salvou o Partido Conservador de uma possível derrota eleitoral foi a loucura do General Galtieri, ditador da Argentina que decidiu invadir as Ilhas Malvinas em abril. Foi uma típica bravata nacionalista para desviar a atenção das pessoas dos problemas domésticos – mas a aventura militar terminou como uma derrota humilhante dos argentinos.

O triunfo militar da Grã-Bretanha nas Malvinas impulsionou a popularidade de Thatcher em casa e no exterior. Ela fortaleceu sua imagem como a "Dama de Ferro" que liderou o país com coragem e

---

[61] THATCHER, Margaret. *The downing street years*. London: Harper Collins Publishers, 1993, pp. 122. – A referência é ao título de uma peça famosa (sobre uma bruxa), *The Lady's Not for Burning*.

determinação e não se afastou de seu dever de enfrentar desafios terríveis. Foi a narrativa perfeita para dar a ela e ao Partido Conservador uma vitória esmagadora nas eleições de 1983. Com uma ampla maioria de 144 assentos no Parlamento, Thatcher avançou com suas reformas audaciosas para abrir a economia, reduzir o tamanho do governo e privatizar empresas estatais.

Ela não desperdiçou qualquer oportunidade de lucrar com os erros de adversários para reprimir as "políticas socialistas". Criticou o manifesto do Partido Trabalhista, que prometia a renacionalização de empresas, o aumento de gastos públicos e o desarmamento nuclear unilateral. Tais proposições aterrorizantes encontraram oposição não apenas dos ataques de Thatcher, mas na sagacidade e nas críticas deliciosas de Sir Gerald Kaufmann, um membro do próprio "Gabinete das Sombras", do Partido Trabalhista, que as classificou como "a mais longa nota de suicídio já escrita".

Arthur Scargill, presidente do Sindicato Nacional dos Mineiros, ofereceu a Thatcher a melhor oportunidade política para reprimir o poder dos sindicatos. Ele liderou uma greve em 1984 para protestar contra o encerramento de minas deficitárias, mas foi totalmente derrotado. Em primeiro lugar, houve uma cisão no seio do Sindicato Nacional dos Mineiros contra a decisão impulsiva de Scargill de convocar uma greve sem consultar os trabalhadores afiliados. Os dissidentes criaram outro sindicato e continuaram a trabalhar, protegidos pela polícia. Em segundo lugar, Thatcher estava preparada para um confronto com Scargill. Em um movimento inteligente, ordenou que o governo armazenasse carvão, de forma a evitar a escassez durante a greve. Finalmente, quando Scargill foi forçado a desistir da greve, Thatcher não perdeu tempo, em seu momento de triunfo, em reprimir o poder dos sindicatos e encerrar minas deficitárias. A consequência foi um declínio acentuado na afiliação de membros nos sindicatos.

A liderança de Thatcher transformou profundamente a Grã-Bretanha nos anos 1980. Ela privatizou dois terços das empresas estatais em áreas como telecomunicações, siderurgia, aeroportos, construção naval e a maior companhia aérea, British Airways. Criou um programa que permitiu que milhares de trabalhadores comprassem "habitações sociais" (construídas com dinheiro público e alugadas por preços baixos).

A desregulamentação financeira de 1986 – conhecida como "Big Bang" – impulsionou o mercado financeiro de Londres; a inflação permaneceu baixa (entre 4 e 6% até 1989); o empreendedorismo reviveu; a riqueza pessoal quase duplicou; e o crescimento econômico voltou. Suas políticas econômicas bem-sucedidas revitalizaram o capitalismo e a liberdade individual, enterrando as "políticas socialistas" em voga desde o fim da Segunda Guerra Mundial.

Durante os 11 anos como Primeira-Ministra – o período mais longo no poder de um primeiro-ministro britânico no século XX – sofreu dois grandes contratempos. O primeiro foi a criação do "imposto comunitário" em 1989, um imposto sobre os ocupantes individuais para substituir o anterior imposto sobre imóveis individuais, utilizado para financiar a administração local. Isso foi altamente impopular e gerou protestos massivos em todo o país. A segunda foi a Europa.

Ela via a Europa Continental como um bastião do socialismo, contrastando com o espírito de mercado britânico. Por isso, resistiu à adesão ao Mecanismo Europeu de Taxas de Câmbio, uma ideia que abominava, pois representava o primeiro passo para a União Monetária Europeia. Ela não queria o futuro da política monetária britânica sob os caprichos dos burocratas de Bruxelas.

A questão da adesão da Grã-Bretanha ao Mecanismo Europeu de Taxas de Câmbio levou a conflitos e a uma rebelião dentro do Partido Conservador, culminando na queda de seu Secretário de Relações Exteriores, Geoffrey Howe, e na renúncia de seu chanceler do Tesouro, Nigel Lawson. A insatisfação com sua liderança na questão da Europa levou um deputado conservador, Antony Meyer, a desafiar seu comando no partido. Ela ganhou a primeira votação, mas não quis correr o risco de uma segunda disputa. Preferiu renunciar ao cargo de Primeira-Ministra em 1990 e trabalhar na campanha de John Major, um "Thatcherite", para liderar os conservadores.

A relação da Grã-Bretanha com a Europa continuou a ser um divisor no Partido Conservador. Quase duas décadas depois, em 2016, o primeiro-ministro conservador David Cameron propôs um referendo para decidir se a Grã-Bretanha deveria permanecer na União Europeia ou sair. O resultado do referendo – a favor do "*Brexit*" – levou Cameron a deixar o cargo e aprofundou os conflitos internos no partido: efetivamente, uma catástrofe para os conservadores, bem como para a Grã-Bretanha.

Thatcher foi uma das estadistas mais bem-sucedidas do século XX. Ela conseguiu resolver os três desafios que se comprometeu a enfrentar em 1979: acabar com o "declínio econômico no longo prazo (da Grã-Bretanha), com os efeitos debilitantes do socialismo e com a crescente ameaça soviética". A economia britânica foi revivida e os negócios prosperaram. As consequências do socialismo foram obliteradas, obrigando o Partido Trabalhista a reinventar-se (sob a liderança de Tony Blair), deixando para trás a maior parte das posições socialistas.

Finalmente, a crescente ameaça soviética desapareceu com a queda do Muro de Berlim em 1989. Thatcher contribuiu para isso ao alinhar a Grã-Bretanha aos Estados Unidos em uma cruzada anticomunista, núcleo da política externa dos EUA durante a presidência de Ronald Reagan. A afinidade política entre eles forjou uma amizade duradoura, baseada em admiração mútua. Thatcher foi também a primeira estadista da Europa a encontrar-se com o novo líder soviético, Mikhail Gorbachev, e apoiar seu compromisso de reformar a União Soviética e reduzir a tensão militar entre as superpotências. Ela disse em uma entrevista à BBC que gostava de Gorbachev: "Nós poderíamos fazer negócios com ele", Thatcher disse, um conselho que repetiu ao presidente Reagan. Porém, o mérito por acabar com a Guerra Fria é atribuído a dois grandes líderes: o presidente dos EUA Ronald Reagan e o líder soviético Mikhail Gorbachev.

Ronald Reagan, depois dos anos sombrios de inflação, estagnação econômica e liderança hesitante nas políticas internacionais da presidência de Carter, anunciou uma nova era: "Amanhece novamente nos Estados Unidos". Ele tinha uma profunda convicção nas virtudes da democracia, da liberdade e de um governo enxuto. Acreditava que eram os fundamentos necessários para reviver a economia, restabelecer a liderança dos EUA no mundo e, mais importante, para restaurar o orgulho nacional e a confiança nos valores norte-mericanos.

Seu otimismo, senso de humor e cordialidade encantavam a todos: cidadãos, políticos (até mesmo alguns democratas) e estadistas estrangeiros – como Thatcher e Gorbachev. Esses atributos, combinados com pragmatismo político e habilidades afiadas de negociação, foram cruciais para obter aprovação de suas políticas domésticas pelo Congresso e para fechar acordos históricos com Gorbachev, que acabaram com a Guerra Fria em um clima de paz em vez de conflito.

Internamente, Reagan foi inflexível quanto à diminuição do tamanho do governo, promovendo cortes no imposto de renda e implementando políticas pró-mercado para reviver as condições ideais de mercado para empresas e empresários competirem, investirem e prosperarem. Em 1982, ele conseguiu que o Congresso aprovasse um corte significativo de impostos e um projeto de lei para reduzir os gastos do governo, aprovado pelos Republicanos, com a ajuda de 40 votos dos Democratas. O Congresso também aprovou o ambicioso programa de desregulamentação e a Lei de Reforma Fiscal de 1986, que simplificava o sistema fiscal. Essas medidas contribuíram para impulsionar o crescimento econômico do país.

Reagan acreditava que era seu dever libertar os empresários das restrições do governo. Essa era uma visão revolucionária em uma era dominada por Estados de Bem-Estar Social, intervenção do governo na economia e regulamentação excessiva. "Na década de 1930, os norte-mericanos se voltaram para o governo para salvá-los da instabilidade do mercado. Na década de 1980, eles se voltaram para os empresários para salvá-los da asfixia do governo."[62] Para Reagan, o governo era o problema, e não a solução, quando se tratava de fazer a economia crescer.

Assim como Thatcher usou a greve dos mineiros para limitar o poder dos sindicatos, Reagan fez o mesmo com os controladores de tráfego aéreo (PATCO – a Organização de Profissionais Controladores de Tráfego Aéreo), que entraram em greve em 1981 por melhores salários, menos horas de trabalho e melhores aposentadorias. Reagan deu a eles um ultimato de 48 horas para voltarem ao trabalho ou

---

[62] GREENSPAN, Alan; WOOLDRIDGE, Adrian. *Capitalism in America.* New York: Penguin Press, 2018, pp. 327.

seriam despedidos. Os grevistas desafiaram o presidente e Reagan demitiu todos os que se recusaram acabar com a greve. Trabalhadores com habilidades gerenciais foram contratados, e o sistema de controle de tráfego aéreo voltou ao normal. Em menos de um ano após a greve, a PATCO foi destruída e entrou em falência.

Durante sua presidência, o PIB aumentou em um terço; a inflação caiu abaixo de 4%; o desemprego caiu de 10% em 1982 para 5% em 1989, o que significava quase 18 milhões de pessoas empregadas. Contudo a economia de Reagan teve um lado negativo. A dívida federal quase triplicou, atingindo o valor impressionante de 2,8 trilhões de dólares em 1989.

Com o aumento dos gastos militares, o déficit orçamentário disparou para 5,7% do PIB em 1983, e caiu para 2,7% em 1989, quando a Guerra Fria terminou. O déficit orçamentário contrastava fortemente com a narrativa de Reagan de contenção fiscal e governo enxuto – embora fosse uma consequência direta da expansão gigantesca dos gastos militares. Se o crescimento econômico ajudou a restaurar a confiança do povo em seu país, relações exteriores foram o reino que Reagan escolheu para restabelecer a liderança dos Estados Unidos no mundo. Ele estava determinado a confrontar a União Soviética e seu império comunista, aumentando substancialmente o orçamento de defesa para conquistar um upgrade militar.

Ele realmente acreditava que ser linha-dura com os soviéticos era a melhor tática para fazê-los negociar um acordo de redução de armamento e garantir a paz. Seus antecessores tentaram contenção e calma, mas ambos falharam em conter a construção militar da União Soviética e a expansão do comunismo no mundo. "A Guerra Fria começou em um momento em que os EUA esperavam uma era de paz. E a Guerra Fria terminou quando os EUA se preparavam para uma nova era de conflitos prolongados."[63]

Reagan também lançou uma cruzada moral contra o "império do mal", como definia a União Soviética. O plano dele consistia em duas partes. Primeiro, era necessário aumentar os gastos militares e

[63] KISSINGER, Henry. *Diplomacy*. London: Simon & Schuster, 1995, pp. 762.

fortalecer as Forças Armadas dos EUA para restabelecer a igualdade militar com a União Soviética. Os EUA estavam muito atrás dos soviéticos no número de mísseis nucleares, especialmente na categoria de alcance intermediário.

Os soviéticos começaram a lançar os seus SS-20s, os mísseis de médio alcance, na Europa Oriental em 1978. Reagan respondeu ao desafio lançando a versão norte-americana – os mísseis Pershing – na Europa Ocidental em 1982, para contrabalançá-los. Mas ele também entendeu que restabelecer o equilíbrio da força militar na Europa não era suficiente para derrotar o comunismo.

Reagan estava convencido de que precisava de uma iniciativa ambiciosa de defesa para mostrar que seu país estava determinado a ter a liderança militar. Essa foi a segunda parte do plano. Em 1983, ele anunciou sua Iniciativa de Defesa Estratégica (SDI), popularmente conhecida como "Guerra nas Estrelas". O objetivo – construir um escudo espacial para proteger os Estados Unidos de um ataque intercontinental de mísseis balísticos da União Soviética – parecia absurdo. Demoraria cerca de 30 minutos para um míssil intercontinental lançado pela União Soviética deixar a atmosfera, e o escudo espacial teria que detectar o míssil e destruí-lo na janela do tempo antes de sua reentrada na atmosfera.

O presidente Reagan não se preocupava com os detalhes ou mesmo com a viabilidade do projeto. O que realmente importava era que seu governo havia lançado uma iniciativa capaz de mobilizar as virtudes da democracia e do capitalismo, combinando o poder econômico dos EUA com a extraordinária capacidade de mobilizar empresas, universidades e o próprio governo em torno de um projeto ambicioso e inovador, uma iniciativa que transformaria significativamente o equilíbrio militar de forças a favor dos Estados Unidos. No entanto, dois péssimos hábitos de Reagan – a falta atenção aos detalhes políticos e a mania de delegar autonomia sem supervisão para sua equipe – quase arruinaram seu governo.

Em 1985, um avião (voo 847 da TWA) foi sequestrado por terroristas islâmicos depois de decolar de Atenas. Os terroristas fizeram muitos passageiros norte-mericanos de reféns. Uma negociação secreta entre membros da administração Reagan e o governo iraniano libertou os reféns dos EUA em troca de um acordo de venda de armas, que acabou sendo divulgado à imprensa.

Este escândalo, conhecido como o caso Irã-Contras, chegou aos noticiários com a descoberta de que o lucro ilegal obtido com as vendas de armas para o Irã fora usado para financiar uma guerrilha anticomunista na Nicarágua – os "Contras" – que lutavam para depor o governo comunista sandinista.

Apesar de Reagan negar qualquer conhecimento da operação secreta, sua reputação estava manchada. Dezenas de pessoas foram acusadas e condenadas. Entre elas estavam o Secretário de Defesa Caspar Weinberger; John Poindexter e o coronel Oliver North, Conselheiros de Segurança Nacional.

O embaraço com o caso Irã-Contras veio junto com críticas condenando os bilhões de dólares gastos na Iniciativa de Defesa Estratégica, uma empreitada com poucas chances de prosperar. Os críticos não entenderam, porém, que o SDI era muito mais do que um projeto militar.

O novo líder soviético, Mikhail Gorbachev, estava bastante apreensivo com os efeitos colaterais do esquema "Guerra nas Estrelas". Sua preocupação não era a corrida de armas espaciais, mas a corrida tecnológica que a SDI tinha lançado.

Os bilhões de dólares que o governo dos Estados Unidos utilizou em pesquisa e desenvolvimento de áreas como ótica, laser e supercomputadores para desenvolver o sistema de escudo espacial, rapidamente alargaram o abismo tecnológico entre os EUA e a União Soviética. Esse investimento militar transbordou para outras frentes, trazendo um tremendo avanço para áreas além da defesa. Uma série de iniciativas inovadoras floresceu nos setores de física, energia, medicina, biologia e, claro, tecnologia.

Gorbachev estava ciente de que a União Soviética não poderia ganhar a competição tecnológica contra os Estados Unidos. Ditaduras fechadas em uma economia fechada não têm os ingredientes vitais para vencerem uma corrida tecnológica. A fusão de empreendedorismo e conhecimento impulsionando inovação não consegue florescer em uma terra estéril, onde as células sanguíneas da liberdade de pensamento e do livre mercado não existem. Esses são dois elementos essenciais para unir ideias, empresas, universidades e o dinheiro necessário para produzir produtos e serviços engenhosos – que, de fato, revolucionaram a vida moderna.

Em 1985, Gorbachev herdou um Império Soviético à beira do colapso econômico. Sua sorte era que ninguém fora do Kremlin sabia exatamente como a situação era crítica. Os altos custos financeiros e militares da expansão do comunismo, indo da Europa Oriental ao sudeste da Ásia, África e América Latina, colocaram uma enorme pressão econômica sobre a União Soviética quanto à manutenção de ditaduras comunistas impopulares em todo o mundo. O efeito conjunto dessas despesas monumentais, ao lado de uma economia interna debilitada e da corrida tecnológica lançada pelo programa "Guerra nas Estrelas" de Reagan, representava uma séria ameaça política e econômica para a sobrevivência da União Soviética, que não podia mais ser ignorada.

Gorbachev estava ciente de que a União Soviética poderia desmoronar caso continuasse a adiar as mudanças estruturais necessárias para salvar o império comunista. Mudanças essas que seus predecessores – Brezhnev, Andropov e Chernenko – tinham evitado. Ele foi o primeiro líder soviético a entender que esses problemas urgentes tinham que ser enfrentados com coragem e determinação. Sabia que uma reformulação da União Soviética exigiria mudanças de atitude, comportamento, crenças e costumes que poderiam inflamar uma resistência política – e até mesmo uma revolta – no círculo interno do Partido Comunista.

Na verdade, o que Gorbachev mais precisava era paz com os Estados Unidos, de modo que pudesse conduzir uma profunda reforma política e econômica na União Soviética. Assim que chegou ao poder, surpreendeu o mundo com uma nova proposta: um congelamento unilateral dos mísseis nucleares de médio alcance na Europa. Ele sabia, porém, que uma redução substancial das armas nucleares exigiria um esforço diplomático de muita paciência para eliminar gradualmente a desconfiança mútua e o ceticismo que havia prevalecido entre as superpotências.

Uma das maiores virtudes da política está na capacidade de encontrar um terreno comum de valores e crenças para haver espaço para o diálogo e compreensão com um adversário. Não é uma tarefa fácil. Exige um desejo genuíno de compromisso e superação das suspeitas – nesse caso, as que estão contidas em crenças, interesses e lealdades responsáveis pela formação de preconceitos e políticas. Reagan e Gorbachev valorizavam as relações pessoais e a diplomacia presidencial, compartilhando a crença de que era necessário eliminar armas nucleares no mundo todo. Dentro dos Estados Unidos e dos governos soviéticos, era uma ideia pouco ortodoxa, que ia contra crenças estabelecidas e políticas centrais.

A Guerra Fria criara um aparelho colossal de departamentos governamentais, indústrias e, claro, silos políticos, que se alimentavam da tensão entre as duas superpotências. Mas, de repente, em um momento de serendipidade, os Estados Unidos e a União Soviética tinham dois estadistas no topo de suas nações que compartilhavam um objetivo comum: livrar o mundo das armas nucleares. Tal aspiração foi vista por muitos membros dos círculos internos de ambos como insensata, irresponsável e perigosa.

A corrida armamentista nuclear transformara a guerra entre as superpotências em algo impensável, porque significaria destruição mútua. Mas a "MAD" (Destruição Mútua Garantida), que se tornou a crença fundamental para impor a paz relativa entre as grandes potências, dependia de uma suposição frágil. Como Reagan disse, "a vida não oferece nenhuma garantia contra algum homem louco que, no futuro, ponha as mãos em armas nucleares".[64]

Ele detestava a MAD e estava determinado a encontrar uma maneira de se livrar da sua aterradora camisa de força. Por um lado, satisfez o eleitorado encorajando o desenvolvimento da Iniciativa de Defesa Estratégica – que, em última análise, tornaria as armas nucleares obsoletas se o escudo espacial pudesse destruir com sucesso mísseis antibalísticos nucleares; e, por outro, recebeu de braços abertos o objetivo explícito de Gorbachev para reduzir o arsenal de armas nucleares das duas superpotências.

---

[64] SALTON-EBIN, Jason. *The Reagan Files: the untold story of Reagan's top-secret efforts to win the Cold War*. United States: Jason Salton Ebin Publisher, 2010, pp. 270.

O primeiro encontro entre eles ocorreu em Genebra, Suíça, em novembro de 1985. A importância da reunião não deve ser atribuída aos temas discutidos (corrida às armas, SDI, direitos humanos), mas ao esforço para construir um diálogo franco e aberto. Isso foi vital para desfazer a desconfiança e as dúvidas que há muito tinham envenenado a relação entre as duas potências durante a Guerra Fria.

No ambiente íntimo de um castelo suíço à beira do lago, Gorbachev e Reagan descobriram várias afinidades durante aqueles três dias. Ambos eram homens afáveis, que não gostavam de formalidades e preferiam uma conversa direta, franca e aberta. O humor era um ingrediente importante para estimular a empatia. Gorbachev ria das piadas de Reagan, algo crucial para aliviar a tensão quando tiveram uma discussão mais tensa sobre assuntos difíceis – como o SDI. Mas ambos estavam realmente empenhados em melhorar as relações entre os países e assegurar que era possível garantir a paz no mundo sem o pesadelo das armas nucleares.

Após a cúpula de Genebra, Reagan e Gorbachev continuaram a se corresponder por cartas pessoais. A rica correspondência entre eles revela como fortes laços pessoais entre estadistas podem desencadear profundas mudanças no curso da história. Em menos de dois anos após a reunião em Genebra, Reagan e Gorbachev assinaram tratados para remover todos os mísseis nucleares de alcance intermediário da Europa, além de reduzir drasticamente o número de ogivas nucleares em seus arsenais militares.

Gorbachev visitou os Estados Unidos em 1987; no ano seguinte, Reagan visitou Gorbachev em Moscou. A amizade pessoal entre eles transformou as rivalidades de suas nações em uma parceria, um empreendimento em comum para eliminar a tensão militar entre as superpotências e reconstruir o diálogo e a confiança, vitais para acabar com a corrida armamentista. Foi o início do fim da Guerra Fria.

Ao mesmo tempo que Gorbachev se tornava um dos líderes mais admirados em assuntos internacionais, teve que lidar com uma colossal batalha internamente.

Em 1986, ele enfrentou uma tempestade horrível. O preço do petróleo caíra de 30 dólares para 10 dólares por barril depois que a Arábia Saudita decidira aumentar sua produção no ano anterior.

A perda de receita com as exportações de petróleo afetou dramaticamente o quanto a União Soviética dependia das importações de cereais – o que agravou a pressão financeira imposta pelas despesas militares e pela estagnação econômica. Em abril, um acidente catastrófico num reator nuclear em Chernobyl espalhou radiação por toda a região e pela Europa Ocidental, matando milhares de pessoas.

Em outubro, Gorbachev encontrou Reagan novamente, em Reykjavik, onde propôs um mundo livre de armas nucleares até o ano 2000, em troca de os Estados Unidos interromperem o projeto SDI. Reagan recusou a proposta e Gorbachev não tinha nenhum acordo que o permitisse cortar drasticamente seu orçamento militar. O líder soviético respondeu a esses desafios domésticos eminentes com dois programas audaciosos: *perestroika* e *glasnost*.

A *perestroika* previa reformas estruturais na economia em dificuldade por meio do aumento da produtividade e competitividade. Depois das reformas pró-mercado de Thatcher e Reagan, que haviam trazido crescimento econômico, empregos e investimentos privados, revivendo o espírito do empreendedorismo e acendendo uma impressionante revolução tecnológica, Gorbachev percebeu o quanto a economia da União Soviética havia ficado para trás em relação ao Ocidente.

Essa foi uma tentativa comunista de revitalizar a economia, reduzindo o controle de planejamento do Estado, introduzindo gradualmente reformas de mercado – tais como empresas limitadas – e reduzindo o poder de gestão dos tecnocratas nas empresas estatais. O objetivo de Gorbachev era aumentar a produção industrial e a produtividade agrícola, a fim de alcançar o Ocidente até o final do século XX.

A segunda mudança de abordagem – *glasnost* – visava trazer mais abertura à política e à sociedade. Gorbachev afrouxou a censura da imprensa e deixou que a crítica emergisse de debates abertos nos meios de comunicação, na Academia e até mesmo no seio do Partido Comunista. Em 1988, as pessoas puderam votar para o Parlamento, em uma primeira tentativa de eleições livres.

Enquanto Gorbachev ganhava apoio popular substancial pela *glasnost*, um importante foco de resistência e de oposição surgia de membros do Partido Comunista, tecnocratas e oficiais do Estado – um núcleo linha-dura de pessoas que temiam que a brisa da liberdade de pensamento e de opinião destruísse o monopólio de poder do Partido Comunista e seu papel de destaque no Estado.

Gorbachev e apoiadores acreditavam que a *glasnost* produziria o efeito oposto: uma discussão mais aberta e madura dos problemas reais do país ajudaria a cimentar o apoio popular para as reformas e para o governo. Enquanto os linhas-duras atacavam as reformas e alertavam seus camaradas para as terríveis consequências das duas iniciativas, a ala radical do Partido Comunista pressionava Gorbachev para acelerar o ritmo das reformas.

O líder soviético, no entanto, manteve-se em um ritmo de mudanças graduais, pois temia que os dois extremos fossem perigosos. Recuar significaria a ruína das reformas, vitais para que a economia voltasse a competir com os países capitalistas. Acelerar o ritmo da mudança, por outro lado, representava um grande risco de causar uma rebelião política no partido, o que poderia levá-lo a perder o poder.

Gorbachev tinha razão, mas o *timing* estava errado. O império soviético era como um velho carvalho, com uma aparência exuberante, mas já completamente destruído por dentro – a opressão, a ineficiência e a burocracia sufocante de um Estado centralizado mataram a inovação, a competição e a crítica.

Assim, quando os ventos da *glasnost* e da *perestroika* se espalharam por toda a União Soviética e Europa Oriental, afrouxando a opressão política e militar, além de incentivar as reformas econômicas, os regimes comunistas entraram em colapso – em menos de três anos. Nenhum outro império na história implodiu tão rapidamente sem ser ameaçado pela guerra ou por inimigos externos.

Em dezembro de 1988, Gorbachev fez um anúncio surpreendente. Ele disse que a União Soviética não mais usaria de poder militar para manter os regimes comunistas na Europa Oriental. A mensagem revigorou as esperanças dos movimentos civis – muito ativos em países como a Polônia, Checoslováquia e Hungria – para pressionar seus governos a realizarem reformas políticas. O objetivo inicial não era derrubar o Partido Comunista, mas exigir eleições livres e o fim do governo de partido único.

O primeiro passo no delicado tabuleiro de xadrez da política para acomodar as exigências de mudança e reforma foi testado na Polônia. Em 1989, Lech Walesa, líder do Solidariedade, participou de uma mesa-redonda com os chefes do Partido Comunista de forma a definir um calendário para eleições livres em junho.

O que constituiu um feito verdadeiramente notável foi que o acordo foi honrado. Foram realizadas eleições livres e ninguém foi intimidado ou preso pela polícia. O Solidariedade obteve uma vitória esmagadora: Tadeusz Mazowiecki, um ativista, tornou-se o primeiro primeiro-ministro não comunista da Polônia desde o fim da Segunda Guerra Mundial. Foi uma revolução pacífica incrível. Os poloneses expulsaram o Partido Comunista, por meio de eleições livres; e o resultado das eleições foi respeitado pela União Soviética. Foi o fim do comunismo na Polônia.

Enquanto a Polônia celebrava a ascensão do Solidariedade ao poder, os movimentos cívicos na Hungria, pressionando o governo por reforma e liberdade, obtiveram uma vitória surpreendente. Em junho, o governo húngaro abriu a fronteira com a Áustria e permitiu que os cidadãos viajassem para o Ocidente – uma restrição imposta à maioria da população durante o regime comunista. Mais uma vez, nenhum tanque soviético se estabeleceu na Hungria para deter o êxodo dos húngaros; e outros europeus orientais atravessaram a fronteira e chegaram à Áustria.

A Hungria tinha sido o primeiro país comunista a abraçar as reformas econômicas de maneira ávida. Imre Pozsgay, membro do Partido Comunista Húngaro, disse abertamente que as reformas de mercado eram essenciais para reviver a economia. Os comunistas aceitaram não só a reforma econômica e a abertura da fronteira com a Áustria, como todo o resto do pacote democrático: liberdade de imprensa, direitos civis e Estado de Direito. E, apesar dessas concessões, nem mesmo os candidatos pró-reforma do Partido Comunista puderam permanecer no poder quando ocorreram as primeiras eleições democráticas em 1990. O partido foi derrotado e uma coalizão de centro-direita formou o primeiro governo democrático da Hungria no período pós-guerra.

O símbolo mais vívido do colapso do comunismo na Europa Oriental foi a queda do Muro de Berlim em novembro de 1989. Tal como na Polônia e na Hungria, as pessoas saíram às ruas para exigir reformas, abertura política e liberdade de circulação e, em especial, autorização para se mudarem para o Ocidente. Muitos alemães orientais viajaram para a Hungria pretendendo atravessar a fronteira com a Áustria. A pressão do povo tornou impossível que o líder Eric Honecker, um comunista linha-dura, resistisse. Ele renunciou em outubro, depois de ficar perfeitamente claro que seria impossível usar a força para repelir um movimento de massas.

Sua renúncia intensificou os protestos e, em 4 de novembro de 1989, quase 1 milhão de pessoas ocuparam a maior praça da cidade, a Alexanderplatz, para exigir democracia, eleições livres, liberdade de imprensa e liberdade de viajar para o Ocidente. Dissidentes políticos, artistas, intelectuais e até mesmo alguns membros do Partido Comunista falaram em favor da liberdade.

Cinco dias depois, em 9 de novembro, o governo comunista autorizou a abertura dos postos de controle no muro de Berlim para aqueles que desejassem atravessar para Berlim Ocidental. Uma vez que a notícia foi anunciada, uma multidão de berlinenses orientais e ocidentais se reuniram no muro de Berlim para celebrar a abertura da fronteira. Foi um evento emocionante – uma alegria indescritível tanto para os alemães, quanto para todo o mundo livre.

A queda do Muro de Berlim marcou o fim de um longo pesadelo, que começara com a eclosão da Primeira Guerra Mundial em 1914. Foram 75 invernos, nos quais a liberdade e a democracia ficaram manchadas pelo fascismo, pelo nazismo, pela Segunda Guerra Mundial, pelo comunismo e pela Guerra Fria.

Em novembro de 1989, acabava o longo inverno e a democracia voltava a triunfar.

4.

O TRIUNFO DA DEMOCRACIA E DO CAPITALISMO

A queda do Muro de Berlim marcou o colapso do comunismo e o triunfo da democracia e do capitalismo.

O herói trágico desta história foi o líder soviético Mikhail Gorbachev. Ele teve a coragem de lançar uma reforma audaciosa para fortalecer o comunismo, porém o resultado foi a destruição inesperada do regime e sua ruína política.

Uma vez que suas duas linhas de reforma – *perestroika* (econômica) e *glasnost* (política) – começaram a ser implementadas, Gorbachev não conseguiu mais conter a libertação de Elpis, a deusa da Esperança, que se espalhou por todo o império comunista, revivendo o sonho de liberdade, o anseio de independência da União Soviética e o desejo de construir governos democráticos.

A primeira costela a ser retirada do Império Soviético foi a Alemanha. Seis meses após a queda do Muro de Berlim, a Alemanha Ocidental e Oriental assinaram um tratado para garantir a sua "união monetária, econômica e social".

A unificação da Alemanha foi uma tarefa delicada, exigindo destreza na política para evitar a humilhação da União Soviética, e o mal-estar na Europa Ocidental sobre o "renascimento" de um país poderoso no coração do continente. Helmut Kohl, chanceler da Alemanha Ocidental, combinava o estilo de estadista pragmático com as virtudes da moderação, firmeza de propósito e magnanimidade. Para unificar as duas Alemanhas, teve que superar três desafios principais.

O primeiro deles foi imediato e interno: conter a enchente de alemães orientais que queriam atravessar a fronteira para a Alemanha Ocidental, em busca de liberdade e empregos melhores. O Tratado de Unificação – assinado em 18 de maio de 1990 – abordou a questão com um mecanismo engenhoso. O primeiro passo foi a adoção do marco alemão da Alemanha Ocidental como moeda oficial do país: "Os alemães orientais podiam trocar suas marcas praticamente inúteis da Alemanha Oriental a uma taxa altamente vantajosa de 1:1. A partir de agora, os salários da Alemanha Oriental seriam pagos em marcos alemães à paridade – um dispositivo extremamente eficaz para manter os alemães de leste onde estavam".[65]

Essa generosa união monetária obrigou Kohl a aumentar as taxas de juros para evitar aumento da inflação; mas a política fiscal austera conduziu a uma fase de desemprego e impediu o crescimento econômico. O custo da unificação alemã foi estimado entre 1,5 e 2 trilhões de euros, mas o resultado foi positivo. A Alemanha se tornou, outra vez, a potência econômica da Europa.

Em segundo lugar, Kohl teve de enfrentar os medos silenciosos das grandes potências europeias (como Grã-Bretanha e França) em resposta ao renascimento de uma Alemanha poderosa. As memórias de duas guerras mundiais contra a Alemanha ainda estavam vivas nos corações e mentes de muitas pessoas, incluindo da Primeira-Ministra britânica, Margaret Thatcher, e do presidente da França, François Mitterrand.

A preocupação com o renascimento da Alemanha levou Thatcher e Mitterrand a se encontrarem para discutir essa preocupação comum com o renascimento de um poder potencialmente desestabilizador, além da necessidade de restaurar a relação especial que tinham durante os anos de guerra, como um contrapeso para a Alemanha. Na verdade, a Grã-Bretanha, a França e a União Soviética queriam uma Alemanha militarmente neutra, mas a pressão dos Estados Unidos para incorporar a nova Alemanha unida à OTAN prevaleceu. O presidente George H. W. Bush, sucessor de Ronald Reagan na

[65] JUDT, Tony. *PostWar: a history of Europe since 1945*. New York: Penguin Books, 2005, pp. 638-639.

Casa Branca, acreditava que a melhor maneira de garantir a paz e a prosperidade na Europa era vincular a Alemanha unida às instituições europeias, como a OTAN e o Mercado Comum Europeu: se a nova Alemanha permanecesse livre das restrições institucionais europeias, poderia se tornar outra vez uma fonte de preocupação tanto para a Europa quanto para a União Soviética.

Os seres humanos não podem evitar projetar problemas futuros baseados em traumas passados. No século XIX, o trauma da Europa fora causado pela França. Napoleão devastou o continente com guerras e revoluções implacáveis. Não admira que os pacificadores do Congresso de Viena, em 1814, tenham concebido uma nova ordem internacional para conter a França. Mas no final do século XIX, a fonte da instabilidade internacional não era mais a França, e sim a Alemanha. O poder de uma Alemanha unida destruiu o sistema internacional concebido pelo Congresso de Viena.

Em 1990, via-se um padrão semelhante. Após a queda do comunismo na Europa Oriental, junto com o colapso da União Soviética, os estadistas europeus ficaram nervosos com o renascimento da Alemanha e o risco que isso representava para a paz mundial. Se havia uma convicção comum partilhada por uma Thatcher liberal, um Mitterrand socialista e um Gorbachev comunista era a de que uma Alemanha dividida era a melhor salvaguarda para garantir a paz na Europa.

Felizmente, Bush empregou a sua habilidade diplomática e liderança para conter tanto os medos europeus quanto a pressão de Gorbachev. Os esforços insistentes para apoiar a edificação de uma Alemanha unida e integrada nas instituições europeias acabaram prevalecendo.

O terceiro desafio que Helmut Kohl teve de enfrentar afetava não só a Alemanha, como os Estados Unidos e a Europa. Havia uma preocupação compartilhada pela Alemanha, França, Grã-Bretanha e Estados Unidos sobre a capacidade de Gorbachev de se manter no poder na União Soviética. A superpotência comunista fora economicamente arruinada e politicamente humilhada com a unificação da Alemanha e pelo colapso do comunismo na Europa Oriental.

A insatisfação com a liderança de Gorbachev no Partido Comunista surgia tanto dos corredores conservadores quanto dos reformistas do partido. Os conservadores queriam voltar atrás, destruir as iniciativas *glasnost* e *perestroika* e usar o poder militar para conter o êxodo de países da União Soviética. Os reformistas entenderam que o país se encontrava num ponto sem retorno em relação a essas iniciativas, que a melhor alternativa era acelerar as reformas e empregar o poder remanescente de maneira inteligente para moldar um novo *modus vivendi* com os antigos países comunistas, com a Europa e com os Estados Unidos.

O conflito feroz entre reformistas e conservadores foi acentuado quando a União Soviética estava prestes a perder a segunda costela do império: os Países Bálticos. Já era difícil para o Partido Comunista aceitar a unificação da Alemanha e a perda da Europa Oriental, mas em 1990 os movimentos de independência na Estônia, Letônia e Lituânia representavam uma ameaça direta à própria existência da União Soviética. O colapso do comunismo na Europa Oriental reavivou a esperança de independência nas repúblicas Bálticas.

A Estônia, a Letônia e a Lituânia haviam recuperado a independência após o fim da Primeira Guerra Mundial. No entanto, durante a Segunda Guerra, os soviéticos invadiram as repúblicas e elas passaram a ser províncias soviéticas. Foi o preço que Hitler teve que pagar a Stalin pela neutralidade soviética no começo da guerra. A Alemanha precisava manter a União Soviética fora do conflito, enquanto Hitler concentrava seus esforços militares para destruir a França e conquistar a Europa Ocidental.

Não é inesperado, portanto, que quando a brisa da liberdade e da abertura com a *glasnost* chegou aos Estados Bálticos, em 1988, tenha se iniciado um surto de movimentos de independência nesses países. Esses movimentos se tornaram partidos políticos que chegaram ao poder através de eleições livres. Uma vez no poder, procuraram abertamente reconquistar a independência para os países.

Gorbachev adotou uma política de morde e assopra: estava disposto a criar uma federação soviética e dar plena autonomia às repúblicas, mas não concederia a independência delas. Quando as negociações com Moscou chegaram a um impasse, a Lituânia proclamou a sua independência. Gorbachev, pressionado por conservadores e linhas-duras em seu partido, enviou tropas para ocupar o país em janeiro de 1991. As consequências foram trágicas.

O derramamento de sangue nas ruas da capital, Vilnius, a tomada de estações de rádio e televisão, a ocupação de edifícios governamentais: tudo isso gerou arrepios de medo e preocupação em toda a União Soviética. As forças reativas estavam ganhando vantagem e prestes a desfazer as reformas, enterrando a *glasnost* e, com ela, as esperanças desses países de restaurar a liberdade e a independência.

Os reformistas agiram rapidamente para contra-atacar os linhas-duras. Em Moscou, mais de 100 mil pessoas tomaram as ruas para protestar contra a invasão. O líder dos reformistas, Boris Ieltsin, detinha a superioridade: tinha nas mãos duas fontes de poder independentes – como prefeito de Moscou e residente do Soviete Supremo, o parlamento nacional – e usou ambas para desafiar Gorbachev e os conservadores, fazendo com que o parlamento aprovasse uma moção reconhecendo a soberania das repúblicas Bálticas.

O conflito aberto entre linhas-duras e reformistas (que tinham apoio popular maciço) desestabilizou o poder de Gorbachev. Havia desconfiança de ambos os lados, e ficou claro que ele perdia o controle do partido e o comando dos eventos políticos. Pressionado pelos reformistas e por Boris Ieltsin, em abril de 1991, ele assinou um tratado reconhecendo a secessão das repúblicas Bálticas da União Soviética.

O efeito em cascata da independência dos Países Bálticos reverberou em toda a União Soviética. Na Ucrânia, Moldávia, Georgia e outras províncias, a inevitável discussão sobre soberania e autonomia emergiu como a força mais ameaçadora para a sobrevivência da União Soviética. Movimentos populares reviveram o nacionalismo nas províncias e pressionaram uma debilitada União Soviética por mais autonomia.

O pedido foi apoiado de forma entusiasmada pelos reformistas russos, que haviam tido uma grande vitória política em junho: a Rússia realizou a sua primeira eleição democrática para a presidência e Boris Ieltsin venceu com grande margem, derrotando os conservadores, bem como o candidato de Gorbachev, Nicolai Ryzhkov. Como presidente russo, Ieltsin defendeu reformas econômicas pró-mercado e propôs um tratado ousado com as províncias soviéticas, que lhes dava um extraordinário grau de autonomia política e econômica para governar a si mesmas.

Isso foi demais para os conservadores. Em agosto, durante as férias de Gorbachev na Crimeia, os linhas-duras encenaram um golpe para expulsá-lo do poder. Gorbachev foi confinado em prisão domiciliar em sua *dacha* naquele país, enquanto seu vice-presidente, Gennady Yanayev, declarou "estado de emergência".

O golpe contou com o apoio do vice-presidente, dois ministros do gabinete, o chefe da KGB e alguns comandantes do alto escalão das Forças Armadas. A ação, contudo, não tinha um elemento essencial que agora se tornara um fator importante na cena política depois da *glasnost*: apoio popular.

Grandes manifestações públicas contra o golpe tomaram as ruas das grandes cidades da União Soviética. Em Moscou, Boris Ieltsin, do topo de um tanque em frente ao parlamento russo, mobilizou a multidão e virou símbolo da defesa da ordem jurídica. Sua imagem e oratória inflamada foram televisionados para o mundo inteiro, e ele recebeu total apoio dos países democráticos.

Em menos de 72 horas após o golpe, os conspiradores foram presos ou cometeram suicídio. Ieltsin emergiu como o herói que garantiu o retorno de Gorbachev ao poder. Um Gorbachev cansado e exausto desembarcou em Moscou, sendo recebido por seu extravagante sucessor. Foi uma cena memorável que retratou a transferência efetiva de poder do primeiro para o segundo.

Gorbachev, o trágico herói do drama soviético, ainda tinha mais um ato a realizar antes de deixar o poder. Ele precisou remover a terceira e última costela do decadente império comunista. Em setembro de 1991, Ucrânia, Moldávia, Quirguizistão, Geórgia, Bielorrússia, Arménia, Usbequistão e Tajiquistão declararam independência da União Soviética.

Uma tentativa de criar uma federação livre dos estados independentes para manter viva a carcaça da URSS não durou muito tempo. No Natal, Gorbachev viu a bandeira russa ser hasteada no Kremlin, enquanto ele deixava o cargo e Boris Ieltsin subia ao poder como o primeiro presidente da Rússia.

Gorbachev renunciou à presidência da União Soviética e, em 31 de dezembro de 1991, a URSS deixou de existir.

O discurso de despedida de Gorbachev, televisionado em 25 de dezembro, recheado de fatalismo, foi um momento épico na vida de um estadista que fora reconhecido como um dos grandes líderes do século XX.

Ele começou exaltando suas conquistas: "liberdade política e espiritual; fim do totalitarismo; um avanço para a democracia; a virada para uma economia de mercado; e o fim da Guerra Fria, da corrida armamentista e da militarização insana do país". Ele lamentou a desintegração da União Soviética e colocou a culpa "na resistência da estrutura partidária entrincheirada, nos velhos hábitos e preconceitos ideológicos, na nossa impaciência, no baixo nível de cultura política e no medo da mudança".[66]

Gorbachev reconheceu sua impopularidade internamente, mas não culpou o povo russo pelo fim da União Soviética. Um dia, o seu povo compreenderia que a "dor, as dificuldades e os choques" que tiveram de suportar para promover a mudança seriam reconhecidas pelas próximas gerações que viveriam em uma "sociedade democrática próspera".[67] Ele não escondeu seu ressentimento quanto aos radicais que atiraram a URSS no abismo. Por um lado, criticou os conservadores que orquestraram o golpe de agosto e tentaram parar *perestroika* e *glasnost* usando a força para voltar atrás com o relógio da história. Por outro, não perdoou os reformistas radicais – liderados por Ieltsin – que foram igualmente responsáveis por acelerar o ritmo das mudanças, o que levou ao fim da União Soviética. Ieltsin não foi mencionado no discurso de despedida de Gorbachev.

Gorbachev, no entanto, mostrou sua gratidão pelos líderes estrangeiros que o apoiaram em sua cruzada para acabar com a Guerra Fria e reformar a União Soviética. Antes da declaração de despedida ao povo russo, agradeceu aos seus pares estrangeiros. Ele falou por

---

[66] TAUBMAN, William. *Gorbachev: his life and times.* New York: W.W.Norton Company, 2017, pp. 646.

[67] TAUBMAN, William. *Gorbachev: his life and times.* New York: W.W.Norton Company, 2017, pp. 646.

telefone com o chanceler alemão, Helmut Kohl; o primeiro-ministro britânico John Major; e com o primeiro-ministro canadense Brian Mulroney.

Fez uma chamada especial para o presidente norte-americano George H. W. Bush, no dia de Natal. "George, meu querido amigo, é bom ouvir a sua voz", disse Gorbachev. O líder soviético anunciou que estava saindo do poder, mas Bush respondeu com calor na voz, dizendo que receberia o "aconselhamento contínuo" de Gorbachev e ansiava por receber ele e a esposa como convidados em Camp David, onde "a cancha onde você atirou aquela ferradura ainda está em boas condições".

O presidente dos EUA lembra que foi uma chamada "afetuosa": "Eu senti que estava perdendo um bom amigo na cena".[68] Gorbachev sentia o mesmo. Bush fora um grande amigo e um firme apoiador, com um perfeito senso de *timing*, moderação e sobriedade para exercer sua liderança nos momentos difíceis durante as lutas internas de Gorbachev na União Soviética. A postura de Bush durante os dias críticos do golpe de agosto revelou seu caráter e atitude benigna em relação à URSS. Assim que foi informado do golpe em 19 de agosto, em sua casa em Kennebunkport, Maine, Bush chamou seus aliados europeus para articular uma resposta coordenada ao golpe. Ele telefonou para o primeiro-ministro britânico, John Major, e disse que iria fazer uma "declaração anunciando que iríamos continuar a apoiar o processo de reforma e abertura" na União Soviética. Depois, conversou com François Mitterrand, presidente da França, que concordou com a necessidade de esperar e ver como os acontecimentos se desenrolariam. Mitterrand argumentou que o golpe "ia contra a maré. É difícil impor, pela força, um regime a uma nação em mudança. Não vai funcionar".[69]

A terceira ligação foi para o chanceler alemão Helmut Kohl, que concordou com ele quanto à necessidade de dar continuidade a "todos

[68] TAUBMAN, William. *Gorbachev: his life and times*. New York: W.W.Norton Company, 2017, pp. 644.

[69] BUSH, George; SCOWCROFT, Brent. *A world transformed*. New York: Penguin Books, 2005, pp. 520

os acordos internacionais, de desarmamento e de controle de armas". Kohl terminou a chamada dizendo a Bush que tinha grande respeito por Gorbachev: "Como alemão, eu aprecio o que ele fez por nós".[70] Bush também teve conversas telefônicas com o primeiro-ministro canadense, Brian Mulroney, e o primeiro-ministro japonês, Toshiki Kaifu.

Esse era o estilo do presidente Bush na política externa: trabalhar nos bastidores, procurando construir um consenso entre as grandes potências em torno de questões sensíveis e urgentes quanto aos assuntos internacionais. Ele compreendia a responsabilidade de seu país em um momento tão extraordinariamente importante, quando os Estados Unidos emergiam como a única superpotência do mundo.

Bush entendia, e tinha razão, que a manutenção da paz e da ordem no mundo derivava da construção de consensos entre as nações, e não da imposição por parte dos EUA. Uma vez que o curso de ação fora alinhado com as grandes potências, Bush empregou o peso de uma declaração pública do presidente dos EUA para expressar a posição da comunidade internacional. Com cautela, manifestou suas preocupações sobre o problemático golpe na União Soviética e transmitiu três mensagens claras:

- Primeiro, "golpes podem falhar" e é imperativo esperar pelo desenrolar dos acontecimentos;
- Depois, independentemente de quem deteria o poder após o golpe, a União Soviética poderia contar com o apoio da comunidade internacional em seu caminho para a reforma e a abertura;
- Por último, reiterou o apelo de Boris Ieltsin pela "restauração dos órgãos de poder legalmente eleitos e a reafirmação de Gorbachev no cargo de presidente da URSS."

Foi uma declaração firme, mas equilibrada, que reafirmou o apoio às reformas, a Gorbachev e à restauração de um governo legítimo, que o golpe tentava depor. Como disse Brent Scowcroft, Conselheiro

---

[70] BUSH, George; SCOWCROFT, Brent. *A world transformed.* New York: Penguin Books, 2005, pp. 521

de Segurança Nacional de Bush, "o presidente foi o primeiro líder estrangeiro a apoiar publicamente Ieltsin, algo que o presidente russo disse que nunca esqueceu".[71]

Foi um gesto nobre, que ajudou a formar uma relação imediata entre Bush e Ieltsin. Ele ligou para o presidente dos EUA muitas vezes durante os dias tensos do rescaldo do golpe, de forma a manter Bush informado sobre os acontecimentos em curso. Quando Ieltsin se tornou o primeiro presidente da Rússia no final de 1991, Bush continuou tendo uma boa relação pessoal com ele. Na política externa, George H. W. Bush foi um dos maiores presidentes dos EUA. Era o homem certo para liderar os Estados Unidos naquele momento crucial da história. Quando se tornou presidente, em janeiro de 1989, o mundo chegava a um ponto de virada importante: a queda do comunismo na Europa Oriental, a unificação da Alemanha e o colapso da URSS.

Durante esses eventos históricos, Bush desempenhou o papel de árbitro responsável pela ordem internacional. Empregou suas habilidades diplomáticas para evitar a tensão no cenário externo quando a pressão doméstica levava os líderes aos seus limites. Ele apoiou a reunificação alemã, acalmou o medo dos europeus quanto a uma Alemanha forte no coração do continente e insistiu por sua participação na OTAN. Também apoiou a luta interna de Gorbachev para conduzir suas reformas estruturais, econômicas (*perestroika*) e políticas (*glasnost*), desempenhando um papel decisivo para manejar assuntos que poderiam criar embaraço internacional aos soviéticos.

Em contraste com Reagan, o presidente Bush não fez declarações ousadas sobre política externa, muito menos seguiu uma cruzada ideológica contra o comunismo. Ele entendeu corretamente que esses atos extravagantes poderiam minar o apoio interno de um líder que realizava reformas difíceis em casa (Gorbachev na União Soviética), liderava uma transição do comunismo para a democracia (Vaclav Havel na Checoslováquia) ou reunia uma nação dividida (Helmut Kohl na Alemanha).

---

[71] BUSH, George; SCOWCROFT, Brent. *A world transformed*. New York: Penguin Books, 2005, pp. 521.

Nas relações exteriores, Bush foi um dos presidentes mais experientes dos Estados Unidos. Ele servira como embaixador dos EUA nas Nações Unidas, de 1971 a 1973, e como enviado norte-americano na China em 1974. Também era conhecido como herói de guerra veterano e ex-diretor da Agência Central de Inteligência (CIA). Como vice-presidente de Reagan, havia desempenhado um papel importante como conselheiro pessoal na política externa. Essa sólida base diplomática e militar ajudou a moldar sua visão e prioridades nas relações exteriores.

Quando George H. W. Bush chegou à presidência em 1989, não usou o palco internacional para mostrar o poder dos EUA ou sua superioridade como a única superpotência do mundo. Ele se concentrou nas questões importantes, estabeleceu objetivos e trabalhou com os líderes estrangeiros por um consenso, colocando os EUA como um parceiro em pé de igualdade na tarefa de manter a paz e a segurança na ordem internacional.

A discrição e as boas maneiras de Bush ajudaram a fortalecer laços pessoais com líderes políticos. A diplomacia presidencial foi crucial em tempos tão difíceis. Quando o Iraque invadiu o Kuwait, em 2 de agosto de 1990, gerando uma grave crise política e militar no Oriente Médio, Bush pacientemente entrou em contato com líderes do Oriente Médio e com as Nações Unidas, buscando uma moção unânime exigindo que o Iraque deixasse o Kuwait imediatamente. Quando o Iraque se recusou, Bush reuniu uma coalizão de 29 países para cumprir o mandato das Nações Unidas e expulsar o Iraque do Kuwait – dando início à guerra do Golfo Pérsico.

De setembro a dezembro de 1990, Bush enfrentou uma batalha difícil com o Congresso para obter autorização do uso de poder militar no Oriente Médio. O duelo político entre Democratas e Republicanos no Congresso refletia o trauma da nação com a desastrosa intervenção militar no Vietnã, sem falar no resgate fracassado dos reféns norte-mericanos no Irã durante a presidência de Jimmy Carter.

Debates no Congresso apontavam os riscos de uma operação militar no Oriente Médio e uma preferência pelo embargo econômico e outras formas de pressão diplomática, em vez do uso da força. Enquanto isso, Bush e o Secretário de Estado James Baker seguiram muito ativos em negociações diplomáticas para empurrar Saddam Hussein para fora do Kuwait sem usar a força.

Com base no princípio de que falhando a diplomacia, o uso da força é a única alternativa para honrar princípios e tratados, em 12 de janeiro de 1991, o Congresso dos EUA finalmente aprovou a resolução da ONU e autorizou o envio de tropas militares. Em 17 de janeiro, caças dos Estados Unidos e de aliados atacaram as tropas de Saddam Hussein no Kuwait. Foi o início da "Tempestade no Deserto", codinome da operação militar para libertar o Kuwait. A "Operação Tempestade no Deserto" foi um sucesso surpreendente. Em pouco mais de um mês, as forças da coalizão, lideradas pelos Estados Unidos, destruíram as forças militares iraquianas e libertaram o Kuwait.

A guerra terminou em 27 de fevereiro. Todavia, alguns críticos se queixaram de que o presidente dos EUA deveria ter aproveitado a vitória militar para invadir todo o Iraque, ocupar Bagdá e depor Saddam Hussein. Bush julgou que isso teria dividido a coalizão, de forma que criou um compromisso de longo prazo para reconstruir o Iraque. Bush e seus aliados árabes acreditavam que a derrota militar do Iraque era suficiente para enfraquecer Saddam Hussein, estimulando uma revolta no país para depô-lo. Ele usou a Guerra do Golfo para dar exemplo de um novo precedente do mundo do pós-Guerra Fria:

> Em nossas operações durante a própria guerra, também tentamos estabelecer um padrão e um precedente para o futuro. Buscamos, e conseguimos, obter um mandato da comunidade internacional para libertar o Kuwait. Se tivéssemos ultrapassado significativamente esse mandato, de maneira unilateral, poderíamos ter minado a confiança das Nações Unidas em outorgar futuras concessões de tal autoridade mortal.[72]

Bush se preocupava com a estabilidade e a legitimidade da Nova Ordem Mundial. Ele não estava interessado em transformar a política externa em uma cruzada para impor os valores dos Estados Unidos.

---

72 BUSH, George; SCOWCROFT, Brent. *A world transformed*. New York: Penguin Books, 2005, pp. 491.

Estava ciente de que o novo *status* do país como única superpotência no mundo carregava imensas responsabilidades nos assuntos internacionais. Uma forte declaração fora de tom por parte dele ou uma percepção de emprego abusivo do poder militar e político no conflito do Golfo Pérsico poderiam minar a confiança e o papel do país como principal árbitro da nova ordem internacional.

Em um mundo multipolar, os EUA tiveram que desempenhar o papel de um malabarista profissional na arena internacional. Como disse Joseph Nye, um professor de Harvard, Bush "presidiu com sucesso uma grande transformação estrutural, indo de um mundo bipolar para um unipolar. Se algum dos malabares que Bush equilibrava tivesse caído, as consequências poderiam ter sido desastrosas para o mundo e para a consolidação da supremacia norte-americana".[73]

O extraordinário sucesso militar da Guerra do Golfo transformou George H. W. Bush no presidente norte-americano mais popular na história dos Estados Unidos. Uma pesquisa de opinião pública no fim do conflito mostrou uma impressionante taxa de aprovação de 89% em relação a ele – a maior já registrada. Surpreendentemente, a popularidade recorde desapareceu em pouco mais de um ano, e Bush perdeu a eleição presidencial em 1992 para o candidato democrata Bill Clinton.

Embora Bush tenha sido um dos melhores presidentes quando falamos de política externa, ele era um líder interno medíocre. Suas habilidades de liderança nas relações exteriores – incluindo o estabelecimento de metas, a construção de coalizões com líderes estrangeiros e a definição de cursos de ação durante reuniões privadas com membros de gabinete e especialistas políticos – eram virtudes inadequadas para a política interna. Sua determinação em fazer a coisa certa, que o obrigou a quebrar uma promessa de campanha sobre não aumentar os impostos a fim de equilibrar o orçamento (ele herdou um déficit de 2,7 trilhões de dólares de Reagan), irritou a maioria dos Republicanos, que tratavam Reagan como herói.

---

[73] NYE JR., Joseph S. *Presidential leadership and the creation of the American Era*. Princeton: Princeton University Press, 2013.

Bush sabia que era impossível assegurar um crescimento econômico com um enorme déficit no longo prazo. Mas o efeito colateral de equilibrar o orçamento foi um custo enorme, tanto político quanto econômico. A economia mergulhou numa recessão prolongada entre 1991 e 1992. A atitude despreocupada de Bush em relação à situação das pessoas na recessão, além da incapacidade de se conectar com seu povo durante momentos de dificuldade, revelaram um líder distante, que não parecia sensível aos sofrimentos e aos problemas da população. Por fim, sua incapacidade de mobilizar a nação em torno dos mesmos objetivos, e em direção a um futuro melhor, abriu caminho para o triunfo eleitoral de seu adversário, Bill Clinton. O jovem e carismático candidato Democrata oferecia uma visão atraente de otimismo e esperança ao eleitorado, algo que as pessoas queriam ouvir em meio a uma recessão.

Bill Clinton combinava calor e empatia, o que atraía as pessoas, com astúcia e pragmatismo político. Como disse Dick Morris – estrategista de campanha de Clinton – o presidente era o mestre da triangulação.[74] Ele incorporou o rigor fiscal dos Republicanos com a posição tradicional dos Democratas de perseguir as políticas sociais para priorizar os desfavorecidos. Isso permitiu que conquistasse votos no centro do espectro político, e não apenas ganhasse a eleição, como trabalhasse com uma grande coalizão de Republicanos e Democratas moderados no Congresso para aprovar seus projetos de lei.

Ele escolheu Robert Rubin, um conservador fiscal e ex-sócio da Goldman Sachs, como Secretário do Tesouro. Ele também manteve o Republicano Alan Greenspan como presidente da Reserva Federal. Clinton decidiu cortar os gastos com a defesa *e* com programas de bem-estar social. Foi um gesto importante para mostrar sua determinação em enfrentar a pressão política dos Republicanos e Democratas para equilibrar o orçamento. Negócios e mercado responderam a essas políticas, impulsionando investimentos e gerando forte crescimento

---

[74] MORRIS, Dick. *Power plays: win or lose – how history's great political leaders play the game*. New York: Regan Books, Harper Collins Publishers, 2002, pp. 110.

econômico trimestre a trimestre durante os oito anos de presidência de Clinton, levando a um crescimento do PIB de 4% ao ano.

O *boom* econômico foi acompanhado de ganhos sociais impressionantes. O aumento da concorrência no mercado, combinado com as mudanças transformadoras da era da informação, contribuiu para reduzir o preço dos bens de consumo e empurrar a inflação para o seu ponto mais baixo desde os anos Reagan. O desemprego caiu ao menor patamar desde a Segunda Guerra Mundial e a taxa de pobreza foi a menor em 30 anos ao fim de seu período no governo.

O forte crescimento econômico dos anos Clinton derivou de três forças importantes: revolução tecnológica, desregulamentação e globalização. A revolução tecnológica deu vida a empresas e empresários que se tornaram os principais *players* na economia mundial no início do século XIX. A Microsoft, de Bill Gates, se tornou a principal empresa de *software*. Steve Jobs voltou para a Apple e lançou o iMac, revolucionando o computador pessoal. Em 1998, dois estudantes de Stanford, Larry Page e Sergey Brin, fundaram o Google. A Fedex, de Fred Smith, fundada em 1971, assumiu um papel de liderança na revolução de logística e transporte.

Embora essas empresas tenham causado alterações disruptivas na forma como comunicamos, consumimos, produzimos e transportamos bens e serviços, ainda estavam na sua infância no final dos anos 1990. Os *players* dominantes no final do século XX ainda eram as indústrias tradicionais, tais como empresas automobilísticas (General Motors e Ford), petróleo (Exxon Mobil), varejo (Wall Mart), telecomunicações (AT&T) e bancos (Citigroup). Era o momento das corporações globais, que se espalharam para novos mercados (países emergentes), bem como para os antigos (Europa), graças à desregulamentação e à globalização.

O governo de Clinton pressionou por medidas para desregulamentar o setor financeiro. A eliminação do excesso de regulamentação, imposta pelo presidente Franklin Roosevelt durante o *New Deal* (ver Capítulo 2), abriu o mercado para o crescimento dos serviços financeiros, derivativos, fundos de investimento, de capital de risco e de securitização, criando um conjunto de produtos e mecanismos financeiros que permitiram aos investidores e instituições do setor financiar empreendedores e negócio que tivessem ideias ousadas. O acesso ao capital estimulou a revolução tecnológica e permitiu que indústrias estabelecidas conquistassem novos mercados internacionalmente.

A combinação de inovação tecnológica, desregulamentação e crescimento dos mercados internacionais desencadeou um novo ciclo de "destruição criativa" no capitalismo moderno. Isso contribuiu para reforçar o espírito empresarial, a produtividade, a inovação e a concorrência.

Executivos ousados, como Jack Welch, CEO da General Electric, ficaram famosos por suas práticas: no caso de Welch, por sua busca firme nos cortes de custos – demitindo pessoas que não aguentavam a pressão por resultados, fechando negócios e unidades incapazes de competir, dobrando o investimento em negócios com bom desempenho e dando bônus generosos aos funcionários com melhor performance.

A GE expandiu suas atividades de maneira agressiva nos mercados internacionais e tornou-se uma das empresas de maior valor no final da década de 1990. Os executivos tinham salários generosos: "O salário médio do dono uma empresa da lista *Fortune* 500, que era 40 vezes maior que o de um operário em 1980, tornou-se 475 vezes superior no ano 2000".[75] As grandes forturnas construídas nos negócios e finanças refletiam os enormes lucros corporativos, graças à expansão do comércio global e ao renascimento da globalização.

A globalização trouxe grandes ganhos tanto para os países ricos quanto para os pobres. Primeiro, impulsionou o comércio mundial. Como os Estados concordaram em reduzir as barreiras protecionistas e os países emergentes abriram as economias para o comércio internacional, a soma de importações e exportações entre as nações *dobrou* de 1986 a 2008. A fundação da Organização Mundial do Comércio, em 1995, uma instituição supranacional, foi importante para estabelecer regras e acordos comuns sobre comércio de bens, serviços e direitos de propriedade intelectual para mais de 150 países.

---

[75] GREENSPAN, Alan; WOOLDRIDGE, Adrian. *Capitalism in America*. New York: Penguin Press, 2018, pp. 337.

Durante a década de 1990, vários países estabeleceram acordos de livre comércio e zonas econômicas em todo o mundo. No Sudeste Asiático, *Indonésia*, *Malásia*, *Singapura*, *Filipinas*, *Brunei* e *Tailândia* criaram a Zona de Comércio Livre da ASEAN (Associação das Nações do Sudeste Asiático) em 1992. Na América do Sul, *Argentina*, *Brasil*, *Paraguai* e *Uruguai* conceberam a proposta de zona de comércio livre do Mercosul, em 1994. No mesmo ano, os *Estados Unidos*, *Canadá* e *México* estabeleceram a NAFTA – Acordo de Livre Comércio da América do Norte. Mas a experiência mais ambiciosa e radical foi a criação da União Europeia em 2002. Dezenove nações europeias combinaram o livre comércio, união monetária e livre circulação de pessoas no continente.

O crescimento vertiginoso do comércio internacional impulsionou o crescimento econômico e reduziu a pobreza. A globalização estimulou ganhos substanciais pelas economias de escala, ajudando a reduzir custos de produção, aumentando a concorrência entre as empresas e, assim, beneficiando os consumidores em todo o mundo com a queda nos preços dos alimentos e bens.

A criação de cadeias de valor globais incentivou o processo de produção internacional de bens. Ajudou a aumentar o investimento estrangeiro nos países emergentes e a gerar mais empregos e rendimentos nesses países. De 1990 a 2008, mais de 2 bilhões de pessoas saíram da pobreza. A globalização estimulou o crescimento econômico e ajudou os países em desenvolvimento a crescer mais rápido do que os países desenvolvidos.

Finalmente, a globalização levou os países emergentes a abraçarem reformas políticas e econômicas. Governos de centro-esquerda e centro-direita estavam comprometidos com uma agenda de modernização de seus Estados para fortalecer a democracia e o capitalismo. Os líderes políticos combinaram políticas pró-mercado com a busca por rigor fiscal, metas orçamentárias equilibradas, liberalização do comércio, privatização de empresas estatais e desregulamentação. Essas medidas incitaram a concorrência no mercado, atraíram investimentos nacionais e estrangeiros para a modernização das infraestruturas dos países e proporcionaram empregos e salários melhores para os trabalhadores, além de mais oportunidades para os empresários.

As reformas políticas e econômicas possibilitaram programas sociais de inclusão. Foi dada atenção especial ao aumento do padrão social de vida dos mais pobres. As políticas sociais priorizaram o investimento na educação básica e na saúde pública como as duas principais áreas para garantir a igualdade de oportunidades. Na esfera política, os governos eleitos por votações transparentes e justas se esforçaram em reforçar o Estado de Direito, garantir a liberdade de imprensa e a liberdade individual, além de aceitar os limites do governo constitucional e as restrições do equilíbrio de poder.

No *Brasil*, o presidente Fernando Henrique Cardoso, social-democrata, liderou uma coalizão de partidos de centro-esquerda e de centro-direita para aprovar leis e emendas constitucionais para privatizar empresas estatais, acabar com o monopólio do governo em setores-chave, como telecomunicações, petróleo e energia, e estimular mais concorrência de mercado por meio da desregulamentação, do corte de subsídios, da redução da intervenção do Estado na economia e, gradualmente, da abertura do país ao investimento estrangeiro.

Dentro da política, FHC se esforçou para fortalecer o Estado de Direito, criando agências reguladoras independentes, promoveu uma reforma do serviço público e lutou para desmantelar grupos clientelistas. Houve grande ênfase nos programas sociais, de forma a garantir a inscrição de todas as crianças na educação básica e a melhorar a qualidade da saúde pública. Ainda mais importante, o governo instituiu um bem-sucedido programa de transferência de renda para famílias pobres, de forma a garantir que seus filhos fossem matriculados na escola e devidamente vacinados.

Reformas e programas semelhantes foram adotados pelos governos social-democratas no *Chile*, pelo presidente peronista Carlos Menem na *Argentina* e pelo Partido Revolucionário Institucional, conservador e de centro-direita, no *México*. Esse pacote de reformas orientadas para o mercado, juntamente com reformas políticas para fortalecer a democracia e o Estado de Direito, ficou conhecido como "Consenso de Washington". Muitas nações desenvolvidas também seguiram a receita das reformas liberais.

Na *Inglaterra*, o primeiro-ministro Tony Blair, do Partido Trabalhista, implementou uma agenda reformista revitalizadora. Seu partido foi renomeado para "*New Labour*", e ele se esforçou para combinar o fortalecimento do capitalismo e as reformas de mercado com políticas sociais que garantissem a igualdade de oportunidades em vez de benefícios sociais. Ele teve que enfrentar a resistência dos sindicatos e a pressão da ala de esquerda de seu partido para implementar reformas econômicas pró-mercado. Conseguiu agradar a direita com suas reformas liberais, crescimento econômico e uma política dura contra o crime; e deixou a esquerda feliz com políticas sociais para os mais pobres – como a garantia de renda mínima para aposentados, redução da pobreza infantil, baixo desemprego, aumento dos padrões de educação pública e estabelecimento de um salário-mínimo nacional. Mais importante, sua liderança no Partido Trabalhista foi assegurada ao traduzir o sucesso de seu governo em vitórias eleitorais significativas para o partido.

Na *Espanha*, Felipe Gonzalez, o primeiro primeiro-ministro socialista desde o fim da guerra civil em 1936, provou ser um exemplo de pragmatismo político. Ele começou a modernização econômica espanhola privatizando empresas estatais, desregulamentando a economia, reduzindo tarifas protecionistas e abrindo o país para o comércio internacional. Em 1986, a Espanha aderiu à Comunidade Econômica Europeia, dando ao país acesso aos investimentos e trocas comerciais que estimularam o crescimento econômico. Ele perdeu uma eleição para o candidato José Maria Aznar, do Partido Popular de centro-direita, em 1996, mas o programa econômico reformista continuou. Durante os dois mandatos de Aznar como Primeiro-Ministro, a Espanha se tornou uma das nações com crescimento mais rápido da Europa.

Na *França*, o Partido Socialista do presidente François Mitterrand perdeu a eleição para a Assembleia Nacional em 1986. Foi a desculpa perfeita para ele fazer uma reviravolta na política. Os vencedores da eleição eram uma coalizão de partidos de centro-direita liderados por Jacques Chirac. O presidente Mitterrand convidou Chirac, seu principal adversário político, para ser o primeiro-ministro e formar o novo governo. Chirac agiu como um tornado para desmantelar a economia socialista de Mitterrand. Privatizou empresas estatais, cortou as despesas do governo e encerrou programas sociais ineficientes.

Desregulamentou a economia e adotou reformas pró-mercado para reviver investimentos, empresas e empregos no país. O otimismo ressurgiu na França, assim como o dinamismo econômico perdido durante o governo socialista anterior.

Na Europa Oriental, os países seguiram reformas do tipo "terapia de choque" para fortalecer a democracia e implementar o capitalismo. As empresas estatais foram privatizadas, o investimento estrangeiro retornou e a propriedade privada foi reintroduzida após mais de 40 anos de comunismo. A liberalização das trocas comerciais incentivou a rápida reestruturação das indústrias e dos serviços, que não estavam habituados à concorrência no mercado. Os governos tiveram que adotar uma política fiscal rigorosa. O esforço para reduzir custos sociais universais e subsídios estatais para indústrias e serviços foi vital para melhorar a qualidade e a eficiência do aparelho público em países onde a escassez de bens e serviços havia obrigado as pessoas a formarem longas filas durante os governos comunistas.

A transição do comunismo para o capitalismo foi um sucesso extraordinário. De 1990 a 2008, a Europa Oriental testemunhou um dos períodos mais surpreendentes de crescimento econômico da história. As porcentagens de crescimento dos PIBs durante esse período foram impressionantes: a *Polônia* cresceu 788%, a *Estônia*, 592%, e a *Romênia*, 514%. Após a separação da Checoslováquia, a *República Checa* cresceu 506%, e a *Eslováquia,* 739%. Uma das menores taxas de crescimento foi a da *Hungria*, que registrou "apenas" 348%. A renda média individual mais do que duplicou; a expectativa de vida atingiu os níveis da Europa Ocidental e os indicadores de desigualdade social se mantiveram baixos.

Na Ásia, o *Japão* também fez uma transição impressionante de um regime autoritário para uma democracia vibrante e capitalista após a Segunda Guerra Mundial. Na verdade, nos anos 1980, o Japão se tornou objeto de inveja do resto do mundo: um país capitalista dinâmico, orientado para a exportação, com uma democracia bem-sucedida, sendo a segunda maior economia do mundo. As empresas japonesas bem geridas, de baixo custo e de alta produtividade viraram "negócios de referência".

A "cultura Kaizen" – filosofia de melhoria contínua, redução de custos, aumento da produtividade e construção de equipes focadas em processos constantemente aprimorados – fez com que os produtos japoneses conquistassem consumidores em todo o mundo. Conforme os carros da Toyota prosperavam no mercado norte-americano, como uma empresa altamente rentável, os fabricantes de automóveis do país – como a General Motors, a Chrysler e a Ford – se tornaram deficitários. Empresas de alta tecnologia como Sony, Mitsubishi, Hitachi e Panasonic (Matsushita), que fabricavam computadores, produtos de telecomunicação e eletrodomésticos, se tornaram marcas internacionais.

Crianças de todo o mundo jogavam em consoles da Nintendo e assistiam desenhos japoneses. O sushi virou tendência na alimentação. A Nikkei se tornou a bolsa de valores mais importante do mundo, atingindo o seu pico em dezembro de 1989. Embora o Japão tenha sido o caso mais bem-sucedido de transição do autoritarismo para a democracia e o capitalismo na Ásia, a maioria das transformações econômicas e sociais no continente foram conduzidas por "déspotas esclarecidos", introduzindo as reformas capitalistas gradualmente em seus países.

Em *Singapura*, Lee Kuan Yew transformou uma colônia britânica multicultural pobre e insignificante em uma cidade-estado próspera e altamente desenvolvida. Em uma região dominada por mercados fechados, barreiras comerciais protecionistas, corporações estatais e economia agrária, ele nadou contra a corrente. Adotou políticas pró-mercado, liberalizou o comércio, investiu na industrialização e transformou Singapura no porto mais importante da Ásia.

Lee Kuan Yew compreendeu que tal transformação profunda não poderia ocorrer sem três ingredientes cruciais: um governo eficiente, meritocrático e honesto; educação pública de qualidade para garantir oportunidades iguais; e adoção de uma economia capitalista e de políticas pró-mercado. Três décadas após a sua independência em 1965, Singapura era uma das nações mais ricas do mundo, com o PIB *per capita* entre os mais altos, uma das maiores pontuações do mundo no Índice de Desenvolvimento Humano (IDH — indicador de distribuição justa da renda e acesso à saúde pública e educação). Ele foi a personificação exitosa do despotismo iluminado pelo capitalismo. A introdução de reformas de mercado foi vital para transformar os países pobres e agrícolas em nações industrializadas e orientadas para a exportação.

O déspota da *Coreia do Sul*, Park Chung-hee, apoiou empresas estatais e grandes corporações familiares (conhecidas como *chaebols*) para que se tornassem um farol orientado para a exportação do país. Esses conglomerados industriais começaram produzindo bens manufaturados, mas gradualmente se voltaram para indústrias mais sofisticadas, como automóveis, eletrônicos, telecomunicações e construção naval. Houve investimentos maciços em educação pública, formação profissional e apoio governamental para empresas que se revelassem competitivas nos mercados globais. Corporações como a Samsung, a LG e a Hyundai tornaram-se atores globais vindos da Coreia do Sul.

Em 1978, Deng Xiaoping introduziu reformas de mercado graduais na *China* e criou as primeiras Zonas Econômicas Especiais (ver Capítulo 3). No final dos anos 1980, *Taiwan*, *Indonésia* e *Índia* seguiram a mesma receita de reformas pró-mercado, desregulamentação, privatização de empresas estatais, junto com apoio para indústrias e serviços orientados para a exportação que fossem fortes o suficiente para serem competitivos mundialmente.

A transformação econômica na Ásia foi monumental. Em 1990, a única potência econômica significativa na região era o Japão. Dez anos depois, surgiram os "tigres asiáticos" – Coreia do Sul, Singapura, Hong Kong e Taiwan –, com o crescimento impressionante da China, a ascensão da Índia e o surgimento da Indonésia. Essa espantosa transformação econômica de países pobres baseados na agricultura em potências industriais e urbanas excepcionais com uma força de trabalho bem-educada foi um dos episódios de transformação econômica e social mais inspiradores da história humana.

A explosão súbita de liberdade política, capitalismo e globalização, que abalou o mundo após a queda do Muro de Berlim em 1989, foi também uma grande influência na Ásia. Os países pressionaram pela liberalização do comércio, desregulamentação e redução da intervenção estatal na economia. A pressão política para desmantelar regimes autoritários aumentou – embora a *China* e o *Vietnã* tenham resistido, preservando a combinação de governo comunista com sistema econômico capitalista. Países como a Coreia do Sul e Taiwan gradualmente construíram regimes democráticos, com eleições livres e governo constitucional. Na *Índia*, os governos democráticos gradualmente desmantelaram e renunciaram à economia mista obsoleta (uma combinação estranha de economia centralizada pelo governo e mecanismo de mercado), abraçando o capitalismo.

No entanto, o modelo predominante no continente continuou sendo uma combinação de governos autoritários e não democráticos com uma economia capitalista. Os déspotas controlavam a política, a imprensa e o governo, mas saudavam o capitalismo e a economia de mercado. Em contraste com a Europa Oriental e a América Latina, que implementaram uma combinação de democracia e capitalismo, a Ásia foi um exemplo diferente. Mostrou uma "terceira via": abraçar o capitalismo, mas não necessariamente a democracia.

*

A crença de que, ao adotar o capitalismo, as nações inevitavelmente se tornariam democracias provou-se falsa. No período pós-Guerra Fria, a democracia atingiu seu pico em 2006. Naquela época, metade do mundo ainda era de governos autoritários e não democráticos. De acordo com o *Economist Intelligence Unit Index* de 2006, que avaliou uma escala de democracia em governos em todo o mundo, 49% dos países eram democracias plenas ou imperfeitas, enquanto 51% eram regimes autoritários e híbridos.

Em termos de população mundial, a pesquisa relatou que metade de todas as pessoas (51,3%) vivia sob democracias ou governos democráticos imperfeitos, enquanto a outra metade (48,7%) vivia sob regimes híbridos ou autoritários. Os cinco indicadores do índice foram: *eleições livres e justas* (o quanto as eleições são transparentes e competitivas); *liberdades civis* (liberdade de expressão, respeito pelos direitos humanos e direito ao devido processo legal); *funcionamento da democracia* (a capacidade dos governos de implementar políticas de forma eficaz); *cultura política* (os partidos que perdem aceitam o resultado das eleições; transição pacífica do poder de um partido para outro); e *participação* (cidadãos ativos que participam do processo eleitoral e da vida pública).[76]

Olhando para dados e evidências, o número de países e de pessoas que vivem sob governos democráticos e autoritários era aproximadamente o mesmo, mas em termos de qualidade de vida, as democracias ultrapassaram, de longe, os regimes autoritários. O Índice de Desenvolvimento Humano (IDH) – um indicador que define o padrão de vida de um país – revela que, das 30 nações com melhores índices, 28 são democracias. As duas exceções foram um enclave (Hong Kong) e uma cidade-estado (Singapura).

Os dados de IDH mostram uma forte correlação entre liberdade, Estado de Direito, governos democráticos e instituições responsáveis, com alta renda *per capita*, melhor qualidade de serviços públicos (como saúde e educação) e menores taxas de desigualdade social.[77] Essa é a principal razão para muitas pessoas ansiarem por viver e trabalhar em países demócraticos ou para imigrarem para algum deles. O famoso epigrama de Winston Churchill sobre a democracia continua a guiar a reflexão sobre as virtudes e defeitos:

> Muitas formas de Governo foram e serão experimentadas neste mundo de pecado e angústia. Ninguém finge que a democracia é perfeita ou sábia. Na verdade, diz-se que a democracia é a pior forma de governo, exceto por todas as outras formas que foram testadas de tempos em tempos.[78]

A democracia é difícil de construir e preservar. Não é obra de um líder iluminado, mas de uma sociedade inteira e de muitas gerações de

---

76 ECONOMIST Intelligence Unit Index 2006. Disponível em: https://dataspace.princeton.edu/handle/88435/dsp011544br56f. Acesso em 14 mai. 2022.

77 RELATÓRIO do Índice de Desenvolvimento Humano. Disponível em: https://hdr.undp.org/en/content/human-development-indices-indicators-2018-statistical-update. Acesso em 15 mai. 2022.

78 LANGWORTH, Richard (editor). *Churchill by himself*. New York: Public Affairs, 2008, pp. 573.

estadistas. Os grandes líderes políticos representam a personificação dos valores e da retidão moral. Seus exemplos pessoais e lideranças são essenciais para mobilizar os cidadãos em torno da construção de um governo eficaz, de instituições responsáveis e da defesa dos princípios democráticos.

Na *África do Sul*, em 1994, a liderança moral e a extraordinária orientação de Nelson Mandela foram vitais para superar os traumas de uma nação dividida pelo *apartheid* e construir a "nação arco-íris": um Estado aberto, democrático e tolerante, onde as liberdades civis e individuais e as instituições responsáveis foram erguidas. Em 1999, Mandela realizou eleições justas e abertas, e pacificamente passou a presidência para seu sucessor, Thabo Mbeki.

Na *Libéria*, Ellen Johnson Sirleaf foi a primeira mulher a ser eleita presidente em um país africano. Ela venceu a primeira eleição democrática em 2005 e foi responsável por reconciliar uma nação traumatizada por duas guerras civis, seguidas do governo de Charles Taylor, um dos ditadores africanos mais cruéis do século XX. Seu esforço para pacificar a nação, criando Comissões de Verdade e Reconciliação para cumprir a Justiça, punir criminosos e reconciliar o povo dividido por guerras civis, foi vital na construção de instituições democráticas responsáveis. Em 2011, recebeu o Prêmio Nobel da Paz.

A diferença entre democracias novas e maduras está no fato de que, no primeiro caso, a falta de liderança pode prejudicar a sobrevivência da democracia; no segundo, as instituições fortes são capazes de garantir o bom funcionamento do governo, mesmo quando a confiança das pessoas em seus líderes é abalada por ações e escolhas.

Nos *EUA*, em 1998, a reputação de Clinton foi manchada depois que ele mentiu aos cidadãos, negando um caso sexual com uma estagiária da Casa Branca. Ele teve que enfrentar uma acusação humilhante de perjúrio e obstrução da justiça, que levou ao seu impeachment pela Câmara dos Representantes (embora ele tinha sido absolvido pelo Senado em 1999). Clinton perdeu a confiança do povo, mas as instituições continuaram a funcionar normalmente.

Na *Venezuela*, no entanto, duas décadas de corrupção e clientelismo enfraqueceram a democracia e criaram ressentimentos sociais, o que abriu caminho para a eleição de Hugo Chávez, líder militar populista responsável por enterrar a democracia no país em 2002.

*

Em 2001, o sucessor de Clinton como presidente dos EUA, George W. Bush (filho de George H.W. Bush), reuniu o povo americano depois do ataque terrorista mais destrutivo da história em solo norte-americano, em 11 de setembro.

A Al-Qaeda, um grupo terrorista islâmico, pretendia destruir os símbolos do poder dos EUA: as icônicas torres gêmeas do World Trade Center em Nova York, o Pentágono (Departamento de Defesa do Governo) e a Casa Branca. O primeiro alvo foi totalmente destruído; o segundo, ligeiramente danificado, e o terceiro não foi atingido. Quase 3 mil pessoas morreram e mais de 20 mil ficaram feridas. O ataque vil da Al-Qaeda uniu as democracias de todo o mundo em apoio e solidariedade aos Estados Unidos. Contudo, o presidente Bush usou os apoios políticos e morais de forma imprudente. Sua determinação em lutar contra governos que apoiavam grupos terroristas ou desenvolviam armas nucleares o levou a tomar decisões controversas do ponto de vista político e moral.

Para Bush, o ditador iraquiano Saddam Hussein era o alvo perfeito. Bush acusou Saddam de oferecer espaço seguro aos terroristas da Al-Qaeda e de desenvolver um programa nuclear secreto de armas de destruição em massa. Em contraste com o pai, George H.W. Bush, que construíra uma forte coalizão internacional e contara com o apoio de uma Resolução das Nações Unidas para atacar o Iraque, George W. Bush se apressou e invadiu o Iraque em 2003, sem o apoio da ONU e sob a crítica de aliados importantes. Foram feitas muitas objeções. Em primeiro lugar, o Canadá, a França e a Alemanha insistiram na pressão diplomática antes de utilizar tropas militares (em 2004, após a invasão, uma comissão independente revelou que o Iraque não tinha um programa de armas nucleares). Em segundo lugar, os norte-mericanos descobriram a existência de dois campos de prisioneiros, Abu Ghraib e Baía de Guantánamo, nos quais os militares dos EUA torturavam prisioneiros suspeitos de atividades terroristas – algo intolerável em uma democracia que louva a liberdade individual e os direitos humanos. Por fim, a "guerra ao terror" de Bush disparou o déficit do governo, aumentando-o para 11 trilhões de dólares. Todo o esforço para garantir um excedente orçamentário durante as presidências do pai de Bush e Clinton foi destruído por gastos maciços em defesa. É verdade que nunca mais houve um grande ataque terrorista nos Estados Unidos, mas os custos morais, políticos e econômicos debilitaram a liderança do país, tanto a nível nacional quanto internacional.

A democracia exige participação cívica ativa e um gigantesco esforço coletivo para preservar seus valores e o funcionamento eficaz das instituições. Uma sociedade vigorosa e ativa é vital na construção de uma democracia forte. Reinvidica que os cidadãos comuns participem dos assuntos públicos, dos processos eleitorais e do governo. No entanto, a escolha coletiva nem sempre é guiada por um senso de virtude cívica: frequentemente, responde a interesses imediatos. As eleições muitas vezes representam oportunidades para os eleitores expressarem suas frustrações e esperanças, em vez de serem escolhas racionais. A maré permanente de progresso e recuo das democracias é determinada pela qualidade das escolhas coletivas de seus cidadãos. Eles carregam a responsabilidade de moldar o destino das suas nações e o destino da democracia.

*

Não há um padrão comum ou um progresso linear nas democracias. Como órgãos vivos, elas têm seus altos e baixos; momentos de glória e vergonha; períodos de progresso e retrocessos. Aqui, examinamos alguns deles nos últimos anos:

Em 2009, os EUA elegeram *Barack Obama*, um jovem Democrata, à presidência. Ele era o símbolo da renovação política que o país desejava após um reinado de oito anos de velhos Republicanos ultrapassados na Casa Branca, representados pelo governo de George Bush. Obama foi eleito com o apoio popular maciço dos jovens. Como presidente, em 2008, enfrentou a pior crise financeira desde a Grande Depressão. Sua liderança foi essencial para restaurar a confiança na economia e restabelecer a credibilidade dos Estados Unidos no exterior.

Em 2016, porém, o povo elegeu *Donald Trump*, um presidente populista arrivista, que se assemelhava ao kaiser Guilherme II da Alemanha no sentido de criar tumultos no exterior e desestabilizar a ordem internacional.

No *Brasil*, milhões de pessoas saíram às ruas em 2016 para protestar contra um dos maiores escândalos de corrupção da história, conhecido como Lava Jato. O esquema, revelado por uma força-tarefa investigativa, envolveu políticos de alto-escalão, executivos de empresas estatais e grandes empreiteiras privadas em esquemas de lavagem de dinheiro e tráfico de influência política. O escândalo debilitou o governo da presidente *Dilma Rousseff*. Ela sofreu impeachment pelo Congresso, em um movimento principalmente político, sob a acusação de mascarar as contas de seu governo por alocação indevida de fundos de bancos estatais. Os brasileiros responderam à denúncia – e especialmente ao escândalo da Lava Jato, que ocorreu em seu governo – elegendo um presidente populista de direita, *Jair Bolsonaro*, em 2018: ex-oficial do exército e congressista que frequentemente ataca a liberdade de imprensa, ONGs e ativistas sociais, além de elogiar a era dos governos autoritários militares no Brasil (1964-1985).

No *México*, no ano 2000, o povo elegeu como presidente Vicente Fox, do Partido de Ação Nacional (PAN), quebrando a hegemonia política do Partido Revolucionário Institucional (PRI) que havia governado o país por 71 anos. Em 2001, os *peruanos* livraram o país de uma década de *Alberto Fujimori* e seu governo autoritário elegendo um presidente democrático, Alejandro Toledo. Mas os caprichos do populismo retornaram à América Latina alguns anos depois. O povo elegeu presidentes populistas na *Argentina* em 2003 e 2007 (Nestor Kirchner e a sua esposa, Cristina); *Bolívia* (Evo Morales); e *Equador* (Rafael Correa). E o *México* elegeu o presidente populista de esquerda Andre Lopez Obrador, em 2018.

*

Algo semelhante aconteceu na *Europa Oriental*. Em 1990, as pessoas se rebelaram contra o comunismo e abraçaram a democracia. O esforço coletivo voltado para a construção de um governo democrático vibrante e de uma economia capitalista levou a um rápido crescimento econômico, aumento na renda *per capita* e melhorias dramáticas no padrão de vida.

O acontecimento mais traumático desse processo foi a dissolução da ex-Iugoslávia, que levou a uma guerra sangrenta no coração da Europa. Mas a unanimidade das nações europeias e dos Estados Unidos tornou a OTAN eficaz em bombardear alvos para enfraquecer e, por fim, destruir Slobodan Milosevic, o ditador sérvio acusado de genocídio no Kosovo. No ano 2000, uma revolta nacional derrubou Milosevic e instalou um governo democrático. No ano seguinte, ele foi detido e julgado pelo Tribunal Internacional de Haia, acusado de crimes de guerra e genocídio, mas cometeu suicídio antes do veredito final em 2006.

Embora a Europa tenha-se livrado de seu último ditador, a maré acabou por se inverter, e os governos populistas ganharam eleições na *Áustria* (2000, 2017 e 2019), *Hungria* (2010), *Turquia* (2014) e *Polônia* (2015). O avanço das propostas não liberais na política, economia e costumes sociais, juntamente com a ascensão do nacionalismo, protecionismo e políticas anti-imigração, abalaram os pilares de tolerância, pluralismo e liberdade de expressão, corroendo a credibilidade das instituições democráticas.

*

Esses exemplos demonstram que a democracia não oferece um plano contra governos ruins e líderes populistas. Tanto as democracias maduras quanto as mais novas têm sofrido, de tempos em tempos, com governos mesquinhos e populistas, que enfraqueceram as instituições, desmoralizaram as leis e colocam em risco o próprio sistema que pressupõe salvaguardas para a liberdade e o Estado de Direito.

O paradoxo é, no entanto, que a democracia seja o único regime capaz de salvaguardar as liberdades individual e civil, junto da responsabilidade do governo perante os seus cidadãos; e seja o melhor sistema de governo para garantir a inovação, a disrupção criativa e um nível de vida mais elevado.

*

Enquanto isso, embora a democracia nunca tenha sido um regime político com aprovação unânime, o capitalismo se tornou quase onipresente no final do século XX. Da China comunista às democracias sociais da Europa e ao ambiente laissez-faire dos Estados Unidos, o capitalismo floresceu em todos os lugares. Estimulou o crescimento da globalização e o aumento do livre comércio no mundo. Gerou reformas políticas e econômicas significativas nas democracias e nas nações autoritárias, obrigando os governos a desregulamentar, reduzir os procedimentos burocráticos e as tarifas, eliminar barreiras protecionistas e reformar o sistema fiscal. Aumentou o grau de cooperação e coordenação entre as nações para lidar com questões comerciais, financeiras e econômicas.

O capitalismo fomentou a criação de riquezas e aumentou drasticamente o rendimento *per capita*, especialmente nos países pobres. Essa transformação foi realizada induzindo as nações a abrirem suas economias para competir nos mercados globais, atraindo investimentos e gerando empregos e oportunidades de negócios para os pobres e os ricos, homens e mulheres, trabalhadores e empresários.

O capitalismo triunfou onde o socialismo falhou; retirou bilhões de pessoas da pobreza na Ásia, África e América Latina. Durante a Guerra Fria, quando o mundo estava dividido entre o comunismo, com economias planificadas, e a democracia, com o capitalismo, 42% do mundo vivia na extrema pobreza. Após a queda do Muro de Berlim e a adoção do capitalismo por quase todas as nações, a pobreza extrema foi bastante reduzida, no início do século XXI, para cerca de 20% da população mundial.

A *China* é, obviamente, o exemplo mais evidente de um país que abraçou o capitalismo e tirou mais de 1 bilhão de pessoas da pobreza. De 1978 a 2007, sua renda *per capita* aumentou em uma média de 7% ao ano. Nas zonas rurais, a renda saltou do equivalente a 19,6 para

606 dólares. Nas áreas urbanas, subiu de 50 para 2.000 dólares no mesmo período.

Há, porém, um efeito colateral: o capitalismo trouxe enormes ganhos para o mundo em termos de redução da pobreza e aumento do comércio, riqueza, inovação, produtividade e acesso a bens de consumo e a serviços para bilhões de pessoas, anteriormente excluídas dos mercados, ao mesmo tempo, com os mercados globais agora altamente interdependentes, qualquer colapso na estrutura financeira e econômica de um país tende a se espalhar rapidamente pelo mundo, afetando tanto as nações pobres quanto as ricas.

Assim, um efeito corriqueiro em alguns países pode assumir proporções globais. Um exemplo é a bolha imobiliária que estourou no Japão em 1992, causando uma crise financeira que fez a bolsa de valores Nikkei cair e trouxe terríveis consequências para toda a economia do país – um longo período de estagnação econômica nacional, seguido de deflação e uma queda acentuada dos investimentos.

Depois de 2007, a economia da China continuou a crescer a uma taxa impressionante de 10% ao ano, produzindo produtos manufaturados e eletrônicos acessíveis para os consumidores em todo o mundo. Mas a ascensão da China como uma nação exportadora de bens produzidos em larga escala destruiu empregos pouco qualificados nas economias avançadas – como os Estados Unidos e a Europa –, bem como em países emergentes, que eram incapazes de competir com os chineses.

O *México*, um dos concorrentes da China no mercado de exportação de manufaturas, enfrentou uma grave crise financeira depois de uma súbita desvalorização do peso mexicano em 1994. Espalhou-se o medo entre os investidores internacionais de que poderiam receber um calote em suas obrigações de dívida internacional. Para evitar uma evasão maciça de capital dos países latino-americanos, vizinhos como *Brasil* e *Argentina* foram obrigados a aumentar as taxas de juros de forma acentuada para evitar uma fuga de suas moedas. A crise só terminou depois que o Fundo Monetário Internacional (FMI) aprovou um pacote de ajuda emergencial de 50 bilhões de dólares para salvar o México do colapso financeiro.

Em 1997, uma crise financeira semelhante estourou no sudeste Asiático, arrastando para baixo *Indonésia, Tailândia, Coreia do Sul,*

Hong Kong, Malásia e as *Filipinas*, em um efeito dominó de desvalorização, medo de inadimplência e, consequentemente, especulação contra suas moedas. Mais uma vez, o FMI precisou intervir e socorrer os países, concedendo empréstimos de emergência.

Em 1998, uma crise financeira *russa* eclodiu, seguindo o mesmo padrão das crises mexicana e asiática: desvalorização do rublo seguido de um empréstimo de resgate para evitar o colapso financeiro do país. Embora essas crises financeiras tenham sido traumáticas para os países emergentes, não chegaram a afetar o crescimento econômico e a produtividade no mundo desenvolvido. Enquanto isso, as economias desenvolvidas passavam por um *boom* econômico. Nos Estados Unidos, por exemplo, o PIB cresceu 4,3% ao ano em termos reais entre 1996 e 2000. A produtividade do trabalho também cresceu em serviços e indústrias, a uma taxa anual de 2,7%.[79]

O principal fator a estimular a produtividade nos EUA foi a revolução na tecnologia da informação. O advento da internet e o incrível progresso em computação, *software* e telecomunicações ajudaram a reduzir os custos e aumentar a produtividade em todos os setores da economia dos EUA, contribuindo para uma melhoria dramática das finanças públicas. A inflação se manteve baixa graças aos ganhos de produtividade e ao crescimento econômico. No ano fiscal de 2000, os Estados Unidos tiveram seu maior superávit desde 1948.[80]

O *boom* dos anos de 1996 a 2000 criou uma bolha especulativa com ativos no setor de tecnologia da informação. Em um discurso no prestigiado jantar anual do *American Enterprise Institute*, em 5 de dezembro de 1996, Alan Greenspan, presidente da Reserva Federal, rotulou isso de "exuberância irracional". Seu alerta contrastava com o otimismo radiante que prevalecia em uma sociedade acostumada com um dos mais longos períodos de crescimento econômico dos EUA.

---

79 JORGENSON, Dale W.; HO, Mun S; STIROH, Kevin J. "A retrospective look at the US productivity growth resurgence". *Journal of Economic Perspectives*, vol. 22, nº 1 (2008), pp. 3-24.

80 GREENSPAN, Alan. *The age of turbulence*. New York: The Penguin Press, 2007, pp. 182.

> Mas como sabemos quando a exuberância irracional aumentou indevidamente os valores dos ativos, que se tornam sujeitos a contrações inesperadas e prolongadas, como aconteceu no Japão na década anterior? E como fazer essa avaliação na política monetária? Não devemos subestimar, ou ser complacentes com a complexidade das interações entre os mercados de ativos e a economia.[81]

Seu alerta presciente virou manchete no dia seguinte, mas a exuberância irracional continuou a prosperar até que o mercado quebrou em 2000.

Em 1999, as ações na Nasdaq, casa de muitas empresas de tecnologia, atingiram patamares deslumbrantes. O preço das ações da Qualcomm, uma empresa de *software*, aumentou 2.619% no ano. Outras 12 empresas listadas na Nasdaq haviam tido crescimento das ações em mais de mil por cento, e sete empresas, 900%.[82] A bolha estourou em março de 2000, e os preços das ações das empresas deficitárias pontocom entraram em queda livre.

Em 2001, com a revelação do escândalo de fraude contábil na gigantesca empresa de energia Enron, que a levou à falência, a Nasdaq era negociada 50% abaixo de seu pico em março de 2000. Estima-se que 8 trilhões de dólares foram perdidos nessa quebra da bolsa. Embora a economia dos EUA tenha entrado ligeiramente em recessão em 2002, no ano seguinte, o clima de dinamismo do mercado estava de volta. Um breve período de crescimento econômico restaurara a confiança dos investidores e dos decisores políticos no mundo, até que a bolha seguinte, dessa vez no financiamento imobiliário dos EUA, estourou em 2007.

A bolha da tecnologia afetou principalmente os investidores, mas a bolha imobiliária teve consequências devastadoras para a economia real e para os cidadãos comuns. Proprietários pobres perderam seu principal ativo (a casa) e os investidores perderam 6 trilhões

---

[81] GREENSPAN, Alan. *The age of turbulence*. New York: The Penguin Press, 2007, pp. 177.

[82] FLOYD, Norris. "The year in markets; 1999: extraordinary winners and more losers". *The New York Times*. New York, 3 jan. 2000.

de dólares quando o mercado de hipotecas de alto risco colapsou, falindo bancos, empresas financeiras e seguradoras.

Como surgiu essa bolha? Uma combinação fatal de juros baixos e isenções fiscais tornou o crédito abundante e, à medida que as pessoas passaram a fazer empréstimos para comprar casas e especular no mercado imobiliário, as instituições financeiras usaram sua criatividade para criar operações financeiras estruturadas com base em títulos hipotecários *subprime*. Começou-se a pegar créditos baratos para comprar esses produtos financeiros como se fossem investimentos "seguros" e de alto retorno. A combinação de alavancagem excessiva, abundância de crédito e padrões ruins de empréstimos aumentou drasticamente o risco de inadimplência com a desaceleração do mercado imobiliário em 2007.

Não demorou muito para que os primeiros sintomas dos problemas de liquidez aparecessem nas principais instituições financeiras envolvidas com hipotecas residenciais. Um credor hipotecário britânico tradicional, Northern Rock, faliu em 2007. Nos EUA, as duas maiores instituições hipotecárias patrocinadas pelo governo dos EUA, a Federal Mortgage Association ("Fannie Mae") e a Federal Home Loan Mortgage Corporation ("Freddie Mac") faliram em setembro de 2008 – combinadas, controlavam quase metade do mercado hipotecário do país. O governo federal foi obrigado a intervir e nacionalizar ambas para evitar o colapso total do mercado de crédito imobiliário. Era um sinal preocupante de que a crise não se limitava aos problemas de liquidez de algumas poucas instituições. Parecia que todo o mercado imobiliário estava em risco iminente de colapso, e que muitas instituições financeiras envolvidas com o *subprime* e com os empréstimos hipotecários poderiam ser destruídas.

Um efeito dominó despertou o pânico no mercado financeiro. Uma semana após a intervenção do governo na Fannie Mae e na Freddie Mac, o Lehman Brothers, um dos cinco maiores bancos de investimento dos EUA, declarou falência, em 15 de setembro. O centenário banco de investimento Merrill Lynch evitou a falência apenas porque o Bank of America decidiu comprá-lo. Antes do final de 2007, o governo dos EUA precisou injetar 180 bilhões de dólares para resgatar uma das maiores companhias de seguros do país, a American International Group (AIG).

Esta crise financeira mergulhou os Estados Unidos na pior recessão econômica desde a Grande Depressão de 1929. Um estudo do Federal Reserve Bank de Nova York mostrou que, do quarto trimestre de 2007 ao segundo trimestre de 2009, o produto interno bruto (PIB) dos EUA caiu 4,3% – "o maior declínio da era pós-guerra".[83]

As classes média e média-baixa viram as suas economias desaparecerem. Milhões de pessoas perderam empregos e foram retiradas das suas casas por não pagarem hipoteca. O desemprego dobrou, indo de 5% em outubro de 2007 para 10% em outubro de 2009, e a riqueza doméstica diminuiu em mais de 20% no mesmo período. Essas condições econômicas terríveis elevaram a taxa de pobreza acima de 15% da população dos EUA em 2010.

A intervenção do governo na crise financeira foi essencial para evitar terríveis consequências econômicas e sociais semelhantes às da Grande Depressão de 1929. Em 2009, o presidente Barack Obama criou o Troubled Asset Relief Program (Tarp), que injetou 440 bilhões de dólares em bancos e empresas para salvá-los da falência. O programa do governo federal ajudou a conter o pânico e a dar às empresas e bancos dinheiro o suficiente para sobreviver e reestruturar suas operações.

Até o final de 2010, bancos e empresas haviam devolvido 442 bilhões de dólares ao governo federal. Foi um sinal claro de que o setor privado tinha superado a crise, e que os EUA estavam de volta aos negócios. A "destruição criativa" obrigou as empresas a reduzirem custos, serem mais eficientes e eliminarem postos de trabalho. Em 2011, Obama procurou estimular o emprego e ajudar as pequenas empresas lançando um pacote de benefícios fiscais e investimento em obras públicas de 800 bilhões de dólares.

A magnitude da crise financeira e econômica nos EUA reverberou em todo o mundo. O Fundo Monetário Internacional (FMI) ajudou

[83] RICH, Robert. "The great recession". *Federal Reserve History*. St. Louis, 22 nov. 2013. Disponível em: <https://www.federalreservehistory.org/essays/great_recession_of_200709>. Acesso em: 13 abr. 2022.

os países europeus e emergentes com empréstimos de resgate, mas apenas com a condição de os governos se comprometerem com medidas de austeridade, reduzindo as despesas internas e a dívida pública.

Os países mais dependentes do comércio com os Estados Unidos foram os que mais sofreram. O *México* viu seu PIB cair 7% em 2009, enquanto o *Brasil* – uma economia relativamente fechada e protecionista, com participação lamentável no comércio global – viu sua economia encolher apenas 0,1%.

Na Europa, o colapso do sistema bancário da *Islândia* em 2008 foi o prelúdio da transmissão da crise para o resto do continente, visto o medo de que os países superendividados entrassem em inadimplência. Países como *Grécia, Itália, Espanha, Portugal* e *Irlanda*, que haviam gastado e se endividado demais, diretamente da União Europeia, acumularam grandes déficits públicos e tiveram dificuldade em reescalonar as dívidas em 2009.

O Banco Central Europeu concebeu um programa de estabilidade financeira, de forma a conceder empréstimos de resgate aos países endividados em troca da implementação de programas de austeridade. Os governos tiveram de adotar medidas duras e impopulares para se tornarem solventes. Foram obrigados a aumentar as taxas de juros e impostos, cortar despesas, além de subsídios e benefícios, de forma a reduzir a dívida pública. Vários países europeus viram seu PIB contrair 4% em 2009 e suas economias começaram a mostrar sinais de uma recuperação tímida apenas em 2013.

Embora a insatisfação popular com os programas de austeridade tenha estimulado debates políticos sobre a fragilidade da União Europeia e o futuro do euro durante a crise, a verdade é que as instituições europeias – o Banco Central Europeu e a Comissão Europeia, com o FMI e os governos – mostraram uma impressionante coordenação de esforços para evitar o colapso financeiro.

Na realidade, a União Europeia saiu ainda mais forte da crise e, assim esperamos, tirou importantes lições que permitirão o aprofundamento da integração europeia. Será necessária maior aproximação das políticas econômicas e coordenação política entre os Estados-Membros, de forma a criar uma Europa mais competitiva e estimular o crescimento econômico.

Isso exigirá um esforço contínuo para reduzir a dívida pública e construir Estados mais eficientes e acessíveis, que não impeçam o crescimento econômico, inibam o empreendedorismo ou retardem o progresso na economia do conhecimento. Os países europeus precisarão diminuir a rigidez das leis trabalhistas, reformar os sistemas tributários e previdenciários, além de evitar as armadilhas da regulamentação e da burocracia excessivas que desencorajem os investimentos e a livre iniciativa. Na era da economia do conhecimento, a Europa também terá de aumentar o esforço coletivo para elevar o investimento em pesquisa e desenvolvimento se quiser acompanhar os Estados Unidos e a China. Resumindo essa adversidade: a crise econômica mais grave desde a Grande Depressão de 1929 revelou a resiliência e o poder do capitalismo.

Em primeiro lugar, mostrou que, em um mundo capitalista global, onde os destinos das grandes economias estão interligados, os países foram capazes de coordenar esforços através de uma combinação de ajustes financeiros e econômicos. Isso incluiu um esforço colaborativo de governos nacionais, bancos centrais e instituições multilaterais, como o Fundo Monetário Internacional (FMI), para evitar o colapso do crédito e da solvência dos países.

Em segundo lugar, o pragmatismo prevaleceu sobre a ideologia. A ideia de que o mercado sozinho poderia resolver a crise que abalou os alicerces do sistema financeiro não encontrou adeptos entre os líderes governantes. Todos compreenderam que o governo precisava intervir para evitar o colapso da economia e as terríveis consequências sociais que isso traria para os pobres e para a classe média. Na verdade, foi a intervenção do governo que salvou a economia de mercado do colapso.

Em terceiro lugar, os governos evitaram recorrer a atalhos para camuflar os problemas reais. Em vez de adotar medidas populistas, tais como políticas protecionistas, aumento de barreiras tarifárias ou desvalorização das moedas, não se esquivaram das medidas de austeridade para conter a dívida pública, reduzir as despesas do governo e os benefícios sociais.

Após a Grande Depressão, em certa medida, o capitalismo havia perdido o protagonismo do contexto narrativo para as economias planificadas. As modas da década de 1930 foram o socialismo, o fascismo e o nazismo. Todos eles desprezavam a economia de mercado e acreditavam que o Estado tinha papel proeminente a desempenhar em todos os aspectos da vida, incluindo a economia.

A fé no capitalismo só começou a ser reavivida de verdade no início dos anos de 1980, com as eleições de Margaret Thatcher na Grã-Bretanha e de Ronald Reagan nos Estados Unidos. No entanto, no século XXI, o capitalismo parece ter se tornado, incontestavelmente, o modelo econômico preferido. Nenhuma nação de importância na economia mundial alega ser capaz de substituir o capitalismo pelo socialismo ou por qualquer outro sistema econômico. Por outro lado, também é verdade que o capitalismo ganhou muitos subtítulos, refletindo os desvios dos princípios do mercado.

Na *Ásia*, o modelo que predomina é o "capitalismo de Estado", uma combinação de economia de mercado com um papel proeminente do Estado na economia. A *China* é o exemplo principal.

Em outros países, temos o "capitalismo de compadrio", um sistema promíscuo em que o governo apoia as empresas privadas e molda as regras do jogo para beneficiar aquelas que tenham laços estreitos com os governantes políticos do país. A *Rússia* é um bom exemplo.

Infelizmente, há traços de capitalismo de Estado e capitalismo de compadrio na maioria das nações emergentes e países desenvolvidos. Essas práticas abusivas são responsáveis pelo mau funcionamento do sistema capitalista: distorcem as virtudes da concorrência, enfraquecem a confiança nas regras justas e dão a impressão de que o livre mercado se tornou um jogo manipulado.

Como vamos discutir a seguir, o capitalismo precisa ser "reformado" urgentemente nesse sentido, de forma a restaurar a confiança das pessoas em seus princípios e valores. Afinal, é o sistema econômico mais bem-sucedido do mundo até agora: deu à humanidade o mais alto padrão de vida, proporcionou estímulo da inovação e progresso tecnológico que mudaram a forma como produzimos, consumimos e vivemos e, mais importante, criou condições materiais e econômicas com as quais, teoricamente, deveria ser possível eliminar a pobreza extrema do mundo.

Embora o capitalismo tenha se tornado o sistema econômico dominante, a democracia foi, em certa medida, debilitada pelas turbulências políticas e consequências sociais da crise de 2008. A necessidade de adotar medidas drásticas de austeridade causou tumulto contra os governos. Os tecnocratas pareciam insensíveis às angústias das pessoas – perda de empregos, redução de salários e cortes nos programas sociais. A prioridade política parecia ser salvar os grandes bancos, em vez de criar postos de trabalho e reabilitar a economia. Nos Estados Unidos, por exemplo, a sensação de injustiça aumentou quando as instituições financeiras pagaram grandes bônus aos altos executivos logo após a crise, enquanto os cidadãos comuns perdiam seus empregos e suas casas.

A impressão de que as medidas de austeridade afetaram os pobres e a classe média, mas pouparam os ricos, incitou a raiva e a frustração entre o povo. Esse sentimento acaba sendo um potente fertilizante para a proliferação da erva daninha do populismo. Eleições após crises chamam atenção por três coisas: o desejo do eleitorado de punir os governos de austeridade; o aumento do populismo; e o advento de uma polarização fortemente declarada. A narrativa populista contém um discurso feito sob medida para pessoas frustradas e irritadas. Na política interna, ataca a elite e as instituições (partidos, imprensa e os poderes Legislativo e Judiciário, quando se recusam a ceder aos caprichos do populismo), afirmando que a única soberana da nação é "a vontade do povo". Na política externa, prega o nacionalismo e os *slogans* anti-imigrantes, direcionando a raiva das pessoas aos "inimigos da nação": a globalização e os imigrantes.

O populismo costumava ser endêmico apenas em democracias fracas, mas no século XXI também se espalhou para democracias maduras. Ganhou força política na *França* e começou a crescer na *Alemanha*. Os populistas estiveram no governo da *Itália* e da *Áustria*. Nos *Estado Unidos*, líderes populistas, como Donald Trump e Bernie Sanders, desempenharam papéis de liderança na arena política.

Na Europa Oriental, os populistas governam a *Polônia,* a *Hungria* e a *Turquia*. Na América Latina, estão por todos os lados. Desde o presidente *mexicano* Lopes Obrador até Bolsonaro e Lula no *Brasil*, passando pela família Kirchner na *Argentina*, e os governos trágicos de Hugo Chaves e Maduro na *Venezuela*, o populismo parece ser o meio mais eficaz para alcançar o poder. Na Ásia, os populistas estão no poder tanto na *Índia* e nas *Filipinas* quanto na *Indonésia* e no *Paquistão*. Na *Tailândia*, o líder populista Thaksin Shinawatra arruinou a democracia, o que levou a um golpe militar em 2016.

O populismo é um sintoma da erosão da confiança das pessoas nas instituições democráticas. Um relatório publicado pela ONG *Freedom House* em 2019 mostra que a liberdade e a democracia têm recuado no mundo.[84] Isso pode ser consequência de três coisas:

A princípio, as pessoas nos países democráticos levantam dúvidas sobre a capacidade de uma sociedade aberta e livre fornecer um governo eficaz e um futuro melhor e próspero – argumentando que a igualdade de oportunidades parece ter erodido nas democracias modernas e que os jovens acreditam que terão piores condições de vida que seus pais.

Em seguida, prevalece um sentimento de injustiça em uma sociedade onde há baixa mobilidade social e, segundo se diz, uma enorme concentração de riqueza e poder político nas mãos de uma elite complacente que vive numa fortaleza impenetrável de privilégios. Uma narrativa comum usada pelos populistas para mobilizar a opinião pública é uma "cruzada" para derrubar a fortaleza desses privilégios.

Por fim, há indícios preocupantes de enfraquecimento do espírito cívico. A noção de interesse comum foi substituída por uma multiplicidade de interesses fragmentados. Os cidadãos parecem ter perdido o entusiasmo com causas que não tenham relação estrita com as preocupações de seus grupos. Esse é exatamente o risco descrito pela "tragédia dos comuns": as pessoas esgotaram os bens comuns fornecidos por uma sociedade livre e democrática para criar seus próprios silos, negligenciando o custo e as consequências para o resto da sociedade.

Uma visão altamente tendenciosa e fragmentada da realidade se torna ainda mais perigosa ao se adicionar um quarto fator: a qualidade medíocre da liderança política. Na ausência de bons líderes, as

---

[84] FREEDOM HOUSE. "Democracy in retreat: freedom in the world 2019". *Freedom House*. Washington, D.C., fev. 2019. Disponível em: <https://freedomhouse.org/report/freedom-world/freedom-world-2019-democracy-retreat>. Acesso em: 13 abr. 2022.

pessoas procuram uma figura de autoridade que mantenha a ordem, dê direcionamentos e ofereça proteção. Em todas as épocas, para o bem ou para o mal, tivemos líderes que eram referências para a sociedade e que desempenharam um papel de liderança ao estimular as pessoas a enfrentarem tempos difíceis e promoverem mudanças transformacionais.

Este livro tem contado a história de alguns desses líderes. Mas na era atual, quando uma sociedade está, efetivamente, sem liderança em tempos de grandes mudanças – em um mundo orientado pela tecnologia que coloca em risco velhas crenças, rotinas familiares e hábitos entrincheirados –, as pessoas parecem dispostas a renunciar a uma parte de sua liberdade e para aceitar a autoridade de um "homem forte". Trata-se de uma armadilha perigosa, que muitas vezes levou ao surgimento de regimes autoritários.

Estes quatro sintomas de mau funcionamento – desconfiança na democracia para proporcionar um futuro melhor, percepção de um sistema manipulado para manter privilégios de uma elite complacente, enfraquecimento do espírito cívico e liderança medíocre – retratam a necessidade urgente de "reformar" a democracia.

Niall Ferguson, um historiador britânico, relembra os perigos de um "estado estacionário" – termo empregado por Adam Smith – para descrever aquilo que Ferguson se refere como "a Grande Degeneração" em uma sociedade:

> Os países chegam ao estado estacionário, como argumentou Adam Smith, quando suas "leis e instituições" degeneram ao ponto de a elite rentista dominar o processo econômico e político. [...] A dívida [...] se torna uma forma da geração mais velha viver às custas dos jovens e não nascidos. A regulamentação se torna disfuncional ao ponto de aumentar a fragilidade do sistema. Os advogados, que podem ser revolucionários em uma sociedade dinâmica, tornam-se parasitas nas sociedades estacionárias. E a sociedade civil murcha na terra de ninguém entre os interesses corporativos e um governo inchado.[85]

[85] FERGUSON, Niall. *The great degeneration: how institutions decay and economies die*. New York: The Penguin Press, 2013, pp. 150-151.

A falha de uma geração em não ler os sinais dos tempos e promover mudanças graduais para fortalecer as instituições que permitem que a civilização prospere no caminho da liberdade, da democracia e do Estado de Direito, pode nos levar, um dia, a acordar como Alexis Tocqueville (ver Capítulo 1) e perceber que nosso mundo desmoronou. Assim, reviver as virtudes da democracia é a tarefa mais essencial da geração atual.

5.

RESTAURANDO A VIRTUDE DA CIDADANIA: O PODER DO LOCAL

5.1. Como as experiências das cidades estão revitalizando a cidadania

O Estado é a arena política na qual valores, costumes, leis e instituições fornecem as bases para a ordem, a segurança, a liberdade, o governo responsável, o Estado de Direito e a democracia florescerem, através do exercício da política.

Mas esses componentes, essenciais para o bom funcionamento de um Estado democrático, funcionam adequadamente apenas se houver uma sociedade civil forte, composta de cidadãos conscientes de seu papel cívico, deveres, obrigações morais e direitos, dispostos a participarem ativamente na vida pública da comunidade.

Os cidadãos devem concorrer a cargos públicos, participar da política, entrar em associações que prestam serviços públicos e obras sociais para a comunidade e estar preparados para defender o país nas arenas militar e política.

Não pode haver uma democracia forte, com leis e instituições de credibilidade, em um país onde os cidadãos se dediquem exclusivamente aos seus assuntos privados, ignorando a política e mostrando indiferença quanto ao destino da comunidade. Assim, para reforçar a democracia de hoje, a tarefa mais urgente é restaurar o apreço e a prática das pessoas pelas virtudes da cidadania.

Segundo **Aristóteles**, o propósito da política é criar cidadãos virtuosos. Sem cidadãos virtuosos cumprindo seus deveres cívicos e tarefas políticas, honrando os valores éticos compartilhados e princípios comuns que servem como fundamento dos costumes e leis da nação, e respeitando os limites institucionais do governo e do Estado, a democracia se degenerará em anarquia ou tirania.

Um dos maiores desafios para as democracias do século XXI é a noção distorcida de cidadania.

As pessoas que vivem em países democráticos associam, muitas vezes, cidadania apenas aos direitos: o direito de voto, à propriedade privada, o direito ao devido processo legal, o direito de expressar livremente opiniões e professar fé religiosa.

Nessa visão tendenciosa de cidadania, a política fica limitada a um papel "utilitário": a função do Estado democrático, confinada a garantir liberdade de ideias, bens e pessoas, um provedor de benefícios infinitos para os cidadãos e o protetor contra ameaças internas e externas.

A perspectiva realista, porém, é que a ideia de cidadania como um conjunto de direitos dissociados dos deveres e obrigações cívicos seja desastrosa para as democracias.

Primeiro, essa ideia gera irresponsabilidade cívica. Os cidadãos não se sentem corresponsáveis pelo destino da nação. Em vez disso, tendem a exigir mais direitos e benefícios do Estado, sem ponderar os custos sociais e econômicos de suas escolhas para a sociedade.

A pressão política dos eleitores e grupos de interesse especial para extrair do Estado generosos benefícios sociais e previdenciários, além de subsídios econômicos, pode multiplicar a dívida pública, distorcer a concorrência de mercado e enfraquecer as instituições políticas – que acabam sendo percebidas como capturadas por interesses especiais, em detrimento do bem. Um bom exemplo é um referendo, feito na Califórnia, que contribuiu significativamente para a ruína financeira de um dos governos mais ricos dos Estados Unidos.

Nessa votação, os cidadãos da Califórnia aprovaram medidas para aumentar o investimento público em educação, energia limpa e segurança, mas também votaram a favor de benefícios fiscais.

Essa combinação fatal de exigir mais investimentos e serviços do governo, ao mesmo tempo que se aprova isenções fiscais, ajudou a transformar a Califórnia em um estado altamente endividado. Isso comprometeu a qualidade dos serviços públicos, agravou a deterioração das infraestruturas e levou a um aumento acentuado dos impostos individuais e corporativos, o que estimulou companhias e empresários talentosos a transferirem suas empresas para outros lugares. O "fenômeno Califórnia" tornou-se uma distopia *mainstream* – um caso de bom funcionamento do Estado e a credibilidade das instituições democráticas ficando comprometidos.

Em segundo lugar: a distância dos cidadãos em relação aos assuntos públicos corrói a essência da política.

Quando muitas pessoas abandonam a arena política e focam apenas em seus assuntos particulares, o desinteresse resultante pela política as leva a buscar uma visão simplista dos problemas do país, culpando os políticos pelos males da nação – como se elas mesmas não tivessem nada a ver com as decisões políticas de seus representantes.

Esse distanciamento da comunidade empobrece a compreensão dos problemas reais na arena pública; compromete a qualidade do debate público; atrasa os resultados das políticas públicas; e o pior de tudo, cria animosidade contra a política em geral. O resultado é uma frustração amplamente percebida com a política – que, por sua vez, cria ressentimento contra o governo, e... contra a democracia.

A ascensão do populismo representa o triunfo deste sentimento antipolítico.

A noção de que é possível alcançar uma solução rápida para as ineficiências das democracias elegendo governantes populistas e autocráticos é o sinal mais preocupante de que as pessoas estão buscando "salvadores" em vez da responsabilidade e do enfrentamento dos problemas reais.

Mas para se encontrar soluções inovadoras para problemas difíceis é necessário que os cidadãos tenham disposição de participar do debate político. Para que algo assim aconteça e seja bem-sucedido, os participantes devem, em primeiro lugar, respeitar a pluralidade de pontos de vista; e, em seguida, estar preparados para exercer um "toma lá dá cá" de ideias e opiniões que ajudam todos a compreenderem melhor o contexto político, econômico e social – e a considerar alternativas de forma mais completa, refinando o julgamento quanto às nossas escolhas políticas.

A maioria das pessoas que vivem em segurança e conforto nas democracias maduras do século XXI negligenciou essa tarefa elementar da cidadania. Quando os cidadãos se libertam de tarefas e deveres cívicos, vivem, efetivamente, como parasitas sociais. Reivindicam direitos, criticam governos que não atendem às suas exigências e argumentam de maneira agressiva contra pessoas que têm opiniões, interesses e preocupações diferentes.

Em um mundo tão polarizado, onde a política é percebida como um jogo de soma zero, um líder que ousa buscar – ou alcançar – um entendimento comum, um compromisso com o "inimigo" (ou seja, qualquer um que pense diferente e se preocupe com outras causas e prioridades) pode ser atacado/percebido como um "traidor" dos interesses da "tribo". Isso contrasta com a realidade – a de que desapontar os seguidores, a fim de fazê-los entender os desafios proeminentes da sociedade, mobilizando-os em torno da defesa dos interesses comuns da comunidade, é um verdadeiro ato de liderança.

Esses padrões de comportamento – resultando na perda do interesse do indivíduo pela política e pelo destino da comunidade – minam três elementos essenciais para construir um propósito comum e promover a coexistência bem-sucedida na sociedade: *confiança*, *solidariedade* e *tolerância*.

É o resultado dessa estranha conduta que causa o paradoxo da nossa era. Estamos no apogeu das democracias maduras: um momento em que, finalmente, as instituições democráticas garantem a ordem política, a liberdade, a paz, a segurança e a prosperidade econômica; fazem cumprir o Estado de Direito; respeitam os direitos das pessoas à liberdade de expressão, à igualdade de gênero, à raça e à religião; proporcionam benefícios sociais e bem-estar material para os indivíduos – com seus cidadãos livres dos medos da miséria, da agressão estatal e da tirania (como disse o presidente dos EUA Franklin Roosevelt em 1941). Aqui, no ápice dessa conquista, há um sentimento de mal-estar em relação à democracia.

Em certa medida, essa inquietação sobre o tema também revela uma insatisfação pessoal muito mais profunda – com a falta de sentido na vida. Em um mundo cosmopolita marcado por rápidas mudanças tecnológicas, uma sociedade urbanizada, laços pessoais enfraquecidos e pela constante mudança de empregos, bairros e até mesmo países, perdemos o sentido de pertencer a uma *comunidade* – além do apego a valores, crenças e tradições que costumavam constituir a essência das nossas *raízes*, papéis e deveres em uma sociedade.

Neste mundo de conexões virtuais, redes sociais e cadeias supranacionais, parecemos criaturas solitárias vivendo em um terminal aeroportuário. É como se perdêssemos nosso tempo correndo de um portão para o outro para pegar o próximo voo, agarrar a próxima oportunidade, encontrar um novo emprego, abraçar uma nova causa filantrópica que faça com que nos sintamos bem ou orgulhosos ou cultivar milhares de amigos virtuais e "curtidas" nas redes sociais, o que traz apenas uma alegria pessoal efêmera (e, em alguns casos, uma fonte de renda).

Essa "cultura aeroportuária" não oferece um conjunto permanente de valores para preencher o vazio que uma alma humana sente na busca instintiva por um significado básico e central na vida. Essa "falta de sentido" causa efeitos adversos graves para a vida cívica. Um desses efeitos é criar um sentido *egoísta* para "cidadania".

Em um extremo, há uma visão distorcida de que a sociedade – com suas leis, costumes e figuras de poder – impõe padrões de comportamento e papéis sociais que levam uma pessoa a se desviar de sua verdadeira identidade. Isso leva ao impulso de desafiar as autoridades, normas sociais e instituições tradicionais, e a lutar contra as regras e convenções "repressivas".

Que forma assume esse desejo? Inicialmente pode parecer, para o indivíduo, um ritual indispensável para reafirmar a legitimidade da sua identidade pessoal. Em uma expressão mais completa, pode assumir a forma "extrema" de "política de identidade": a noção de que a única coisa relevante na política são os temas dos nossos *próprios* interesses pessoais – por exemplo, raça, sexualidade ou religião.

O cientista político Mark Lilla descreve esse processo:

> Questões que entram nesses limites (de interesse pessoal) agora assumem uma importância crescente e a posição sobre eles rapidamente se torna não negociável; questões que não tocam em temas de identidade sequer são percebidas. E as pessoas não são afetadas por elas.[86]

Ele assinala, com razão, que numa sociedade dominada pela "política de identidade" – com ênfase no "eu" – perdemos o sentido de uma visão comum: a noção de um "nós" – "do que somos como cidadãos e do que devemos uns aos outros".[87]

Assim, a política de identidade contribui para o enfraquecimento da democracia.

Primeiro porque sua abordagem sectária aumenta a divisão e a polarização na sociedade ao descartar questões, interesses e debates que não dizem respeito aos da tribo em questão.

Em segundo lugar, desempenha um papel importante para eliminar da discussão o bem comum.

A política de identidade muitas vezes rejeita qualquer interesse contrário ao credo do grupo como uma afirmação absurda e ilegítima. Assim, contribui para a erosão da noção de civilidade. Conforme as regras imperiosas de conduta social, obrigações morais e respeito pelos costumes diminuem, a sociedade perde os controles e equilíbrios sobre esses pontos, que servem para conter a ambição pessoal e o interesse próprio e alinhá-los com os interesses da comunidade. A vida sem um propósito é marcada por certas características familiares – como depressão, tédio, apatia e ansiedade.

Esse vazio existencial, que nasce de uma vida sem sentido, se tornou o foco do trabalho de dois psiquiatras proeminentes. Erik Erikson chamou isso de "crise de identidade", um termo que usou para retratar a crise existencial dos indivíduos contemporâneos. Como ele diz:

---

86 LILLA, Mark. *The once and future liberal: after identity politics*. New York: Harper Collins Publishers, 2017, pp. 83.

87 LILLA, Mark. *The once and future liberal: after identity politics*. New York: Harper Collins Publishers, 2017, pp. 14.

> Enquanto o paciente da velha psicanálise sofria mais com inibições que o impediram de ser o que e quem ele pensou já saber que era, o paciente de hoje sofre mais com o problema do que ele deve acreditar e em quem ele deve ou pode, na verdade, se tornar.[88]

Viktor Frankl, um psiquiatra austríaco que sobreviveu ao Holocausto durante a Segunda Guerra Mundial, fundou a "logoterapia", um método para ajudar pessoas a encontrarem sentido na vida. Como ele coloca: "(...) [uma existência sem] significado e propósito é um indicativo de desajuste emocional".[89]

Frankl afirmou que dar sentido à vida é crucial para trazer o melhor de nós mesmos. Ele argumentou que:

- Fortalece a nossa vontade e determinação de suportar adversidades, superar dificuldades e enfrentar desafios;
- Proporciona um sentido de missão e nos ajuda a definir prioridades;
- Molda o caráter, refina o pensamento e ajuda a dominar sentimentos e emoções que desviam nosso foco e atenção de nosso propósito, em direção a interesses efêmeros e paixões momentâneas;
- Fornece o melhor sistema imunológico contra a ociosidade, a arrogância, o cinismo, a apatia e o desinteresse quanto à comunidade e os outros;
- Disciplina a aprendizagem, fomenta a curiosidade, traz objetividade às nossas ações e um sentido de propósito às nossas tarefas no mundo;
- Também nos deixa conscientes das nossas responsabilidades e obrigações morais conosco e com os outros.

---

[88] LILLA, Mark. *The once and future liberal: after identity politics*. New York: Harper Collins Publishers, 2017, pp. 67-68.

[89] FRANKL, Viktor. *Man's search for the ultimate meaning*. Cambridge: Perseus Publishing, 2000, pp. 89.

Aqui estão algumas considerações adicionais:

As pessoas imbuídas de propósito e sentido de missão são capazes, altruístas, amorosas e genuinamente dedicadas para os outros e sua comunidade. Um senso de propósito ou missão é a fonte de atos de heroísmo e sacrifício altruísta em tempos de perigo – e nos de paz. Esses atos fortalecem a cumplicidade e a confiança entre as pessoas.

Ter um senso de propósito ou missão inspira nobres realizações em arenas públicas, privadas e políticas. Promove a inovação e a cooperação entre as pessoas, o respeito pelas regras e leis, a deferência por princípios e valores. Também dá origem a obras excepcionais nas artes e na ciência, nos negócios e no governo, que fornecem a base para a civilização e uma força vital para o seu progresso.

Por outro lado, as pessoas que vivem uma vida sem sentido enchem seu tempo com perseguições egoístas, apetites materiais insaciáveis e impulsos irracionais – conduzindo-as a um longo e lamentável caminho na direção da violência, do vandalismo, da destruição, da futilidade, do cinismo e da inveja.

São essas as forças que destroem as relações pessoais e os laços familiares; minam os laços de amizade e de comunidade; e revelam o fundo do poço, o lado feio da nossa natureza humana.

Uma vida sem sentido contribui para o enfraquecimento da sociedade civil.

A perda de referências – em termos de valores, liderança e a ideia de excelência – tende a abrir o caminho para o triunfo da mediocridade. Uma vida sem sentido está preocupada com o prazer instantâneo. Vive-se de triunfos momentâneos em vez, por exemplo, da alegria e da perseverança de dominar gradualmente uma arte. Procura-se recompensa imediata em vez de transcendência. A mediocridade mina os padrões de excelência e com eles os pilares de referência de uma sociedade.

À medida que os valores, os costumes e as obras de excelência cultural, social e política perdem importância, enfraquece o reconhecimento da existência de uma comunidade e, com ela, o vínculo cívico. A crença subjacente em um propósito comum, que constitui a amálgama de uma sociedade, desvanece-se, gerando um terreno fértil para a prevalência do individualismo, do ego e do interesse próprio. E uma das expressões mais demonstrativas desse fenômeno é: a ascensão da "política de identidade".

Pode haver uma analogia aqui: indivíduos medíocres, que por natureza produzem obras sem importância, buscam reconhecimento pelo que eles "são" e/ou "representam". Um artista medíocre pode querer ser reconhecido como um Michelangelo moderno por sua resistência em superar, por exemplo, o preconceito e a discriminação sexual, em lugar de pela qualidade de sua obra – uma vez que ele não tirou uma escultura de *David* de dentro de um pedaço de mármore.

Um político populista pode querer ser aclamado como um Churchill moderno, por exemplo, por enxergar a si mesmo como o legítimo representante da vontade do povo – e não pelo mérito de suas políticas e as consequências éticas de suas escolhas para a sociedade e as gerações futuras.

O renascimento do populismo no século XX representa o lado sombrio de uma sociedade que perdeu a disposição e a confiança em si mesma.

Viktor Frankl acredita que devemos encontrar não só significado em nossa vida, mas também um significado coletivo para *sociedade* de maneira a garantir a nossa sobrevivência. "(...) Para a humanidade, só há esperança de sobrevivência se estiver unida por uma vontade comum relacionada a um significado comum e ligada à realização de tarefas comuns".[90]

A existência de uma sociedade civil forte é um ingrediente essencial para estabelecer a democracia e criar um contrapeso eficiente que limite o poder do Estado. Dois professores importantes, Acemoglu e Robinson, nomearam isso como o "corredor estreito" – uma expressão para identificar o ajuste permanente, através da cooperação e da concorrência, entre a sociedade civil e o Estado, de modo a "engendrar ao Estado maior capacidade para entregar aquilo que a sociedade

---

[90] FRANKL, Viktor. *Man's search for the ultimate meaning*. Cambridge: Perseus Publishing, 2000, pp. 135.

quer, bem como fomentar maior mobilização social para monitorar esta capacidade".[91]

O problema é que este corredor se estreita cada vez mais à medida que a sociedade civil enfraquece, visto que a maioria dos cidadãos se abstêm dos seus deveres cívicos e responsabilidades, a fim de se dedicarem aos seus prazeres privados e interesses mesquinhos. A criação de uma sociedade civil forte exige que honremos o nosso papel de cidadãos. Na Grécia antiga, berço da democracia, Sócrates, o grande filósofo de Atenas, dizia que "a convivência com os outros começa com a convivência consigo mesmo".

Ele entendeu a importância de formar o caráter de um indivíduo, a fim de ter um corpo coletivo de cidadãos virtuosos, como Hannah Arendt conclui em seu livro *The promise of politics*[92]:

> O ensino de Sócrates significa que apenas aquele que sabe conviver consigo mesmo está apto a conviver com os outros. O eu é a única pessoa de quem não posso me separar, com o qual estou em união.

Para conviver em harmonia consigo mesmo, disse ele, exige-se a busca da *virtude* (*areté*, em grego).

Aristóteles também foi preciso na sua definição de uma vida *virtuosa*. Ele colocou a palavra como referência à busca de *excelência*. Em seu conceito, devemos nos esforçar para buscar *excelência* em nossas ações, pensamentos e palavras.

Um *Virtuoso* é uma pessoa que realiza um ofício com excelência. A palavra se aplica não só ao artista prodígio, ao artesão qualificado e ao estadista sábio, mas também a um funcionário público exemplar, a um líder comunitário inspirador ou a um professor admirável. Todos são elogiados por suas habilidades "virtuosas" e honrados pela sociedade por suas realizações.

---

[91] ACEMOGLU, Daron; ROBINSON, James. *The narrow corridor: States, society, and the fate of liberty*. New York: Penguin Press, 2019, pp. XVI.

[92] ARENDT, Hannah. *The promise of politics*. New York: Schocken Books, 2005, pp. 21.

Uma vez que *virtude* é a espinha dorsal da vida civilizada e da existência de um Estado capaz de garantir a ordem, a liberdade e o Estado de Direito, o dever primordial de um cidadão é procurar viver uma vida *virtuosa*, nesse sentido.

Cícero, o maior estadista da República romana, escreveu o livro *Dos Deveres* para seu filho, oferecendo-lhe uma pequena receita das virtudes cívicas que ele deveria perseguir na vida.

Ele enfatizou que a pedra angular do dever cívico são nossas obrigações morais. Para dominá-las, é preciso ter "uma vida boa e consistente". A busca pela *bondade moral* nos ensina uma lição fundamental:

"A vantagem nunca pode entrar em conflito com o que é certo".[93]

Nas palavras de Cícero:

"Preferir a vantagem ao certo não é apenas um crime. É até mesmo pecaminoso tentar uma comparação entre as duas coisas".[94]

Na verdade, ele argumenta, o primeiro sinal de um caráter degradado é colocar a vantagem acima da correção. A busca do poder, riqueza ou notoriedade são sinais claros de que isso está sendo feito, de se tentar suplantar o interesse da comunidade com o interesse próprio.

Na opinião de Cícero, ações meritórias, conduta ética e a busca do que é certo e justo são os fundamentos de uma vida feliz:

"Os caráteres mais nobres e finos preferem uma vida de dedicação a uma vida de autoindulgência".[95]

É perseguindo o que é certo que nossas ações e palavras estarão em harmonia com princípios nobres, e assim nossos atos serão honrados pela comunidade. A forma mais elevada de reconhecimento não é poder ou riqueza, mas glória. E é impossível alcançar a glória colocando a vantagem acima da correção.

Cícero sugeriu que, para moldar um caráter virtuoso, uma pessoa deve seguir quatro *Virtudes Cardinais*: sabedoria, justiça, força e temperança.

---

[93] CÍCERO. *Selected works*. Middlessex: Penguin Books, 1971, pp. 162

[94] CÍCERO. *Selected works*. Middlessex: Penguin Books, 1971, pp.

[95] CÍCERO. *Selected works*. Middlessex: Penguin Books, 1971, pp. 167

Segundo *Aristóteles*, sem estas virtudes, o homem torna-se o pior, o mais temível e o feroz de todos os animais. Seus atos e comportamentos não são guiados pela sabedoria ou pela integridade, mas pela ambição, arrogância, individualismo e egotismo. Ele não se preocupa com o destino da comunidade, e suas escolhas pessoais vão apenas arruiná-la.

Na opinião de Aristóteles, uma pessoa preocupada apenas com a vida privada é um idiota. Uma pessoa assim vive uma vida desvinculada da sociedade, ignorante de seus reais problemas e desinteressada pelas preocupações dos seus concidadãos.

Um cidadão virtuoso procura "reconhecer o interesse de cada um com o interesse de todos".[96]

O caráter não é moldado apenas pela filosofia moral e pelo exercício das quatro Virtudes Cardinais de Cícero. É moldado, principalmente, por valores e princípios incutidos pela família, pelos laços sociais e pelas associações civis.

Essas coisas desempenham um papel importante na formação do caráter de uma pessoa, moldando o seu comportamento, maneiras, costumes e crenças, e, mais importante, transformando os indivíduos em *seres sociais*. Sem um núcleo comum de crenças, tradições e costumes, não há nenhum vínculo cívico capaz de nos unir em um espírito comunal que provenha um senso de identidade coletiva.

Tocqueville, no seu trabalho épico *Democracy in America*, elogiou a virtude das associações civis. Ele de fato acreditava que a criação espontânea de clubes, igrejas e escolas é um ponto central na forja do espírito comunitário do povo norte-americano e de seu amor compartilhado por igualdade, democracia e liberdade.

O intelectual britânico Roger Scruton nos lembrou que Edmund Burke havia enfatizado a importância do que chamou de "pequenos pelotões" – seus exemplos na época eram *família*, *igreja* e *comunidade local* – para criar a aura de confiança, solidariedade e obrigações morais, tanto para si mesmo quanto para a sociedade civil, que orientam os homens para virtudes como a temperança e a força moral. É no

[96] CÍCERO. *Selected works*. Middlessex: Penguin Books, 1971, pp. 168.

local e particularmente, argumentou ele, que somos capazes de viver com justiça:

> (...) na família, nos clubes e nas sociedades locais, escolas, igreja, times, regimento e universidades é que as pessoas aprendem a interagir como seres livres, cada um assumindo a responsabilidade por suas ações e prestando contas ao seu próximo.[97]

Os "pequenos pelotões" de Burke são agentes de *ligação*:

- Moldam valores, tradições e crenças;
- Fornecem narrativas comuns, símbolos, ideais e credos que unem as pessoas em torno de uma cultura que, por sua vez, molda e reforça as instituições, leis e costumes de uma comunidade;
- Também ajudam a formar a consciência do indivíduo de *si mesmo* e de suas responsabilidades cívicas.

Assim, fornecem uma fonte de significado coletivo, cooperação, confiança, obrigações morais e responsabilidade cívica.

No argumento de Scruton, se os cidadãos não enxergam a comunidade como um santuário de ordem, segurança e liberdade – que deve ser preservado e defendido por nossas ações e escolhas – o vínculo cívico que a une será quebrado e a democracia se deteriorará.

Em uma sociedade que está se decompondo da maneira que estamos examinando hoje, ele argumenta, os "pequenos pelotões" – que deveriam atuar como guardiões de valores, crenças e tradições da comunidade – foram enfraquecidos.

E não só pela falta de engajamento cívico, mas também pela excessiva intervenção do Estado: os governos nacionais têm interferido indevidamente com a independência das comunidades locais.

Das escolas comunais às associações filantrópicas, dos clubes sociais aos restaurantes locais, os governos ditam regras, normas e

---

[97] SCRUTON, Roger. *Conservatism: an introduction to the great tradition*. New York: St. Martin Press, 2017, pp. 46.

procedimentos *nacionais*. Pode se argumentar que isso pasteuriza os restaurantes, culturas e hábitos locais. Também mina o *raison d'être* das instituições e da importância das tradições locais.

É verdade que assistimos às influências do Estado, e dos mercados, aglomerando-se nos espaços das iniciativas comunais – tendendo a sufocar o ativismo local, enfraquecendo as suas raízes potenciais e minando os "pequenos pelotões".

Sem a função proeminente dessas associações, a vida comunitária tende a se tornar desprovida de significado, e a cidadania tende a ser um conceito abstrato. Olhando friamente para estas noções sobre a virtude da cidadania, elas podem parecer tão distantes nossa realidade que quase podem ser consideradas fictícias. E é, de fato, essa incompreensão sobre a essência da cidadania virtuosa que, talvez, seja o problema mais ameaçador para o futuro da democracia.

- *Quando a ideia de cidadania enfraquece, a democracia decai.*

Se os cidadãos não têm consciência das suas obrigações morais, deveres cívicos e da corresponsabilidade pelas decisões da comunidade, são impedidos de reconhecer o verdadeiro valor da democracia, da ordem política e da liberdade.

Muitas das gerações atuais de cidadãos "mimados" acreditam que estas grandes conquistas da civilização – democracia, ordem política e liberdade – são "bens naturais", como maçãs e laranjas. Parecem ter esquecido que essas marcas valiosas da civilização são criações artificiais, moldadas pelas gerações anteriores, ao longo dos séculos, com "sangue, labuta, suor e lágrimas" dos nossos antepassados.

Os sintomas da desconfiança dos cidadãos na política refletem algo muito mais profundo, uma desconfiança dos valores e das instituições que moldaram a nossa civilização. Há dois séculos, Tocqueville já salientava o efeito devastador da cega busca de prazeres e interesses pessoais para enfraquecer a sociedade civil:

> Vejo uma multidão inumerável de homens, todos semelhantes e iguais, virados contra si próprios em uma busca inquietante por esses prazeres mesquinhos e vulgares com que enchem as suas almas. Cada um deles, vivendo separados, está quase inconsciente do destino de todos os

> outros. Seus filhos e amigos são, para ele, toda a raça humana; quanto ao restante de seus concidadãos, está ao lado deles, mas não são vistos; eles os tocam sem senti-los; existem apenas em si mesmos e para si mesmos; se ainda mantêm seu círculo familiar, pode-se dizer que perderam apenas seu país.[98]

O estado democrático não é um mercado onde os indivíduos procuram satisfazer os seus desejos pessoais. É um organismo vivo, que exige colaboração altruísta, crenças e tradições comuns e respeito por valores e princípios para sobreviver.

- *As democracias não sobrevivem em um mundo des***civilizado**.

A falta de civil*idade* é, talvez, o sintoma mais evidente da erosão da coexistência civil*izada*, na qual o respeito, a tolerância, o diálogo, a polidez e o autocontrole são minados pelo egoísmo, cinismo, polarização, grosseria, radicalismo e interesses próprios.

Sem as virtudes de *civilidade*, a sociedade fica fraca, e o Estado preenche o vazio deixado por uma sociedade civil fraca, tornando-se demasiado poderoso. Começa a invadir a liberdade das pessoas, a deformar o papel das leis e das instituições, a fim de promover políticas não liberais. Esse é o retorno do Leviatã, o Estado todo-poderoso que garante a ordem e a segurança em detrimento da independência e liberdade. Sem o sentido da ordem política proporcionado por uma sociedade civil forte, a liberdade é sacrificada e a civilização declina.

Os meios de comunicação frequentemente retratam histórias de comunidades devastadas pelo colapso econômico, pobreza desesperadora ou altas taxas de criminalidade; ou de cidades-fantasmas abandonadas por um êxodo maciço de jovens em busca de melhores oportunidades. O fenômeno é onipresente; acontece em nações ricas e pobres, em áreas rurais e urbanas; em economias desenvolvidas e emergentes.

Essas cidades disfuncionais refletem uma afirmação feita pelo naturalista britânico Charles Darwin, no século XIX: espécies que

---

[98] TOCQUEVILLE, Alexis de. *Democracy in America and two essays on America*. London: Penguin Classics, 2003, pp. 805.

são incapazes de evoluir e se adaptar a um novo ambiente, morrem. O princípio da evolução aplica-se a todas as criaturas vivas, sejam elas animais, indivíduos, cidades ou civilizações. A triste história dessas comunidades indica a recusa em promover mudanças graduais para se adaptar a uma nova realidade.

Tal resistência pode ser fatal para as pessoas e comunidades, especialmente em tempos de rápidas e profundas mudanças tecnológicas: de repente, uma qualificação profissional se torna irrelevante; ou a vocação econômica de uma cidade é devastada pelo advento de novas tecnologias ou de novos produtos ou concorrentes.

Não é fácil enfrentar as dores da mudança e reconhecer que algumas de nossas habilidades, crenças e hábitos precisam ser descartadas para se adaptar a uma nova realidade.

Dois professores de Harvard, Ronald Heifetz e Marty Linsky, batizaram esses desafios de *mudanças adaptativas.*

Mudanças adaptativas, disseram, são aquelas que "requerem experimentos, novas descobertas e ajustes na comunidade".

De acordo com eles, a incerteza dos ganhos futuros, e a certeza das perdas imediatas, muitas vezes levam as pessoas a "evitar mudanças dolorosas em suas vidas". Elas procurarão "adiá-las, colocar o fardo sobre outra pessoa, ou chamar alguém que as resgate".[99] Pode parecer fácil culpar a globalização, ou o capitalismo – ou a democracia –, pelos males das comunidades, em vez de assumir a responsabilidade de encontrar soluções criativas capazes de se adaptar a uma nova realidade.

Mais importante: pessoas frustradas, desesperadas e revoltadas nesses termos podem ser seduzidas por políticos populistas – que podem, por exemplo, prometer protegê-las e defender seus interesses erguendo muros e barreiras protecionistas para conter pessoas, bens, ideias, negócios e inovação.

Essas políticas ajudam a retardar os processos de adaptação e evolução da sociedade, desempenhando um papel importante na perpetuação da armadilha que prende pessoas e cidades à pobreza e à decadência. Felizmente, porém, os glóbulos brancos da democracia já

---

[99] HEIFETZ, Ronald; LINSKY, Marty. *Leadership on the Line.* Boston: Harvard Business School Publishing, 2002, pp. 13.

estão dando sinais encorajadores do renascimento da cidadania e da revitalização da comunidade.

- *O exemplo de Detroit*

Esta cidade já foi – na década de 1960 – um próspero epicentro da indústria automotiva e uma das cidades mais ricas dos EUA. Quando as três grandes fabricantes – General Motors, Ford e Chrysler – começaram a perder parte de mercado, na década de 1980, para os carros japoneses e europeus, mais competitivos e eficientes em termos de combustível, a cidade entrou em uma espiral descendente.

A reação inicial foi a negação do problema. O governo, os fabricantes de automóveis e as pessoas se recusavam a aceitar a nova realidade. As empresas do setor pressionaram o governo federal para proteger a indústria automotiva, colocando barreiras tarifárias contra os carros japoneses e apelando ao sentimento nacional para incentivar os consumidores a comprar carros "feitos nos EUA". Quando as pessoas evitam enfrentar problemas difíceis, isso piora uma situação ruim.

Os fabricantes de automóveis dos Estados Unidos enfrentaram dificuldades financeiras (na verdade, no caso da Chrysler, declararam falência). Tiveram de fechar fábricas, criar modelos capazes de competir com os automóveis japoneses e europeus, além de reestruturar suas empresas com reviravoltas que incluíram mudanças na gestão de alto escalão.

Nos anos 1980 e 1990, Detroit perdeu 39% de seus empregos na área de manufatura. Na primeira década do século XXI, 25% da população de Detroit deixou a cidade e se mudou para outros lugares, e o desemprego atingiu quase 19% da força de trabalho local. Em 2013, Detroit entrou com pedido de falência. Era hora de enfrentar os problemas reais da cidade, para assim tirá-la de seu estágio terminal.

5.1.1. O que deu certo?

Primeiro é importante entender o que funcionava bem em uma situação aparentemente sem esperança. A indústria automóvel continuava a ser um *player* importante. As plantas foram modernizadas, operários perderam seus empregos, mas as empresas contrataram mais engenheiros e gerentes e investiram mais em tecnologia, pesquisa e desenvolvimento.

Outro negócio promissor era o porto de Detroit. A *Great Detroit Foreign-Trade Zone*, que ligava Detroit ao resto do mundo e era dirigida por uma corporação sem fins lucrativos, processa agora dois bilhões de dólares em comércio por ano e se tornou a maior zona de livre comércio nos Estados Unidos. Uma operação tão dinâmica atraiu mais empresas, tais como serviços financeiros, contadores e escritórios de advocacia.

Em segundo lugar, a sociedade civil desempenhou um papel importante no renascimento da cidade. As *Igrejas* apoiaram não só suas próprias obras tradicionais de caridade, como também organizações para ajudar as crianças pobres a melhorar o seu desempenho escolar, resistir ao racismo e à pobreza (*Temática: Esperança*) e a recapacitação de pessoas para novos empregos (*Goodwill Detroit*). *Empresários* jovens e *inovadores* criaram o *I Am Young Detroit* (Sou a jovem Detroit), uma instituição para apoiar e conectar as pessoas e ajudá-las a desenvolver e lançar projetos e empresas. Eram sinais encorajadores, com cidadãos arregaçando suas mangas e fazendo as veias sociais, educacionais e empresariais da sociedade funcionarem novamente, apesar de um governo local falido e ineficiente.

Poderíamos apontar este "renascimento" da sociedade civil como uma boa indicação dos glóbulos brancos da democracia trabalhando para curar seus males. À medida que as pessoas se envolvem com atividades de base, recriam os laços sociais que as unem em torno de um propósito comum e de um esforço justo para trabalhar pelo bem-estar da comunidade, assumindo um papel ativo nas organizações, sejam igrejas, escolas, ONGs ou qualquer tipo de associação, cívica ou não.

Finalmente, mudanças adaptativas só acontecem quando os cidadãos descartam as falsas esperanças promovidas por demagogos e decidem eleger um líder – neste caso, um prefeito – comprometido a enfrentar os problemas mais prementes de frente.

Mike Duggan foi eleito prefeito de Detroit em 2014 com uma determinação evidente de empregar seus negócios e suas habilidades políticas para liderar uma reviravolta em Detroit. Ele começou por conceber um Plano de Ajuste para tirar a cidade da falência. Isso envolveu uma proposta de 18 bilhões de dólares para reestruturar dívidas garantidas e não garantidas com os credores da cidade, de forma a ser capaz de reavivar o investimento público e restaurar a qualidade dos serviços, ao mesmo tempo em que apoiava uma reorganização administrativa eficiente.

A cidade tinha sido praticamente abandonada. Os ônibus não funcionavam dentro do horário; edifícios estavam vazios e cobertos de pichações; e o crime prosperava nas ruas escuras devido às luzes quebradas. Em tempos de crise e impopularidade, os políticos tendem a se isolar em palácios governamentais ou Câmaras Municipais. O prefeito Duggan fez o contrário. Ele tentou estar mais perto dos cidadãos, ouvir as suas queixas e exigências. Ele dirigia seu próprio carro, sozinho, para reuniões com pessoas nas comunidades pobres, disposto a falar com elas.

A liderança requer compaixão para ouvir as dores das pessoas e responder aos seus sofrimentos não com demagogia, mas com coragem para envolvê-las no enfrentamento das mudanças difíceis. Como Ronald Heifetz, professor de liderança na Universidade de Harvard, afirma:

> Enfrentar problemas difíceis – problemas que muitas vezes exigem uma evolução de valores – é o ponto final da liderança; fazer esse trabalho é a sua essência.[100]

A implementação do Plano de Ajuste tirou Detroit da falência e permitiu que o prefeito Duggan voltasse sua atenção para um componente importante de seu ambicioso projeto de investimentos: a renovação de edifícios do centro da cidade. Foi um passo histórico na retomada da cidade: desenhado para – e conseguiu – gerar empregos; recuperar a área degradada da cidade; atrair investimentos; e mobilizar negócios e a sociedade civil em torno de um empreendimento

---

[100] HEIFETZ, Ronald. *Leadership without easy answers*. Cambridge: Harvard University Press, 1994, pp. 26.

importante, cuja intenção era alcançar o resultado específico de restaurar o orgulho da cidade.

Dentro do corpo de termos teóricos que autores como Heifetz e Marty Linsky estabeleceram, um líder cívico nessa situação deve mobilizar os cidadãos e oferecer-lhes, em primeiro lugar, um "*ambiente de retenção para facilitar o trabalho adaptativo*" – um espaço operacional para testar novas ideias, experimentar novas políticas, descartar tentativas fracassadas e adotar soluções inovadoras.

Uma das funções deste ambiente de exploração é ajudar a "*regular a tensão que o trabalho adaptativo gera*".[101] Também estimula uma mudança de mentalidade, retirando os cidadãos da sua passividade cívica e envolvendo-os na *tarefa* de procurar soluções para os problemas mais urgentes naquele momento.

Detroit ainda tem um longo caminho a percorrer para voltar aos dias de glória, mas os sinais do renascimento da cidade são evidentes. Os edifícios revitalizados no centro da cidade atraíram negócios e comércio de volta, os investimentos reavivaram o mercado imobiliário e impulsionaram a atividade econômica na indústria automobilística, comércio, transporte, fabricação, turismo (com os cassinos), saúde e tecnologia. No final de 2019, o desemprego caiu para 3,7%. Mas o renascimento de Detroit não foi um caso isolado. Não existe uma fórmula única para garantir a recuperação bem-sucedida de uma cidade, mas a maioria dos casos reúne três elementos vitais:

- A existência de uma sociedade civil vigorosa;
- Um governo responsável, focado na resolução de problemas;
- Políticas pró-mercado para atrair empresários e investidores dispostos a assumir riscos e inovar.

Esses são atributos cruciais para estimular o intercâmbio de ideias e bens entre as pessoas, promover a cooperação cívica e o envolvimento, e desenvolver instituições que garantam a liberdade individual, a aplicação do Estado de Direito e a criação de uma economia de

[101] HEIFETZ, Ronald. *Leadership without easy answers*. Cambridge: Harvard University Press, 1994, pp. 105.

mercado dinâmica. A ascensão e queda das cidades – assim como das nações – pode ser contada em termos da expansão, ou contração, desses atributos.

5.2. O exemplo de Nova York

Nova York, depois de se tornar o principal centro financeiro do mundo após a Segunda Guerra Mundial, quase faliu em 1975. Desde a década de 1960, uma sequência infeliz de prefeitos progressistas governou a cidade com políticas sociais generosas, às custas do aumento da tributação das empresas e corporações, da regulamentação excessiva das atividades econômicas e do surgimento de poderosos sindicatos. Esses fatores incentivaram um êxodo de empresários e empresas para os subúrbios e outros estados. Até os dois times de baseball da cidade, os Dodgers e os Giants, decidiram deixar Nova York e ir para a Califórnia.

Políticas progressistas generosas muitas vezes causam duas sequelas terríveis para a sociedade: um fardo financeiro insustentável e o domínio dos interesses corporativistas sobre o bem comum.

Conforme a cidade perdia os bezerros de ouro das empresas e empresários prósperos, as receitas de impostos caíram significativamente e os governos tiveram que pedir dinheiro emprestado para apoiar esses programas. Tornou-se financeiramente inviável oferecer uma universidade municipal gratuita (*City College*), pagar hospitais públicos e subsidiar aluguéis para tornar a habitação acessível à classe média e aos pobres. Além disso, os cidadãos ficaram reféns de associações corporativistas e sindicatos, que usaram seu poder de negociação para ameaçar ou coagir o governo, extraindo direitos e vantagens para os seus membros.

Os prefeitos não tinham a determinação política para cortar despesas, devido à ameaça constante de greves promovidas pelos sindicatos. O resultado foi o caos. Os nova-iorquinos viviam sob constantes greves de serviços públicos, como escolas, transportes e saneamento, além dos apagões de energia. O crime, os tumultos e a desordem social aumentaram, assim como a corrupção e o colapso dos serviços públicos.

Não demorou muito para a cidade se ver em uma crise financeira em grande escala. Quando bancos e credores se recusaram a renegociar empréstimos, Nova York estava à beira da falência.

Em 1975, o presidente Gerald Ford se recusou a resgatar a cidade, mas o Congresso e o governo federal decidiram aprovar um empréstimo de 2,3 bilhões de dólares para tanto. A cidade teve de suportar um longos 20 anos de confronto com sindicatos e redução da despesa pública para atender às receitas e combate ao crime e corrupção.

Para trazer negócios de volta à cidade, o governo local teve que desregulamentar a economia, reduzir as elevadas taxas de impostos, estimular políticas pró-mercado e reduzir a intervenção excessiva em assuntos comerciais. Gradualmente, a cidade começou a recuperar a confiança dos empresários, que voltaram na década de 1990. O *boom* econômico desse período não só fez a cidade prosperar, como ressuscitou o orgulho de ser nova-iorquino. Novamente, a sociedade civil desempenhou um papel proeminente no renascimento da cidade.

Instituições filantrópicas e associações cívicas reviveram os programas sociais, administrando instituições de arte e cultura; organizações de voluntariado alocaram milhares de pessoas em atividades comuns; e parcerias público-privadas participaram ativamente na administração de parques públicos (tais como o Central Park) e na promoção de investimentos nos transportes públicos, no tratamento de água e em infraestrutura.

A amálgama do engajamento cívico, de um governo bom e eficaz e de uma economia vibrante de empreendedores foram os bens mais importantes da cidade para combater o crime e a corrupção, e para desmantelar o poder dos sindicatos e das associações corporativistas. Assim, quando, em 2008, Nova York esteve novamente no epicentro de uma crise financeira – a mais grave desde a Grande Depressão –, foi capaz não só de enfrentar tempos difíceis, como de ampliar as oportunidades econômicas.

O colapso do grande banco de investimentos Lehman Brothers, em janeiro de 2009, provocou um efeito dominó, derrubando as principais instituições financeiras. Nova York sofreu intensamente com o colapso de uma de suas principais indústrias. Em seu primeiro ano, a recessão destruiu mais de 130 mil empregos e a cidade perdeu 3,4 bilhões de dólares em receita fiscal.[102]

Preocupado com a excessiva dependência que a cidade tinha do setor financeiro, o prefeito Michael Bloomberg estimulou os nova-iorquinos a investirem na diversificação econômica da cidade. Ele reuniu líderes de vários setores e buscou o apoio da *New York Development Corporation* (NYCEDC), uma organização sem fins lucrativos focada em promover o crescimento econômico da cidade, especialmente o desenvolvimento de imóveis através de parcerias público-privadas.

O resultado das sessões de *brainstorm* pode ser resumido em uma conclusão importante. Nova York estava perdendo a corrida tecnológica para outras cidades, como Boston e São Francisco. A cidade precisava atrair mais engenheiros, a fim de transformar o setor de tecnologia em um *player* econômico significativo, reduzindo sua dependência do setor financeiro.

Nova York ficara para trás, em relação a Boston e São Francisco, em sua capacidade de atrair engenheiros. Suas faculdades e universidades investiam menos de um terço dos recursos financeiros em pesquisa e desenvolvimento em comparação às instituições daquelas cidades. Nas palavras de um importante relatório de investigação[103], a Universidade de Columbia, reconhecida como uma das melhores instituições do país, "concedeu 880 diplomas de graduação em engenharia em 2006; Stanford tinha turmas com o dobro do tamanho e o MIT era 50% maior".

Em 2010, o prefeito Bloomberg anunciou uma competição internacional, com um prazo de um ano, para criar uma escola líder em ciência e engenharia, capaz de promover pesquisas, programas acadêmicos e laboratórios que estimulassem a inovação tecnológica.

---

[102] KATZ, Bruce; BRADLEY, Jennifer. *The metropolitan revolution: how cities and metros are fixing our broken politics and fragile economy*. Washington D.C.: Brookings Institution Press, 2013, pp. 18

[103] KATZ, Bruce; BRADLEY, Jennifer. *The metropolitan revolution: how cities and metros are fixing our broken politics and fragile economy*. Washington D.C.: Brookings Institution Press, 2013, pp. 21

A cidade se comprometeu a construir um novo campus para abrigar a instituição vencedora. O concurso atraiu grandes universidades dos Estados Unidos, Europa, Japão e Índia.

Em 2011, a Cornell Tech foi anunciada como vencedora. Um campus impressionante foi construído na Ilha Roosevelt para receber a nova Cornell NYC Tech – uma instituição projetada para promover a "inovação, colaboração e o espírito construtor exigido de líderes tecnológicos na atualidade". Os programas acadêmicos foram projetados para preparar engenheiros e cientistas para o universo digital de empresários, pesquisadores e outros profissionais.

A vinda da Cornell NYC Tech estimulou outras iniciativas promissoras na cidade. Por exemplo, a Universidade de Nova York criou um campus de ciência aplicada no Brooklyn, o centro de Ciência Urbana e Progresso (CUSP) – após reformar o edifício que uma vez fora ocupado pelo escritório da New York Metropolitan Transportation Authority.

O CUSP tornou-se um importante centro, envolvendo vários parceiros acadêmicos da Universidade de Nova York, como o Carnegie Mellon, a Universidade da Cidade de Nova York, o Instituto Indiano de Tecnologia, a Universidade de Toronto e a Universidade de Warwick.

No ano seguinte, 2012, a Universidade de Columbia inaugurou um novo Instituto de Ciência e Engenharia de Dados. Surgia um novo ecossistema na cidade, unindo instituições de pesquisa, empresas, investidores, empresários, cientistas de dados e engenheiros para trabalhar em torno de projetos para "novas mídias, cidades inteligentes, análise de saúde, cibersegurança e análise financeira, entre outras áreas".[104] Isso mobilizou a Academia, o governo local, as empresas e a sociedade civil pela busca de novas iniciativas e oportunidades para diversificar a vocação econômica da metrópole.

Embora sejam necessários muitos anos para se ter provas suficientes do impacto dessas iniciativas, é inegável que já mudaram a paisagem física e empresarial da cidade. O governo foi capaz de mobilizar os

---

[104] KATZ, Bruce; BRADLEY, Jennifer. *The metropolitan revolution: how cities and metros are fixing our broken politics and fragile economy*. Washington D.C.: Brookings Institution Press, 2013, pp. 30.

setores público e privado para responder de maneira eficaz às dificuldades econômicas locais após a crise financeira de 2008; e a sociedade civil, as instituições não governamentais, a Academia e o setor privado reagiram positivamente ao desafio lançado pelo governo local. Seu envolvimento, por sua vez, ajudou a estimular a diversidade econômica e a criar empregos, negócios e oportunidades em Nova York.

Essa é mais uma demonstração do princípio de que se queremos reforçar a democracia, temos de começar por restaurar a importância da cidadania e o papel proeminente das comunidades locais. E o núcleo de iniciativas inovadoras não está no governo nacional, mas nas cidades.

Como os governos nacionais estão enredados em estrutura hierárquica rígida, processos burocráticos e disputas partidárias, prefeitos dinâmicos devem trabalhar em conjunto com o setor privado, instituições não governamentais e universidades para resolver problemas desafiadores, testar novas políticas, experimentar soluções inovadoras e implementar mudanças transformacionais.

Bruce Katz e Jeremy Nowak, da Brookings Institution, deram um nome à mudança de poder saudável dos governos nacionais para as cidades: *Novo Localismo*. Eles dizem:

> O poder está indo do Estado-Nação para as cidades e comunidades metropolitanas, horizontalmente do governo para as redes de atores públicos, privados e cívicos, e globalmente ao longo de circuitos transnacionais de capital, comércio e inovação.[105]

O Novo Localismo ajudou a envolver os cidadãos, a sociedade civil e o governo local em um esforço comum para responder de maneira eficaz a uma rápida mudança tecnológica, à feroz concorrência no mercado e a enfrentar problemas – como criminalidade, drogas, pobreza e a necessidade de prover apoio, a nível *local*, àquelas pessoas deslocadas que porventura não conseguem-se adaptar a um mundo global em rápida evolução.

---

[105] KATZ, Bruce; NOWAK, Jeremy. *The new localism: how cities can thrive in the age of populism*. Washington D.C.: Brookings Institution Press, 2017, pp. 1

Essas demandas apresentaram às cidades necessidades urgentes de remodelar suas vocações econômicas; e cidades outrora decadentes se revitalizaram e descobriram tais vocações por meio da ação *local*. As pessoas se reinventam aprendendo novas habilidades, construindo novas empresas e descobrindo novos propósitos.

A tecnologia ajuda a envolver os cidadãos em uma série de tarefas públicas: da educação à mobilidade urbana, do ambiente às reformas políticas, as pessoas estão reocupando seu papel proeminente na sociedade civil. Cidades e comunidades se tornaram laboratórios requintados para testar iniciativas políticas, econômicas e sociais que ajudaram a criar, inovar e remodelar políticas. Na definição sumária de Katz e Nowak, "o *Novo Localismo* se refere a redes multissetoriais que trabalham em conjunto para resolver problemas, bem como aos veículos institucionais que inventam para realizar algo".[106]

O conto do renascimento das cidades mostra como o Novo Localismo está ajudando a reviver o espírito cívico e a fortalecer as raízes da democracia.

5.3. O exemplo de Copenhague

Copenhague, na Dinamarca, é outro estudo de caso interessante. Na década de 1980, era uma cidade industrial decadente com elevada taxa de desemprego, enorme déficit público e uma economia estagnada; em 2020, contudo, foi considerada uma das dez melhores cidades do mundo para viver (de acordo com o *Global Liveability Ranking* da *Economist Intelligence Unit*).

Em Copenhague, você encontrará uma cidade limpa e segura, onde é possível se locomover por algumas das melhores ciclovias do mundo ou por um transporte público de última geração. A cidade tem atraído jovens empresários e se tornou um importante centro tecnológico, com cafés atraentes, parques agradáveis e uma força de trabalho altamente educada.

---

[106] KATZ, Bruce; NOWAK, Jeremy. *The new localism: how cities can thrive in the age of populism*. Washington D.C.: Brookings Institution Press, 2017, pp. 10

A impressionante reviravolta de Copenhague começou em 1990, quando seu novo prefeito, Jens Kramer Mikkelsen, propôs ao governo nacional um ambicioso plano de urbanização para tornar Copenhague uma ótima cidade para se viver e fazer negócios. Ele esperava perguntas difíceis do governo e dos investidores: como ele financiaria um projeto tão ambicioso em uma cidade conhecida por seus enormes déficits e falta de receitas? Como um governo municipal com uma reputação desacreditada seria capaz de ganhar a confiança dos investidores, e da população, para envolvê-los em uma iniciativa tão audaciosa? Como uma gestão conhecida por sua ineficácia poderia gerir e coordenar um projeto pioneiro como esse?

Mikkelsen conhecia os bens e passivos da cidade. Copenhague tinha receitas mínimas, mas também um grande trunfo: a terra. Havia, em particular, uma faixa de terra de 3 milhões de metros quadrados no bairro de Ørestad, que se estendia da parte sul da cidade até o aeroporto. Nela, ele previu o lançamento de seu projeto de urbanização.

O problema era que a terra não pertencia ao governo da cidade, mas ao nacional. Por isso, quando visitou o primeiro-ministro Poul Schluter para revelar o plano, foi pedir ao governo nacional que se tornassem parceiros.

Para enfrentar a falta de credibilidade local e sua reputação de gestão ineficaz, Mikkelsen propôs uma solução. Sua ideia era criar "um novo veículo corporativo, de propriedade pública e privada, que poderia regenerar grandes áreas do núcleo da cidade, maximizar o valor de terras públicas subutilizadas e usar as receitas geradas pelo zoneamento inteligente, e pela gestão de ativos, para financiar o trânsito e outras infraestruturas".[107]

Foi uma solução inovadora, que "combinava a eficiência da disciplina e dos mecanismos de mercado com os benefícios da direção pública, da legitimidade e do financiamento a baixo custo".[108]

---

[107] KATZ, Bruce; NOWAK, Jeremy. *The new localism: how cities can thrive in the age of populism*. Washington D.C.: Brookings Institution Press, 2017, pp. 122

[108] KATZ, Bruce; NOWAK, Jeremy. *The new localism: how cities can thrive in the age of populism*. Washington D.C.: Brookings Institution Press, 2017, pp. 122

Assim, a Copenhagen City & Port Development Corporation (CPH) foi criada: uma empresa pública comandada por gestores privados, com um plano de longo prazo (25 anos) para implementar o maior desenvolvimento urbano já visto na Dinamarca.

O sucesso da iniciativa revelou algo raro em nossos tempos: uma visão de longo prazo, juntamente com um impressionante esforço de coordenação entre o governo local, os mercados e a CPH, agindo em harmonia diante de um plano estabelecido. O desenvolvimento urbano de Copenhague começou em Ørestad, na parte sul da cidade, e foi se estendendo para o decadente Distrito Industrial, seguido pelo desenvolvimento urbano do Porto Norte.

Em cada uma dessas fases, o governo local aprovou leis para alterar os regulamentos da zona e permitir empreendimentos comerciais e residenciais; a CPH apresentou o planejamento urbano para investidores e bancos, para arrecadar dinheiro, e comprometeu-se a construir a infraestrutura necessária – transporte, parques e serviços públicos – com o lucro obtido da valorização do terreno. Bruce Katz argumenta que a lição mais importante da experiência de Copenhague foi a de que se deve "(...) colocar o poder de mercado nas mãos dos detentores de riqueza pública: os cidadãos".[109]

Mas é muito difícil alcançar este objetivo se as cidades ignorarem três pontos cruciais do exemplo nórdico:

- Em primeiro lugar, as cidades têm de conhecer os seus ativos para que possam aproveitá-los;
- Em seguida, o plano deve combinar uma visão de longo prazo com objetivos de curto prazo para mobilizar os cidadãos, promovendo a colaboração dos setores público, privado e cívico;
- Por último, é fundamental estabelecer uma gestão profissional dos bens públicos e protegê-los da interferência política.

---

[109] KATZ, Bruce; NOWAK, Jeremy. *The new localism*: how cities can thrive in the age of populism. Washington D.C.: Brookings Institution Press, 2017, pp. 142.

Esses são passos cruciais para, também, combater o patrocínio político, o capitalismo de compadrio e a apatia cívica – três males que minam o vínculo cívico e a credibilidade da democracia.

5.4. Lições: o papel dos cidadãos

Não é fácil manter cidadãos e governos atentos, promovendo mudanças graduais de hábitos e costumes, além de constantes reformas e melhorias para polir o funcionamento das instituições democráticas, adaptando a sociedade às novas realidades.

As pessoas são criaturas focadas em sucessos passados, hábitos, tradições e, mais importante, nas expectativas dos outros. É difícil manter os olhos bem abertos e a consciência alerta, em vez de sucumbir aos caprichos do sucesso pessoal, do poder político, da riqueza e do triunfo econômico.

Daí a importância do caráter, das virtudes estoicas, do sentido de dever e da obrigação moral em evitar cair na tentação de *se acomodar* com apenas a satisfação pelo que é familiar.

A melhor profilaxia para evitar as armadilhas da acomodação é incutir desconforto aos cidadãos. Isso implica em fazê-los sentirem que, em vez de os governos serem os únicos fornecedores de soluções para a comunidade, cabe a eles e à sua sociedade civil, capitaneados pelas lideranças políticas, se envolver nos processos de resolução de problemas.

Esta é precisamente a virtude compartilhada por bons prefeitos: a capacidade de *envolver* movimentos cívicos, empresários, empreendedores, universidades e governos locais no enfrentamento dos problemas difíceis quando as soluções antigas não são mais válidas.

Ao contrário da política nacional, marcada por debates ideológicos e disputas partidárias que ajudam a ampliar a incompreensão sobre os reais desafios, as cidades bem-sucedidas têm incentivado o setor privado, as organizações não governamentais e o setor público a trabalharem juntos para encontrar soluções criativas para problemas urgentes.

Enquanto os populistas evitam enfrentar as dificuldades, ressaltando diferenças entre "nós e eles" e buscando bodes expiatórios, os prefeitos exitosos e eficazes, além dos líderes cívicos, concentram sua atenção em enfrentar as questões difíceis que afetam a vida dos cidadãos e impedem o progresso de uma cidade.

Os municípios têm de lidar com problemas locais tangíveis: recessão econômica e desemprego; escolas falidas e programas sociais imperfeitos para os sem-teto e os dependentes químicos; crime; ou desastres ambientais. Esses desafios não são superados com soluções unilaterais impostas pelo governo, mas pela promoção da participação cívica, com o compromisso governamental de apoiar pessoas e organizações nos desafios no mundo real, experimentando e implementando ideias e políticas inovadoras.

Nas palavras de Edward Glaeser, a proximidade de grandes ideias, invenções emocionantes, empresas ousadas, mercados dinâmicos e de um rico ambiente cultural "provê o caminho mais claro que leva da pobreza à prosperidade".[110]

As cidades são lugares fantásticos para testar soluções locais para questões globais. À medida que os governos nacionais sucumbem ao nativismo ou ao nacionalismo, as cidades modernas se tornam globais.

As cidades prósperas entendem que o globalismo e a livre circulação do capital, do comércio, das pessoas e das ideias são bens fundamentais para evitar as armadilhas do tribalismo e da insularidade que provocam a decadência daqueles locais que não conseguem evoluir, mudar e se adaptar a novos contextos. Governos populistas erguem muros, enquanto cidades bem-sucedidas constroem pontes.

As cidades de sucesso são centros cosmopolitas que fomentam a liberdade, incentivam a diversidade, cultivam a tolerância e atraem pessoas talentosas de todo o mundo para trabalhar, viver e investir, a fim de aumentar sua competitividade.

Elas criaram uma rede internacional vívida para o intercâmbio de informações, conhecimentos e experiências e para a promoção de obras e iniciativas colaborativas para enfrentar os desafios mundiais.

---

[110] GLAESER, Edward. *Triumph of the city.* New York: The Penguin Press, 2011, pp. 1.

5.5. Cidades trabalhando juntas – o exemplo da pandemia da Covid-19

Em 2020, Boston e Guangzhou deram grandes exemplos de cooperação e solidariedade global em sua reação à pandemia da Covid-19, que se espalhou da China para o resto do mundo, infectando milhões de pessoas e causando a pior perda de empregos, renda e empresas desde a Grande Depressão.

Em Boston, um grupo de cientistas e investigadores das mais prestigiadas universidades – como Harvard, Massachusetts Institute of Technology (MIT) e Boston University – juntou-se a um esforço combinado com empresas de biotecnologia para colaborar com o Instituto de Saúde Respiratória de Guangzhou e, em especial, com o laboratório de Zhong Nanshan, chefe da força de intervenção chinesa contra a doença.

Graças a uma doação de 115 milhões de dólares do Grupo Evergrande, o segundo maior grupo imobiliário da China, foi possível reunir um grupo de 80 pesquisadores de Boston e de Guangzhou para trabalhar juntos em vários esforços para a criação de vacinas capazes de conter a pandemia. George Q. Daley, reitor da Harvard Medical School, resumiu o espírito da parceria:

> Uma crise como esta exige colaborações científicas e humanitárias que transcendem fronteiras. Para nós, cientistas, isso não é nada menos do que um chamado ao dever.[111]

Seria uma bênção para a política se tal mentalidade e atitude pudesse prevalecer sobre a narrativa hemiplégica do populismo nacional. Em tempos de crise, os populistas tendem a procurar bodes expiatórios para culpar, criticar a cooperação global e se apresentam como o único protetor do seu povo e do seu país.

---

[111] POWELL, Alvin. "A call to duty to battle a deadly global threat". *The Harvard Gazette*. Cambridge, 25 de fev. 2020. Disponível em: < https://news.harvard.edu/gazette/story/2020/02/collaboration-call-to-duty-to-battle-a-deadly-global-threat/>. Acesso em: 14 de abril de 2022.

Cidades oferecem uma narrativa diferente. Na diversidade e na cooperação transnacional, procuram soluções para superar os problemas mais prementes. Ao contrário dos líderes populistas, os prefeitos mostram que as ferramentas eficazes para superar crises globais dependem da colaboração entre as pessoas, de informação confiável, do conhecimento compartilhado e um de esforço coordenado, mesmo que internacional, para enfrentar os desafios globais.

A atitude exemplar das comunidades de Boston e Guangzhou mostra que as crises podem incentivar o engajamento civil para resolver problemas, estimular o senso de propósito público e promover o chamado ao dever público para ajudar a sociedade a superar problemas desafiadores.

Durante tempos difíceis, os novos líderes e os heróis anônimos emergem no esforço para conduzir a comunidade, revelando grande altruísmo a serviço do bem público, oferecendo recursos e trabalho voluntário para salvar vidas, criando soluções inovadoras e, no exemplo da pandemia da Covid-19, até mesmo desenvolvendo novos medicamentos ou vacinas.

Servir o bem público pode dar às pessoas uma sensação de contentamento, de que estão fazendo algo significativo para a sociedade. Isso ajuda a restaurar ou a manter seu sentido de propósito; ressuscita o senso de pertencimento; e reforça os laços cívicos e a solidariedade.

Fazer este tipo de contribuição também traz realização pessoal e felicidade, nas palavras do professor de Stanford Francis Fukuyama:

> O sentido interior da dignidade procura o reconhecimento. Não é suficiente que eu tenha um senso do meu próprio valor se outras pessoas não o reconhecem publicamente ou, pior ainda, se me diminuem ou não reconhecem a minha existência. A autoestima surge da estima dos outros.[112]

---

112 FUKUYAMA, Francis. *Identity: the demand for dignity and the politics of resentment*. New York: Farrar, Straus and Giroux, 2018, pp. 10.

5.6. Desafios e alegrias da cidadania

Esses novos desafios podem ajudar os cidadãos a redescobrir as alegrias da cidadania – quando participam dos esforços locais ou de projetos interessantes para atrair novos negócios e criar empregos em sua cidade; desenvolvem novos projetos para melhorar a qualidade do transporte, escolas e parques em sua cidade; ou trabalham em programas culturais, educacionais ou sociais na comunidade.

Como Francis Fukuyama nos lembra, as pessoas anseiam por *thymos* – a palavra grega para descrever "a parte da alma que anseia pelo reconhecimento da dignidade".[113] De uma medalha de reconhecimento dada ao trabalhador comunitário que mostrou exemplar dedicação às suas tarefas à reeleição de um prefeito cujas realizações foram elogiadas por eleitores, as sociedades procuram honrar pessoas e líderes que fazem a diferença. Dedicação de tempo e esforço à comunidade é um ato de altruísmo – e um atributo muito elogiado desde os tempos antigos.

5.7. O papel da história

Grandes civilizações na antiguidade, tais como Atenas e Roma, compreenderam a importância das *histórias* para criarem uma narrativa conjunta capaz de forjar uma identidade comum baseada em valores partilhados, crenças e tradições.

Heródoto, considerado o primeiro historiador do mundo ocidental, escreveu um livro épico, *Histórias*, descrevendo a luta militar dos gregos contra o Império Persa, a grande superpotência do mundo no século V a.C. Ele afirmou, na abertura do livro, que seu propósito era imortalizar as grandes obras dos gregos contra os persas. Entendeu a importância de lembrar o passado como um elemento essencial da ordem política.

---

[113] FUKUYAMA, Francis. *Identity: the demand for dignity and the politics of resentment*. New York: Farrar, Straus and Giroux, 2018, pp. XIII.

A história dá sentido à nossa existência coletiva. Mostra que a nossa vida fugaz não é vã, mas um elemento essencial do esforço comum para zelar pela permanência da comunidade.

Em um dos capítulos mais memoráveis do *Histórias*, Heródoto narra a batalha de Termópilas. No verão de 481 a.C., o rei persa, Xerxes, tinha juntado os maiores exército e marinha da época para invadir a Grécia. A ameaça iminente de perder sua independência e liberdade mobilizou todas as nações na Grécia em uma grande aliança contra o invasor. *Esparta* tinha o melhor exército e *Atenas*, a melhor marinha. Em agosto, eles atraíram as forças persas para combatê-los em Termópilas, uma passagem estreita entre o mar e a montanha. O lugar era perfeito para enfrentar os persas: sua enorme vantagem numérica em homens e armas se tornou menor pelo fato de que as tropas teriam que se confrontar em uma passagem estreita de três a cinco metros de largura. Enquanto isso, a marinha ateniense atacaria os persas pelo mar em Artemísio, uma baía perto de Termópilas.

Temístocles, o grande comandante ateniense, fez repetidos ataques para quebrar a linha dos navios persas, capturando vários deles, com uma marinha que era menor, mas muito mais ágil em manobras e ataques. Foi no terceiro dia da batalha marítima que o exército grego, liderado pelo rei espartano, Leônidas, enfrentou os persas no Estreito de Termópilas. Durante dois dias, os espartanos derrotaram os persas. Mas então um traidor grego, Efialtes, desertou para os persas e contou a Xerxes sobre uma passagem que o permitiria cercar as tropas gregas. Como o rei Leônidas soube que eles estavam encurralados, em vez de se render, ele e seus 300 soldados espartanos decidiram lutar até que todos morressem, para dar tempo às tropas gregas de se retirarem.

Embora Leônidas e seus homens tenham morrido e os persas vencido a batalha, a heroica resistência dos espartanos e de seu rei contribuiu para a vitória final dos gregos contra Xerxes. Após Termópilas, os persas foram derrotados no ano seguinte em dois confrontos decisivos: uma batalha naval em Salamis (Temístocles liderou a vitória grega) e uma batalha terrestre em Plateia. A derrota do Império Persa inaugurou a Era Dourada de Atenas e o próprio mundo grego. Este lugar se tornou o berço dos valores que louvamos hoje: democracia, liberdade, filosofia, arte e cultura, que moldaram a civilização ocidental por muitos séculos.

Além de imortalizar os feitos e glórias de personagens extraordinários, a história ajuda a eternizar valores, crenças e tradições que nos unem em torno de uma cultura comum, e ajuda a promover uma identidade compartilhada.

A história é um elemento essencial da política porque, sem essa memória coletiva, a política tem pouco significado – a lembrança é uma parte essencial dela. Como disse a filósofa Hannah Arendt, com razão: "Pensar em um evento é é lembrar-se daquilo que de outra forma seria esquecido; e tal esquecimento põe em risco o significado do nosso mundo".[114]

A decadência da memória coletiva é uma inclinação ruim, que tende a desconstruir parte do impulso da política nas democracias. Costuma corroer apenas certos fenômenos úteis: um senso comum de propósito, um governo eficaz, instituições fortes e um vínculo cívico. Habitualmente enfraquece o sentido da obrigação moral, a noção de dever público e, por todas essas razões, enfraquece também parte do significado do que é a política. Chegamos a um ponto em que o espírito das Termópilas – o conceito de sacrificar o interesse individual pelo bem comum – parece absurdo. Vivemos em uma era obcecada pelo presente, hipnotizada pelo futuro e negligente com o passado. A sociedade perdeu muitas das suas referências e valores, morais e princípios de orientação, forças importantes que estabilizam tanto o sistema político quanto a ordem social. A cadeia de causalidade é sutil – mas real.

O declínio da influência dos guardiões dessas aglomerações locais de autoridade, coesão e afirmação de um sentido de comunidade – família, igrejas, clubes, escolas e associações locais – tende a corroer o seu prestígio e o seu papel: como agentes responsáveis pela sustentação e transmissão de cultura, de tradições, de histórias, costumes, valores, crenças.

---

[114] ARENDT, Hannah. *The promise of politics*. New York: Schocken Books, Random House, 2005, pp. XXII.

Esses, porém, são componentes essenciais – os principais recursos que nos podem unir, guiar e dar um sentimento de pertencimento a uma comunidade. Perderam sua prioridade. E nós, ao ignorar o passado – e na medida em que desdenhamos nossa história e memórias comuns –, comprometemos a existência de um senso de destino coletivo e a chance de ter e sustentar uma visão de mundo compartilhada.

Isso pode ser visto ao nosso redor: a erosão de um mínimo denominador comum de memórias e princípios enfraqueceu tanto nosso tecido social que produziu uma dramática reviravolta de valores. Nos tempos modernos, os indivíduos acreditam que são permanentes e que a comunidade é transitória.

A política se tornou uma ferramenta utilitária, usada principalmente para garantir direitos, benefícios, serviços e bens. O utilitarismo distorce o significado da política e ajuda a tornar a atividade pública cada vez mais banal. Destrói os padrões morais e éticos; dá foco para uma perigosa linha de opinião de que, para satisfazer os desejos da maioria, os fins justificam os meios. Esse caminho perigoso conduz, muitas vezes, ao triunfo dos demagogos e ao advento das tiranias. Ambos são péssimos para a democracia.

Quando a sociedade está desconectada de uma história em comum, a confiança na política tende a decair, porque as pessoas passam a não dar mais valor e a acreditar em seus elementos permanentes: os valores éticos, a noção de conduta virtuosa e uma consciência moral do senso de dever. Como Aristóteles nos disse, nestas circunstâncias, a política torna-se uma busca cega por poder e interesses egoístas. Quando a política se separa dos valores partilhados e da ética, a cooperação cívica diminui, e isso mina os esforços para construir instituições fortes.

Sem instituições fortes, o Estado de Direito não floresce, a liberdade individual fica comprometida e um governo responsável – capaz de prestar um serviço público eficaz e manter a ordem, a justiça, a paz e a prosperidade econômica – não floresce.

5.8. O poder do Localismo

Não há lugar melhor para começar a reconstruir a confiança no governo, nos cidadãos e nas instituições do que nas cidades. É através da participação em iniciativas locais, associações e governos que se torna possível reconstruir o vínculo cívico e reforçar a sociedade civil. As cidades oferecem as condições ideais para um "ambiente de exploração" em que o governo, as associações locais e os cidadãos podem trabalhar em conjunto para resolver os problemas que afetam a vida cotidiana.

Para dar mais liberdade ao poder do povo para reconstruir seus mecanismos de cooperação e envolvimento, e desenvolver os músculos da democracia, é necessário que o Estado reduza seu minucioso envolvimento, que se dá por meio de regras, leis e regulamentos limitantes, sobre o governo e as organizações locais, e que acaba restringindo a liberdade e a criatividade das pessoas. Muitas das iniciativas que elaboram conhecimentos, métodos e estruturas vêm de baixo para cima, dos esforços e da invenção das próprias comunidades e cidades, para serem posteriormente aceitas, se necessário, por governos de nível intermediário ou nacional.

A resolução de problemas por parte da própria comunidade local – quando as regulamentações não inibem tais iniciativas – não é apenas o meio mais eficaz de testar novas ideias e políticas, mas é também extremamente produtiva na medida em que restabelece, através do uso, o exercício da cidadania.

Portanto, é uma reforma primordial restaurar a independência das pessoas para agir localmente e assumir a responsabilidade por seus planos – respeitando a autonomia das instituições e organizações locais. Devolver o poder, a oportunidade e a responsabilidade aos locais também os ajudará a se tornarem cidadãos engajados mais uma vez: fortalecendo os nervos e os capilares da democracia através de contribuições motivadas e construtivas.

Assim, é necessária uma reforma do conceito de Estado que potencialize o papel do *local* – aproximando as pessoas para operarem as alavancas de seu próprio poder local – e, ao fazê-lo, reforce o instinto democrático da comunidade.

Fazer essas mudanças vai exigir lideranças atenciosas. Mas o resultado estimulará a estrutura muscular da consciência democrática local, capacitando e lembrando os cidadãos de se engajarem mais ativamente em seus deveres e obrigações. E, atingindo isso, fará com que o sistema político, os mercados e até os benefícios sociais assumam uma nova forma, mais localizada, o que fará as democracias prosperarem melhor no nosso tempo.

6.

RESTABELECENDO A CREDIBILIDADE DO ESTADO DEMOCRÁTICO: SEIS DESAFIOS

6.1. O legado da Segunda Guerra Mundial: como vergonha, esperança e medo reconstruíram um mundo

Como vimos na Parte I, quando as democracias não responderam ao desespero das pessoas após a Grande Depressão de 1929, o nacional-populismo se tornou a tendência política predominante da década de 1930. Na esfera econômica, a maioria dos governos democráticos não conseguiu combater a inflação e o desemprego, nem restabelecer o crescimento econômico. Na política, os principais partidos e democracias parlamentares instáveis na Europa continuaram a produzir coligações partidárias frágeis, que não eram capazes de oferecer uma ordem política sólida e um governo eficaz. Essa infeliz combinação incitou as fúrias do nacional-populismo.

Raiva, frustração, ressentimento e desconfiança em relação às democracias encorajaram os eleitores a eleger partidos radicais; comunistas à esquerda, fascistas e nazistas à direita. Em 1940, os governos democráticos foram apagados da Europa continental; restou apenas a Grã-Bretanha como o último bastião da democracia. Após a Segunda Guerra Mundial, esse sistema foi restabelecido na Europa Ocidental e em algumas partes do mundo que estavam livres das tiranias comunistas.

A reconstrução da democracia deriva de três grandes sentimentos que moldaram a política: vergonha, esperança e medo.

6.1.1. Vergonha

No fim da guerra, a Europa ficou arruinada política, econômica, social e moralmente. Os países foram destruídos, tendo sido ocupados e governados por fantoches dos nazistas. Na verdade, muitas pessoas colaboraram com os nazistas, fosse por interesse próprio ou por uma crença política de que o nazismo era uma alternativa à democracia decadente e às tiranias comunistas. Todavia, quando a guerra acabou, a maioria dos europeus estava ansiosa por enterrar o passado vergonhoso e abraçar a democracia.

Vergonha de atos passados, de comportamentos enganosos e atitudes que as pessoas anseiam esquecer; vergonha de pequenos e grandes atos de traição ao seu país, à sua família e aos seus compatriotas. Pessoas que colaboraram com os nazistas, ou não se juntaram à resistência democrática, começaram a forjar uma nova versão dos fatos para se convencer de que eram democratas no fundo coração, que haviam sido forçadas a fazer escolhas difíceis, sob circunstâncias terríveis da guerra e da ocupação, coisas que não teriam feito em circunstâncias normais.

No mundo do pós-guerra, todos proclamavam que eram democratas firmes e repudiavam o nacional-populismo. A fé na democracia ajudou a apagar os pecados do passado e deu às pessoas esperança de um futuro melhor.

6.1.2. Esperança

O segundo sentimento era esperança. Depois da guerra, os Estados Unidos se tornaram a principal potência mundial. A sua fé incontestável em liderar uma constelação de nações democráticas para garantir a paz mundial e a prosperidade econômica continha uma promessa redentora para uma Europa desesperada e destruída.

A determinação dos Estados Unidos de usar sua poderosa influência e poder para reconstruir a ordem internacional baseada em princípios democráticos e criar uma governança baseada em instituições multilaterais foi reconfortante para pequenas e grandes nações, vencedoras e perdedoras da guerra. Todos seriam coparticipantes na construção e manutenção da nova ordem mundial.

Esperança também veio sob a forma de ajuda econômica. O empenho dos Estados Unidos na reconstrução da economia da Europa Ocidental através do Plano Marshall foi uma bênção para a região. O resultado foi um período de crescimento econômico sustentado, seguido pela ascensão da classe média, aumento da renda média e mobilidade social, o enraizamento da democracia, e os primeiros passos que levaram à construção de um mercado comum europeu.

6.1.3. Medo

Finalmente, houve medo. O mundo foi dividido em duas esferas de influência, que viviam sob a ameaça permanente de uma guerra nuclear. O medo criara dois blocos rígidos de alianças políticas, militares e econômicas, cujo equilíbrio das forças de poder foi relativo, capaz de dissuadir cada lado de atacar o outro.

Mesmo assim, houve momentos de grande tensão. Durante a Guerra Civil da Grécia em 1947, a tensão política entre a União Soviética e os Estados Unidos chegou um nível perigoso. O Bloqueio de Berlim, em 1948 e 1949, testou a resistência dos poderes democráticos para evitar que a Berlim Ocidental caísse nas mãos da União Soviética. Em outubro de 1962, o mundo segurou a respiração com a iminência de um conflito nuclear entre as duas superpotências durante a crise dos mísseis cubanos. Felizmente, a diplomacia nos salvou do Armagedom.

À medida que o medo recuava – inicialmente a democracia prosperava ...

Assim, durante a Guerra Fria, a liderança norte-americana, a prosperidade econômica e o medo de uma guerra nuclear entre os mundos livre e comunista ajudaram a consolidar governos democráticos no hemisfério Ocidental, no Japão e no leste asiático. O nacional-populismo ficou limitado aos países emergentes na periferia.

Mas com a queda do Muro de Berlim em 1989 e o fim da Guerra Fria, a democracia e o capitalismo se espalharam por todo o mundo, enterrando tiranias e o nacional-populismo. A democracia parecia uma força irresistível. Foi abraçada por países da Europa Oriental, pelos Países Bálticos e pela Ásia. Mesmo na América Latina, a meca do populismo, os líderes eleitos se comprometeram a implementar reformas pró-mercado, com um governo responsável e instituições democráticas credíveis. Nos anos 1990, atingimos o auge da democracia no mundo.

Mas havia nuvens no horizonte...

Embora as democracias tenham se tornado onipresentes, alguns clamores de raiva, ressentimento e desconfiança com os governos democráticos e a economia começaram a aparecer com mais intensidade na virada do século XXI. O crescimento econômico diminuiu e a prosperidade parecia se limitar a poucos privilegiados. A revolução tecnológica destruiu empregos em indústrias antigas, atingindo particularmente trabalhadores pouco qualificados. Os imigrantes eram vistos por muitas pessoas como uma ameaça aos empregos, à cultura e aos valores de um país.

A política se tornou uma atividade tecnocrática. Os governos e os burocratas estavam mais preocupados com indicadores de mercado, abertura da economia, privatização, desregulamentação e outros assuntos técnicos do que com as queixas e dores dos afetados pela globalização. Os "perdedores" foram tratados como danos colaterais da destruição criativa própria ao capitalismo e à tecnologia. Os líderes políticos das democracias se apressaram a implementar reformas, atrair investimentos estrangeiros e inserir as nações emergentes na cadeia de abastecimento global.

A agenda reformista ajudou a segurar a inflação e fomentou um modesto crescimento econômico no Ocidente, mas as disparidades de renda aumentaram e a pobreza continuou a ser um grande problema nos países emergentes. O resultado foi um crescente descontentamento.

6.2. Como o novo mundo sucumbiu ao populismo

Os primeiros sintomas do renascimento do populismo foram quase caricaturais. Em 1999, Joseph Bové, um ativista radical francês, mobilizou o seu *Confédération Paysanne*, um dos maiores sindicatos de agricultores do país, para destruir uma loja Mcdonald's em Milian, uma pequena cidade na região de Aveyron. Bové e seus seguidores queriam mostrar seu sentimento anti-globalização, e ele ganhou 15 minutos de notoriedade como um herói da causa. Em 2002, foi preso por vandalismo. Depois de sair da prisão, concorreu à presidência da França em 2007, conseguindo o resultado ínfimo de 1,32% dos votos. Seu prêmio de consolação foi estar em uma lista de candidatos para o Parlamento Europeu, para o qual foi devidamente eleito em 2009 e 2014.

Se os populistas eram figuras exóticas na virada do século na Europa, começavam a desempenhar um papel de liderança na América Latina outra vez. Hugo Chávez, um militar *caudillo*, falhou em sua tentativa de golpe de Estado em 1992, mas foi eleito presidente da Venezuela em 1999. Seu discurso político acusando o neoliberalismo e a globalização de serem os culpados do aumento da pobreza na Venezuela, por concentrarem dinheiro e poder nas mãos de uma elite privilegiada e corrupta, encontrou eco em um país onde quase metade da população era pobre e, de verdade, não via nenhuma mudança para melhor em suas vidas após as reformas liberais. Depois do triunfo eleitoral de Chávez, o populismo se espalhou como fogo pela América Latina.

Em 2002, o nacional-populismo retornou ao Brasil com a eleição do presidente Lula, líder do Partido dos Trabalhadores de centro-esquerda. Lula e sua sucessora, Dilma Rousseff, deixaram como legado a pior recessão econômica da história do Brasil, um número recorde de desemprego (13 milhões de pessoas) e o pior esquema de corrupção da história do país, o escândalo da Lava Jato. Em 2018, o pêndulo balançou para a direita, e o país elegeu um populista maverickiano, Jair Bolsonaro.

Na Argentina, um novo casal Peronista-populista chegou à presidência e governou o país de 2003 a 2015. Nestor e Cristina **Kirchner** causaram danos significativos ao país com políticas populistas, inflação elevada, ataques à imprensa livre e, claro, esquemas de corrupção.

Na Bolívia, um líder sindical *cocalero* de origem indígena, Evo Morales, tornou-se presidente em 2006, mas foi forçado a renunciar em 2019, depois de tentar obter uma emenda constitucional no Congresso para concorrer a um terceiro mandato como presidente.

Em 2007, Rafael Correa foi eleito à presidência do Equador. Depois de dez anos no poder, deixou o país economicamente em ruínas e foi para a Bélgica, onde teve de enfrentar acusações de corrupção e suborno.

Em 2018, um populista de esquerda, Manuel Lopez Obrador, foi eleito presidente do México. Como um populista típico, ele está mais preocupado com pequenos gestos de publicidade – como propagandear o plano presidencial – do que em enfrentar problemas reais, como a pandemia da Covid-19. Sua liderança inepta durante a crise revelou um líder completamente fora de sintonia com os desafios sociais, econômicos e políticos do México.

Os poucos países que escaparam à praga populista-nacionalista, como Chile e Colômbia, tiveram um crescimento econômico estável. A Colômbia foi capaz de restaurar a paz após uma longa guerra interna com as FARC, uma guerrilha marxista e grupo paramilitar.

O nacional-populismo retardou o progresso político, econômico e social da América Latina. A região foi incapaz de competir com as economias emergentes da Ásia. Enquanto o PIB na América Latina cresceu em média 2,65% ao ano na primeira década do século XXI, a média dos países emergentes da Ásia Oriental e do Pacífico foi de 8,09%.

O nacional-populismo não foi um fenômeno confinado à periferia do globo. No ano 2000, chegou às margens da Europa e virou uma força política predominante e duradoura. A Europa ficou chocada com o espantoso desempenho eleitoral do populista-nacionalista Partido da Liberdade na Áustria. O choque se transformou em indignação entre os membros da Comunidade Europeia quando o Partido Social-Democrata austríaco, vitorioso nas eleições, selou uma coligação com o Partido da Liberdade para formar um novo governo. A imagem de um partido fascista de volta ao poder na Áustria fez tremer a espinha dorsal da Europa – reacendendo a memória dos anos nazistas. Mas isso acabou sendo apenas o início da história.

Em 2002, Jean-Marie Le Pen, líder da *Frente Nacional*, partido que se identificava como a base do nacional-populismo na França, derrotou os partidos tradicionais e chegou ao segundo turno da eleição presidencial. Le Pen concorreu contra Jacques Chirac, o candidato de centro-direita pela *União para o Movimento Popular*. Embora todos os principais partidos tenham se reunido para apoiar Chirac no segundo turno, Le Pen teve quase 17% dos votos.

Em seguida, o populismo francês sofreu uma reviravolta interessante: o radicalismo de Le Pen foi visto como um obstáculo para a *Frente Nacional* tornar-se popular e conquistar o poder na França.

Quando Marine Le Pen, filha de Jean-Marie, assumiu como presidente do partido, estava determinada a remodelar sua marca. A primeira coisa que fez foi expulsar seu pai do partido e eliminar seu discurso extremista – preservando a defesa firme do nacionalismo francês: seus valores, tradições, cultura e soberania.

A *Frente Nacional*, em seguida, tornou-se um partido convencional e altamente competitivo, ganhando eleições a nível local e nacional. Embora Marine Le Pen tenha perdido a eleição presidencial, no segundo turno, para Emmanuel Macron em 2017, ela e seu partido – rebatizado como *Rassemblement National* ("Reagrupamento Nacional") – continuam a desempenhar um papel importante na política francesa.

Na Hungria, o nacional-populismo seguiu um caminho diferente ao poder do que na França – o oposto. Viktor Orbán, que tinha sido eleito como um primeiro-ministro pró-mercado de centro-direita em 1998, remodelou sua imagem como um nacional-populista e voltou ao cargo uma segunda vez em 2010.

Ele abandonou a personalidade liberal-democrata de seu primeiro período de mandato e adotou a defesa da "democracia não liberal" em sua reeleição, em 2010. A crise financeira de 2008 causara um colapso da economia húngara, e Orbán canalizou a raiva e a frustração das pessoas para apoiar sua plataforma nacionalista e anti-imigração (especialmente anti-muçulmanos) – e a sua "democracia não liberal".

Começou reduzindo o poder e a independência dos tribunais em 2010. Quatro anos depois, impôs censura à imprensa e perseguiu associações cívicas e organizações não governamentais. Em 2015, para evitar a "invasão" de refugiados muçulmanos na Europa Cristã, instalou uma cerca com arame farpado para impedi-los de atravessar a fronteira da Sérvia com a Hungria.

Por fim, em 2020, usou a pandemia da Covid-19 para fazer o Parlamento aprovar poderes de emergência que lhe deram autonomia absoluta para governar por decreto por um período indefinido de tempo. O nome para esta concentração de poder absoluto é tirania.

Em 2014, o presidente da Turquia, Recep Erdoğan, criou a própria receita de nacional-populismo. Ao misturar o islamismo com reformas econômicas que ajudaram a estimular o crescimento, empregos e investimentos, Erdoğan ganhou poder e prestígio que o ajudaram a avançar sua agenda populista: supressão da liberdade de imprensa, com a prisão de jornalistas, além da contenção do poder dos tribunais. Assim, conseguiu submeter o Parlamento à sua vontade. O nacionalismo e o islamismo se fundiram, minando gradualmente a *república secular* criada por Ataturk, fundador do Estado turco moderno.

O nacional-populismo chegou ao poder na Polônia em 2015, com a eleição de Jaroslaw Kaczynski e seu partido *Direito e Justiça*. Sua capacidade de combinar reformas econômicas – que proporcionaram um crescimento econômico impressionante (aumento de 5,1% do PIB em 2018) e uma das menores taxas de desemprego do mundo (3,1% em 2019) – com uma firme defesa dos valores nacionalistas-cristãos da Polônia e políticas anti-imigração (destinadas a muçulmanos e não europeus), fizeram dele um líder popular. Ele tem usado seu poder para impor o que interpreta como a vontade popular, coagindo a imprensa, reprimindo as minorias (especialmente LGBTQIA+) e suprimindo a independência do Poder Judiciário.

Na Itália, o vírus do nacional-populismo alcançou proeminência nacional em 2013, com a ascensão do *Movimento Cinco Estrelas* (M5S) e da *Liga Norte*. O M5S foi liderado por um comediante, Beppe Grillo, que pregava a democracia direta, adotando um discurso que era anti-globalização e, claro, anti-imigração. Esses eram temas populares para um país dilacerado por uma política corporativista, com o menor crescimento econômico na Europa por mais de uma década e um sistema eleitoral caótico, que gera coligações multipartidárias ineficazes e governos fracos.

A Liga Norte ofereceu outra face da agenda populista: o separatismo – o apelo para separar a rica e próspera região norte do país, aliviando-a do pesado fardo de carregar o "decadente" sul. O líder da Liga Norte, Matteo Salvini, tornou-se vice-primeiro-ministro em 2018, mas perdeu seu papel de destaque quando tentou se candidatar ao topo da hierarquia, forçando um colapso da coalizão do governo. O blefe dele não deu certo. O primeiro-ministro Giuseppe Conte mateve o poder e removeu Salvini do gabinete. Mas não há dúvida de que a Liga Norte e o M5S continuarão a desempenhar um papel importante na política italiana no futuro próximo.

O nacional-populismo arruinou ou enfraqueceu as democracias na Ásia. Na Tailândia, o governo populista de Thaksin Shinawatra de 2001 a 2006 terminou com um golpe militar de Estado, destruindo a democracia no país. Nas Filipinas, Rodrigo Duterte foi eleito presidente em 2016, prometendo fazer guerra contra o narcotráfico e combater duramente o crime.

Para honrar sua promessa, a violência policial e a matança se tornaram prática comum, não só para perseguir criminosos e chefões das drogas, mas também para intimidar opositores políticos e cidadãos. Durante a pandemia da Covid-19 em 2020, Duterte ordenou que a polícia "disparasse para matar" naqueles que desrespeitassem a quarentena.

Finalmente, o nacional-populismo chegou aos EUA com a eleição de Donald Trump em 2016. O presidente seguiu a receita clássica da narrativa populista: os desabafos contra a imigração, misturados com uma postura antielite (e constante ataque à imprensa), arrematados com a irresistível marca de si mesmo como grande e único defensor e representante da vontade do povo contra os interesses arraigados do *establishment*.

O resultado deste populismo em uma superpotência foi desastroso. Arruinou a reputação dos EUA na política externa, aumentando a desconfiança entre seus aliados e a tensão política, incluindo rivalidades regionais. Desencadeou guerras e disputas comerciais, reduzindo o comércio global. Por fim, a desconfiança dos Estados Unidos contribuiu para minar a cooperação internacional voltada às soluções para as maiores ameaças contra a humanidade como um todo: perigos ambientais, pandemias que desestabilizam o mundo (Covid-19), proliferação de armas nucleares entre países, ameaças à segurança cibernética e os desafios sociais e econômicos em um mundo de crescentes disparidades de renda e desigualdade.

6.3. Então... quais as causas do populismo?

A ascensão do nacional-populismo no século XXI pode ser atribuída à inépcia das democracias na resolução de três grandes problemas:

TRÊS RAZÕES PARA O AUMENTO DO POPULISMO:	
O fracasso das democracias em lidar adequadamente com:	
(i)	**Corrupção;**
(ii)	**Governo ineficaz;**
(iii)	**Um longo período de estagnação econômica.**

Essa tríade de motivos levou à fúria popular contra os governos democráticos.

O fenômeno assume a seguinte forma:

(a) por um lado, o Estado parece ignorar a raiva e as aspirações das pessoas; (b) por outro, parece servir apenas aos interesses dos privilegiados e de plutocratas corporativistas.

Essa desconfiança e insatisfação do povo com o sistema político pode ser condensada em uma razão simples:

Natureza da denúncia:
“A democracia transformou-se em uma oligarquia.”

Em outras palavras, “o governo de e para o povo se tornou o governo de poucos privilegiados”.

Em vez de discutirmos se essa percepção é verdadeira ou falsa, propomos aqui tentar compreender a essência da narrativa de descontentamento com as democracias – como surge, no que consiste e como lidar com ela.

O Nacional-populismo ressoa nas pessoas que estão zangadas com o "*establishment*" – que aqui pode representar a imprensa, a globalização, o governo e os principais partidos e políticos. Líderes populistas e partidos não liberais dominaram a arte de transformar a raiva e a frustração em armas eleitorais poderosas. Eles convertem esses sentimentos em votos e apoio popular e usam-nos para desestabilizar democracias.

Para encontrar os remédios certos para administrar contra o nacional-populismo, precisamos entender sua gênese. Uma análise sensata seria:

O ciclo que conduz ao "Nacional-populismo"
Raiva e **frustração** geram ***ressentimento***;
Ressentimento gera *desconfiança*;
Desconfiança gera **radicalismo**;
Radicalismo corrói a *credibilidade* das leis e instituições – as artérias da democracia –
e o consequente enfraquecimento da credibilidade das leis e instituições facilita os argumentos que promovem o *nacional-populismo.*

A compreensão desta gênese é crucial para entender a "melodia por trás das palavras" que evoca os instintos nas pessoas, levando-as a apoiar o nacional-populismo e a transformá-lo em uma força política poderosa.

6.4. Raiva, ressentimento, desconfiança

Inicialmente, *raiva* e *frustração* derivam da percepção de que o governo (e o "*establishment*" a ele associado) se tornaram a "fonte" de injustiça e corrupção.

As pessoas sentem-se traídas, ignoradas e abandonadas por governos que parecem virar as costas aos comuns. A surdez de um governo às queixas, preocupações e aspirações dos cidadãos é agravada pela corrupção generalizada – aqui abrangendo não só o desvio de bens públicos para benefício privado, mas também a direção egoísta ou cuidadosamente contida de benefícios advindos de valores, mercados e instituições.

Essa combinação fatal pode então transformar a insatisfação popular com o governo em movimentos de raiva e frustração dos cidadãos.

Nos Estados Unidos, a frustração com o fim do "Sonho Americano" – a noção de que a liberdade e a democracia combinadas com o trabalho árduo, empreendedorismo e mérito permitem que as pessoas ascendam social e economicamente – incitou respostas furiosas.

O nascimento do *Tea Party*, movimento no Partido Republicano, refletiu a frustração das pessoas com uma política congestionada, o aumento de impostos, um governo oneroso e um serviço público de baixa qualidade. O *Tea Party* exigia a redução de impostos, o corte no tamanho do governo, uma mudança no partido para ser mais pró-mercado, além do renascimento do senso de defesa dos valores norte-mericanos e da liberdade individual visto nos anos Reagan, na década de 1980.

À direita, o *Tea Party* se tornou uma poderosa força política dentro do Partido Republicano e deu origem a propostas de políticas fiscais conservadoras e ao populismo.

À esquerda, a raiva de um sistema econômico corrompido, em que os banqueiros ganharam dinheiro e as pessoas perderam empregos após a crise financeira de 2008, levou ao surgimento do movimento *Occupy Wall Street* em 2011.

Cresceu entre os norte-mericanos a percepção de que havia uma crescente desigualdade de riquezas, e que talvez a igualdade de oportunidades estivesse acabando, revelando um sistema "manipulado". Essa nova situação foi vista como uma distorção dos valores queridos aos estadunideneses: o poder das comunidades, a solidariedade cívica e a noção de governo como garantia de justiça e liberdade.

Na França, também, um sentimento de injustiça foi o que alimentou outro surto de raiva popular contra o governo. Um movimento cívico chamado *Gilet Jaunes* (Coletes Amarelos) surgiu, aparentemente de forma espontânea, em novembro de 2018, depois que o governo decidiu aumentar os impostos sobre os combustíveis. Vestindo o colete amarelo que todos os motoristas são obrigados a usar em seus carros, as pessoas saíram às ruas para protestar – bloqueando ruas e confrontando a polícia por várias semanas – todos, inicialmente, contra um "imposto injusto".

Todavia, este sentimento de injustiça, misturado com outros ressentimentos, transformou o *Gilet Jaunes* em um movimento nacional de insatisfação contra o governo de Emanuel Macron, que durou vários meses e se tornou a crise doméstica mais grave de sua administração.

No Chile, um protesto parecido eclodiu – também de forma espontânea, a princípio – em outubro de 2019, destilando raiva e frustração contra decisões governamentais consideradas injustas, depois que o governo do presidente Sebastian Piñera anunciou um aumento nas tarifas-padrão do metrô.

Já irritadas com o custo de vida elevado nas cidades, as pessoas viram o aumento da tarifa como mais uma forma de extorquir os cidadãos, além de demonstrar insensibilidade à situação das pessoas.

Isso tomou a forma de protestos, danos generalizados às propriedades e conflitos violentos com a polícia, durante vários meses, até que as manifestações começaram a decair, paralelamente à articulação e ao impacto de (i) medidas para aliviar a pobreza que foram propostas pelo governo de Piñera em resposta à agitação civil; e (ii) ao problema mais amplo da Covid-19.

O furor mais icônico do começo do século XXI foi, no entanto, a Primavera Árabe. Em dezembro de 2010, um vendedor de rua de Tunis, Mohamad Bouazizi, foi publicamente humilhado por uma policial depois de se recusar a pagar um suborno. Ela bateu em seu rosto, cuspiu nele e confiscou seus bens. Cansados de serem explorados por governos ineptos e funcionários corruptos que buscavam incansavelmente meios de extrair dinheiro e ganhos pessoais daqueles que produzem bens e serviços na sociedade (seja legalmente, por meio de permissões, licenças, impostos e regulamentações, ou ilegalmente, por meio de subornos e favores), as pessoas se rebelaram contra o sistema político.

A reação de Bouazizi ao insulto e à agressão foi colocar fogo em si mesmo e queimar até a morte. Isso levou a enormes protestos populares nas ruas que derrubaram o governo na Tunísia e se espalharam como fogo selvagem pelo mundo árabe. Foi o início da "Primavera Árabe".

Em democracias fracas, escândalos de corrupção e desvio de fundos públicos foram as principais fontes de canalização da raiva contra os sistemas políticos e econômicos, abrindo o caminho para o surgimento do nacional-populismo.

Hugo Chávez na Venezuela, Orbán na Hungria e Duterte nas Filipinas, todos prometeram restaurar a soberania do povo, colocando fim à corrupção e restaurando a ordem e o orgulho nacional.

No Brasil, o governo populista de esquerda, liderado pelo Partido dos Trabalhadores, foi destituído em 2016 após a *Lava Jato*, uma investigação que revelou o maior escândalo de corrupção na história do país. Embora a *Operação Lava Jato* tenha levado à prisão de empresários, figurões de empresas estatais e políticos – incluindo o ex-presidente Lula e alguns de seus principais ministros – não fortaleceu a democracia, mas sim levou à eleição de um presidente populista de direita em 2018, Jair Bolsonaro. O ex-capitão populista do exército se tornou o candidato anti-esquerda e anti-*establishment* que prometeu derrotar o Partido dos Trabalhadores de Lula e combater a corrupção no Brasil.

6.4.1. A principal fonte de ressentimento popular: governo ineficaz

As pessoas vivem em dois reinos diferentes. Há o setor privado e o terceiro setor, onde a eficiência, a concorrência, a inovação, a celeridade e o dinamismo ditam o ritmo de um ambiente em rápida evolução. E há o governo, onde as coisas são lentas, burocráticas, ineficientes, disfuncionais e frequentemente contaminadas pela governança obsoleta e por uma responsabilidade decrépita.

Um Estado pode se tornar ineficaz por:

1. Interesses especiais;
2. Liderança fraca;
3. Objetivos de curto prazo que impedem a capacidade do governo de prestar um serviço público eficaz às pessoas na base da pirâmide social e econômica.

Pegue o primeiro desses fatores: interesses especiais. Nessa situação, o Estado é sequestrado por tais interesses – ao monopolizar a arte de extrair vantagens econômicas, privilégios e busca por rendas em detrimento do povo. São os responsáveis pelo ato de transformar uma democracia em oligarquia.

O segundo fator – liderança fraca – é responsável por adiar reformas e permitir que a sociedade aproveite os dividendos do suor, do trabalho e dos sacrifícios da última geração de estadistas. Muitos eleitores vão optar por abraçar líderes populistas e seu discurso anti-*establishment*, esperando que restaurem um governo popular, erradiquem a subversão do poder de interesses especiais e restabeleçam a eficiência do governo.

O terceiro fator – curto prazo – compromete a capacidade dos governos para promover reformas que possam torná-lo mais eficiente, responsável, funcional e seguro no longo prazo – para os cidadãos atuais e seus netos – e que proporcionem melhor qualidade do serviço público no curto prazo.

6.5. A descrição de Adam Smith da estagnação

Quando o populismo cresce, é provável que boa parte do eleitorado tenha percebido que suas democracias alcançaram o que Adam Smith chamou de um "estado estacionário" – em sua descrição, um país estagnado, dominado pela burocracia morosa, busca por renda, interesses especiais e uma elite corrupta. O nacional-populismo prospera quando essa percepção se torna dominante. Quando isso acontece, as pessoas comuns acreditam que o país está dividido em duas classes de cidadãos: uma classe superior, compreendendo burocratas, alto escalão de políticos e magnatas que monopolizam o poder político e econômico; e as pessoas de segunda classe: a maioria da população, contribuintes com baixos salários, trabalhadores que se sentem abandonados pelo Estado, ignorados pelo sistema político e que têm acesso a um serviço público de péssima qualidade.

6.6. Estagnação na política

Existiam perfis estabelecidos para o apoiador de cada partido político – ou tipo de partido. Em um Estado em risco de populismo, a velha lealdade aos partidos políticos, ao governo representativo e à justiça foi minada pelo ressentimento: nenhum deles parece garantir a igualdade de oportunidades, do Estado de Direito, a segurança e a ordem.

Em um Estado nessa condição:

1. A *igualdade de oportunidades* desapareceu – uma vez que a educação privilegiada, a riqueza e as ligações sociais são o que determinam quem chega ao topo, em lugar do talento e do esforço individuais;
2. O *Estado de Direito* perdeu uma grande fatia do que dominava, sua dignidade, glória e eficácia: a própria lei se tornou um emaranhado tão complexo de particularidades, governando quase todos os pequenos aspectos da vida, que o cidadão perde o senso outrora instintivo de direitos e obrigações. Como disse o estudioso Niall Ferguson, "o Estado de Direito corre o risco de degenerar-se em algo mais parecido com um estado de juristas";[115]
3. Finalmente, *segurança* e *ordem*: o Estado parece incapaz de fornecer segurança. As pessoas temem perder empregos para a tecnologia e para os imigrantes; sentem-se ameaçadas por

[115] FERGUSON, Niall. *The great degeneration: how institutions decay and economies die*. New York: The Penguin Press, 2013, pp. 15.

crimes violentos, pandemias e ataques terroristas; e ameaçadas pela globalização e seu poder de destruir comunidades locais, mercados, identidade nacional, costumes e tradições.

As mídias sociais têm mostrado que podem desempenhar um papel imenso na ampliação desses sentimentos de medo, raiva e ressentimento, estimulando a polarização, a radicalização e uma forma de guerra tribal-cultural. Algo que facilita esta situação é a deterioração da confiança nos preceitos tradicionais:

Confiança no governo é um exemplo. Ela vem se deteriorando na maioria das democracias. Nos Estados Unidos, por exemplo, em 1964, 76% dos cidadãos confiavam no governo, mas em 2012, apenas 22%. Quando perguntado se tinham uma voz no governo, em 1964, 70% disseram que acreditavam que tinham, mas este número caiu para 50% em 2012.[116]

Essa poderia ser uma indicação de por que a "democracia direta", pregada pelos populistas, parece tão atraente para as pessoas comuns. Não há necessidade de instâncias intermediárias de governo quando tais intermediários – Justiça, partidos, Congresso, governo e políticos – não representam mais a vontade geral.

A desconfiança na democracia e no capitalismo são resultado de uma longa década de estagnação econômica, aumento da desigualdade e baixa mobilidade social no mundo ocidental. Enquanto as pessoas comuns assistem aos seus empregos desaparecerem devido às novas tecnologias, e sua renda média caindo constantemente, percebem os lucros das grandes corporações aumentando ininterruptamente, os mercados de ações atingindo recordes altos e o bônus anual de um executivo de alto escalão superando o que o trabalhador médio receberá em toda a vida. Tais fatores ajudam a corroer a confiança em instituições representativas – partidos, políticos, Parlamento e os mecanismos padrão do governo.

---

[116] EATWELL, Roger; GOODWIN, Matthew. *National populism: the revolt against liberal democracy*. London: Pelican Books, Penguin Random House UK, 2018, pp. 121-123.

A percepção que se cria é a de que essas instituições foram capturadas – sequestradas – por interesses corporativistas e já não servem aos interesses do povo. Nesse cenário, os interesses no curto prazo, o populismo e o impasse partidário minam a credibilidade das instituições e a reputação dos partidos e dos políticos. A verdade é que: **sem confiança social, as democracias não duram.**

6.7. Como se perde a confiança?

Aqui está como isso pode acontecer – e os argumentos e percepções típicos que acompanham a sociedade nesse caminho descendente:

Se as pessoas se sentirem impotentes, vítimas de injustiças, se a esperança de mobilidade social desaparecer e a desigualdade de renda aumentar, fomenta-se a discórdia e a percepção de divisões: o resultado é o conflito entre as pessoas.

Muitas empresas do setor privado dependem do Estado para fazer negócios e ter lucros. Se o Estado controla e regula os mercados e a concorrência, pode surgir a impressão de que o capitalismo de compadrio está acabando com a competição leal, o mérito e as recompensas pelos riscos assumidos. Quando isso acontece, os cidadãos podem virar as costas ao Estado, à política e até ao conceito de comunidade – e buscar respostas às suas frustrações e insatisfações no radicalismo e na polarização: tornam-se presas fáceis para os populistas.

O nacional-populismo alega que as elites corrompidas transformaram a democracia e o capitalismo em um arranjo fraudulento. Neste discurso, a elite egoísta prega o evangelho da economia de mercado, mas seus negócios são altamente dependentes do Estado para prosperarem e, na verdade, terem lucro. Defendem a concorrência, ao menos é o que dizem em seus argumentos, e ao mesmo tempo procuram construir monopólios que matarão o livre mercado.

Proclamam as virtudes das oportunidades iguais e da mobilidade social, mas, na realidade, estão empenhados na construção de sua fortaleza inexpugnável de privilégios e de uma teia de riqueza, educação e conexões sociais e pessoais que pouquíssimos mortais podem acessar – uma escada que só alguns podem galgar.

Em resumo, nesta análise, a economia se torna um jogo de soma zero. Os ricos ficam mais ricos, enquanto a maioria das pessoas simplesmente fica mais pobre.

6.8. Os benefícios da globalização

Em cada peça de ficção há um elemento de verdade. As percepções acima, e a analogia da soma zero, são usadas por todas as ideologias autoritárias – do comunismo ao nazismo – para justificar a interferência do Estado em todos os aspectos da vida para garantir o bem-estar do povo. Populistas e líderes autoritários odeiam a liberdade individual e econômica.

Mas foi precisamente a liberdade que deu origem à globalização e às suas extraordinárias conquistas dos últimos 20 anos. A globalização ajudou a tirar quase 800 milhões de pessoas da pobreza extrema. Em 1990, quase um terço da população mundial vivia nessa situação (renda inferior a 1,90 dólares por dia); até 2015, segundo o Banco Mundial, este número havia caído para 10%. A mortalidade infantil diminuiu de 12,58 milhões em 1990 para 5,2 milhões em 2017. O comércio mundial quadruplicou desde 1990. A proporção média de gastos em alimentos *per capita* caiu de 17,5%, em 1960, para 9,6% em 2015. Bens como telefones, geladeiras e outros aparelhos domésticos se tornaram acessíveis à maioria das pessoas.

Em democracias, a vida da grande maioria das pessoas está muito melhor do que a de seus pais e avós em todos os aspectos – bem-estar econômico, saúde e educação. Mas os populistas têm um ponto. É imperativo reformar o Estado e a economia, de modo a abordar as duas principais fontes de desconfiança.

6.9. Insatisfação e suas raízes

A primeira percepção que causa desconfiança é a queixa de que as pessoas comuns não podem mais competir de forma justa em um sistema injusto de incentivos distorcidos; a segunda é que as pessoas comuns não podem mais contar com o Estado para protegê-las dos interesses dos poderosos.

As democracias parecem ter esquecido que a sua narrativa bem-sucedida se baseou na ideia de que a independência é um elemento essencial para garantir a liberdade individual, um governo limitado e a prosperidade econômica. Mas quando há o encontro trágico entre crescimento lento, desigualdade crescente e baixa mobilidade social, as pessoas começam a desconfiar das maravilhas da democracia e do capitalismo.

Era uma vez, uma época em que democracias produziam estadistas capazes de enfrentar interesses estabelecidos, demolir regras injustas e restaurar a fé das pessoas na democracia e no capitalismo. Houve um tempo em que as democracias confiavam na iniciativa de grandes líderes para reformar a política e os mercados.

6.10. Verdadeiros líderes

Na Inglaterra do século XIX, o primeiro-ministro Robert Peel enfrentou a oposição do Parlamento e adversários em seu próprio Partido Conservador para abolir as tarifas agrícolas protecionistas (conhecidas como as Leis dos Cereais) e unilateralmente abrir a economia para o livre comércio. A decisão de Peel em 1846 foi essencial para transformar a Inglaterra em uma competitiva e poderosa potência industrial e financeira.

Nos Estados Unidos, o presidente Theodore Roosevelt reformou o capitalismo americano ao promover leis antitruste, desmantelar monopólios e restabelecer regras justas de concorrência de mercado no início do século XX. Durante seu governo, Teddy Roosevelt enterrou a era dos barões ladrões que dominaram os EUA no século XIX.

Tal como Peel e Roosevelt, as democracias precisam de líderes corajosos empenhados em reformar o Estado e o capitalismo, em restaurar a confiança em instituições transparentes e num governo eficaz e em restabelecer uma concorrência justa no mercado. Esses são os melhores antibióticos contra o radicalismo.

6.11. A importância de se ter um Estado

Não há vida civilizada fora do Estado. Não há crescimento econômico estável, Estado de Direito e liberdade fora dele, assim como não há um governo responsável, concorrência de mercado e bem-estar social. Em uma sociedade sem Estado, a vida é "solitária, pobre, desagradável, brutal e curta", como o filósofo do século XVII Thomas Hobbes afirmava em seu famoso livro *O Leviatã*. Hobbes o publicou após a terrível guerra civil na Inglaterra (1642-1651), na qual o rei Carlos I foi decapitado e o país acabou governado por um déspota, Oliver Cromwell, durante seis longos invernos (1653-1658). Traumatizado por um período tão perturbador, Hobbes argumentou que é melhor renunciar à parte de nossa liberdade, e viver pacificamente sob um Estado Absolutista, capaz de garantir ordem e segurança para seus cidadãos.

A troca do *Leviatã* – liberdade pessoal por segurança e ordem – é a barganha clássica que os governos absolutistas oferecem às pessoas. Ao contrário dos tempos de Hobbes, o absolutismo no século XXI deve garantir não só a ordem e a segurança, mas também o crescimento econômico e a prosperidade do povo.

A China, por exemplo, é tradicionalmente obcecada por um Estado forte, controlado por um governante absolutista (imperadores no passado e o Partido Comunista hoje) e dirigido por uma burocracia poderosa e competente.

No entanto, os defensores da liberdade e da democracia argumentam que um Estado poderoso, sem as cordas do Estado de Direito e de um governo responsável, destrói a liberdade individual e impede o surgimento de uma sociedade civil forte. Na política, como na economia de mercado, a falta de concorrência cria monopólio, ineficiência e tirania.

O filósofo político John Locke, contemporâneo de Hobbes, foi vítima do Leviatã. Depois de testemunhar seu amigo Lord Ashley (Conde de Shaftesbury), um proeminente líder político, ser arbitrariamente preso e julgado por alta traição, e de ter-se mudado para a Holanda após a absolvição, Locke decidiu se juntar ao amigo no exílio. Já não era seguro para um simpatizante do Partido Whig viver pacificamente no país. Durante seu tempo na Holanda, Locke escreveu seu *Dois Tratados sobre o Governo*, que se tornou uma das obras políticas mais influentes já escritas.

Locke criticou o direito divino dos reis e a noção de que o Estado tem o poder de esmagar as liberdades das pessoas e os direitos naturais. Ele argumentou que Deus nos deu razão e liberdade, que nos ligam em um conjunto de princípios e deveres morais. Das leis naturais emerge a noção de "direitos naturais", ou seja, o direito à vida, à liberdade e à propriedade. São direitos invioláveis que vinculam os governantes e o povo em um contrato social. Os governantes podem ser removidos quando violarem esses valores sagrados do contrato social.

O argumento de Locke foi bem ilustrado pela Revolução Gloriosa de 1688 (que ele apoiou). Quando o rei britânico, Jaime II, desrespeitou a liberdade religiosa e pisoteou os direitos naturais das pessoas, violou o contrato social. Guilherme de Orange e Mary (irmã do rei da Inglaterra) atravessaram o canal da Holanda para a Grã-Bretanha e tiveram o apoio e o consentimento do povo e do Parlamento para depor o rei. O casal assumiu o trono inglês como Guilherme III e Mary II.

O *Segundo Tratado sobre o Governo* de Locke se tornou a bíblia do liberalismo. Para os liberais, o governo legítimo depende do consentimento do povo e da capacidade de se limitar o poder do Estado. O liberalismo influenciou os Pais Fundadores dos Estados Unidos, dando a eles a justificativa moral para a Revolução Americana em 1776 e inspirando-os a conceber a Constituição dos EUA em 1787.

O papel das leis e da Constituição é limitar o poder do governo e preservar a liberdade individual, para que a sociedade floresça. A ideia de que o Estado deve salvaguardar a liberdade, o Estado de Direito e o governo responsável, a fim de garantir a permanência da paz interna, da prosperidade econômica e do bem-estar social, existe desde a Antiguidade.

Quando Sócrates foi condenado à morte em 399 a.C. pelo Estado ateniense, por corromper a juventude da cidade e desrespeitar os deuses, ele obedientemente aceitou sua sentença. Crito, seu amigo e discípulo, visitou-o em sua cela antes de sua morte e tentou persuadi-lo a escapar da prisão e deixar Atenas. Ele insistiu que o julgamento e a sentença eram injustos e argumentou que Sócrates não tinha nenhuma obrigação moral de aceitar o veredito arbitrário do tribunal. Crito insinuou que tudo estava preparado para a sua fuga. Sócrates recusou a oferta e o envolveu em um diálogo sobre o Estado, as leis e a justiça:

O que seria do Estado se os cidadãos não obedecessem às leis? O caos e a desordem prevaleceriam e minariam a existência da liberdade e da credibilidade do Estado.

Sócrates argumentou que ele devia tudo ao Estado. A cidade-estado ateniense foi responsável por seus pais se conhecerem e se casarem; por lhe dar a oportunidade de viver, estudar e desfrutar da liberdade e de uma boa vida. O Estado, então, também tinha o direito de tirar sua vida, se a decisão fosse tomada pelo devido processo legal. Afinal, não eram todos cidadãos de Atenas, responsáveis pela elaboração das leis e participação no governo, o que dá aos atenienses sua liberdade, poder, prosperidade e democracia?

Sócrates insistiu que tinha decidido, por sua livre vontade, viver em Atenas e cumprir suas leis e costumes. Agora, morreria honradamente obedecendo à lei em vez de fugir e traí-la. A lição de Sócrates é clara: o Estado não pode ser tratado como um instrumento narcisístico que serve apenas para garantir os nossos interesses pessoais e gostos. Sempre que desrespeitamos a lei, o pacto e as regras, contribuímos para enfraquecer o Estado, para minar a confiança nas instituições e para corroer a vida cívica. Quando a desobediência civil se torna endêmica, a liberdade perece; a corrupção destrói a credibilidade do governo e das instituições; e, no final, a civilização sucumbe à barbárie.

O desafio das democracias é construir um governo que tenha força para proteger a liberdade individual e o Estado de Direito, mas que não seja forte o suficiente para sufocar a sociedade civil – que é o epicentro de dinamismo, inovação, progresso e liberdade: o lugar onde uma química mágica ocorre transformando ideias e aspirações humanas em inspiradoras obras de artes, ciência, economia e política.

Sem abertura e liberdade, a sociedade civil não prospera e a democracia morre.

Desde o fim da Segunda Guerra Mundial, o Estado tem gradualmente expandido seus tentáculos, invadindo a sociedade civil, reduzindo a liberdade dos indivíduos e, em certa medida, inchando-se ao paparicar os cidadãos com benefícios e "direitos", fazendo-os, sem dúvida, parecerem crianças preguiçosas e mimadas.

6.12. Três desafios para moldar e adaptar o Estado

Para reanimar o seu vigor, é tempo de as democracias enfrentarem três questões cruciais. O primeiro desafio é: cortar os tentáculos do Estado, revitalizar a sociedade civil e tornar o governo mais eficiente. O segundo é: onde que quer ele tenha sido sequestrado por interesses especiais, deve-se resgatá-lo e torná-lo total e claramente responsável perante as pessoas novamente, como sempre deveria ter sido.

Por último, há um desafio mais complexo e especificamente moderno: temos de preparar o Estado para desempenhar um papel ativo e responsável em um mundo interligado, onde a cooperação global é essencial, tanto para o interesse de cada nação quanto para a manutenção da paz e da ordem internacionais.

6.12.1. Primeiro: limitar o poder do Estado

Existe uma percepção generalizada de que os tentáculos do Estado estão matando a sociedade civil e a democracia. São onipresentes, infiltrando-se em todos os aspectos da vida.

Das regras que regulam o setor financeiro ao número de bactérias aceitáveis em um pedaço de queijo, o Estado estabeleceu normas e procedimentos para muitas coisas. Ele invadiu a esfera privada da vida, controlando os movimentos das pessoas (das transações financeiras a andar pelas ruas), gerindo escolas públicas, hospitais e teatros e até ditando códigos de comportamento e impondo limites ao humor.

Piadas que não são politicamente corretas podem ser interpretadas como crimes sexuais ou raciais, sob o risco de se tornarem uma disputa judicial. O Estado espezinhou a independência da sociedade civil e restringiu a liberdade individual.

Um Estado sobrecarregado gera um governo ineficiente, que raramente satisfaz as reivindicações e as expectativas dos cidadãos. Os Estados democráticos inchados caem na mesma armadilha que os autoritários. Criam incentivos que estimulam a conformidade e a complacência, e não os cidadãos responsáveis. Geram indivíduos viciados no Estado em vez de uma sociedade civil forte – que sempre foi o motor da mudança, espontaneidade, experimentação, criatividade e adaptação em sociedades democráticas. Assim, cortar os tentáculos indesejados do Estado, para reavivar o espírito e a energia das democracias, é uma tarefa urgente.

6.12.1.1. Recriar as circunstâncias – e o gosto – por um governo limitado

A primeira medida necessária é restaurar o conceito, a sensação e a ideia de governo *limitado*. As democracias não podem florescer, a liberdade individual não pode prosperar, e um governo responsável, com seu Estado de Direito, não pode germinar com sucesso em uma sociedade dominada por um governo todo-poderoso.

A democracia moderna é filha do Iluminismo – o movimento filosófico do século XVIII que enfatiza a importância da razão como princípio orientador na criação de uma nação mais próspera, livre e feliz. Os filósofos do Iluminismo acreditavam que a razão e a ciência são a base necessária para livrar a sociedade da superstição, ignorância, preconceito, fanatismo e miséria. Argumentaram que a razão, o conhecimento e o humanismo libertam os indivíduos da ilusão de que vivemos em um mundo estático, capaz de ser governado por príncipes absolutistas, dogmas religiosos e pela aceitação fatalista de que o nosso destino na sociedade é selado por Deus.

A crença de que a razão, a ciência e o livre-arbítrio têm o poder de nos libertar do dogma da Idade Média que nos condenou a sermos meros peões no tabuleiro da vida, no qual reis e papas nos moviam à sua vontade para cumprir a vontade de Deus, foi, na época, bastante revolucionária.

O Iluminismo ressuscitou ideias filosóficas da Grécia Antiga e de Roma. Do louvor de Aristóteles ao livre-arbítrio, e ao conhecimento empírico, aos admiráveis discursos de Cícero defendendo a liberdade e o Estado de Direito, atacando tiranos, esses conceitos se tornaram referências indispensáveis. Na verdade, conquistaram a admiração da geração iluminista inicial.

De Montesquieu, Diderot e Voltaire aos "Pais Fundadores" dos EUA – Benjamin Franklin, Thomas Jefferson, James Madison e Alexander Hamilton – as obras dos filósofos gregos e romanos eram leitura obrigatória.

Esses líderes Iluministas tinham uma coisa em comum: odiavam a tirania. Não importava se era a tirania dos reis ou a tirania do povo. Seu pensamento político era centrado em um tema importante: como limitar o poder do governo, a fim de garantir a liberdade individual. A democracia representativa (e não a democracia direta, como era na Grécia antiga) foi a solução que encontraram para evitar o despotismo e garantir a ordem política e a liberdade do povo.

Mas o bom funcionamento da democracia representativa exige um equilíbrio adequado de valores, de caráter e de instituições. "Equilíbrio" foi uma palavra-chave na compreensão do Iluminismo. Era um elemento fundamental para moldar os valores, formar o caráter e moldar as instituições.

Eles perceberam que a educação e a busca pelo conhecimento refinam a razão humana e equilibram os impulsos emocionais; que a ciência promove o avanço da sociedade e a melhoria da condição humana, libertando os indivíduos do misticismo, da ignorância e da barbárie; e que a civilidade e a polidez refinam o caráter, restringem o comportamento e promovem a bondade, a moderação e a tolerância.

Essas virtudes criaram uma elite de cavalheiros que partilhavam valores comuns, princípios centrais e nobres aspirações:

> Ser um cavalheiro era o pré-requisito para se tornar um líder político. Significava ser cosmopolita, elevar-se para ter uma visão ampla dos assuntos humanos e estar livre dos preconceitos, do paroquialismo e do entusiasmo religioso do vulgar e do bárbaro.[117]

[117] WOOD, Gordon. *Revolutionary characters: what made the founders different*. New York: The Penguin Press, 2006, pp. 15.

O equilíbrio era um elemento crucial na formação das instituições. Os "Pais Fundadores" dos EUA conceberam um complexo sistema de verificação e equilíbrio para manter a harmonia entre os ramos legislativo, executivo e judiciário do governo. E o poder era equilibrado não só entre os ramos do governo – mas também entre o governo federal e os estados.

O "federalismo" pretendia garantir que os estados mantivessem um grau elevado de poder para decidir suas políticas em setores como educação, segurança e impostos. A descentralização do poder também limita a interferência do governo na sociedade civil: permite o surgimento de comunidades autônomas, com características próprias e promove uma sociedade de cidadãos responsáveis que, juntamente com o autogoverno, valorizam a autonomia pessoal e a liberdade.

A noção de equilíbrio também estava presente no sistema eleitoral. Mas aqui o objetivo era alcançar outro tipo de balanço: entre a vontade das pessoas e o bem-estar da nação. Nos Estados Unidos, as pessoas escolhiam os membros da Câmara dos Representantes, mas o Senado era eleito por assembleias de estado, e o presidente, escolhido pelo voto do povo, mas eleito por um colégio eleitoral. Na Grã-Bretanha, a coroa é hereditária; a Câmara dos Lordes era uma câmara superior povoada pela aristocracia; e a Câmara dos Comuns era eleita pelo povo.

Os Iluministas acreditavam que o equilíbrio fosse uma força poderosa da natureza: nela, o argumento subjacente indicava, tudo está interligado, conectado, entrelaçado. O resultado é a harmonia. Na política, o bem-estar dos indivíduos depende da existência de um governo limitado e de comunidades locais fortes, nas quais costumes, tradições, religião e laços familiares forjam os laços de solidariedade, cooperação e sentimento de pertencimento à comunidade.

Como na natureza, a tese continua, a sociedade evolui. Precisa criar seus próprios mecanismos para permitir mudanças graduais de comportamento, costumes e crenças, a fim de se adaptar a novas realidades. As leis não são mandamentos sagrados, mas devem ser revistas de tempos em tempos, conforme a sociedade progride.

A escravidão, por exemplo, era uma prática aceitável no século XVIII, mas tornou-se imoral no século XIX e foi abolida.

Um problema surge se as leis e as instituições se degenerarem de tal forma que a democracia representativa não tenha qualquer ressonância com o conceito original de governo limitado. O objetivo da ordem política é garantir a liberdade individual. Mas a liberdade só floresce em uma sociedade na qual o poder do governo é limitado por valores, costumes, leis e instituições. Se perdermos a fé nos princípios fundamentais do Iluminismo, o governo limitado já não será visto como uma virtude.

A dissociação da razão, da ciência e do conceito de progresso das crenças políticas centralizadas de uma nação – com a tendência de buscar ganhos materiais à custa de sentimentos morais de simpatia e altruísmo – é trágica para uma sociedade. Isso exacerba o individualismo além de sua básica *raison-d'être* e sustenta ganhos de curto prazo junto a uma visão utilitária da política e da sociedade – levando à corrosão da confiança social anteriormente subjacente.

Adam Smith, um dos principais pensadores do Iluminismo, escreveu um tratado filosófico, *Teoria dos Sentimentos Morais*, no qual afirma o perigo de uma sociedade que abandonou as salvaguardas dos "sentimentos morais":

> A grande fonte da miséria e dos transtornos da vida humana parece resultar de uma supervalorização da diferença entre uma e outra situações permanentes. A avareza superestima a diferença entre pobreza e riqueza: ambição, entre o privado e o público; a vaidade, aquela entre obscuridade e reputação extensa. A pessoa sob a influência de qualquer uma dessas paixões extravagantes não só é miserável em sua situação real, como muitas vezes está disposta a perturbar a paz da sociedade, a fim de alcançar o que tão insensatamente admira. A menor observação, no entanto, pode satisfazê-lo, de que, em todas as situações comuns da vida humana, uma mente bem-disposta pode ser igualmente calma, alegre e satisfeita. Algumas dessas situações podem, sem dúvida, merecer ser preferidas a outras: mas nenhuma pode merecer ser perseguida com o ardor apaixonado que nos leva a violar as regras da prudência ou da justiça; ou corromper a futura tranquilidade de nossas mentes, seja pela

vergonha da lembrança de nossa própria loucura, ou pelo remorso do horror de nossa própria injustiça.[118]

Sem a existência das restrições morais e culturais das leis, costumes, tradição, civilidade e responsabilidade cívica, o governo limitado não pode manter o equilíbrio adequado de forças entre o Estado e a sociedade civil e o equilíbrio de poder entre os ramos executivo, legislativo e judiciário do governo.

As virtudes da moderação e do compromisso dão lugar à disputa para conquistar o poder, com a tendência de usar leis e instituições para promover interesses especiais, defender atos partidários e se concentrar em objetivos eleitorais de curto prazo, deixando a sociedade pior.

Quando a confiança social se deteriora, a confiança em governos limitados e instituições políticas diminui tanto que as pessoas começam a argumentar por mais intervenção estatal e governamental nos mercados e na sociedade civil, para disciplinar ambição individualista excessiva e conter o poder distorcido dos poucos privilegiados.

Esse lamentável padrão perseguido pelas democracias tem causado três grandes males: o engrandecimento do Estado, com uma extensão de seus tentáculos que sufoca a liberdade individual, dos mercados e da sociedade civil; a emergência de cidadãos mimados, desprovidos de espírito cívico e dependentes do Estado; e maior ineficiência do governo. Para combater esses males, temos de limitar seu poder e reconstruir um Estado eficaz. Também temos de restabelecer o sentido do espírito cívico.

6.12.2. O segundo desafio: capacitar o Estado

A discussão sobre se o Estado deve ser grande ou pequeno é irrelevante. O importante é que seja justo e eficaz. A tarefa de capacitar o Estado, melhorando o desempenho do governo, é uma das mais difíceis que as democracias modernas enfrentam.

118 SMITH, Adam. *The theory of moral sentiments*. Editado por D.D. Raphael e A.L. Macfie. Indianapolis: Liberty Fund, 1982, pp. 149.

Os cidadãos julgam governos por sua capacidade de prestar bons serviços públicos. Quando os políticos exageram nas promessas e não podem oferecer algo assim, o povo elege um novo governo. Mas uma vez que não cumprir promessas nem melhorar os serviços públicos se torna um problema crônico e recorrente, a censura dos governos leva ao descrédito das instituições e, no longo prazo, à descrença nas virtudes da democracia. Assim, capacitar o Estado é uma das tarefas mais importantes para as democracias, e não é das mais fáceis.

Os professores Lant Pritchett, Matt Andrews e Michael Woolcock rotularam a dificuldade dos países em capacitar os Estados e alcançar um alto nível de desempenho como *big stuck*.

Eles argumentam que um dos obstáculos mais comuns para melhorar a capacidade do Estado deriva da prática de "copiar e colar" políticas de sucesso recomendadas por especialistas técnicos. A tentativa de transplantar leis e políticas a partir das "melhores práticas" de outros países para combater a corrupção ou melhorar o desempenho do sistema educacional muitas vezes leva a resultados frustrantes e mina a experiência de melhorar o desempenho do governo.

O estudo liderado por Pritchett e seus colegas analisou e classificou mais de cem nações por sua propensão a desenvolver altas capacidades estatais, em uma escala de zero (mais baixo) a 10 (mais alto). O resultado do estudo foi um choque.

Apenas oito países foram classificados como tendo um Estado com capacidade superior a 6,5. Metade dos países revelou uma capacidade fraca ou muito fraca, e um número significativo (70 dos 100) mostrou que ela estava se deteriorando.[119]

Não é uma boa notícia para a construção de instituições democráticas de credibilidade. O desempenho do governo – a capacidade de prestar serviços públicos de qualidade, de forma eficaz e sensível – talvez seja o fator mais importante para determinar a sua credibilidade.

---

[119] ANDREWS, Matt; PRITCHETT, Lant; WOOLCOCK, Michael. *Building State capability: evidence, analysis, action*. Oxford: Oxford University Press, 2017, pp. 11.

Se as leis e as políticas não estiverem alinhadas com os arranjos institucionais e cultura locais, tornam-se nulas e fazem mais mal do que bem. Elas serão tratados pelos vários organismos da sociedade – governo, burocracia, sociedade civil, empresas e tribunais – como um vírus que deve ser expulso pelo sistema imunológico do arranjo institucional.

Em vez de ajudar a construir as capacidades do Estado e melhorar o desempenho do governo, políticas dissociadas das realidades locais incentivam a criação de atalhos e artérias secundárias que contribuem para o aprofundamento do *big stuck*. Um exemplo é um país em que se pode levar mais de três meses para obter uma licença de construção para um projeto através de agências institucionais formais, mas, ao usar as artérias secundárias (arranjos informais), "acordos" podem ser feitos e uma licença pode ser emitida em algumas semanas.

Os brasileiros criaram um ditado popular para explicar este tipo de fenômeno. Eles dizem que "algumas leis 'pegam', e outras 'não pegam'". Estão falando das leis que, na prática, não são aplicadas, obedecidas ou até mesmo lembradas.

Um exemplo foi uma cláusula da Constituição de 1988 que proibia os bancos de cobrarem mais de 12% de juros ao ano (quando a inflação já tinha ultrapassado 980% ao ano). Uma vez que as taxas de juros são determinadas pelos mercados e não por cláusulas constitucionais, a lei não "pegou" e foi finalmente tirada da Constituição em 2003.

O mundo tem vários exemplos de países com boas leis e políticas que não "pegaram". Uganda tem uma das melhores leis anticorrupção do mundo, mas a corrupção ainda existe por lá. No papel, Honduras e Geórgia têm um padrão mais alto de contabilidade do setor público do que as nações desenvolvidas. Contudo, na realidade, quando o assunto são dados e informações confiáveis, estão muito atrasados em relação a países como França, Alemanha e Grã-Bretanha.[120]

Matt Andrews, da Harvard Kennedy School, sugere que, para evitar a armadilha do *big stuck*, os Estados devem se concentrar na

---

[120] ANDREWS, Matt. *The limits of institutional reform in development: changing rules for realistic solutions*. New York: Cambridge University Press, 2013, pp. 112.

adaptação iterativa orientada a problemas (PDIA) em vez de imitar soluções técnicas de "melhores práticas" que não resolvem problemas locais.

Ele argumenta que capacitar um Estado deve ser um esforço permanente para identificar problemas reais, envolver as pessoas em resolvê-los e criar mudanças adaptativas para melhorar o desempenho do governo. A abordagem PDIA presume que problemas recorrentes de política pública não são apenas uma questão técnica, mas um desafio adaptativo que exige mudanças de cultura e comportamento. Em outras palavras, quando esforços técnicos *e* adaptativos são combinados para resolver problemas reais, o país é capaz de capacitar o Estado e melhorar o desempenho do governo.

O primeiro passo consiste em: definir o problema e construir uma narrativa para mobilizar as pessoas a resolvê-lo. É mais fácil culpar os outros criando inimigos fictícios (potências estrangeiras, imigrantes e partidos da oposição) do que descobrir o que fizemos de errado e como podemos resolver o problema olhando para os fatos. Assim, os dados são uma ferramenta importante na compreensão da natureza do problema, separando fatos da ficção.

6.12.2.1. A determinação para produzir alterações

Michael Barber, que foi chefe da Unidade de Entrega do primeiro-ministro britânico Tony Blair na Grã-Bretanha, enfatizou a importância de estabelecer prioridades e definir métricas para avaliar o progresso. Dados, ciência e evidência ajudam os políticos a estabelecerem metas realistas, evitando assim a armadilha de metas exageradas que não podem ser alcançadas.

Barber tem razão quando aborda a importância do *processo* de execução das políticas públicas. Muitas vezes, a discussão do assunto é focada no uso do poder, na coragem dos líderes em pressionar pela mudança ou em uma análise técnica de seus resultados – tais como a redução de uma taxa de criminalidade ou a melhoria nos resultados de testes escolares. Todavia, raramente examina-se a parte mais difícil: o processo de implementação. Tendo sido assessor de muitos políticos depois de sua bem-sucedida temporada trabalhando para Blair, Barber enfatiza que 90% do sucesso de uma política está na eficácia do processo de implementação.[121]

Quando era chefe da Unidade de Entrega da Grã-Bretanha, Barber seguiu uma agenda de cinco pontos para as pessoas no governo implementarem políticas de forma eficaz:

- **Ambição** – Sem barganhas. Faça o que for preciso;
- **Foco** – Nunca se distraia;
- **Clareza** – Recolha e examine os dados. Confronte os fatos brutais e não tenha medo de contar ao primeiro-ministro;
- **Urgência** – Contra-ataque constantemente a tendência ao atraso das burocracias;
- **Irreversibilidade** – A mudança precisa ser vista para que continue a ser mudada.[122]

Esse é um precioso conselho para superar os obstáculos da implementação de políticas públicas e melhorar o desempenho do governo. O escopo da tarefa deve ser determinado por dados e evidências, por um lado, e "autorização política" por outro; isso significa que o presidente ou o primeiro-ministro devem estar cientes do risco político que correm ao buscar políticas inovadoras.

Ambição: Uma vez definido o escopo da tarefa, não pode haver concessões. A única pessoa que pode puxar o botão de emergência e parar o processo de implementação é o presidente ou o primeiro-ministro. Nunca devemos esquecer que aqueles que são eleitos pelo povo são quem tomarão bordoadas da imprensa, dos eleitores, da oposição e de partidos recém-formados, se as coisas não correrem bem. É por isso que é tão importante ter um bom diagnóstico técnico, baseado em dados e evidências, e o pleno apoio e consentimento do líder político para decidir o escopo de um plano de ação.

---

[121] BARBER, Michael. *How to run a government: so that citizens benefit and taxpayers don't go crazy*. London: Penguin Books, Random House, 2016, pp. 36

[122] BARBER, Michael. *How to run a government: so that citizens benefit and taxpayers don't go crazy*. London: Penguin Books, Random House, 2016, pp. 44

Foco é muito importante e difícil de manter. Em primeiro lugar, o chefe de governo deve capacitar ministros, decisores políticos, funcionários públicos e as demais pessoas a correrem riscos, testarem novas ideias e avaliarem o resultado de novas políticas e práticas. Os políticos muitas vezes desviam a atenção para outros objetivos e esquecem o compromisso e autorização que deram a uma força-tarefa para entregar o que havia sido combinado. Assim, é crucial que o chefe da equipe da Unidade de Entregas esteja sempre checando a liderança do governo sobre ainda terem o apoio político para avançar. As circunstâncias mudam, assim como as prioridades políticas.

Em segundo lugar, é importante limitar as tarefas da Unidade de Entrega. Ao trabalhar com diversos governos locais durante muitos anos, tenho visto com frequência Unidades de Entrega bem-sucedidas serem inundadas com muitos pedidos de prefeitos e governadores para realizar tarefas que não faziam parte do seu escopo original ou das prioridades previamente acordadas. Essas equipes acabam fazendo o trabalho de outros departamentos e mergulhando em microgerência até estarem tão sobrecarregadas que se tornam ineficazes, até mesmo incitando animosidade em outros departamentos do governo.

O ciúme político pode comprometer o desempenho do governo. Em vez de aceitar novas tarefas, as Unidades de Entrega devem enfrentar os líderes políticos e alertá-los sobre qualquer necessidade de reformular os objetivos e prioridades previamente acordados, a fim de garantir que os objetivos sejam alcançados e as tarefas, cumpridas.

Clareza é essencial – evidências e dados resultantes da ação devem ser coletados, resultados devem ser avaliados, problemas e resistência à mudança devem ser identificados, *feedbacks* coletados e as premissas do plano podem precisar de revisão.

É importante, na abordagem de Barber, criar um *ambiente de exploração* em um distrito da cidade, ou mesmo um departamento do governo, para estimular os indivíduos a se desviarem dos padrões e procedimentos estabelecidos que causaram o problema: em uma frase atribuída a Albert Einstein, "nós não podemos resolver nossos problemas com o mesmo nível de pensamento que os criou". Neste ambiente de exploração, o escopo do trabalho deve ser limitado a experimentos locais, com objetivos faseados, *feedback* rápido para corrigir erros – descartando-se as ideias ruins e celebrando as pequenas vitórias. Aprender é responder e se adaptar.

Esta é a essência de "iterar": aprender algo, voltar, corrigir erros e seguir em frente. Esse processo de aprendizagem mão na massa não só ajuda a conseguir soluções técnicas eficazes, como aumenta a consciência das pessoas a respeito dos desafios que devem ser enfrentados, o que muitas vezes pode envolver a revisão de crenças, atitudes e comportamentos. Como Matt Andrews nos lembra, durante o processo iterativo é importante detectar pessoas que se desviam da prática atual e adotaram soluções inovadoras para resolver problemas difíceis. Às vezes, esse *desvio positivo* significa simplesmente adotar uma atitude diferente, encontrar soluções práticas para problemas aparentemente difíceis.

6.12.2.2. Uma lição de liderança

Lembro de trabalhar em um projeto educacional em um dos bairros mais violentos do Rio de Janeiro. Como esperado, as escolas estavam em condições terríveis, as crianças não aprendiam, havia poucos professores e aqueles que estavam ensinando tinham que enfrentar ameaças violentas dos próprios estudantes em um território de gangues de traficantes. Mas uma escola no meio dessa cena caótica era muito diferente de todas as outras. Na verdade, ela tinha alcançado uma pontuação alta na avaliação nacional – colocando-a entre uma das melhores escolas, entre públicas e privadas, do Rio de Janeiro. Não demorou muito para descobrir o que tornava a escola tão especial: sua diretora.

Uma mulher negra, baixinha, com um sorriso encantador, cumprimentou-me na escola e me levou a um *tour* rápido. A escola estava limpa e bem mantida. As crianças estavam atentas na sala de aula. Em contraste com outros diretores, que se queixaram sobre a falta de financiamento do governo para melhorar a qualidade do edifício e da violência na escola, ela falou apenas sobre como seus alunos eram especiais.

Apontou para uma garota e me contou de sua paixão pela ciência, dizendo que previa um futuro brilhante para a menina. Apresentou-me a um garoto que estudava muito para uma competição de matemática. Contou dos talentos e habilidades fabulosas de cada um de seus alunos.

Perguntei a ela como conseguira recrutar bons professores e livrar a escola dos maus (no Brasil, é quase impossível despedir um professor ruim). Ela sorriu, olhou para mim e disse: "eu transformo a vida deles em um inferno". O que quis dizer: ela era uma diretora exigente. Ela pressionava os professores não só para serem melhores no ensino, como para inspirarem seus alunos.

Pedia planos de aula; sentava-se na sala de aula para dar *feedback* construtivo aos professores; enfatizava a importância da missão dos professores de incitar a curiosidade intelectual das crianças, ensinar valores, servir como exemplo e pressionar os alunos para aprender e desenvolver seus talentos.

Ao se encontrar com os pais, ela ressaltava o tempo todo que a educação era a única esperança de um futuro melhor para seus filhos e que eles deveriam ajudar a desenvolver a aprendizagem, sentando-se com eles durante as lições de casa, conversando sobre o que eles aprendiam na escola. Sua simpatia e otimismo contagiante falando sobre a importância da educação para as crianças foi eficaz em ajudá-las a criar rotinas de estudo em casa.

Mas talvez o papel mais significativo tenha sido a capacidade de reunir todas as partes interessadas em torno de sua crença apaixonada no poder transformador da educação, mobilizando e atribuindo um papel importante e digno para cada um deles – alunos, professores e pais. Todos são responsáveis – e ela fez com que todos se sentissem responsáveis – por educar as crianças para que tenham um futuro mais promissor.

A atitude corajosa e contagiosa da diretora desta escola para com a educação foi um exemplo de *desvio positivo*. Sua escola se tornou uma referência importante para outras. Suas ações inspiraram outros diretores. Seu exemplo pessoal fez com que alguns de seus pares sentissem vergonha de queixas mesquinhas. Ela era sensível ao problema e, com seu sorriso, atitude positiva e determinação, decidiu criar uma boa escola em vez de apontar dedos para o governo ou ignorar a situação.

Seu exemplo pessoal, caráter e propósito virtuoso revelaram que era possível produzir melhores resultados apenas adotando uma postura diferente e focando no que as crianças devem aprender, acreditando no poder transformacional da educação e do impacto em suas vidas.

Iteração significa responder constantemente aos principais desafios que o problema traz ao ser enfrentado e incentivar as pessoas a aprender, engajar e experimentar novas ideias. Esse processo foi vital para conquistar a confiança dos professores e estudantes, e ganhar o respeito dos pais e líderes comunitários – até mesmo os líderes de gangues de traficantes. *Confiança social* é um elemento crucial para estimular a mudança e para capacitar as pessoas para resolver problemas.

Liderança não se trata de posição. Trata-se de ação, mobilizando as pessoas para enfrentar a realidade e desafiando-as a enfrentar problemas difíceis. Trata-se de evocar e inspirar as pessoas com exemplos pessoais e depois usar poder e autoridade para apoiar os cidadãos que se desviam dos padrões estabelecidos para que procurem soluções inovadoras a problemas recorrentes.

A liderança não é usar a autoridade investida para fingir ser um oráculo de respostas e soluções para os problemas da comunidade. Líderes *ajudam* as pessoas e a sociedade a desenvolverem capacidades para resolver os *próprios* problemas porque, em última análise, terão de suportar as consequências de suas próprias decisões.

Como disse uma vez o primeiro-ministro do Reino Unido, Tony Blair, "não vejo qualquer sentido em ser primeiro-ministro a menos que assuma riscos".[123]

6.12.2.3. Inspire, mas provoque

Se o papel inspirador da liderança é *evocar*, o menos glamoroso, mas absolutamente necessário, é *provocar*: criar um senso de urgência e mobilizar as pessoas para enfrentar os fatos brutais.

---

[123] BARBER, Michael. *How to run a government: so that citizens benefit and taxpayers don't go crazy*. London: Penguin Books, Random House, 2016, pp. 60.

Informação e evidência são ingredientes cruciais para criar uma narrativa eficaz capaz de explicar por que devemos enfrentar o problema e o que pode ser feito para mobilizar as pessoas a enfrentarem um desafio.

Histórias ajudam a criar um senso de urgência, um propósito em comum e a motivação certa que tem o poder de unir as pessoas e encorajá-las a enfrentar os sacrifícios e perdas necessários para resolver problemas difíceis.

O fracasso em combinar fatos, dados e evidências com uma poderosa *narrativa* pode ser um obstáculo complicado para capacitar um Estado. Pode levar pessoas e nações a cair em três armadilhas comuns. Elas podem ser descritas da seguinte forma:

1) Ignorar o problema e suas consequências para a sociedade. A reforma da educação, por exemplo, dificilmente era vista como a prioridade máxima nas democracias emergentes durante muitos anos. Os governos tinham outras prioridades, como combater a violência e a insegurança, investir em projetos de infraestrutura e atrair investimentos estrangeiros. A educação era vista como uma questão secundária, que demandava enfrentar custos políticos elevados.

Em sociedades onde as pessoas são analfabetas e a maior parte da renda vem da agricultura, a educação ajudou a tirar os jovens do trabalho doméstico da família, desafiando costumes estabelecidos (como permitir que meninas fossem para a escola). Mas uma vez que a educação foi entendida como um ativo vital para aumentar a produtividade e a renda, melhorar a saúde e reduzir a violência, os governos se comprometeram a fazer crianças e jovens frequentarem a escola.

Segundo *Our World in Data*, em 2016, 86% da população mundial estava alfabetizada. É claro que ainda existem países na África subsaariana – como a Nigéria, o Burkina Faso e o Sudão do Sul – onde a taxa de alfabetização é inferior a 30%. Mas esses bolsões de analfabetismo se tornaram exceção.[124]

---

[124] ORTIZ-OSPINA, Esteban; ROSER, Max. "Literacy". *Our World in Data*. 2013. Disponível em: <https://ourworldindata.org/literacy>. Acesso em: 15 de abril de 2022.

2) Acreditar que as soluções técnicas podem resolver problemas adaptativos complexos. As políticas recomendadas por especialistas técnicos de instituições multilaterais e fundações internacionais são importantes fonte de apoio e de fundos para os governos dos países em desenvolvimento. Sua ajuda e suas recomendações podem trazer alívio temporário às nações emergentes, mas raramente promovem mudanças substanciais, em termos de melhorar as capacidades do Estado.

Os países que adotaram reformas do setor público recomendadas pelo Banco Mundial alcançaram resultados decepcionantes em termos deste reforço; entre 2007 e 2009,

> menos de 40% dos oitenta países que receberam apoio do Banco Mundial para a reforma do setor público registraram melhores pontuações de governança nesse período. Um quarto destes países viu, na verdade, tais pontuações diminuírem, enquanto mais de um terço permaneceu igual.[125]

Em outras palavras, não existe um atalho fácil para capacitar um Estado: isso exige que os países estejam dispostos a enfrentar problemas difíceis e a pressionar por mudanças complexas de atitude e crenças.

3) Cidadãos e governos não têm a vontade e a coragem de assumir os riscos e os custos de resolver problemas difíceis. Em muitas democracias ricas, os países sofreram uma grande mudança na demografia e na expectativa de vida. No entanto, os europeus resistem a qualquer tentativa de rever os generosos benefícios previdenciários e sociais. Como conclusão geral, o sistema de bem-estar concebido após a Segunda Guerra Mundial já não é acessível em uma sociedade com população envelhecida, baixo crescimento econômico e ganhos modestos de produtividade.

Ao adiar as mudanças necessárias, os governos agravam o problema; os custos políticos e sociais da reforma dos benefícios sociais

---

125 ANDREWS, Matt. *The limits of institutional reform in development: changing rules for realistic solutions.* New York: Cambridge University Press, 2013, pp. 13.

aumentam muito, e a sociedade paga por isso. A dívida pública aumenta, as oportunidades de emprego para os jovens diminuem, uma carga fiscal pesada reduz o dinamismo e a competitividade do setor privado, e as pessoas – idosos, jovens, classe média, empresariado – ficam viciadas em benefícios sociais e econômicos, o que representa um enorme custo social para todos. Em uma economia disfuncional, a dependência do governo freou a coragem para reformar o Estado e a determinação para promover a mudança. Apresenta uma imagem brilhante dos perigos de preservar o *status quo* a todo o custo e de minar a mudança gradual e a inovação.

Ao reformar o governo, os líderes públicos precisam comandar pelo exemplo pessoal, incentivar o desvio positivo em seus seguidores e ter ferramentas eficazes para livrar o setor público de seus males – ação lenta, processos burocráticos que comprometem a eficácia dos serviços públicos e aversão ao risco que mina a eficiência das políticas públicas e corrói a credibilidade das instituições democráticas ao desencorajar a inovação e a mudança gradual.

A luta para construir capacidades estatais nas democracias é um esforço contínuo para destacar e aprimorar as virtudes potenciais do setor público: motivação impulsionada por um senso de propósito público, visão de longo prazo dos interesses do país e a legitimidade de um governo responsável e de instituições credíveis, capazes de preservar a ordem, a segurança, a liberdade individual e o Estado de Direito.

É por isso que as reformas devem estar focadas em objetivos claros e concretos (tais como melhorar as capacidades de aprendizagem de um distrito escolar ou reduzir a mortalidade infantil) e não em atividades relacionadas com os meios (tais como questões regulamentais ou discussões de orçamentos).

Por outro lado, a liderança por si só não é suficiente para assegurar a criação de instituições fortes e de credibilidade.

O sucesso da implementação é a capacidade de institucionalizar a política pública a fim de torná-la irreversível. As pessoas na era da informação estão acostumadas com serviço de qualidade, velocidade e "preço justo". Quando o serviço público é considerado de baixa qualidade – lento e caro para os contribuintes –, a credibilidade do governo diminui. A aplicação das leis e dos direitos, a eficácia do governo e a capacidade de prestar serviços públicos de alta qualidade exigem uma burocracia credível e digna.

6.12.3. O terceiro desafio: criar uma burocracia eficiente que seja focada na prestação de um bom serviço público

Uma característica comum compartilhada por democracias maduras é sua burocracia eficiente. A elite dos funcionários públicos é recrutada nas melhores universidades e instituições de Administração Pública do país. Eles são educados e treinados para servir seu país com os mais altos padrões de excelência, competência e eficiência.

A França, por exemplo, criou o famoso ENA (*École Nationale D'Administration*), uma das mais prestigiadas instituições de Administração Pública do mundo para formar a elite dos funcionários públicos. A ENA é a alma mater não só dos diplomatas e altos funcionários públicos, como dos líderes políticos mais importantes. O presidente Emmanuel Macron e o seu ex-primeiro-ministro Edouard Phillippe são ex-alunos da ENA.

Na Alemanha, a formação dos funcionários públicos fragmenta-se entre as universidades federais (incluindo a prestigiada Universidade Speyer), as escolas locais de Administração Pública nos estados e as fundações ligadas aos partidos políticos (como a Fundação Konrad Adenauer, do Partido Social Democrata).

Na Grã-Bretanha, os principais funcionários públicos são recrutados nas melhores universidades do país, como Oxford, Cambridge e a London School of Economics. Nos Estados Unidos, existem dezenas de escolas de Administração Pública de alta qualidade nas universidades mais prestigiadas, como Harvard, Yale e Columbia.

Mas mesmo em países como a França, a Grã-Bretanha e a Alemanha, onde os funcionários públicos gozam de prestígio social e de reputação de serviços de alto nível, as burocracias precisam se adaptar a uma nova realidade.

As burocracias se tornaram organismos hierárquicos enormes e poderosos, com tantas camadas de funções e responsabilidades que comprometem a capacidade de prestar um bom serviço público aos cidadãos. O professor Paul Light, da Universidade de Nova York e do Instituto Brookings, fez um estudo comparativo sobre o aumento do tamanho da burocracia federal nos Estados Unidos. Ele concluiu que, durante a administração Kennedy, havia 17 camadas na burocracia; na época de Trump, o número tinha saltado para 71.

Existe, portanto, uma tendência de que os funcionários públicos se enredem na teia de procedimentos, regras e regulamentos que tornam a burocracia lenta, ineficiente e afastada da realidade. As múltiplas camadas tendem a distanciar os funcionários públicos dos problemas mais urgentes dos cidadãos e ajudam a criar uma máquina burocrática impessoal, dominada pela aversão ao risco, própria dos funcionários públicos. Hannah Arendt escreveu que a conformidade deles em seguir regras e procedimentos, independentemente dos resultados das ações e da eficácia na prestação de um serviço de melhor qualidade, representa "uma maior ameaça à liberdade e a essa civilidade mínima, sem a qual nenhuma vida comunitária é concebível, do que a mais escandalosa arbitrariedade das tiranias passadas jamais foi".[126]

A tradicional e rígida estrutura hierárquica burocrática, baseada em comando e controle, precisa ser reformulada. As burocracias precisam se adaptar a um sistema de rede em que os setores público, privado e o terceiro setor cooperem na formulação, implementação e até mesmo na execução de programas governamentais e serviços públicos.

Infelizmente, ao menos para aqueles que se aproveitam disso, é preciso observar que os privilégios de carreiras públicas estáveis e de empregos vitalícios são incompatíveis com a necessidade de estimular o governo ao dinamismo e a políticas e procedimentos inovadores.

Os funcionários públicos devem aprender novas competências e capacidades. Terão de polir importantes *soft skills*, tais como a

---

[126] ARENDT, Hannah. *Responsibility and Judgment*. New York: Schocken Books, 2003, pp. 4.

capacidade de influenciar as partes interessadas, colaborar com outros departamentos governamentais, trabalhar com equipes dos setores privados e não governamentais, além de atrair aliados e apoio para causas e projetos de políticos, especialistas em política, da sociedade civil e, em alguns casos, até mesmo da imprensa.

Tal como na maioria das profissões modernas, os funcionários públicos terão de aprender com os fatos, enfrentar uma forte concorrência por parte das instituições públicas, privadas e civis para desempenharem melhores serviços e, em alguns casos, terceirizar suas funções para instituições privadas e não governamentais. Terão de se empenhar na aprendizagem ao longo da vida, adquirir novas competências e aprender a ser mais flexíveis, até mesmo empreendedores, para resolver problemas e testar novos processos e ferramentas que tornem o governo mais eficiente.

As carreiras públicas na burocracia do Estado exigirão rodízio de tarefas, mais autonomia e responsabilidade individual pelas escolhas e ações. Aqueles que não tiverem um bom desempenho devem ser expulsos da função pública. Por outro lado, as burocracias devem seguir o exemplo de Singapura e pagar salários equivalentes aos do setor privado para funcionários públicos. A regra de ouro para atrair e reter talentos é válida universalmente: se você não reconhece os talentos das pessoas e não paga bem, perderá seus profissionais mais talentosos para outras organizações, para o setor privado ou para instituições sem fins lucrativos.

6.12.3.1. Tipos de burocracia

Como em qualquer processo de construção de capacidades estatais, não existe um modelo de referência da função pública para copiar e colar. Cada país tem suas peculiaridades culturais que moldam os arranjos institucionais e as burocracias. Na Dinamarca, por exemplo, uma média de 20 funcionários públicos são substituídos na nacionalmente quando o governo muda. No Brasil, por outro lado, não é desconhecido que mais de 30 mil funcionários públicos sejam substituídos após a eleição de um novo presidente.

Uma professora de Harvard, Merilee Grindle, escreveu um livro seminal sobre o patrocínio nas burocracias. Ela concluiu que os sistemas de patrocínio da burocracia são muitas vezes associados à corrupção, ao nepotismo e à ineficiência, mas que se impulsionados por princípios de eficiência e eficácia, também podem produzir grandes resultados, como no modelo weberiano de burocracia profissional, eficiente e antipatrocínio.

Prússia, Japão, Grã-Bretanha e França adotaram sistemas de patrocínio no passado, com resultados notáveis.[127] Assim, a definição do objetivo da burocracia – fornecer um serviço público de boa qualidade e eficaz – é a chave na concepção de incentivos, processos e práticas para encorajar um serviço público orientado para a qualidade, conduta ética e função pública profissional focada na resolução de problemas e na obtenção de resultados.

O fracasso em construir as capacidades estatais estimulará democracias de compadrio, governos fracos e burocracias debilitadas, abrindo um flanco para o oportunismo de interesses especiais e do clientelismo. Tal fracasso restringe a independência de um governo e a sua coragem para abraçar as reformas. Inibe o engajamento cívico e a mobilização, distribuindo regalias, ajudas e empregos. O restabelecimento da confiança dos cidadãos nas virtudes da democracia depende não só a capacidade de um país de construir um Estado de recursos e melhorar o desempenho do governo, mas também do poder do Estado para reduzir a influência de interesses especiais.

6.12.4. *O quarto desafio: libertar o Estado da camisa-de-força dos interesses especiais*

Se existe a percepção de que um governo nacional foi sequestrado por interesses especiais, transformando a política em um jogo fraudulento, a credibilidade das instituições democráticas fica abalada. Isso ajuda a transformá-lo em um provedor de benefícios e privilégios

[127] GRINDLE, Merilee. *Jobs for the boys: patronage and the State in comparative perspective*. Cambridge: Harvard University Press, 2012.

para grupos específicos, em vez de desempenhar o papel adequado de guardião dos interesses comuns da sociedade. Interesses especiais exerceram poder e influência extraordinários sobre partidos políticos, eleições e governos e tendem a excluir a participação cívica na vida pública. Por fim, os interesses especiais distorceram a política, pressionando os governos para atender às suas demandas de curto prazo e de ganhos imediatos. Os políticos ficaram viciados em "vitórias rápidas", que os ajudam a ganhar eleições e permanecer no poder. Ou seja, abdicam da visão de longo prazo sobre como interesses imediatos podem afetar os interesses duradouros da sociedade e de seu impacto negativo na vida das gerações futuras.

Em alguns casos, os interesses especiais contribuem para a transformação do Estado em uma fortaleza de privilégios. Nessas situações, os cidadãos só podem ter acesso à justiça, aos direitos ou ao governo se pertencerem a um grupo influente que luta por suas vantagens e as protege. Bill Emmot expressa isso em sua obra *The Fate of the West*:

> O tipo mais problemático de desigualdade é aquele associado aos direitos legais e políticos desiguais para diferentes grupos de cidadãos, porque essa desigualdade causa divisões e conflitos que correm o risco de minar a fé nos próprios sistemas sociais e políticos. Este tipo de desigualdade faz com que as pessoas se sintam impotentes e gera um sentido de injustiça.[128]

Democracias assim impedem a credibilidade de dois princípios valiosos: a igualdade de oportunidades e a mobilidade social. A desigualdade se torna tolerável quando as pessoas confiam que o talento individual, o trabalho árduo e a aquisição de conhecimentos e competências podem levá-los a uma posição de sucesso.

Nas democracias, a mobilidade social representa o triunfo do mérito, do talento, do esforço, da temeridade e da liberdade de escolha. Mas uma vez que as pessoas acreditam que a *isonomia* (aquela dos antigos escritores gregos como Heródoto e Tucídides) – tratamento

---

[128] EMMOT, Bill. *The fate of the west: the battle to save the world's most successful political idea.* London: Profile Books, 2017, pp. 22.

igual perante a lei, igualdade de oportunidades, igual acesso à justiça – desapareceu, a confiança na democracia retrocede.

Quando os interesses especiais recebem tratamento diferenciado, os princípios democráticos básicos são distorcidos por sua influência negativa. Quando isso é difundido, extraem tantas vantagens do Estado que o governo se torna disfuncional – demasiado centralizado e ineficiente, invadindo a liberdade das pessoas.

Tal situação também prejudica a autonomia do governo local. Como principal resultado, os favores concedidos a interesses especiais contribuem para o aprofundamento de um espírito tribal, que destrói a unidade social. Além disso, promovem disputas entre os próprios grupos de interesse, aumentando o tempo e o esforço gasto em uma disputa permanente de gladiadores para influenciar políticos, governos e moldar políticas. O êxito destes esforços depende do incentivo à divisão em lugar do consenso. Eles minam a noção de proveito comum e trabalham para bloquear reformas liberalizantes que ameaçam seus interesses corporativistas.

Todas as vezes que os interesses especiais sequestraram o Estado, o resultado foi desastroso. Situações assim produziram um sistema de bem-estar insustentável, responsável por gerar benefícios trabalhistas muito generosos, subsídios para indústrias problemáticas, benefícios altos para a classe média e pensões exageradas para os idosos, tudo às custas de arruinar as finanças do Estado, impedindo o dinamismo da economia e tributando o setor produtivo a um nível inaceitável.

Interesses especiais também empregaram seu poder e influência com ameaças, por exemplo, para realizar greves que paralisam um país ou para barrar reformas que ameaçam seus privilégios. Na década de 1970, o constante adiamento de reformas cruciais levou muitas democracias a ficarem presas em um labirinto de baixo crescimento econômico, alta tributação, aumento vertiginoso da dívida pública, baixa produtividade e uma sociedade civil complacente. Mas os glóbulos brancos da democracia produziram alguns exemplos notáveis de países capazes de livrar o Estado da pressão desproporcional de interesses especiais e restaurar a credibilidade do liberalismo e do governo democrático.

6.12.4.1. Reformadores modernos

Na década de 1980, Margaret Thatcher e Ronald Reagan, no Reino Unido e nos Estados Unidos, causaram uma revolução amplamente chamada de "economicamente liberal" (embora essa subdefinição econômica, que ganhou força nos anos 1980, precise ser diferenciada da definição central clássica, levantada por filósofos britânicos, do liberalismo como um regime baseado inteiramente na razoabilidade, justiça e liberdade individual).

Em termos econômicos, tinham a vontade política e a coragem de libertar o Estado de interesses especiais e reviver o capitalismo. Removeram muitos plutocratas do alto de seus castelos por meio de uma série de reformas para desregulamentar a economia e promover concorrência de mercado, bem como pela privatização das empresas estatais, corte de tarifas e impostos, corte de subsídios para as indústrias decadentes e reprimindo o poder dos sindicatos.

Com o reavivamento dessas reformas e das políticas liberalizantes, muitos grupos perderam poder e relevância: burocratas em agências governamentais; magnatas de negócios que dependiam de subsídios do governo para sobreviver; e líderes sindicais que aterrorizavam governos e mercados com greves nacionais. Os empresários estavam no centro do palco, investindo em inovação, construindo novos negócios, gerando novos empregos e crescimento econômico.

No ano em que Reagan foi eleito presidente (1980), os EUA tiveram um crescimento econômico negativo (-0,3% de 1979 a 1980). Quando concorreu à reeleição em 1984, a economia do país crescia a uma taxa impressionante de 7,24%. Quando ele deixou a presidência, em 1989, a economia ainda crescia, em 3,67%.

Um fenômeno semelhante ocorreu na Grã-Bretanha durante o governo de Margaret Thatcher. Ela herdou um país em condições sombrias em 1979. O governo ficou refém de interesses especiais – sindicatos poderosos, empresas estatais e grupos de pressão dos setores público e privado extraindo subsídios e benefícios do Estado. O resultado foi um país devastado por uma inflação de dois dígitos, desemprego elevado e baixa produtividade, com líderes políticos fracos que eram incapazes de propor ou passar reformas para desembaraçar o país desta teia de interesses especiais. Sua eleição mudou dramaticamente este curso, que arruinava a Grã-Bretanha.

Ela seguiu incansavelmente uma agenda de reformas: abriu a economia, desregulamentou os mercados, cortou o poder dos sindicatos e dos interesses especiais, privatizou empresas estatais e cortou impostos e tarifas para reviver a economia. Durante a sua liderança (1979-1990), a Grã-Bretanha prosperou, o crescimento econômico atingiu um pico, a inflação foi domada e Londres voltou a ser o centro financeiro da Europa.

O impacto esmagador dessas mudanças na Grã-Bretanha e nos Estados Unidos guilhotinou o poder dos interesses corporativistas, levando a um período sem precedentes de reformas economicamente liberais em todo o mundo. As democracias maduras e os países emergentes adotaram políticas pró-mercado, como o comércio livre, a desregulamentação dos mercados e a privatização das empresas estatais.

Esta agenda ajudou a reduzir o poder das empresas estatais e de grupos como sindicatos, burocratas, agricultores e pensionistas, em relação ao resto da sociedade, aprimorando a *responsabilidade* do governo para com os cidadãos. Também anunciava o fim das políticas intervencionistas – que, apesar de aparentemente serem do interesse comum, muitas vezes foram feitas sob medida para satisfazer os interesses corporativistas e não dos cidadãos como um todo.

Conforme essas reformas se tornaram a vanguarda de uma nova onda de globalização, no início dos anos 1990, o mundo embarcou em uma nova era de prosperidade econômica, com crescimento impressionante, especialmente nas economias emergentes. Registraram-se grandes melhorias nas condições sociais: estima-se que mais de 1 bilhão de pessoas tenha saído da pobreza extrema. A democracia, o Estado de Direito e os direitos civis ficaram mais fortes em muitos países emergentes. Na maioria das democracias, os partidos democráticos tradicionais reinaram sem contestação.

No entanto, à medida que os países e as pessoas enriqueciam, aproveitando-se dos benefícios da globalização, da liberdade e da prosperidade, havia também uma tendência para se tornarem cada vez mais complacentes na promoção de mudanças graduais. A determinação de prosseguir as reformas acabou, os governos das democracias maduras começaram a viver dos dividendos das reformas realizadas pelos seus antecessores.

6.12.4.2. Suécia: um sucesso renovado

Curiosamente, um dos poucos países a escapar dessa atitude complacente foi a Suécia. Provavelmente o melhor exemplo de uma nação rica capaz de criar um dos sistemas de bem-estar mais admiráveis do mundo, a Suécia percebeu que os períodos de abundância econômica são o melhor momento para buscar reformas graduais.

Na primeira metade do século XX, a Suécia era um modelo, um exemplo brilhante do Estado do Bem-Estar Social. Ela conseguiu conciliar o crescimento econômico com as políticas igualitárias. Era capaz de combinar um setor privado competitivo e empresas exportadoras dinâmicas com um sistema de bem-estar generoso. Em 1970, a Suécia foi um dos três países mais ricos do mundo, superando a Alemanha, a Grã-Bretanha e a França pelo critério de paridade de poder de compra. Muitos livros e artigos foram escritos para explicar o "milagre sueco".

Alguns argumentaram que foi por causa da economia dinâmica orientada para a exportação do país que surgiu na segunda metade do século XIX, outros alegaram que suas políticas de livre comércio e baixas tarifas na década de 1850 estimularam muitas inovações tecnológicas em indústrias pesadas (o Instituto Real de Tecnologia foi criado em 1876). Outro grupo de estudiosos elogiou a sólida democracia liberal da Suécia: respeito pelos direitos de propriedade, liberdade de imprensa, Estado de Direito, governo responsável e função pública meritocrática. Isso é verdade: esses ativos ajudaram o país a construir uma economia de mercado dinâmica e inclusiva, instituições democráticas estáveis e um governo justo. E asseguraram a previsibilidade e a continuidade das políticas, que promoveram um mercado dinâmico, um Estado do Bem-Estar Social excepcional e instituições democráticas credíveis.

Mais importante, na Suécia, a prosperidade econômica e a prática entusiástica da democracia vieram com um profundo respeito pela igualdade de direitos. A igualdade perante a lei foi levada a sério. O ensino fundamental obrigatório foi introduzido no país em 1842. Em 1845, foi aprovada uma lei sucessória que garantia a igualdade de direitos entre homens e mulheres. A participação das mulheres na força de trabalho aumentou rapidamente após a Segunda Guerra Mundial, e a desigualdade de renda diminuiu. Quando o Estado do Bem-Estar Social foi introduzido, na década de 1950, o país tinha um longo histórico de prosperidade econômica e de defesa da igualdade de direitos.

O verdadeiro segredo por trás do modelo de bem-estar sueco era que foi projetado de acordo com *valores culturais* estabelecidos há muito tempo e enraizados na sociedade – igualdade, democracia e capitalismo.

Mas no final da década de 1970, o sistema sueco começou a quebrar. A principal razão foi a perda de fé do país no capitalismo. As políticas pró-mercado, que tinham criado uma economia dinâmica, competitiva e orientada para a exportação, sucumbiram ao intervencionismo estatal em voga nas décadas de 1960 e 1970, o que causou a degeneração da economia de mercado na Europa.

A Suécia substituiu o capitalismo por uma economia mista – um sistema híbrido, que previa conciliar uma economia pró-mercado com os princípios do socialismo. Foi uma época estranha, quando os políticos e a sociedade na Europa acreditavam que era possível ter o melhor dos dois mundos: livre mercado com intervencionismo do Estado; a lei da oferta e demanda, mas com mercados regulamentados para evitar os altos e baixos econômicos e sociais da destruição criativa; e a criação de riqueza pelos mercados e distribuição pelos governos.

A realidade, infelizmente, não tem a beleza das teorias. A economia mista da Suécia minou gradualmente as bases do capitalismo. O planejamento do governo e a intervenção do Estado distorceram a concorrência no mercado e, com ela, os imperativos da oferta e da demanda. As empresas estatais se tornaram os principais atores em setores como energia, telecomunicações e transportes, excluindo as empresas privadas.

Os aumentos da tributação e do governo favoreceram "setores estratégicos" da economia, distribuindo subsídios e limitando a concorrência no mercado. Isso desencorajou o empreendedorismo, a inovação e a tomada de riscos. Os empreendedores foram enjaulados em uma economia super-regulada controlada pelo governo, empresas estatais e poderosos burocratas e sindicatos. Interesses especiais reinavam, usando toda a sua influência política e econômica para extrair benefícios do Estado, a custo de mais impostos, mais regulamentação e mais intervenção no mercado.

Tal como a maioria das democracias europeias, a Suécia quase destruiu o seu carneiro de ouro do capitalismo. À medida que os lucros diminuíram, a produtividade caiu, os impostos aumentaram e os empresários recuaram em sua postura de inovação e da tomada de riscos. O custo do sistema de bem-estar social e os benefícios de juros especiais ficaram insustentáveis. Nas palavras de Andreas Bergh:

> A combinação de políticas macroeconômicas malsucedidas e um Estado do Bem-Estar Social generoso com fracos incentivos de trabalho causou problemas para a Suécia (...). De 1970 a 1995, a porcentagem de adultos desempregados mais do que duplicou, passando de cerca de 10% para mais de 20% após a crise dos anos 1990.[129]

Felizmente, a onda de reformas liberais nos anos 1980 também atingiu a Suécia e introduziu reformas fiscais. O objetivo era substituir a tributação progressiva por um imposto fixo que permitisse reduzir os encargos sobre empresas e sobre o consumo, de forma a abrir espaço para o investimento privado. O governo também introduziu medidas importantes de desregulamentação da economia. Eliminou os controles de capital sobre os bancos e desregulamentou os mercados de crédito e câmbio. Seu Banco Central se tornou independente, libertando-se, e ao país, da manipulação governamental da taxa de câmbio e das taxas de juro.

Naquela época, países do mundo todo estavam adotando a mesma agenda: forte compromisso em estabelecer uma meta de inflação, equilibrar o orçamento e reformar os sistemas de bem-estar.

---

[129] BERGH, Andreas. *Sweden and the revival of the capitalist Welfare State*. Cheltenham: Edward Elgar Publishing Limited, 2014, pp. 40 e 41.

Na Suécia, o poder foi descentralizado e o governo local ficou mais autônomo e capaz de perseguir suas políticas municipais. O capitalismo começou a respirar novamente, um passo importante em direção à reforma do Estado do Bem-Estar Social. Como diz Bergh:

> A declaração do governo de Carl Bildt em 1991 introduziu uma *revolução de liberdade de escolha* nas políticas sociais. Isso se refere à forma como a produção social financiada pelos impostos não tinha necessariamente de ser produzida pelo setor público. Em vez disso, o governo administraria o acompanhamento e o financiamento, e os produtores privados e públicos competiriam pela produção. Isso criaria oportunidades para a liberdade de escolha, diversidade e uso mais eficiente dos impostos.[130]

Era uma abordagem revolucionária às políticas de bem-estar social.

A introdução da concorrência no mercado, a fim de permitir uma utilização mais eficiente do dinheiro dos contribuintes e a criação de um serviço público de melhor qualidade, foi um divisor de águas para a Suécia.

O governo estabeleceu *vouchers* na educação, permitindo que as famílias escolhessem escolas privadas ou públicas de sua preferência. A desregulamentação e a liberalização induziram as empresas públicas e privadas a competir pelas preferências dos cidadãos pelas escolas, obrigaram os agricultores e a indústria a se tornarem mais competitivos nos mercados internacionais e promoveram reformas institucionais no sistema de pensões, misturando fundos de seguros privados com fundos estatais.

A Suécia mostrou ao mundo que era possível reformar o sistema de bem-estar misturando o capitalismo com as políticas sociais. Isso permitiu ao governo reduzir os impostos e as despesas públicas e equilibrar o orçamento, oferecendo aos cidadãos mais opções e mais

---

130 BERGH, Andreas. *Sweden and the revival of the capitalist Welfare State*. Cheltenham: Edward Elgar Publishing Limited, 2014, pp. 59.

concorrência para os serviços sociais. As despesas públicas em percentagem do PIB baixaram de 70,5% em 1993 para 49,3% em 2019.[131]

As reformas do sistema de bem-estar social na Suécia não só reduziram os gastos do governo e trouxeram racionalidade a um sistema insustentável, como contribuíram para o renascimento do espírito cívico, restaurando tanto (i) as responsabilidades dos cidadãos pelas suas escolhas, quanto (ii) a autonomia e o poder dos governos locais.

6.12.4.3. Dois continentes que deixam as coisas passar: e populistas não eram a solução

O resto da Europa pouco fez para reformar seus sistemas de bem-estar e restaurar a responsabilidade cívica nos anos 1990. O adiamento das reformas incentivou os interesses especiais a recuperarem o seu poder, na Europa e nos Estados Unidos. A crise financeira de 2008 revelou a influência perversa de interesses especiais na definição das condições para a crise. A arrogância do setor financeiro é frequentemente culpada pela explosão da bolha em 2008, mas a responsabilidade do governo dos EUA e do mercado imobiliário altamente regulamentado raramente são mencionadas entre os responsáveis pela situação. A falsa ideia de que existe uma forma de investir em "mercados seguros" e ignorar os riscos normais de volatilidade dos mercados é uma ilusão típica criada pela intervenção do governo e por mercados excessivamente regulamentados.

No rescaldo de 2008, tornou-se claro que interesses especiais tinham, de fato, passado ilesos. As instituições financeiras já estavam pagando enormes bônus aos altos executivos, enquanto o cidadão médio sofria o ônus da perda de empregos, renda, casa, crédito e esperança. Um sentimento de injustiça trouxe desespero, raiva, frustração e ressentimento direcionados ao governo.

---

[131] TRADING ECONOMICS. "Sweden government spending to GDP". *Trading Economics*. Disponível em: <https://tradingeconomics.com/sweden/government-spending-to-gdp>. Acesso em: 15 abr. 2022.

Esses sentimentos fomentaram o renascimento do populismo. Eles refletiam a desilusão com governos impotentes incapazes de oferecer respostas concretas para os males e sofrimentos das pessoas. Mas também retratavam um problema estrutural mais grave.

A maioria dos governos democráticos, na década de 1990, adiou reformas políticas e econômicas que poderiam ter reduzido o poder de interesses especiais e sua força destrutiva, responsáveis por enfraquecer as virtudes da democracia e do capitalismo.

À medida que o poder e a influência de interesses especiais limitavam a concorrência de mercado, a liberdade de escolha, a igualdade de oportunidades e a mobilidade social, a confiança no capitalismo e no governo começou a ser corroída. Mas a ascensão de líderes populistas que prometeram "corrigir as regras manipuladas do sistema político" – no qual, segundo eles, os benefícios foram capturados por uma elite globalizada, que virou as costas aos desejos e aspirações do povo – provou ser apenas mais uma ilusão.

Quando a pandemia da Covid-19 se espalhou pelo mundo em 2020, os líderes populistas revelaram sua inaptidão em responder aos desafios de tempos incertos. De fato, as democracias governadas por dirigentes populistas foram afetadas de maneira mais trágica.

Nos Estados Unidos, a liderança errática de Trump contribuiu para que o país batesse todos os recordes: o maior número de mortes no mundo, a pior recessão econômica desde a Grande Depressão de 1929 e recorde histórico de desempregados.

No Brasil, o presidente Bolsonaro, a versão Trump do populismo latino-americano, também acumulou uma coleção sombria de registros trágicos: o segundo maior número de mortos no mundo, a pior recessão econômica e a maior taxa de desemprego da história do país.

No Reino Unido, Boris Johnson – outro político cuja personalidade e habilidades políticas, como as de Trump, eram basicamente as de um animador de festa – presidiu a maior taxa de mortalidade por mil habitantes de qualquer país do mundo e optou por uma equipe de governo que refletia sua própria abordagem superficial.

Contrastando com os governos populistas, democracias estáveis lideradas por líderes prudentes foram mais bem-sucedidas em lidar com a pandemia. Angela Merkel na Alemanha e Jacinda Ardern na Nova Zelândia lideraram seus países com dignidade, temperança e pragmatismo. Foram capazes de adotar políticas sólidas para enfrentar os desafios da pandemia, ao mesmo tempo que tomaram medidas para evitar a ruína da economia. Sua liderança reaviva a esperança de que os cidadãos recuperem o seu raciocínio lúcido e elejam governos democráticos comprometidos com a promoção de reformas capazes de desmantelar o poder dos interesses especiais e reavivar a confiança nos princípios e instituições democráticas.

Em tempos de grandes mudanças, as democracias têm recursos muito melhores para se adaptar do que as autocracias. É imperativo ter liberdade para testar novas iniciativas, aprender com o fracasso e com o sucesso, além de envolver a sociedade civil, o setor privado e o governo na resolução de problemas.

O mundo pós-Covid-19 requer líderes políticos com coragem e determinação para restaurar a concorrência justa de mercado e as virtudes da igualdade de oportunidades, mobilidade social, Estado de Direito e governo responsável.

6.12.5. O quinto desafio: reformar as instituições, devolver o poder aos cidadãos e aos governos locais

Como tendência geral, podemos dizer que muitos governos nacionais se tornaram demasiado burocráticos e lentos, afastados das necessidades das pessoas. Portanto, não é surpresa ver populistas acusarem governos nacionais e instituições representativas de serem capturados por interesses especiais e elites egoístas.

A democracia direta é a solução populista para instituições representativas disfuncionais. Como os cidadãos não podem mais confiar em suas instituições, os líderes populistas apelam diretamente a eles para decidir o futuro da nação. Os populistas procuram minar o legislativo e o judiciário, apelando a dois mecanismos básicos.

O primeiro instrumento é o *clientelismo em massa*. Os populistas criam sistemas políticos, apoiados por uma poderosa rede, para distribuir favores, empregos, benefícios e privilégios que garantirão sua popularidade. O objetivo é atrair políticos para apoiá-los em troca de poder e influência, além de motivar o apoio de líderes empresariais em troca de vantagens econômicas.

O segundo instrumento é a promoção de *referendos* e plebiscitos para contornar instituições representativas. Essas formas de democracia direta contribuíram, na prática, para tornar os governos mais instáveis, indignos de confiança e irresponsáveis. As tentativas de apelar diretamente à população para que decida questões complexas através de referendos se revelaram desastrosas para o bem comum. Em um exemplo, os referendos estaduais na Califórnia na década de 1990 quase faliram um dos estados mais ricos dos Estados Unidos. Em outro, o Reino Unido votou, em 2016, para deixar a Comunidade Europeia.

O "*Brexit*" é um bom exemplo de um referendo irresponsável sobre um tema altamente complexo, a respeito do qual os cidadãos comuns não têm a informação e o conhecimento adequados para avaliar e decidir. As consequências negativas do *Brexit* vão afetar dramaticamente a vida das gerações futuras, que terão de arcar com o fardo econômico de uma escolha popular imprudente.

Enquanto os populistas procuram minar a credibilidade das instituições representativas através da democracia direta, os Pais Fundadores dos EUA trabalharam para construir instituições representativas credíveis. James Madison, no *Federalist Paper* nº 51, escreveu:

> Ao estruturar um governo que deve ser administrado pelos homens sobre os homens, a grande dificuldade está nisto: você deve primeiro permitir que o governo controle os governados; em seguida, obrigá-lo a se controlar.[132]

A solução proposta pelos Pais Fundadores continua a ser a melhor alternativa à democracia direta. A democracia representativa é a forma de governo mais eficaz para promover mudanças graduais em um mundo em constante mudança. A existência de um sistema de controle e equilíbrio elaborado contribui para preservar a supremacia

---

[132] MADISON, James; HAMILTON, Alexander; JAY, John. *The federalist papers*. New York: New American Library, 1961, pp. 322.

da vontade geral e dos direitos das minorias sobre qualquer "tirania da maioria". A diversidade de interesses e a pluralidade de representantes eleitos no congresso e no governo ajudam a restringir o interesse nacional de ser capturado por facções.

O propósito das instituições representativas é precisamente estimular a construção de consensos em torno da elaboração de leis e políticas. Eles ajudam a temperar o debate político com mais racionalidade e discussões aprofundadas sobre temas altamente complexos – aqueles que não podem ser resumidos em um choque ideológico e partidário simplista e serem submetidos a plebiscitos.

Finalmente, as democracias representativas produzem os mecanismos institucionais para promover reformas *graduais* que permitem ao país *ajustar* e *adaptar* leis, regras e crenças às novas realidades. As emendas à Constituição norte-americana, as interpretações da Suprema Corte e as leis promulgadas pelo Congresso, retratam como a sociedade evoluiu desde o século XVIII e gradualmente mudou sua visão a respeito de muitos assuntos – de raça e gênero a questões ambientais. Ainda assim, o país manteve-se unido em torno dos princípios democráticos expressos na Constituição.

As democracias precisam de mais do que instituições representativas credíveis e eficazes e de um governo responsável. Exigem também a existência de cidadãos arrazoados e de espírito cívico. Esses só podem surgir com o exercício da participação ativa na vida pública e da formação das decisões coletivas da comunidade.

Como discutimos no Capítulo 5, a ingerência dos governos nacionais nos assuntos e políticas locais enfraqueceu a autonomia destes em muitos países. Também ajudou a desengajar os cidadãos quanto à vida comunitária, estimulando-os a pressionar os governos por exigências absurdas – uma amostra de pessoas que não se sentem responsáveis por suas próprias decisões. Niall Ferguson adequadamente sintetizou o problema, dizendo: "O Estado – com a sua sedutora promessa de segurança 'do berço à sepultura' – era o verdadeiro inimigo da sociedade civil".[133]

---

[133] FERGUSON, Niall. *The great degeneration: how institutions decay and economies die*. New York: The Penguin Press, 2013, pp. 124.

O verdadeiro inimigo da sociedade civil é a apatia cívica. A falta de interesse e envolvimento com a participação política e cívica pressiona os governos com exigências irrealistas. Envolver os cidadãos na tomada de decisões locais e incentivá-los a pesar os custos e recompensas das suas escolhas é importante para reavivar o espírito e a cooperação cívicos.

É necessária uma rede de governos locais, sociedade civil e setor privado para que o governo se torne mais eficaz na resolução de problemas e incentive os cidadãos a participarem na vida pública. Este é um componente importante da tarefa mais sutil de reconstruir o tecido social do respeito, da tolerância, da civilidade e da arte do diálogo e do compromisso:

> A deliberação é necessária para que a democracia produza decisões coletivamente inteligentes em vez de políticas burras. Sem mecanismos deliberativos para a tomada de decisões que pesam as consequências e equilibram os *trade-offs*, as redes sociais que só aumentam a participação e a informação não mediadas apenas potencializam a "multidão burra".[134]

Esse exercício cívico de ser responsável por decisões públicas que afetarão as nossas vidas e nos obrigarão a viver com as consequências, boas e ruins, das nossas escolhas é importante para restabelecer gradualmente o respeito por valores, princípios e por uma história que molda a cultura, as tradições e a identidade de uma civilização. O convívio civilizado é a base necessária para a dupla tarefa de restaurar o espírito do dever cívico e reviver a credibilidade das instituições representativas. É este apego moral à comunidade local que educa os cidadãos a participarem da vida cívica, a exercerem virtudes cívicas e a compreenderem a importância dos deveres e direitos da cidadania.

O Estado deve ser um parceiro da sociedade. Deve trabalhar em parceria com o setor privado, com a sociedade civil e com as associações públicas para implementar políticas, desenhar soluções e melhorar a qualidade dos serviços públicos – que podem ser

[134] BERGGRUEN, Nicolas; GARDELS, Nathan. *Intelligent governance for the 21st century*. Cambridge: Polity Press, 2013.

executados pelo Estado, pelo setor privado ou por instituições não governamentais.

Restabelecer a *eficácia* do governo na prestação de um serviço público de boa qualidade faz parte do esforço necessário para restaurar a credibilidade da democracia. E como vimos no caso da Suécia, os cidadãos devem ter o poder e a capacidade financeira para escolher o serviço público que quiserem. Na Suécia, a competição saudável nos serviços públicos estimulou a combinação da política pública com a eficiência do setor privado: a política estatal foi desenhada pelos governos, mas em sua implementação utilizou-se da inovação e agilidade do setor privado.

6.12.5.1. Restabelecimento de uma democracia bem-sucedida: um resumo

Concluímos: os Estados democráticos modernos devem ser ágeis, descentralizados e centrados na resolução de problemas através de instituições representativas credíveis. Para alcançar esses objetivos, é importante seguir as cinco recomendações destacadas neste capítulo:

1. Limitar o poder do governo;
2. Concentrar esforços na construção das capacidades práticas do Estado;
3. Reformar a mentalidade das burocracias para assegurar e restabelecer um serviço público focado na resolução de problemas, oferecendo aos cidadãos um serviço público eficaz e de boa qualidade;
4. Eleger uma nova geração de líderes políticos com uma incansável determinação e coragem para repelir o poder e a influência de interesses especiais;
5. Devolver o poder ao governo local e aos cidadãos.

Muitas democracias já estão adotando partes desta receita, mas ela deve ser seguida sistematicamente, como aconteceu nos anos 1980 e início dos anos 1990.

A desilusão com os governos populistas e a sua incapacidade de dar respostas rápidas e eficazes às crises políticas, econômicas, sociais e de saúde geradas pela pandemia da Covid-19 oferece uma oportunidade sem precedentes para o renascimento das democracias. A coordenação do governo nacional com o governo local, setor privado e sociedade civil será um fator-chave para permitir que as democracias enfrentem três grandes desafios do pós-pandemia:

- Melhorar a qualidade e a eficácia da saúde pública;
- Implementar políticas sociais para reduzir a desigualdade;
- Restaurar a sanidade das finanças e equilibrar as contas públicas.

Os governos *locais* desempenharão um papel importante na promoção das alianças com associações cívicas, setor privado e universidades para resolver problemas tão urgentes. Isso ajudará a fornecer os três atributos fundamentais de Bruce Katz:

> Uma base de capital saudável, propósito público e credibilidade com os mercados e participantes do setor.[135]

6.12.6. O sexto desafio: uma ordem internacional estável requer um compromisso global

A tarefa final nada tem a ver com reformas domésticas, mas com o reforço da ordem internacional. O nativismo, o nacionalismo e os líderes populistas contribuíram para o enfraquecimento do sistema internacional, criando uma impressão errada de que os problemas globais mais prementes podem ser resolvidos com êxito apenas através de medidas internas, protecionismo e a adoção de políticas duras contra, por exemplo, a imigração. Isso é uma loucura.

Uma nação que ignora a interdependência global e toma uma posição isolacionista nas relações exteriores será marginalizada das

[135] KATZ, Bruce; NOWAK, Jeremy. *The new localism: how cities can thrive in the age of populism*. Washington: Brookings Institution Press, 2017, pp. 182.

decisões internacionais que impactarão dramaticamente no bem-estar dos cidadãos, na política nacional e na economia interna. Um sistema internacional estável é essencial não só para preservar a paz e a ordem relativas num mundo global, mas também para assegurar a prosperidade doméstica. A globalização se tornou uma parte intrínseca da nossa vida quotidiana. As questões globais, como as alterações climáticas, a imigração, as pandemias, o terrorismo, a cibersegurança, o comércio internacional e as finanças, afetam tanto as nações ricas como as pobres e têm um impacto profundo na economia e na política de cada país.

Todavia, o nacional-populismo é apenas a ponta do iceberg de um sistema internacional que tem enfrentado o seu mais severo teste de *stress* desde o fim da Guerra Fria. A fragilidade atual da ordem internacional apresenta dois grandes desafios:

- Em primeiro lugar, a perda de confiança num conjunto comum de princípios que governou o sistema internacional desde o fim da Segunda Guerra Mundial;
- Depois, a ausência de um colegiado de estadistas empenhados em agir como árbitros da ordem internacional e defender os seus princípios sacrossantos.

6.12.6.1. Degeneração de princípios e instabilidade política

Como já discutimos no Capítulo 3, a ordem internacional criada pelo presidente Franklin Delano Roosevelt, após a Segunda Guerra Mundial foi baseada em (i) cooperação internacional e (ii) instituições multilaterais como os dois principais pilares para a preservação da paz mundial, gerando prosperidade econômica.

A criação das Nações Unidas, o Fundo Monetário Internacional (FMI) e o Banco Mundial, seguida da fundação da OTAN, em 1949, e do primeiro esboço da Comunidade Europeia, em 1957, estabeleceu a maior parte das instituições multilaterais políticas, econômicas, financeiras e militares que foram e ainda são responsáveis por garantir a relativa paz, ordem e estabilidade nas relações internacionais.

Encorajaram a cooperação entre as nações, levaram os governos a buscar interesses comuns a fim de forjar decisões baseadas na construção de consensos e ajudaram as nações a enfrentar tempos difíceis. O FMI assegurou solvência para os países em tempo de crise financeira; o Banco Mundial financiou projetos que fomentavam o desenvolvimento econômico; e a OTAN desempenhou um papel vital na defesa da Europa.

Domar rivalidades nacionais, contendo disputas ideológicas entre Estados, e restaurar a confiança na ordem internacional foi um longo caminho e um processo gradual, mas a paz e a prosperidade econômica permitiram ao sistema internacional acomodar profundas mudanças transformacionais.

Após a Guerra Fria, a cooperação internacional entre as grandes potências e as instituições multilaterais continuou a desempenhar um papel crucial para ajudar os antigos países comunistas a se integrarem à família das democracias e na economia de mercado.

Em 1992, a integração da Europa avançou mais um passo através da criação de uma união monetária e de uma relação que culminou, finalmente, no nascimento da Comunidade Europeia em 1997. Outra realização impressionante da ordem internacional foi a ascensão das economias emergentes e o avanço da China como uma potência econômica mundial. Graças ao esforço coletivo dos Estados para aprovar tratados multilaterais que ajudaram a reduzir tarifas e barreiras protecionistas e abrir mercados para a concorrência internacional, o mundo viveu uma era de prosperidade econômica sem precedentes.

A crescente economia global estimulou uma intensa troca de bens, conhecimento e ideias, criando um enorme mercado internacional e uma cadeia de valor global que ajudou a enriquecer as nações emergentes e a acelerar a revolução tecnológica que transformou todos os aspectos de nossas vidas.

A cooperação internacional e as instituições multilaterais não só promoveram a paz e a prosperidade, como também estimularam importantes esforços de coordenação entre as grandes potências que as equiparam para enfrentar tempos difíceis ou crises desafiadoras.

Em dois exemplos notáveis de respostas coletivas eficazes dessa "comunidade internacional": (i) uma coalizão militar internacional, sob os auspícios das Nações Unidas, repeliu a invasão do Kuwait pelo Iraque em 1990; (ii) as grandes potências coordenaram políticas monetárias para evitar desastres econômicos e financeiros nos mercados internacionais durante as crises financeiras nos anos 1990 e em 2008.

Na década de 1990, uma onda de crises econômicas e financeiras nos mercados emergentes – no México (1994), na Ásia (1997) e na Rússia (1998) – exigiu uma intensa cooperação entre os governos, o FMI e os principais Bancos Centrais para evitar o colapso dos países e mercados emergentes.

No início do século XXI, o epicentro da crise financeira foram os Estados Unidos. Em 2000, a primeira bolha pontocom eclodiu quando o valor de ações das principais empresas de internet entrou em colapso. Em 2007-2008, uma crise hipotecária de alto risco provocou a crise financeira mais grave dos mercados mundiais desde a Grande Depressão de 1929. Mas depois da crise de 2008, a credibilidade da ordem internacional começou a diminuir.

A recuperação econômica foi lenta, longa e desigual. Os empregos foram permanentemente eliminados, as disparidades de rendimento entre ricos e pobres aumentaram drasticamente e o acesso à tecnologia e à economia do conhecimento abriu um fosso de produtividade, riqueza e desenvolvimento entre os países emergentes e os ricos. A igualdade de oportunidades e a mobilidade social recuaram e prevaleceu um sentimento de injustiça.

Esses sentimentos encontraram eco na narrativa populista-nacionalista, que culpou a globalização, a imigração e o sistema financeiro internacional pelos males que afligem as pessoas comuns. A política externa se tornou um instrumento para promover a política interna e não uma maneira de preservar o bom funcionamento da ordem internacional.

O "meu interesse" se tornou mais importante do que o "nosso interesse". Essa postura egoísta contribuiu para o colapso das negociações de liberalização do comércio em 2008, que marcaram o fim dos acordos multilaterais e o início da preferência por acordos bilaterais. Uma ordem internacional bem-sucedida permite que as grandes potências enfrentem crises políticas, econômicas e militares sem implodir a teia de entendimento internacional ao desencadear a guerra total – que foi o que não aconteceu em 1914 e 1939.

Desde o fim da Segunda Guerra Mundial, a cooperação internacional e as instituições multilaterais ajudaram a forjar as decisões tomadas em conjunto que desempenharam um papel essencial na promoção da corresponsabilidade e do consenso e na legitimação das decisões e ações na cena internacional.

Isso ajudou as nações a superarem as tensões da Guerra Fria, a queda do comunismo, a criação da Comunidade Europeia e a ascensão da China como uma grande potência mundial. Mas, como Henry Kissinger, um dos escritores mais prolíficos em política exterior, corretamente coloca:

> A ordem mundial exige consenso, o que pressupõe que as diferenças entre os favorecidos e os desfavorecidos que estão em posição de minar a estabilidade e o progresso, sejam de tal ordem que os desfavorecidos ainda possam ver alguma perspectiva de se erguerem por seus próprios esforços. Na ausência de tal consciência, a turbulência, tanto dentro como entre as sociedades, vai aumentar.[136]

O retorno de tempos turbulentos em assuntos internacionais é um reflexo preciso da atual falta de consciência e de vontade política para defender o conjunto de valores e de princípios que serviram de fundamento da ordem mundial desde o fim da Segunda Guerra Mundial.

6.12.6.2. "Política de poder" vs. Cooperação

Quando a confiança nos valores e nos princípios se deteriora, a mesma coisa acontece com a política externa, de tal forma que uma série de Estados individuais procuram maximizar seus próprios poderes, sem ter em conta o bem-estar da ordem mundial. Refiro-me a esta prática como "*política de poder*".

---

[136] KISSINGER, Henry. *Does America need a foreign policy? toward a diplomacy for the 21st century*. New York: Simon and Schuster, 2001, pp. 227-228.

Usar o campo de encontro internacional, e a política externa, como uma arena para exibições ao público doméstico é um jogo perigoso; aumenta dramaticamente possíveis erros de cálculo nas escolhas e ações. No início do século XX, a decadência de valores e princípios que tinham governado a ordem internacional desde o Congresso de Viena em 1814 (ver Capítulo 1), desempenhou um papel importante no aumento das rivalidades políticas e da tensão militar entre as potências europeias.

O resultado foi trágico. Em 1914, o assassinato do herdeiro da coroa da Áustria por um nacionalista sérvio em Sarajevo levou à Primeira Guerra Mundial.

A política de poder por si só é incapaz de construir uma ordem mundial estável. Indica uma ausência de princípios e objetivos comuns – essenciais para disciplinar as ambições de nações individuais e que servem para justificar a ação coletiva dos Estados para restringir o poder de nações rebeldes que ameaçam a estabilidade do sistema internacional.

Durante o século XIX, o conceito de equilíbrio de poder virou o princípio central da ordem internacional. As alianças entre Estados eram temporárias, definidas não por ideologia ou afinidade política, mas pela necessidade de conter uma força que ameaçasse a estabilidade da ordem internacional ou de deter nações que buscavam o poder hegemônico.

Como exemplo, após a unificação da Alemanha, em 1870, e o surgimento de um Estado poderoso no meio do continente, a França republicana alinhou-se com a Rússia autocrática para conter a Alemanha na Europa. Mas após a demissão do chanceler alemão Otto von Bismarck, em 1890, que foi o último maestro habilidoso da política de equilíbrio de poder, o sistema internacional começou a se deteriorar.

Quando uma nova geração de líderes imprudentes – como o kaiser alemão Guilherme II e o presidente da França, Raymond Poincaré – abandonou a prática do equilíbrio de poder e abraçou a individualista "política de poder", acabou colapsando a ordem internacional e iniciando da Primeira Guerra Mundial, em agosto de 1914.

Na prática da política de poder internacional, os Estados se preocupam apenas com os seus próprios interesses. Quando a ordem mundial é negligenciada como um fator motivador principal, e na ausência de valores compartilhados, os Estados costumam perceber as ameaças e oportunidades nas políticas externas de forma muito diferente. Há uma tendência de que o confronto, não para a colaboração, torne-se o modo de ação dominante.

Após a Primeira Guerra Mundial, os Estados Unidos recuaram para o isolacionismo, retirando-se de seu papel protagonista na ordem internacional. Abandonaram a defesa dos princípios pregados pelo presidente Wilson, na Conferência de Paz de Versalhes em 1918. A Europa voltou à política de poder e, logo, uma ordem internacional instável reavivou o espírito revisionista na Alemanha.

Quando Hitler chegou ao poder em 1933, o país começou a reconstruir o seu poderoso exército, especificamente para desfazer a ordem mundial estabelecida pelo Tratado de Versalhes. Hilter espelhou o ressentimento do povo alemão contra o *diktat* de Versalhes – que culpou a Alemanha pela guerra, impôs severas compensações financeiras e despojou o país de sua grande região industrial, o Vale do Ruhr. Ele empregou força militar e diplomacia para desfazer as "injustiças" de Versalhes, reocupando o Vale do Ruhr (em 1936). Em 1938, anexou a Áustria e ocupou a Região dos Sudetos, na Checoslováquia. Na verdade, contudo, foi o impulso da política de poder que levou Hitler a calcular mal a reação da França e da Grã-Bretanha à sua invasão da Polônia, em setembro de 1939, provocando a Segunda Guerra Mundial.

6.12.6.3. Falta de liderança global

Embora não haja uma ameaça eminente à paz mundial hoje em dia, temos desafios globais assustadores que nos afetam e que contribuem para minar a liberdade, a democracia e a prosperidade. Temos de nos libertar da ignorância, do nativismo-nacionalismo, do populismo e de uma visão insular do mundo.

Em um mundo globalizado, há uma necessidade premente de coordenar as iniciativas globais e promover a colaboração entre os

Estados para enfrentar desafios ameaçadores como as pandemias, a crise financeira internacional, a imigração em massa, as alterações climáticas, a proliferação nuclear, a cibersegurança e o terrorismo. Nenhuma nação pode resolver essas questões sozinha, como o nacional-populismo gosta de afirmar. Na verdade, ele apenas contribui para acelerar a erosão de valores comuns que asseguraram a estabilidade e a legitimidade da ordem internacional desde o fim da Segunda Guerra Mundial.

6.13. Reconstruindo o mundo: os homens inspirados que criaram o Ocidente pós 1945

Em 1947, o Secretário de Estado dos EUA, George Marshall, compreendeu que já vivíamos em um mundo interligado. Para que a democracia e a liberdade triunfassem, precisávamos reavivar a economia mundial e alcançar a prosperidade para todos. Em um discurso de começo de ano letivo na Universidade de Harvard, Marshall anunciou que os Estados Unidos "deveriam fazer o que fosse possível para ajudar a normalizar a saúde econômica mundial".

Essa iniciativa, conhecida como Plano Marshall, previa ajudar todas as nações europeias, incluindo os países comunistas, a recuperar as suas economias:

> Nossa política não é dirigida contra nenhum país ou doutrina, mas contra a fome, a pobreza, o desespero e o caos. O seu objetivo deve ser o renascimento de uma economia de trabalho mundial, de modo a permitir a emergência de condições políticas e sociais nas quais possam existir instituições livres.[137]

[137] ORGANIZAÇÃO PARA A COOPERAÇÃO E DESENVOLVIMENTO ECONÔMICO (OCDE). "The 'Marshall Plan' speech at Harvard University, 5 June 1947". *OCDE*. Washington, D.C. Disponível em: <https://www.oecd.org/general/themarshallplanspeechatharvarduniversity5june1947.htm>. Acesso em: 15 abr. 2022.

George Marshall compreendeu perfeitamente que a democracia só pode florescer em um mundo próspero. O renascimento da economia europeia foi crucial não só para o interesse dos Estados Unidos, mas também para a preservação da paz e da liberdade no mundo.

Era uma época em que os líderes políticos estavam determinados a usar o seu poder, influência e exemplo pessoal para transformar valores e princípios em atos e ações políticas, para fortalecer a ordem internacional.

A reconstrução da Europa após a Segunda Guerra Mundial foi uma das mais admiráveis realizações de estadismo na história. Reavivar os laços de confiança e cooperação – depois de uma guerra brutal e traumática que havia deixado profundas cicatrizes de horror, genocídio, fome, cidades destruídas, caos econômico e desordem social – foi uma tarefa hercúlea, tratada com inspiração e precaução. Esse esforço formidável só prosperou por causa de dois elementos vitais: valores e liderança.

Franklin Roosevelt, o presidente norte-americano que se tornou o principal arquiteto da nova ordem mundial, evitou os três maiores erros de Woodrow Wilson:

- Primeiro, certificou-se de que os Estados Unidos desempenhariam, desta vez, um papel protagonista nos assuntos internacionais;
- A seguir, ofereceu apoio político, financeiro e militar permanente às instituições multilaterais internacionais para promover a cooperação entre as nações na restauração da paz, da ordem e da prosperidade econômica;
- Finalmente, evitou o objetivo messiânico de Wilson de "tornar o mundo seguro para a democracia". A ideologia não desempenhou papel central em seus princípios definidores para a ordem internacional. Com efeito, as democracias teriam de encontrar uma forma pacífica de coexistir com as ditaduras comunistas.

A liderança dos EUA foi crucial para cimentar a reconstrução da ordem mundial. Para tanto, fortaleceu as instituições multilaterais e criou incentivos políticos, econômicos e militares para a reconstrução imediata de um sistema internacional estável baseado na cooperação e colaboração. Mas este feito extraordinário só foi possível graças à liderança excepcional que surgiu no imediato mundo pós-guerra. Eram homens cujo caráter tinha sido forjado em tempos terríveis de guerras mundiais e instabilidade internacional e que sabiam que a paz e a ordem internacionais eram as condições prévias para a construção de um mundo próspero e livre no Hemisfério Ocidental.

A colaboração e a cooperação foram fundamentais para restaurar uma Europa Ocidental pacífica e democrática e para unir as democracias contra a ameaça da União Soviética. Este foi o espírito que guiou a diplomacia de estadistas e líderes de política externa nos Estados Unidos, Alemanha, França e outras nações europeias.

O presidente Harry Truman dos Estados Unidos, os Primeiros-Ministros Konrad Adenauer, da Alemanha Ocidental, e Alcide de Gasperi, da Itália; bem como líderes de política externa, como George Marshall e Dean Acheson nos EUA, Robert Schuman na França; além do poder excepcional de Jean Monnet na mobilização da sociedade civil e do governo em torno do projeto de uma Europa unida – todos desempenharam um papel importante na formação de uma visão e propósito comuns nos assuntos internacionais.

Esses estadistas estavam determinados a exercer a sua liderança, poder e vontade política para construir uma Europa Ocidental próspera, democrática e unida – uma tarefa que exigia colaboração permanente, coordenação e cooperação entre nações com um longo histórico de rivalidades e interesses concorrentes e que tinham travado uma infinidade de guerras umas contra as outras. Eles tiveram a paciência de educar a opinião pública sobre a necessidade de superar o ressentimento nacional, e as cicatrizes das perdas pessoais na guerra, para tornar possível a construção de uma Europa Ocidental forte.

Com a idade de 73 anos, Adenauer teve a sobriedade, a prudência e a retidão moral para assumir a liderança da Alemanha Ocidental depois da guerra. Um católico devoto, com credenciais antinazistas impecáveis (fora preso pela Gestapo), Adenauer era um conservador que valorizava a estabilidade política, a democracia e o capitalismo, mas também o bem-estar social. Na política interna, ele era o poder moderador entre a direita e a esquerda no país e detinha o controle firme de seu partido, a União Democrata-Cristã, e do Parlamento. Ele permaneceu no poder até 1963.

A liderança de Adenauer foi vital para evitar tumultos políticos em casa e restaurar a credibilidade da Alemanha no exterior. Nas políticas externas, tinha três fortes convicções:

- Em primeiro lugar, acreditava na importância de uma Europa Ocidental forte e unida;
- Em segundo lugar, acreditava que o futuro da Alemanha Ocidental estava incondicionalmente ligado ao Ocidente, à democracia e ao capitalismo;
- Em terceiro lugar, acreditava que o comunismo iria colapsar e não fazia sentido lutar pela reunificação alemã em um futuro próximo.

A aceitação do *status quo* e de uma Alemanha dividida foram importantes pois evitaram tensões políticas desnecessárias com a Alemanha Oriental e a União Soviética e permitiram que a Alemanha mantivesse boas relações diplomáticas com as potências comunistas. Adenauer estava determinado a recuperar o lugar da Alemanha Ocidental entre as grandes potências, sendo um mestre da conciliação, da confiabilidade e um parceiro leal da Europa democrática.

Na Itália, Alcide de Gasperi tinha alguns dos atributos de Adenauer. Católico devoto e um antifascista (ficou quatro anos preso pelos fascistas), foi um dos fundadores da Democracia Cristã, um partido que desempenhou um papel fundamental na consolidação da democracia na Itália no período pós-guerra.

Sua astúcia política foi importante na articulação das coligações governamentais, contendo a ascensão dos partidos socialistas e comunistas na Itália, pacificando um país cuja paz havia sido manchada por fascistas e antifascistas e enfrentando o desafio da alta inflação e da reconstrução econômica.

Além disso, a sua liderança política foi crucial para oferecer a margem de manobra necessária para prosseguir com uma política externa pró-Europa Ocidental. Ele liderou iniciativas para forjar instituições europeias – apoiar a criação da Organização para a Cooperação Econômica Europeia (OEEC), em 1948, para coordenar os recursos do Plano Marshall, que ajudariam na reconstrução econômica europeia, e dar suporte à criação da OTAN, em 1949, para assegurar a defesa da Europa Ocidental.

A primeira grande iniciativa em que a cooperação europeia começou a ganhar forma tinha um forte simbolismo. A Alemanha e a França, arqui-inimigas de duas guerras mundiais, juntaram-se ao Plano Schuman. Em 1950, o Ministro dos Relações Exteriores da França, Robert Schuman, propôs a criação da *Alta Cúpula* europeia para controlar a produção de carvão e de aço pelos dois países.

Essa iniciativa obteve imediatamente o apoio não só da França e da Alemanha, mas também da Itália, da Holanda, da Bélgica e de Luxemburgo. Esse foi o nascimento da primeira instituição federal europeia, o primeiro passo para a criação da Comunidade Europeia em 1997.

Para além desses estadistas, que contribuíram imensamente com os primeiros passos para a construção da cooperação e das instituições europeias, uma das figuras mais inspiradoras do projeto europeu – um notável "pai fundador" do que viria a ser uma Europa unida – foi Jean Monnet.

Ele pregava que o futuro da Europa, bem como o seu poder e influência no mundo, dependia do abandono de velhos valores e conceitos – como o nacionalismo e o Estado-nação – e de se trabalhar para a construção de um *Europa unida* adotando algo semelhante ao modelo Federalista dos Estados Unidos.

Em 1956, Monnet fundou o *Comitê de Ação para os Estados Unidos da Europa*. Seu entusiasmo contagioso, trabalho incansável e grande influência foram vitais na educação da opinião pública, partidos políticos, governos, sindicatos, empresas e sociedade civil sobre a importância de uma Europa unida. O Comitê de Ação de Monnet foi o palco central das discussões e iniciativas a favor da construção da União Europeia. Foi o fórum, por exemplo, dos primeiros debates sobre a criação de um mercado comum europeu.

A aliança de Jean Monnet e dos estadistas europeus na construção de uma Europa unida foi crucial para forjar um conjunto comum de valores que se tornaram a base das instituições e políticas europeias. O seu entendimento comum de que a Europa precisa estar unida para desempenhar um papel proeminente em um mundo dominado por duas superpotências contribuiu para fomentar a cooperação nacional, e não as rivalidades. A liderança constante de Monnet inspirou a conduta das futuras gerações de estadistas, que continuaram a marcha em direção a uma Europa mais unida, culminando na criação da Comunidade Europeia em 1997.

Este longo e gradual processo de mudança e adaptação constantes, transformando um continente de Estados-nação na Comunidade Europeia, teve um efeito profundo na ordem internacional. Assegurou a volta da prosperidade econômica e a criação de laços de confiança e de cooperação entre aqueles países, limitando as disputas políticas e estabelecendo uma ordem legítima que nenhuma potência desejaria derrubar através do uso da força.

Pela primeira vez na história, a Europa foi capaz de acomodar grandes mudanças geopolíticas sem guerra entre grandes potências. A reunificação da Alemanha, a fragmentação do Império da União Soviética e a integração da antiga Europa Oriental à família de países democráticos do continente ocorreram sem qualquer conflito importante.

6.13.1. Os benefícios da ordem mundial pós-Segunda Guerra Mundial

Uma Europa pacífica contribuiu para consolidar a estabilidade da ordem internacional. Vivemos um dos mais longos períodos de paz entre as grandes potências. As democracias, os regimes autoritários e os governos não liberais querem fazer parte da ordem internacional e respeitar os seus princípios e normas.

A China e a Índia, por exemplo, estão mais empenhadas em cooperar com o sistema internacional e as instituições multilaterais, em vez de procurar fricções com o primeiro ou minar o segundo. Um regime de paz nos assuntos mundiais, baseado num amplo entendimento e num acordo internacional, decerto não acaba completamente com a guerra, contudo, implica sobretudo que o uso da força é mais suscetível de ser utilizado na resolução de conflitos entre Estados, do que vermos qualquer esforço para derrubar a ordem internacional. Esse é um legado impressionante, mas não podemos tomá-lo como garantido, especialmente hoje, quando vivemos algumas das mudanças de poder mais significativas desde 1945.

A segunda área de sucesso relativo tem sido a capacidade das grandes potências e instituições multilaterais para responder a crises financeiras e econômicas. A globalização e a crescente interdependência dos Estados têm encorajado os governos e as instituições multilaterais a serem mais eficazes na resposta a tais questões – mais significativamente, coordenando as políticas monetária, econômica e fiscal, a fim de reduzir seu impacto negativo nos mercados.

Os Estados perceberam que as crises econômicas representam uma grande ameaça à estabilidade da ordem internacional, bem como à sua própria política interna. Eles estão conscientes de que as convulsões econômicas podem gerar agitação social e, por sua vez, causar a queda dos governos ou promover plataformas políticas radicais que acabam minando a credibilidade da democracia.

Embora a ordem do pós-Segunda Guerra Mundial tenha sido capaz de criar um sistema internacional estável e um mundo mais pacífico, e tenha trazido prosperidade econômica para os países emergentes e para milhões de pessoas em todo o mundo, também gerou efeitos colaterais preocupantes.

A ordem internacional tem sido menos bem-sucedida na coordenação de esforços para lidar com questões cruciais do nosso tempo, como as alterações climáticas, as pandemias, o aumento da desigualdade de renda e as ondas maciças de emigração. A incapacidade do sistema internacional e da política interna dos países em dar respostas concretas e eficazes a esses desafios tem contribuído para o ressurgimento do nacional-populismo, dos ataques à globalização e de críticas crescentes às instituições multilaterais.

6.13.2. Desafios para a Ordem Mundial atual

O professor de Harvard Joseph Nye resumiu os dois grandes desafios da atual ordem mundial.[138] Ele vê uma "transição de poder", estimulada principalmente pela ascensão das potências asiáticas. Em vez de rotular esse acontecimento como a decadência dos Estados Unidos e das potências ocidentais, ele vê a ascensão do resto do mundo como um sinal do restabelecimento de uma distribuição de poder mais equilibrada entre Oriente e Ocidente, que existia antes do extraordinário impacto econômico e tecnológico da Revolução Industrial no século XIX – a qual rapidamente ampliou o *gap* de prosperidade econômica e poder militar entre as potências ocidentais e a Ásia.

O segundo fenômeno que Nye aponta é a "difusão de poder". Os Estados já não detêm o monopólio do poder. As instituições não governamentais e os *players* não estatais têm desempenhado um papel cada vez mais importante na definição da política e da ordem mundial. Nas políticas externas, as instituições não governamentais supervisionam o comércio internacional (a Organização Mundial do Comércio), definem políticas regionais (o Conselho Europeu), se envolvem em manutenção da paz (as Nações Unidas) e até mesmo regulam endereços da internet (ICANN – a Corporação da Internet para Atribuição de Nomes e Números).

Por vezes, esta nova situação pode ter uma força desestabilizadora. Se organizações terroristas transnacionais ou grupo de *hackers* manipulam dados, informações ou eleições, podem minar a segurança e a confiança nas instituições. Por outro lado, na política interna, esses mesmos *players* trabalham com os governos, ajudando-os a implementar melhores serviços públicos (como organizações que gerem escolas públicas ou hospitais), ou advogando causas e defendendo interesses particulares (como corporações e ONGs), o que tem ajudado a moldar as políticas públicas.

Neste complexo mundo de transição e difusão de poder, é essencial que a colaboração entre Estados e instituições não governamentais

---

[138] NYE JR., Joseph S. *The future of power*. New York: Public Affairs, 2011.

continue a ser moldada em uma base permanente para a coordenação de ações e políticas. Se as prioridades não estiverem claras, corremos o risco de se misturarem inadvertidamente fatos relevantes e irrelevantes, questões urgentes e menos urgentes, aumentando os erros de cálculo das respostas políticas e das ações do governo, ameaçando assim a estabilidade da ordem mundial. Nas palavras de Nye:

> A inteligência contextual, a capacidade de compreender um ambiente em evolução e capitalizar as tendências, será uma habilidade crucial para permitir que os líderes convertam recursos de poder em estratégias de sucesso.[139]

Num mundo multipolar, se quisermos oferecer respostas eficazes aos problemas globais mais prementes, é essencial redefinirmos as prioridades nos assuntos externos, mobilizar a opinião pública, envolver a sociedade civil e construir coligações em que Estados e agentes não estatais possam agir em conjunto.

Outra consideração vital é que, em uma era de liderança pouco apurada no governo, recai sobre os ombros da sociedade civil a responsabilidade de desempenhar um papel mais ativo nas políticas externas.

Há inúmeros desafios a serem enfrentados: dois exemplos são a Covid-19, que começou na China e lançou a economia global em recessão, provocando a pobreza e o desemprego tanto em países ricos quanto em países emergentes; e o desmatamento da Floresta Amazônica brasileira, que afeta a mudança climática, a estação chuvosa e as colheitas em muitas partes do mundo.

Mas é interessante – e encorajador – ver que a resposta eficaz a esses desafios resultou de uma ação coordenada empreendida por instituições não estatais, com os governos desempenhando um papel secundário. Uma coalizão de universidades, centros de pesquisa e empresas do setor privado tem sido decisiva nos esforços para desenvolver vacinas para a Covid-19 em tempo recorde.

---

[139] NYE JR., Joseph S. *The future of power*. New York: Public Affairs, 2011, pp. XVII.

E em relação à Amazônia, uma forte reação de investidores de todo o mundo, empresários e governos, incluindo os empresários e agricultores brasileiros, contra o aumento do desmatamento da Amazônia, tem sido de suma importância para pressionar o governo do Brasil a voltar atrás em sua atitude indiferente quanto ao desmatamento e apresentar um plano de ação para deter as queimadas ilegais da Floresta Amazônica.

Esses exemplos tendem a mostrar que a sociedade civil evoluiu mais rapidamente do que o governo na compreensão da dinâmica de um mundo interdependente. As soluções para os problemas globais transcendem as fronteiras nacionais e exigem uma coordenação e colaboração transnacionais entre Estados e *players* não estatais.

Enquanto o nacional-populismo cria a ilusão de que os governos nacionais podem enfrentar os desafios globais sozinhos, a sociedade civil atua em uma rede capaz de competir e colaborar com os esforços do governo – para o bem maior. Estamos vendo corporações, instituições não governamentais e Estados se engajarem em alianças temporárias para enfrentar as ameaças de pandemias ou de mudanças climáticas – mesmo enquanto as corporações continuam a competir ferozmente por mercados, recursos e consumidores e pelo apoio e lealdade das pessoas.

Na era pós-Covid-19, esta nova dinâmica de atores não estatais e estatais que colaboram e competem nos assuntos mundiais terá de enfrentar múltiplos desafios: como conciliar as virtudes do capitalismo, da prosperidade econômica, do crescimento e da inovação com a necessidade urgente de respostas concretas à crescente desigualdade de renda, ao desemprego e ao renascimento de políticas protecionistas que vêm distorcendo a concorrência de mercado. Essa será a prova de fogo da ordem internacional e das novas práticas de cooperação entre forças estatais e não estatais.

7.

ADAPTANDO O CAPITALISMO A UMA NOVA REALIDADE

7.1. O desafio do século XXI

Muito antes do nascimento do capitalismo, o comércio já existia e movia pessoas e bens ao redor do mundo. Desde a Antiguidade, comerciantes, aventureiros, príncipes e marinheiros compreenderam que o comércio era uma fonte de poder e riqueza.

Valia a pena correr o risco, enfrentar os perigos e as adversidades para transportar mercadorias da China para o Império Romano ou da Índia para Portugal no século XV. O comércio conecta a sociedade. Os comerciantes precisavam de camponeses e artesãos para produzir bens. Precisavam de crédito e conexões para mover mercadorias para os mercados. Também precisavam dos príncipes e do Estado para garantir a segurança das rotas comerciais. Porém, como em qualquer mercado, o risco é proporcional ao retorno financeiro. Uma caravana transportando seda da China ou um navio transportando especiarias da Índia ou ouro e açúcar do Brasil valia o risco:

> Por que alguém arriscaria a vida, os membros e as propriedades em viagens que poderiam mantê-los longe de casa por anos a fio, rendendo apenas lucros escassos? Simples: a sombria vida comercial era preferível à existência ainda mais sombria dos mais de 90% da população que se dedicavam à agricultura de subsistência. Um lucro anual de cem dinares

– o suficiente para sustentar uma existência de classe média alta – fazia de um comerciante um homem rico.[140]

O comércio precisa de mais do que comerciantes audaciosos para prosperar. Exige uma ordem política estável. Não pode florescer na anarquia. Exige um Estado sólido, capaz de oferecer um governo eficaz, aplicação das leis, segurança, ordem e um sistema fiscal justo. Esses são elementos essenciais para construir a confiança nas instituições e nas regras, para criar uma cultura comum enraizada em valores compartilhados e obrigações morais e para estabelecer uma ordem social estável.

Na verdade, a história do comércio reflete a ascensão e decadência das nações e impérios. Começou ao longo dos rios cercados por terras férteis: às margens do Rio Nilo no Egito; e na Mesopotâmia, entre os rios Tigre e Eufrates. Levou quase 1.500 anos para que aldeias fragmentadas ao longo do Nilo fossem unificadas sob o reino do Egito, e para esse se tornar um imponente império que dominou a região por cinco séculos.

Com a ascensão do Período Helenístico no século V a.C., o epicentro do comércio na Europa e no "Ocidente" se deslocou do Nilo para o Mar Egeu. Ao contrário do Egito, Atenas e as cidades-estados gregas negociavam por necessidade – de grãos. Atenas, devido ao solo pobre para a agricultura, se tornou dependente de fornecedores de trigo e grãos do exterior.

À medida que o Egito se tornava decadente, instável e suscetível a invasões e era temporariamente dominado por potências estrangeiras, Atenas começou a procurar novos fornecedores. Ela foi atrás de *Corínto* e *Siracusa*, no Mediterrâneo.

Ao empregar uma combinação eficaz de diplomacia astuta com poder militar e marítimo, Atenas construiu a Liga Deliana em 478 a.C, uma aliança de 300 cidades que garantiu não só a proteção militar das rotas marítimas comerciais e um fornecimento de grãos para Atenas, mas também a segurança da Grécia.

A Liga Deliana foi capaz de repelir duas tentativas de invasão do Império Persa, o maior poder da época. Mas uma vez que o perigo

[140] BERNSTEIN, William J. *A splendid exchange: how trade shaped the world.* New York: Atlantic Monthly Press, 2008, pp. 7.

eminente da Pérsia cessou em 450 a.C., a rivalidade política entre as cidades-estados gregas tornou-se mais aguda, especialmente entre as duas grandes potências da região, Atenas e Esparta.

As Guerras do Peloponeso (431-404 a.C.) aceleraram a decadência de ambas, mas graças ao surgimento de uma nova superpotência na região – o império macedônico, de Filipe e o seu filho *Alexandre* (conhecido como "Alexandre, o Grande") – o comércio continuou a florescer na região.

O Império Romano marcou a Idade do Ouro do comércio na Antiguidade. O poder do Estado romano forjou a criação de um conjunto comum de valores, costumes, instituições e regras. Garantiu a ordem, a aplicação das leis e uma tributação justa. Também estimulou o desenvolvimento de uma cultura cívica de deveres e direitos, que veio acompanhada da criação de governos provinciais e do exercício de governo representativo.

Além da estabilidade da ordem política, Roma definiu os padrões para tudo – da etiqueta social à educação; das artes e da cultura à moda e alimentação. Essa padronização de governo, leis e comportamento em uma vasta área que compreendia Europa, norte da África e Ásia Menor criou um enorme mercado comum onde o comércio movia pessoas e bens por todo o Império.

Com a decadência gradual do Império Romano após o reinado do imperador *Marco Aurélio*, em 180 d.C., as invasões bárbaras começaram a desestabilizar o comércio na Europa. O comércio foi deslocado para o Oriente Médio, onde os primeiros muçulmanos se tornaram os grandes comerciantes do mundo. Por quase um século (661-750), o Califado Omíada dominou o comércio mundial. Ele controlava rotas marítimas e estradas da Espanha ao Paquistão.

> Já não eram as três grandes rotas para a Ásia – o Mar Vermelho, o Golfo Pérsico e a Rota da Seda – alternativas concorrentes; em vez disso, eram um sistema logístico global integrado disponível para todas as partes que reconhecessem a suserania do califado.[141]

---

[141] BERNSTEIN, William J. *A splendid exchange: how trade shaped the world.* New York: Atlantic Monthly Press, 2008, pp. 75.

No período, destacou-se a tolerância religiosa, com cristãos, judeus e muçulmanos vivendo suas próprias vidas e experiências sob a paz e a ordem, atingida pela delegação do poder a uma série de califados regionais, apoiando o *diwans* – centros administrativos, que respeitavam os costumes de cada região – e, principalmente, incentivando o comércio, porque a prosperidade econômica era fundamental para manter o bem-estar das pessoas.

O Império Omíada foi derrubado por uma facção rival, o Califado Abássida, que governou até 1258. O comércio floresceu, mas o Califado Abássida teve que lidar com a perda de território no Extremo Oeste (Espanha) e ceder mais poder a outros califados na Pérsia e no norte da África. Por outro lado, o período Abássida marcou a Idade do Ouro do Islã. Culturalmente, o Califado Abássida era muito mais avançado que a Europa.

Durante o período frequentemente referido como "Idade das Trevas" na Europa, após a queda do Império Romano, o mundo muçulmano prosperou. Este império multirreligioso, que exaltava a diversidade de raças, línguas e culturas, também estava aberto a novas ideias. Manuscritos gregos e romanos sobre filosofia, artes e ciência inspiraram a arquitetura dos muçulmanos, a medicina, a matemática e a literatura, e transformaram Damasco e Bagdá nas capitais do conhecimento à época.

O comércio com a China foi intensificado durante este período. A rota Bagdá-Cantão foi uma das mais prósperas:

> Os quatro principais produtos de luxo da China – seda, sândalo, especiarias e porcelana – eram, de alguma forma, trocados pelo que o Oriente desejava da Arábia e da África: cavalos puro-sangue, marfim, incenso, algodão, ouro e cobre.[142]

A segurança da Rota da Seda foi garantida pelo poderoso Império Mongol. Os herdeiros de *Genghis Khan* compreendiam a importância da Rota da Seda para seu império; era a mais próspera entre o Oriente

---

142 BERNSTEIN, William J. *A splendid exchange: how trade shaped the world.* New York: Atlantic Monthly Press, 2008, pp. 90.

e o Ocidente. Gradualmente, o declínio do Império Abássida estimulou novos concorrentes a usarem a Rota da Seda.

Marco Polo, o famoso comerciante da República de Gênova, foi o primeiro sinal de que a Europa começava a sair de sua Idade das Trevas. Ele não foi o único marco do renascimento do comércio no continente. As rivalidades comerciais entre cidades-estados italianas dominaram as disputas políticas, militares e econômicas do século XIII:

- Pisa, Gênova e Veneza lutaram para conquistar postos comerciais no norte de África e dominar o comércio no Mediterrâneo;
- Florença emergiu como uma potência bancária (graças à família *Medici*) e como comerciante de lã e vinho;
- O Ducado de Milão, governado pela família *Visconti*, também se tornou um importante *player* no comércio e nos bancos. A Itália se transformou em uma arena não só para a competição comercial e política, mas também para as artes e a ciência.

A extraordinária riqueza das cidades-estados e principados italianos financiou pintores, escultores, arquitetos, escritores, cientistas e compositores, dando origem ao Renascimento. Foi uma das maiores eras da civilização ocidental: o tempo de *Leonardo Da Vinci* e *Michelângelo*; *Dante* e *Petrarca*; *Alberti* e *Brunelleschi*; *Copérnico* e *Galileu* – uma verdadeira colheita de homens notáveis, que desvendaram um mundo esquecido feito de beleza e harmonia; razão e inovação; ciência e descoberta – que mudou o curso da história no mundo ocidental, abrindo caminho para a ascensão e grandeza da Europa.

As cidades-estados italianas praticamente tinham o monopólio do comércio de riquezas do Oriente com a Europa. A Inglaterra e a França estavam em guerra, esgotando seus recursos e mão de obra na Guerra dos Cem Anos.

Entretanto, existia uma concorrência saudável na Península Ibérica. Portugal e Espanha investiram os seus recursos, conhecimento marítimo e experiência de navegação para encontrar um novo caminho para as riquezas do Oriente: essa rivalidade levou à "era dos descobrimentos", nos séculos XV e XVI.

Portugal, que tinha mais experiência em navegar na costa do norte da África, acreditava que o caminho para chegar ao Oriente era contornando o continente africano. A Espanha, por outro lado, apostou na ideia de um aventureiro genovês, Cristóvão Colombo, que acreditava ser possível alcançar o Oriente navegando para o oeste.

Graças ao apoio firme da coroa, foram os portugueses que deram início à Era dos Descobrimentos. O filho do rei, conhecido como Príncipe Henrique, o Navegador, presidiu as expedições ao longo da costa africana. Ele persuadiu seu pai, o rei João, a conquistar Ceuta, uma cidade ao norte de Marrocos, em 1415. Era um lugar estratégico para controlar o comércio com o Califado, mas também uma base crucial para as expedições marítimas posteriores.

Em 1427, os portugueses descobriram as Ilhas dos Açores. Em 1434, Gil Eanes foi o primeiro navegador a passar pelo Cabo Bojador, na extremidade do Saara Ocidental. Foi uma enorme façanha. Mar agitado e ventos haviam destruído expedições passadas, e acreditava-se que além de Bojador havia monstros marinhos perigosos e terras míticas nas quais, depois de entrar, não haveria um ponto de retorno.

Os navegadores portugueses continuaram a avançar ao longo da costa africana. Em 1471, chegaram a Gana, onde descobriram ricas minas de ouro. Todavia, a maior recompensa veio em 1497, quando Vasco da Gama contornou o Cabo da Boa Esperança, a ponta do que é hoje a África do Sul, e finalmente entrou no Oceano Índico. Em maio de 1498, ele chegou ao porto de Calcutá, na Índia.

Incomodado com a incursão bem-sucedida de Portugal na África, o Rei Fernando e a Rainha Isabel da Espanha decidiram financiar uma expedição proposta por aquele aventureiro genovês, Colombo. Em agosto de 1492, Colombo partiu do porto espanhol de Palos para um destino desconhecido.

Ele não conseguiu chegar à Índia – que era o seu objetivo –, mas tropeçou nas Américas, onde encontrou ouro e prata rapidamente. A descoberta das Américas estimulou os navegadores portugueses a explorarem o continente. Em abril de 1500, descobriram o Brasil.

A colonização das Américas transformou Portugal e Espanha nas nações mais ricas do mundo. Comerciantes enviaram ouro, prata e açúcar para a Europa e trouxeram de volta um novo tipo de "mercadoria" – escravos – da África, para serem vendidos nas colônias.

Enquanto essas duas nações se entregavam à riqueza de suas colônias e de seu comércio, as rotas marítimas descobertas por Vasco da Gama para lugares além do cabo da Boa Esperança atraíram novos competidores.

Os holandeses criaram um mecanismo engenhoso para explorar o comércio internacional: uma instituição que chamaram de corporação. Em vez de procurar financiamento de reis e príncipes, o governo holandês, em parceria com comerciantes e cidadãos, estabeleceu a Companhia Holandesa das Índias Orientais, em 1602. Qualquer pessoa podia comprar ações da empresa. Foi um investimento de risco, mas a esperança de retorno elevado atraiu diversos investidores grandes e pequenos.

A Companhia Holandesa das Índias Orientais era muito mais do que uma corporação comercial com a maior capitalização do mundo: também tinha a vantagem de uma poderosa força militar e naval apoiada pelo governo holandês. Usava dessa força não só para proteger as cargas de mercadorias das Índias Orientais, mas para atacar navios comerciais espanhóis e capturar suas cargas (os Países Baixos ainda eram uma parte da Espanha, até que conquistaram a independência em 1648). Nos primeiros anos da corporação, o saque era mais lucrativo do que o comércio.

Uma vez que garantiu o monopólio comercial com a Índia e continuou a empregar seu poder militar para conquistar territórios na Ásia e nas Américas da Espanha e Portugal, a Companhia precisava de mais dinheiro. A Holanda já tinha estabelecido um sistema bancário e de crédito essencial para o financiamento de empresas como a Companhia Holandesa das Índias Orientais:

> Quando os banqueiros holandeses começaram a aceitar ações (da empresa) como garantia para empréstimos, a ligação entre o mercado de ações e a oferta de crédito começou a ser forjada. O passo seguinte foi os bancos emprestarem dinheiro para que as ações pudessem ser compradas

com crédito. A Companhia, a bolsa e bancos forneceram a base triangular para um novo tipo de economia.[143]

Assim, surgiu a figura do especialista na organização destes fluxos de capital, na concessão de empréstimos e na viabilização de empresas ousadas. Não devemos defini-lo como "capitalista" – ele não era necessariamente o investidor – mas foi o precursor do que são hoje os mecanismos de financiamento generalizado e facilitação de empreendimentos.

No século XVII, o mercado financeiro dinâmico da Holanda, as poderosas corporações e uma bolsa vigorosa, que atraiu investidores e empresários e negociou ações e *commodities*, transformou o país no centro do comércio internacional.

A Companhia Holandesa das Índias Orientais controlava os mercados de noz-moscada e cravo-da-índia, as companhias de navegação holandesas dominavam o transporte de mercadorias a partir do Oriente, servindo clientes internacionais que contratavam os seus serviços – ultrapassando de longe os portugueses, mestres da navegação. A religião e a nacionalidade não eram barreiras para o comércio, nem para fazer negócios ou para financiar empresas. Judeus e estrangeiros foram recebidos na Holanda e não eram perseguidos pelo Estado.

Mas, como tantas vezes acontece, a liderança do país no comércio internacional começou a incomodar outras grandes potências. A ascensão da Inglaterra como a maior potência econômica do século XVIII deriva de uma combinação de fatores. Em primeiro lugar, o comércio oriental deixou de ser o único a prover bens apreciados pelos europeus. O gosto europeu começou a se aproximar cada vez mais os produtos das Américas. Tabaco, açúcar, café, chá e algodão se tornaram *commodities* demandadas pela Europa, e a Inglaterra era o principal comerciante desses bens.

Então, em 1688, um príncipe holandês e uma princesa inglesa, Guilherme de Orange e Mary, tornaram-se rei e rainha de Inglaterra. Esse foi o início de uma importante transformação política, na qual

---

[143] FERGUSON, Niall. *The ascent of money: a financial history of the world.* New York: The Penguin Press, 2008, pp. 132.

o poder na Inglaterra mudou definitivamente da Coroa para o Parlamento, estabelecendo e impondo a responsabilidade de um governo eleito constitucionalmente.

E como o poder arbitrário da coroa foi subjugado, uma conjunção de três fatores acabou abrindo caminho para a mudança mais disruptiva na economia mundial: a Revolução Industrial. Esses três fatores foram: a posse de uma poderosa marinha; um comércio internacional dinâmico; e o surgimento de mercados financeiros capazes de assumir riscos para financiar empresas comerciais, empresários e inovação.

Esta mudança maciça na estrutura de trocas, invenções e comércio começou com ferramentas inovadoras na área dos negócios *têxteis*. A invenção da *lançadeira voadora* em 1733 possibilitou acelerar a tecelagem de tecidos. As *máquinas de fiar* surgiram em 1764, possibilitando a criação das fábricas de algodão. Então, em 1775, *James Watt* inventou o *motor a vapor*.

As invenções começaram a surgir rapidamente, dando origem à era industrial, que mudaria para sempre a economia da Inglaterra e do mundo. Durante esse período, enquanto inovadores, capitalistas e empresários transformavam a maneira como produzimos bens e serviços, um brilhante filósofo escocês revolucionou o pensamento econômico: em 1776, Adam Smith publicou sua obra-prima, *Uma Investigação sobre a Natureza e as Causas da Riqueza das Nações*, mais conhecida apenas como *A Riqueza das Nações*.

O livro de Smith foi o que podemos entender como o quarto fator para esta transformação. Ele explicou com evidência empírica os três conceitos fundamentais que compõem a essência do "capitalismo":

- Em primeiro lugar, identificou o componente principal no aumento da produtividade em uma economia: especialização. Adams chamou isso de "divisão do trabalho", ou seja, a divisão de tarefas que permite às nações, ou outros grupos, especializarem-se na produção do que fazem melhor. A economia do mundo não pode aumentar a produtividade se cada nação tentar produzir todos os bens que necessitar. Cada um será condenado à ineficiência e à baixa produtividade, impedindo que a economia cresça;

- A seguir, Adam Smith entendeu que o mercado era o melhor instrumento para regular o equilíbrio da oferta e da procura, de acordo com o que reconheceu como suas "leis". Ele previu que a "mão invisível" do mercado – a busca de interesses individuais que, de acordo com o autor, criam um equilíbrio natural entre a oferta e a demanda – era um regulador mais eficaz do que a intervenção do governo na economia;
- Finalmente: concluiu que as nações que abrissem os seus mercados tornariam o comércio e a concorrência mais ricos do que nos países protecionistas.

A noção de que a *especialização* da força de trabalho, a *concorrência leal* nos mercados e o *livre comércio* são fatores determinantes para fazer as nações crescerem e se tornarem mais ricas era, na época, completamente contraintuitiva.

Em uma época em que a crença mercantilista predominante afirmava que a riqueza das nações reside na proteção dos mercados internos, no estímulo às exportações, na contenção das importações e no estabelecimento do monopólio sobre as *commodities* de exportação, as ideias de Adam Smith inicialmente pareciam absurdas – como tantas vezes acontece com novas ideias.

7.1.1. Os frutos do capitalismo

Essa breve história do comércio revela que antes de Adam Smith todos os ingredientes essenciais do capitalismo já existiam.

O comércio já tinha criado: um mercado dinâmico de bens; um sistema eficiente de crédito gerido por bancos concorrentes; a existência de empresas e responsabilidade limitada; escrituração e contabilidade de partidas dobradas; mercados de ações; e investidores determinados a financiar empresários e ideias inovadoras.

Ao longo dos séculos, o comércio estimulou uma rica troca de bens, pessoas e ideias, mas não gerou crescimento econômico. Os lucros do comércio permaneceram restritos a um pequeno grupo de príncipes, comerciantes, banqueiros e investidores. As riquezas do comércio não se converteram em crescimento econômico, nem melhoram a renda da maior parte da população. De fato, durante milhares de anos, o crescimento econômico permaneceu estável.

Então veio Adam Smith e a tendência referida como "capitalismo". Ideias brilhantes que desafiam as crenças estabelecidas levam algum tempo para serem aceitas e se tornarem lugares-comuns. Na Inglaterra, foram necessários 69 anos a contar da publicação de *A Riqueza das Nações* antes de o Parlamento aprovar o livre comércio.

Em 1845, o primeiro-ministro Robert Peel ganhou uma votação histórica, de forma que seu Partido Conservador foi capaz de revogar as *Leis dos Cereais* (legislação protecionista) e adotar o livre comércio. Isso mudou o destino da Inglaterra, transformando-a em uma das nações mais ricas do século XIX.

O capitalismo rompeu o ciclo eterno de crescimento estagnado. Foi, realmente, o elemento "mágico" que desencadeou o crescimento econômico.

O notável economista britânico *Angus Maddison* mostrou que o crescimento econômico até 1820 era plano; com a influência do capitalismo, da Revolução Industrial e do livre comércio, as principais economias do mundo começaram a crescer um pouco mais de 1% ao ano, por 70 anos. Na virada do século XX, essa taxa média de crescimento econômico tinha saltado para 2% ao ano, e isso continuou até 1973. Estes 153 anos (1820-1973) de crescimento dividiram as nações em ricas e pobres. Os primeiros abraçaram o capitalismo; os últimos adotaram sistemas econômicos não liberais.

Adam Smith salientou que *divisão do trabalho* e *especialização* eram elementos fundamentais para aumentar a produtividade e impulsionar o crescimento econômico. Além disso, funcionários bem pagos fazem girar as rodas da economia; eles se tornam consumidores de bens, empurrando a demanda por produtos e aumentando a oferta. A *industrialização* e a *especialização* tornaram o comércio *onipresente*, em benefício de todos. Ajudaram a reduzir o preço dos bens básicos, tornando-os acessíveis à massa dos consumidores. O capitalismo deu origem à era da abundância, do crescimento econômico, do investimento corporativo massivo e da mobilidade social. Mas nem tudo era um paraíso econômico.

Os críticos do sistema apontam as condições de trabalho horríveis nas fábricas, o trabalho infantil e os baixos salários, que marcaram os primeiros estágios da Revolução Industrial. O que gradualmente corrigiu essas disfunções do sistema, contudo, não foi o comunismo ou o socialismo, mas o próprio capitalismo, trabalhando dentro de um sistema democrático livre (na época, relativamente) e sem restrições. Como as terríveis condições de trabalho, que eram comuns, acabavam em greves, debates no Parlamento e polêmicas na imprensa, os trabalhadores começaram a se mobilizar, nos sindicatos e na política – com a ascensão do Partido Trabalhista –, para conquistar alguns direitos importantes, tais como salário-mínimo, limitação de horas de trabalho por semana e melhores condições de trabalho nas fábricas. Ao mesmo tempo, a "mão invisível" do mercado, combinada com as virtudes da democracia e de uma imprensa livre, ampliou gradualmente os direitos e condições de trabalho, dando ao trabalhador médio nas sociedades capitalistas uma qualidade de vida muito melhor (conforme medido, hoje, pelo Índice de Desenvolvimento Humano), maior renda e melhores condições de trabalho do que nas economias não capitalistas.

Hoje, os países que estão no topo do *Índice de Liberdade Econômica* – como Canadá, Dinamarca, Alemanha e Estados Unidos – têm um PIB *per capita* médio de 36.770 dólares. Enquanto isso, nações que ignoraram os ensinamentos de Adam Smith se tornaram mais pobres. Os governos que optaram por uma economia fechada, pela intervenção estatal nos mercados e por políticas protecionistas têm sido um fator para a criação de países mais voláteis, instáveis e desiguais. No nível mais baixo do Índice de Liberdade Econômica, os países têm um PIB médio *per capita* de 6,140 dólares.

Quando as economias emergentes da África, da América Latina e da Ásia e os antigos países comunistas da Europa adotaram a liberalização do comércio, a globalização e o capitalismo, na década de 1990, rapidamente começaram a colher os frutos do crescimento econômico e do aumento da renda. Mais importante, isso ajudou a tirar centenas de milhões de pessoas da pobreza.

Essa é a "magia" do capitalismo – e não podemos falar a mesma coisa ao descrever um mecanismo nem na sua competência para executar e alcançar ideais – do socialismo ou do comunismo. Como diz Paul Collier, professor de Oxford:

> O propósito adequado do capitalismo moderno é permitir a prosperidade em massa (...) em uma sociedade bem-sucedida, as pessoas florescem, combinando prosperidade com um sentimento de pertença e estima.[144]

A conclusão é que agora precisamos trabalhar para restaurar as virtudes do capitalismo: sua capacidade de produzir crescimento econômico, garantir a prosperidade em massa, proporcionar mobilidade social e estimular e sustentar a igualdade de oportunidades.

Ao mesmo tempo, para cumprir esta função, o capitalismo tem uma necessidade absoluta de uma série de virtudes – as virtudes normais e civilizadas da democracia – para corrigir suas disfunções.

Para ser bem-sucedido e eficaz, o capitalismo requer: Estado de Direito; liberdade individual; um governo responsável; uma imprensa livre; e livre fluxo de ideias e de capital. Esses são os fatores que estimulam os empresários temerários a se envolverem com empresas e invenções inovadoras e, na verdade, com a "destruição criativa".

Os governos devem garantir que a concorrência de mercado justa, o crescimento econômico e a mobilidade social não sejam sufocados pelo capitalismo de compadrio, nem sejam manchados por privilégios ou regras manipuladas.

É imperativo que essas falhas, que contribuíram para a corrosão da aura de confiança no capitalismo e na democracia, sejam abordadas.

7.1.2. As três desigualdades

O que aconteceu para fazer o capitalismo cair no descrédito popular?

Embora tenha proporcionado prosperidade em massa, no século XXI começou a falhar em combiná-la com concorrência de

---

[144] COLLIER, Paul. *The future of capitalism: facing the new anxieties*. New York: Harper Collins Publishers, 2018, pp. 25.

mercado justa e igualdade de oportunidades. A crescente desigualdade tem corroído o "sentimento de pertencimento e estima".

A economia é uma parte indissociável da nossa vida política e social. É muito mais do que uma mera esfera de transações utilitárias e materiais ditadas pela oferta e demanda. *Francis Fukuyama* salienta, com razão, que as nossas atividades econômicas – o nosso trabalho, a nossa reputação profissional e o prestígio da nossa empresa – moldam o sentimento de pertencimento e reconhecimento na comunidade.

No entanto, a estima, ou a autoestima, por si só, não é suficiente para estimular o crescimento econômico, a prosperidade das massas e a concorrência justa no mercado e capitalismo. Os pilares do acordo social que são necessários como base de uma economia de trabalho – *confiança* em valores, regras, normas de conduta e instituições – são um elemento essencial para a prosperidade econômica de uma sociedade. Nas palavras de Fukuyama:

> A lei, o contrato e a racionalidade econômica fornecem uma base necessária, mas não suficiente, tanto para a estabilidade quanto para a prosperidade das sociedades pós-industriais; devem também ser catalizados com reciprocidade, obrigação moral, dever para com a comunidade e confiança, que se baseiam no hábito e não no cálculo racional.[145]

O fator mais importante que contribuiu para a erosão da *confiança* no capitalismo é o aumento constante da *desigualdade*.

Há três tipos de desigualdades que afetam o bom funcionamento do capitalismo moderno:

- Desigualdade de renda;
- Desigualdade de produtividade;
- Desigualdade de acesso.

É crucial que essas desigualdades sejam abordadas para salvar o capitalismo dos opositores que criticam esses resultados adversos

---

[145] FUKUYAMA, Francis. *Trust. The social virtues and the creation of prosperity*. New York: Free Press Paperback, 1995, pp. 11.

– políticos, economistas, cientistas sociais, formuladores de políticas e outros que têm um certo gosto por distorcer dados e fatos.

Fazem isso, muitas vezes, a partir de um desejo instintivo, mas não inteiramente informado, de justificar a intervenção estatal em uma economia, os aumentos de impostos, as medidas protecionistas, as políticas assistencialistas ineficazes e, claro, os ataques aos efeitos visíveis da globalização, como os personificados na forma de magnatas ricos – como se fosse definitivamente o processo, e não os detalhes, que precisa ser corrigido, afinal, tem um efeito negativo.

Se não conseguirmos enfrentar as verdadeiras razões que levam à desigualdade, populistas e anticapitalistas conquistarão o apoio popular, permitindo-lhes propagar suas falsas soluções – que minam as virtudes e conquistas da economia de mercado e da democracia.

As desigualdades de renda, de produtividade e de **acesso** aprofundaram a divisão entre nações ricas e pobres – um processo que continuou ao longo dos séculos. No início do século XIX, a Holanda era uma das nações mais ricas do mundo. Seu PIB era quatro vezes maior que a nação mais pobre na época. Hoje, a diferença entre o PIB dos EUA e de Burundi, por exemplo, é de quase 700 vezes.

O professor de Harvard *Ricardo Hausmann* salienta que estas desigualdades não só aumentaram *entre* países, mas também *nos* países, nas cidades, e mesmo entre cidades. Nos Estados Unidos, por exemplo, existe uma enorme disparidade de rendimento entre estados e cidades.

O PIB *per capita* do estado de Nova York (US$ 90.000) é mais que o dobro em comparação ao do Mississippi (US$ 40.000). Entretanto, em Nova York, quase metade da população vive na pobreza ou em condições precárias de sobrevivência. No outro extremo, 10% das maiores fortunas da cidade estão entre as maiores rendas do país (e, na verdade, do mundo). A desigualdade de renda não é a única barreira que divide ricos e pobres em cidades, estados e países.

A desigualdade de produtividade também separou os aglomerados de conhecimento altamente produtivos das atividades de baixa produtividade comum à mão de obra menos qualificada. A "economia do conhecimento" criou silos de invenção, inovação e produtividade que se tornaram quase um mundo à parte ao dos muitos empregos pouco qualificados e mal remunerados, que muitas vezes desaparecem para sempre devido a mudanças tecnológicas disruptivas.

O mundo de STEM (Ciência, Tecnologia, Engenharia e Matemática) estimula o crescimento econômico e a produtividade, cria empregos bem pagos e, na verdade, as corporações mais valiosas do mundo. Atualmente representa o epicentro do conhecimento e do saber fazer; é a força motriz da inovação e da produção de bens e serviços de alta complexidade. Mas o acesso à economia do conhecimento exige profissionais altamente qualificados.

As escolas e as universidades desempenharão um papel cada vez maior na formação de profissionais qualificados para o mercado STEM e na preparação dos nossos jovens para uma vida em que estão constantemente a aprender. Como diz o professor Hausmann, "a economia do conhecimento é a economia da aprendizagem". Uma boa educação, portanto, é um elemento crucial para garantir a igualdade de oportunidades e diminuir as brechas de desigualdade de acesso e produtividade, bem como de renda. A educação não está mais limitada à *escolarização* formal.

Isso significa que a aprendizagem nos acompanhará ao longo da vida, do berço ao túmulo. A importância de cultivar a *curiosidade* pelo aprendizado e o *interesse* pela reciclagem de conhecimentos, atitudes, crenças e comportamentos tornou-se hoje uma necessidade primordial para que possamos nos adaptar a novas realidades, nos reinventar e nos aventurar em novos caminhos profissionais.

Essa *educação holística* significa não apenas o conhecimento formal e o desenvolvimento de habilidades intelectuais, mas também o desenvolvimento das habilidades emocionais, sociais e espirituais para aprimorar o aprendizado experimental e ajudar os indivíduos a viver e trabalhar em um mundo que agora é uma rede de cooperação altamente complexa entre os setores privado e público, entre empresas e cidadãos, comunidades e indivíduos.

Há um antigo provérbio africano que diz que "é preciso uma aldeia para criar uma criança". Nos nossos tempos, é preciso um país inteiro para educar uma pessoa. Essa missão não é uma tarefa meramente para o governo, mas uma responsabilidade geral da sociedade. Famílias e comunidades, governo e setor privado, sociedade civil e instituições não governamentais devem fazer parte de um esforço comum para educar crianças e jovens e, de fato, treinar e preparar trabalhadores em meio de carreira para a transição de empregos moribundos para novas profissões.

A "educação holística" é também uma forma de desenvolver capacidades não cognitivas para que as pessoas sejam e se sintam mais integradas à comunidade, nas organizações e na vida cívica. No fim, o resultado é também um dos principais instrumentos para garantir a igualdade de oportunidades e reduzir as desigualdades de rendimento, produtividade e acesso.

Se a sociedade não entender que a missão de educar os cidadãos é uma responsabilidade de todos os países, ficará presa na armadilha de desigualdade e a credibilidade da democracia e do capitalismo continuará a ser corroída. "Educação holística" é um conceito que coloca esta responsabilidade em foco.

A jornada de educação começa no berço. Um dos meios mais eficazes para reduzir a desigualdade é investir na educação infantil. O professor Jack Shonkoff, que dirige o *Centro de Desenvolvimento Infantil* da Universidade de Harvard, argumenta que a experiência educacional começa na primeira infância: ele observou que a arquitetura do cérebro é formada entre o nascimento e os três anos de idade, e que as conexões feitas entre os neurônios neste período têm um impacto profundo nas habilidades de aprendizagem ao longo da vida de uma pessoa, em sua inteligência emocional, produtividade econômica e até mesmo determinam seu papel como cidadã na comunidade.

A experiência, diz ele, é mais importante do que os genes no desenvolvimento da arquitetura do cérebro. Uma vez que a experiência consiste em uma vasta rede de estímulos fornecidos pela família, escola e comunidade, é vital que o processo educacional comece desde o nascimento.

As sinapses do cérebro são formadas não apenas pelo estímulo da aprendizagem. O neurocientista *Charles Nelson* realizou um estudo na Romênia após a queda da ditadura comunista de Nicolae Ceausescu (1965-1989). O ditador havia conduzido uma trágica experiência de tirar crianças de suas famílias em uma idade precoce para serem educadas por instituições estatais. O estudo do Dr. Nelson concluiu que isso teve consequências drásticas na formação do cérebro.

A ausência de laços familiares, carinho responsivo, afeto e o sentimento de pertencer a uma família e um lar prejudicou dramaticamente o desenvolvimento cerebral e as habilidades cognitivas, resultando em baixo QI (quociente de inteligência).

Além disso, tal situação causou muitos transtornos psicológicos, decorrentes de traumas, e dificuldades de convivência devido a transtornos emocionais.[146] Em resumo, os aspectos emocionais e não cognitivos – fortes laços familiares e o cuidado parental, que criam os laços de pertencimento, afeição e confiança – são tão importantes para moldar a arquitetura do cérebro infantil quanto os estímulos cognitivos e de aprendizagem.

O economista vencedor do Prêmio Nobel *James Heckman* argumenta que investir na educação infantil fornece um dos maiores retornos sociais por dólar gasto. Em seus cálculos, investir na educação para crianças desfavorecidas desde o nascimento até aos cinco anos proporciona um retorno de 13%. Seus estudos concluíram que desenvolver a capacidade de uma criança para aprender e se relacionar com os outros na primeira infância pode reduzir a desigualdade e desenvolver melhores habilidades cognitivas e não cognitivas – como "atenção, controle de impulsos, persistência e capacidade para trabalhar em equipe".

Em sua avaliação, "o desenvolvimento da primeira infância impulsiona o sucesso na escola e na vida", além de ter um impacto positivo para a sociedade no crescimento econômico, aumento da produtividade da força de trabalho e maior renda.[147]

---

[146] NELSON, Charles et al. *Romania's abandoned children: deprivation, brain development and the struggle for recovery*. Cambridge: Harvard University Press, 2014.

[147] THE HECKMAN EQUATION. "Invest in early childhood development: reduce deficits, strengthen the economy". *The Heckman Equation*. Chicago, 7 dez. 2012. Disponível em: <https://heckmanequation.org/resource/invest-in-early-childhood-development-reduce-deficits-strengthen-the-economy>. Acesso em: 15 abr. 2022.

Ele diz que esse cuidado evita as armadilhas da delinquência, dos problemas de saúde, do crime e do comportamento antissocial – que naturalmente ajudam a corroer a confiança no capitalismo e na democracia, além de degradar a vida social na comunidade.

Felizmente, a escolaridade formal tem sido tratada como uma prioridade nacional por muitos países desenvolvidos e emergentes. Como a jornalista Amanda Ripley revelou no seu excelente livro,[148] três países que transformaram a educação em prioridade nacional são: Finlândia, Coreia do Sul e Polônia. Cada um deles adaptou seu sistema educacional para preparar as crianças para os desafios do mundo. Todos adotaram determinados valores que podem ser vistos como a base de uma educação moderna bem-sucedida:

- Primeiro, eles valorizam professores. Só os mais brilhantes e os melhores podem aspirar sair da universidade e ter o ensino como uma carreira. É uma profissão valorizada e prestigiada;
- Em segundo lugar, são obcecados por testes e avaliações. O objetivo não é classificar as crianças, mas descobrir quais são as dificuldades de cada uma para criar estratégias que desenvolvam suas habilidades de aprendizagem. Aquelas que ficam para trás de sua idade/série escolar recebem apoio e ajuda extra para alcançar o resto da turma;
- Por fim, a educação não é apenas orientada para o conteúdo. Ela envolve o desenvolvimento de capacidades não cognitivas. A escola ajuda a desenvolver o trabalho em equipe, a colaboração, a concentração e a autodisciplina, que ajudam a moldar atitudes, comportamentos e crenças. Não só ensina conteúdo, mas também ajuda a formar cidadãos.

A combinação de capacidades cognitivas e não cognitivas transforma o processo educativo. Não se trata apenas de aprender matemática e ciência, mas de aprender também o processo de pensar matematica e cientificamente. Essa abordagem reforça os instrumentos

[148] RIPLEY, Amanda. *The smartest kids in the world. and how they got that way*. New York: Simon & Schuster, 2014.

de aprendizagem ao longo da vida, necessários para capacitar as pessoas a continuar a aprender e se adaptarem à novas realidades. Mais importante, as ajuda a se prepararem para uma transição pessoal, se necessário, de profissões em declínio para novos empregos.

Qual é o papel de um emprego? O emprego não é apenas uma importante fonte de rendimento, mas também de autoestima, de pertencimento e de estima na comunidade. A erosão de empregos é, muitas vezes, mostrada como uma grande fonte de revolta popular, fomentando radicalismo, intolerância e o nacional-populismo.

Será necessário um grande esforço em comum das comunidades locais e governos nacionais, sociedade civil e instituições não governamentais, além dos setores privado e público, para reunir recursos, pessoas e políticas capazes de enfrentar os problemas centrais da educação, da formação profissional e dos desafios da aprendizagem ao longo da vida. As economias modernas, na verdade, encaram uma tarefa urgente de reciclagem e preparação da mão de obra atual para um novo mercado de trabalho, como percebido agora e como quer que isso seja no futuro.

O progresso tecnológico e a inteligência artificial continuarão a destruir postos de trabalho, mas também a criá-los. De acordo com um estudo publicado pelo McKinsey Global Institute, 60% dos empregos existentes hoje podem ser parcial ou totalmente automatizados até 2030. Por outro lado, uma revolução na tecnologia, na robótica e na automatização terá um efeito positivo para a sociedade – aumento da produtividade, estímulo do crescimento econômico e criação de novos empregos.[149]

A conclusão é que as nações não devem temer a revolução tecnológica, mas abraçá-la e ajudar as pessoas a se adaptarem a uma nova realidade. Ao contrário da receita populista, não é possível travar a marcha da tecnologia por meio de políticas protecionistas,

---

[149] MANYIKA, James et al. "Jobs lost, jobs gained: what the future of work will mean for jobs, skills, and wages". *McKinsey & Company*. 28 nov. 2017. Disponível em: <https://www.mckinsey.com/featured-insights/future-of-work/jobs-lost-jobs-gained-what-the-future-of-work-will-mean-for-jobs-skills-and-wages?>. Acesso em: 15 abr. de 2022.

subsidiando indústrias moribundas e protegendo profissões em declínio. Essa é uma estratégia em que todos saem perdendo: governos, trabalhadores, sociedade e contribuintes. Drena recursos públicos, desincentiva a inovação, restringe a produtividade e, sobretudo, é inútil para ajudar a sociedade a superar os três principais problemas estruturais – baixo crescimento econômico, desemprego elevado e crescente desigualdade.

Enquanto a proteção dos postos de trabalho em declínio proporciona um dos piores retornos sociais sobre o investimento de recursos públicos, investir na reciclagem e na reeducação de trabalhadores em carreiras médias é um dos meios mais eficazes para aumentar a produtividade e reduzir a desigualdade de rendimentos. Novos empregos exigirão mais competências em ciência, matemática e tecnologia; antigos empregos que envolvem mão de obra pouco qualificada, empregos inferiores e profissões administrativas continuarão a desaparecer, à medida que a tecnologia, a inteligência artificial e a robótica progridem.

Países escandinavos oferecem os melhores exemplos da sociedade civil e do governo que trabalham em conjunto para ajudar a mão de obra a mudar de profissões em declínio para empregos mais qualificados.

Na Suécia, por exemplo, um programa conjunto dirigido por empresas e sindicatos fornece treinamento de trabalho para trabalhadores demitidos. É o sistema do *Job Security Council*, financiado por empresas (0,3% da folha de pagamento de cada empresa) e focado na formação de trabalhadores para adquirir as habilidades e capacidades exigidas pelo mercado de trabalho.

O resultado é impressionante: 80 a 90% dos trabalhadores desempregados que são treinados encontram um novo emprego em oito meses. A combinação do programa de reciclagem com uma rede de segurança governamental eficaz estimula os trabalhadores despedidos a buscar conhecimento e treinamento para permitir que retornem ao mercado de trabalho, em cargos mais qualificados exigidos pelas empresas.

A política de "flexigurança" da Dinamarca fornece leis trabalhistas flexíveis (que facilitam a contratação e a demissão de trabalhadores), mas garante, para trabalhadores demitidos que se candidatam a um fundo de seguro-desemprego amplamente utilizado, um benefício de renda que cobre até dois anos de desemprego.

Durante esse período, os trabalhadores participam de muitos programas de treinamento profissional, governamentais ou não, para reciclar habilidades e conhecimentos e prepará-los para encontrar um novo emprego. O valor exato de benefícios, treinamento e regalias durante esse período é negociado entre sindicatos e associações patronais.

Isso cria uma rede de confiança, diálogo e compromisso em que a sociedade civil e o governo assumem a responsabilidade cívica de trabalhar juntos em um esforço comum para treinar, financiar e preparar os trabalhadores para o seu novo mercado de trabalho.

Ao mesmo tempo, esse sistema serve de modelo para inspirar outros países a lidar com a disrupção tecnológica, a destruição e a criação de empregos, e para preparar uma geração de trabalhadores para qualquer transição de que possam precisar em um novo emprego.

Esses programas, oferecendo o acesso à formação e reciclagem de conhecimentos, não só ajudam a aumentar a média geral de produtividade da força de trabalho de um país, como também evitam um terrível problema social – a desistência de uma uma geração de trabalhadores experientes, que se tornam dependentes de benefícios previdenciários, sentindo-se deprimidos com o vazio de suas vidas, sem propósito ou autoestima. Qualquer um que sofra essa condição humilhante de pária social entenderá que isso pode criar ressentimento, raiva e frustração com a sociedade, a democracia e o capitalismo – transformando-os em potenciais apoiadores de partidos e movimentos populistas e não liberais.

Muitos países europeus estão usando a "flexigurança" da Dinamarca como referência para fazer uma transição dos programas ineficazes e caros de proteção do emprego para programas de treinamento e proteção aos trabalhadores em transição de carreira. O fenômeno convida a uma dedução analítica geral:

As democracias precisam de uma agenda de inclusão em vez de uma agenda de compensação.

Em vez de insistir em criar muros de protecionismo – regulação do mercado de trabalho, subsídios para indústrias decadentes e isenções fiscais para a classe média –, é preciso focar em investir na educação ao longo da vida: desde a primeira infância até a formação do profissional de meia-idade.

Um dos grandes méritos dos exemplos da Dinamarca e Suécia não é apenas que as políticas são bem concebidas, mas que a sociedade, como conjunto, responde a elas principalmente com uma atitude construtiva e virtuosa de solidariedade, cooperação e apoio.

Formar os trabalhadores e ajudá-los a encontrar novos empregos são tarefas que envolvem todas as partes interessadas. Pedem que governo, sindicatos, empresas, organizações não governamentais, comunidades locais e setores público e privado trabalhem juntos para treinar, apoiar e oferecer uma rede de segurança para trabalhadores que precisam fazer uma transição de carreira. Em vez de tratá-los como párias sociais e oferecer programas de *compensação*, eles devem ser tratados como pessoas que já fizeram muito por seu país e agora precisam de um empurrãozinho para se adaptar à nova era, encontrar novos empregos, ganhar sua subsistência de uma nova maneira e recuperar sua autoestima.

Os exemplos dos países escandinavos mostram sociedades capazes de se mobilizar para abraçar a mudança tecnológica e o progresso, sem abandonar a geração anterior e sem tratá-la como um dano colateral da sociedade.

O comportamento e a atitude envolvidos não têm nada a ver com dinheiro ou governo, mas com a determinação da sociedade de trabalhar em conjunto para resolver seus próprios problemas. Essa atitude de esforço e apoio comum também ajuda a *fortalecer* o espírito cívico e os laços de cooperação: aumenta a confiança nas instituições, no governo e na sociedade civil e fomenta um senso de *propósito comum*, que por sua vez reforça a noção de responsabilidades e direitos dos cidadãos na sociedade, e a resultante solidariedade comunal.

Uma conclusão:

Quando a sociedade civil e o governo estão unidos e engajados na solução de problemas, em vez de buscar bodes expiatórios para os males da nação, a democracia é capaz de converter recursos, capital humano, liberdade e inovação em uma força poderosa para superar os desafios de nosso tempo.

Vamos olhar agora para outros "vícios" potenciais das sociedades que resultam em fenômenos que operam contra o capitalismo benéfico e, portanto, tendem a reduzir o valor, o poder e a eficiência inerentes de uma democracia.

O sistema capitalista tem sido devorado por: capitalismo de compadrio, populismo nacionalista e sistemas de bem-estar insustentáveis.

As democracias e o capitalismo podem sobreviver se não forem capazes de oferecer crescimento econômico e prosperidade em massa?

A ideia de que a democracia e o capitalismo sejam fundamentais para proporcionar crescimento econômico e prosperidade em massa já não é uma verdade absoluta. A China, uma ditadura comunista que abraçou o capitalismo, é atualmente a nação que mais cresce no mundo. Singapura, uma nação capitalista governada por uma democracia não liberal, tem um dos maiores PIB *per capita* do mundo. A Hungria, com seu governo populista-nacionalista, foi uma das nações de crescimento mais rápido na Europa antes da pandemia da Covid-19 em 2020 (sua economia cresceu 5% em 2019).

Enquanto isso, a maioria das democracias mais ricas e desenvolvidas se veem presas a um baixo crescimento econômico e a uma produtividade estagnada desde 2015.

Em geral, o aumento da *produtividade* tem sido um fator determinante para impulsionar o crescimento econômico, permitindo que as pessoas trabalhem menos horas, produzam mais bens e tenham melhor qualidade de vida. Durante o período da Segunda Guerra Mundial até a década de 1970, nas economias dos países desenvolvidos, a produtividade e a renda dos empregados aumentaram. Durante os anos 1970 e 1980, porém, esses países experimentaram um baixo crescimento na produtividade, até que um novo pico aconteceu na década entre 1995 a 2005, com a revolução da internet.

Nas economias emergentes bem-sucedidas de hoje, como China e Índia, a magia da alta produtividade e do crescimento econômico continua a transformar a vida de bilhões de pessoas, tirando-as da pobreza e oferecendo melhor educação, empregos e renda.

Mas a teoria da convergência – que afirma que o rápido crescimento econômico e a produtividade ajudarão os países emergentes a reduzir a desigualdade de renda entre nações ricas e pobres – não descreve a trajetória de todos os países em desenvolvimento. Dois exemplos, Brasil e África do Sul, continuam presos a taxas de crescimento modestas e baixa produtividade.

Acadêmicos debatem, no momento, se as inovações tecnológicas da robótica, inteligência artificial e automação irão gerar um novo ciclo de crescimento econômico. O economista *Robert Gordon*, da Universidade Northwestern nos EUA, argumenta que inovações cruciais que ajudaram a aumentar a produtividade e o crescimento em épocas passadas – como a eletricidade, o automóvel e as redes públicas de água e saneamento – não estão presentes na era Amazon-Facebook. Na verdade, demonstrou-se que as inovações tecnológicas e as invenções das empresas tecnológicas multimilionárias tiveram pouco ou nenhum impacto significativo no crescimento econômico.[150] Gordon "alegremente pega o conjunto de inovações vindouras que os futurólogos preveem e explica, uma a uma, por que não serão tão transformadoras quanto o elevador ou o ar-condicionado, e por que nenhuma delas nos levará de volta a uma era de rápido crescimento".[151]

Por outro lado, *Peter Diamandis.*, fundador da *Singularity University* e do *X Prize Foundation* (um prêmio para incentivar empresários e suas inovações tecnológicas), oferece um bom contraponto ao ceticismo de Gordon. Ele argumenta que o impacto da tecnologia, da robótica e da inteligência artificial tem sido e será monumental. Já começou a transformar nossas vidas para sempre: as empresas não só vão mais produzir bens e serviços, e em melhor quantidade, como também os tornarão mais baratos e acessíveis para a maioria das pessoas.

Além disso, Diamandis argumenta, a inovação tecnológica inaugura uma nova era de invenções, descobertas, crescimento econômico

---

[150] GORDON, Robert. *The rise and fall of American growth: the U.S. standard of living since the civil war.* Princeton: Princeton University Press, 2016

[151] BANERJEE, Abhijit; DUFLO, Esther. *Good economics for hard times.* New York: Public Affairs, Hachette Group, 2019, pp. 150.

e prosperidade que já começou a mudar a própria natureza dos seres humanos. Desde os tempos pré-históricos, as pessoas tiveram que lutar contra os desafios da escassez; mas os indivíduos na era da tecnologia e alta produtividade terão que aprender a lidar com a abundância.[152]

Entre o ceticismo de Gordon e o entusiasmo de Diamandis sobre o poder da tecnologia para estimular o crescimento econômico, dois economistas vencedores do Prêmio Nobel, *Esther Duflo* e *Abhijit Banerjee*, oferecem uma abordagem no meio do caminho. Eles argumentam que enquanto o retorno do crescimento econômico parece incerto, no mundo atual de relativa abundância, mas crescente desigualdade, os países devem centrar sua atenção na melhoria da vida dos *pobres*. Desde a garantia de serviços públicos de água, saneamento e saúde pública, a uma boa educação pública e mesmo a um rendimento básico, governos devem adotar políticas para integrar os seus cidadãos *mais pobres* à economia:

> Para o mundo dos formuladores de políticas, um foco claro no bem-estar dos mais pobres oferece a possibilidade de transformar milhões de vidas muito mais profundamente tentar replicar a receita dos países ricos para aumentar o crescimento de 2% para 2,3%.[153]

No entanto, no contexto dessas considerações, para enfrentar os problemas reais do baixo crescimento e da desigualdade, as democracias liberais precisam reavivar a audácia e o espírito *reformista* que marcaram a trajetória triunfante da liberdade e do capitalismo nos séculos anteriores.

Esse espírito se perdeu, em parte, no contexto de aberrações ultramodernas. No século XXI, o capitalismo foi desfigurado tanto por regimes *não liberais* quanto por *populistas nacionalistas*. Podemos chamar regimes assim de "os pais fundadores do capitalismo de compadrio".

---

152 DIAMANDIS, Peter; KOTLER, Steven. *Abundance: the future is better than you think*. New York: Free Press, a division of Simon&Schuster, 2012.

153 BANERJEE, Abhijit; DUFLO, Esther. *Good economics for hard times*. New York: Public Affairs, Hachette Group, 2019, pp. 207.

Sob governos *antiliberais*, que não confiam na liberdade e na competição de mercado, o Estado apoia grandes conglomerados com dinheiro, recursos e benefícios. Estímulos governamentais e concorrência restrita de mercado ajudam oligopólios a conquistar mercados globais e criar riqueza.

E esses desvios podem se tornar a principal fonte de poder, riqueza e prosperidade de uma nação, tendendo a reforçar a credibilidade de seus governantes e governos: internamente, os políticos obtêm suporte político, votos e a popularidade que vem com o crescimento econômico, enquanto os oligopólios desfrutam de lucros extraordinários e apoio do governo. Nesse tipo de capitalismo de Estado, o objetivo final é transformar a *economia* e o *mercado* em *instrumentos políticos* capazes de manter o governo no poder.

Os *populistas* distorceram as virtudes de um mercado livre. Após a crise financeira de 2008, a combinação fatídica de um Estado paternalista com o renascimento do nacional-populismo enterrou uma era de reformas e ressuscitou políticas protecionistas, subsídios, tarifas elevadas e o excesso de regulamentação – medidas que sempre contribuíram para agravar os problemas da sociedade, especialmente dos mais pobres.

Restringir a concorrência no mercado e a livre circulação de pessoas, ideias e recursos tende a limitar a inovação, reduzir o comércio internacional e dificultar o crescimento econômico. Hoje vemos o aumento da pobreza e da desigualdade; uma juventude desanimada, frustrada com o baixo crescimento econômico e oportunidades limitadas, ganhando menos dinheiro do que seus pais; trabalhadores de meia-idade com medo de perderem seus empregos, renda e estima; e o renascimento de grandes conglomerados de oligopólios, que asfixiam a inovação, a concorrência do mercado e as oportunidades para que os pequenos negócios cresçam.

Nessa situação, desanimados por um presente sombrio e futuro pouco promissor, cidadãos desencorajados podem encontrar conforto no radicalismo político, no populismo e nas políticas identitárias: na prática, porém, são três falsos paliativos, que enfraquecem a democracia, fortalecem o capitalismo de compadrio e adiam reformas urgentes que tornariam o Estado mais eficaz e menos intrusivo nas liberdades das pessoas.

Outro fator que tende a deformar o capitalismo em democracias maduras tem sido um *Estado do Bem-Estar Social* cada vez maior. Nessa tendência, em vez de ser uma força positiva e bem-vinda, o Estado torna-se um pesado fardo para a sociedade, tirando cada vez mais recursos dos setores privados e transferindo-os para o financiamento do setor público.

No mesmo processo, os cidadãos ficaram tão viciados nos generosos benefícios do Estado, na redistribuição de renda e no serviço público, que passaram a exigir cada vez mais bens e serviços públicos. Isso levou a um padrão de "dependência de trajetória": "uma via de mão única para os governos que levou a maiores gastos e maiores impostos".[154]

À medida que o paternalista Estado do Bem-Estar Social criou incentivos para regular, limitar e intervir na economia de mercado, também cresceu em dimensão, custo e intervenção na vida das pessoas, desde 1945. Em muitos países, a despesa pública em porcentagem do PIB quase duplicou desde o final da Segunda Guerra Mundial:[155]

Table 1.1. *Growth of general government expenditures, 1870–2007 (percent of GDP)*

Country	Late 19th century about 1870[a]	Pre-WWI 1913	Post-WWI 1920	Pre-WWII 1937	Post-WWII 1960	1980	1990	1996	2002	2007
General government for all years										
Australia	18.3	16.5	19.3	14.8	21.2	34.1	34.9	35.9	35.6	34.9
Austria	10.5	17.0	14.7[b]	20.6	35.7	48.1	38.6	51.6	51.3	48.0
Canada	–		16.7	25.0	28.6	38.8	46.0	44.7	41.4	39.3
France[c]	12.6	17.0	27.6	29.0	34.6	46.1	49.8	55.0	53.6	52.6
Germany	10.0	14.8	25.0	34.1	32.4	47.9	45.1	49.1	48.5	43.9
Italy	13.7	17.1	30.1	31.1	30.1	42.1	53.4	52.7	48.0	48.5
Ireland[d]	–		18.8	25.5	28.0	48.9	41.2	42.0	33.5	36.4
Japan	8.8	8.3	14.8	25.4	17.5	32.0	31.3	35.9	39.8	36.0
New Zealand[b]	–		24.6	25.3	26.9	38.1	41.3	34.7	41.6	39.9
Norway	5.9	9.3	16.0	11.8	29.9	43.8	54.9	49.2	47.5	40.9
Sweden	5.7[b]	10.4	10.9	16.5	31.0	60.1	59.1	64.2	58.3	52.6
Switzerland	16.5	14.0	17.0	24.1	17.2	32.8	33.5	39.4	34.3	35.4
United Kingdom	9.4	12.7	26.2	30.0	32.2	43.0	39.9	43.0	41.1	44.6
United States	7.3	7.5	12.1	19.7	27.0	31.4	32.8	32.4	34.1	36.6
Average	10.8	13.1	19.6	23.8	28.0	41.9	43.0	45.0	43.5	42.0
Central government for 1870–1937, general government thereafter										
Belgium	–	13.8	22.1	21.8	30.3	57.8	54.3	52.9	50.5	48.8
Netherlands	9.1	9.0	13.5	19.0	33.7	55.8	54.1	49.3	47.5	45.9
Spain	–	11.0	8.3	13.2	18.8	32.2	42.0	43.7	39.9	38.7
Average	9.1	11.3	14.6	18.0	27.6	48.6	50.1	48.6	46.0	44.5
Total average	10.7	12.7	18.7	22.8	27.9	43.1	44.8	45.6	43.9	42.4

[a] Or closest year available for all columns. Pre–World War II data are sometimes on the basis of GNP or NNP instead of GDP.
[b] Central government data for this year, New Zealand: 1960–70, and 1994–95 = 1996.
[c] 1996 and 2002 data: calculations are based on the Maastricht definition, and are smaller than those published by the INSEE, the national statistical agency.
[d] 1995 instead of 1996, because of break in data calculation.
Source: Tanzi and Schuknecht, 2000. Updated by author from OECD data.

---

[154] TANZI, Vito. *Government versus markets: the change economic role of the State*. New York: Cambridge University Press, 2011, pp. 15.

[155] TANZI, Vito. *Government versus markets: the change economic role of the state*. New York: Cambridge University Press, 2011, pp. 9.

O custo crescente do Estado pode ser explicado pela expansão de suas atividades para além do básico: em democracias liberais, prestar um bom serviço público. *Vito Tanzi*, ex-diretor do FMI, argumenta que:

> Na segunda metade do século XX, a repartição dos recursos utilizados à geração de um bem público genuíno ficou em segundo plano em relação aos utilizados na redistribuição da renda e na respectiva proteção contra riscos particulares (função secutirária), juntamente com a estabilização ocasional da economia.[156]

Tanzi oferece uma resposta direta: o Estado deve se concentrar em oferecer bens públicos (defesa, justiça, proteção da propriedade privada) em vez de redistribuição de renda:

> A geração de bens público é mais fundamental para uma sociedade do que a redistribuição da renda ou a estabilização. As sociedades existem há milhares de anos sem que estas últimas funções fossem cumpridas.[157]

A pandemia da Covid-19, e o aumento do populismo nacionalista desencadearam um senso de urgência para discutir um novo papel para o Estado.

A declaração de Tanzi toca no principal desafio das democracias modernas: queremos um Estado cuja função principal seja assegurar um serviço público de boa qualidade ou para salvaguardar a redistribuição de renda? Se queremos reduzir a desigualdade e livrar o mundo da pobreza, a redistribuição de renda é fundamental. Mas não podemos ter o melhor dos dois mundos: um Estado de Bem-Estar dispendioso e a redistribuição de renda básica, juntos, podem levar um país à falência. Teremos de decidir quais os bens e serviços públicos preservaremos e a quais renunciaremos para financiar a redistribuição de renda, mantendo o Estado solvente.

---

[156] TANZI, Vito. *Government versus markets: the change economic role of the State*. New York: Cambridge University Press, 2011, pp. 307.

[157] TANZI, Vito. *Government versus markets: the change economic role of the State*. New York: Cambridge University Press, 2011, pp. 307.

7.1.3. Repensando o papel do Estado

O Estado democrático moderno tem desempenhado três papéis principais. O primeiro é preservar a *ordem* e *defender* o país de ameaças estrangeiras.

Isso significa: promover a justiça; salvaguardar a lei e os direitos de propriedade; assegurar a liberdade individual e os direitos individuais; permitir que os cidadãos escolham governos legítimos através de eleições periódicas livres e justas; fazer esforços em todos os momentos para manter o bom funcionamento da economia de mercado e regular as atividades econômicas.

Daí a importância de instituições com credibilidade, um governo responsável e um Estado de Direito que garantam estabilidade e previsibilidade, essenciais para semear os laços de confiança entre Estado e cidadãos.

Este é o papel de Estado concebido por Adam Smith em seu livro *A Riqueza das Nações*; seu papel deve ser limitado a garantir "paz, impostos moderados e uma administração tolerável da justiça".

Por outro lado, no entanto, esse "Estado mínimo" é irreconciliável com uma sociedade viciada nos benefícios de um sistema de bem-estar social.

A segunda função é fornecer *segurança social*, por meio de bens e serviços públicos. Para isso, é necessária uma burocracia eficaz.

A existência de uma boa *educação* pública é importante para garantir a igualdade de oportunidades; e um bom sistema de *saúde* pública é essencial para garantir o bem-estar dos cidadãos – como a pandemia da Covid-19 revelou em 2020.

Mas o Estado não precisa, necessariamente, ser o responsável por gerir escolas, hospitais, prisões, empresas de esgotos ou centrais de energia. Muitas democracias já partilharam essas responsabilidades com organizações não governamentais ou com o setor privado. Isso ajuda a reduzir os custos e a melhorar a eficiência do serviço público, introduzindo mais concorrência na esfera pública.

Dinamarca e Suécia, por exemplo, optaram por melhorar a eficiência do Estado do Bem-Estar Social, em vez de desmantelá-lo. A terceira função tem a ver com a capacidade do Estado para a *redistribuição de renda*, um papel que contribuiu para a criação de governos caros, grandes e ineficientes.

Em alguns países, grupos de pressão têm sido muito bem-sucedidos em extrair não apenas benefícios e programas de transferência de renda para os pobres, mas também pensões especiais e regalias para uma infinidade de categorias – idosos, estudantes, classe média, funcionários públicos, agricultores e assim por diante. A proliferação de programas sociais criou um complexo sistema de regras e condições especiais para definir os cenários e o escopo dos beneficiários. Isso contribui para um aumento expressivo do tamanho da burocracia e do custo de execução e acompanhamento dos programas. Por exemplo:

"No México, custa cerca de dez pesos transferir cem pesos para uma família. Desses dez pesos, 34% pagam o custo de identificação dos beneficiários e outros 25% são usados para garantir o cumprimento das condições para obter a transferência condicional de dinheiro".[158]

É possível argumentar que um Estado do Bem-Estar Social demasiado forte implica que os cidadãos sejam tratados como se fossem crianças, incapazes de assumir responsabilidades pelo seu próprio destino. E, de acordo com isso, algumas nações emergentes, que já tinham uma queda por líderes paternalistas e políticos populistas, transformaram programas e benefícios sociais em um mecanismo eficaz para ganhar votos e permanecer no poder – à custa da ruína financeira do Estado.

O cerne da questão é que nenhum Estado pode se dar ao luxo de desempenhar bem essas três funções – garantir a *redistribuição de renda, as facilidades e benefícios de um Estado do Bem-Estar Social* e *serviços e bens públicos essenciais* – sem sobrecarregar sobremaneira suas finanças públicas, ou pessoas e empresas, com taxações e impostos, ao ponto de estrangular o dinamismo do livre mercado e os benefícios da destruição criativa. O Estado evolui de acordo com as exigências da sociedade.

---

[158] BANERJEE, Abhijit; DUFLO, Esther. *Good economics for hard times*. Public Affairs, New York: Hachette Group, 2019, pp. 279.

No tempo de Hobbes, a demanda predominante era garantir a ordem e a paz internas. Após a Revolução Industrial e a ascensão da burguesia, a exigência era limitar o poder do governo e oferecer alguma rede de segurança básica para os pobres.

Na primeira metade do século XX, o mundo teve de enfrentar duas guerras mundiais. As consequências traumáticas de milhões de mortes, destruição, fome e tirania levaram as democracias liberais a construir o Estado do Bem-Estar Social, em parte para proteger os cidadãos dos horrores do passado.

Mas conforme ele começou a desempenhar um papel mais intervencionista nos mercados e na sociedade, os governos muitas vezes pareciam cultivar uma desconfiança em relação aos negócios privados e aos mercados. Eles desenvolveram uma reação natural de intervir nos mercados, regular a economia e desempenhar o papel de árbitro na oposição do Estado e do mercado.

Vito Tanzi, com razão, expressa isto da seguinte forma:

> Se os governos direcionassem seus esforços mais para promover a eficiência e a equidade do mercado, e menos para substitui-lo por conta de seus supostos 'fracassos', poderiam reduzir significativamente seus gastos e funções tributárias ao mesmo tempo que continuariam a fornecer à maioria dos cidadãos os serviços e bens públicos que somente a intervenção estatal pode fornecer com eficiência.[159]

Essa é uma recomendação importante para as nações que querem preservar o seu sistema de bem-estar e, ao mesmo tempo, conciliá-lo com as regras da economia de mercado.

A mudança adaptativa necessária é a criação de um Estado de Bem-Estar eficaz, que seja capaz de responder às exigências de uma sociedade dinâmica, imediatamente impactada por mudanças tecnológicas disruptivas e entrelaçada com redes ágeis de pessoas e empresas.

---

[159] TANZI, Vito. *Government versus markets: the change economic role of the State*. New York: Cambridge University Press, 2011, pp. XI.

Os países **escandinavos** mostraram que essa combinação é viável. Contudo, a maioria das nações democráticas ainda não respondeu aos desafios dramáticos do aumento da desigualdade.

Para as sociedades democráticas, a **inclusão social** tornou-se uma busca moral, uma necessidade política imperiosa para salvaguardar a credibilidade das democracias e do capitalismo.

No final do século XIX, por exemplo, a *escravidão* foi a questão moral, política e econômica que as democracias precisaram enfrentar. No século XX, a criação do sistema de *bem-estar social* foi a questão central. Similarmente, *a inclusão social e o fim da pobreza abjeta* são, agora, as questões decisivas do século XXI.

Três condições em uma fortuita combinação – um longo período de paz entre as grandes potências, com a disseminação do capitalismo, o advento da globalização e as mudanças geradas pela revolução tecnológica – têm criado condições inéditas para livrar o mundo da pobreza extrema e garantir que as pessoas sejam capazes de ter suas necessidades básicas satisfeitas.

7.1.4. Renda básica universal: como ela contribui para o renascimento do capitalismo

Em uma era de abundância, a adoção de um tipo de programa de renda básica não só é possível, mas também deve se tornar uma prioridade urgente para os países com um alto nível de desigualdade de renda.

7.1.4.1. A desigualdade de renda é importante

Uma concentração maciça de riqueza nas mãos de alguns distorce o funcionamento da concorrência de mercado, da mobilidade social, das oportunidades econômicas e das liberdades individuais; e, mais importante, compromete a própria existência da democracia liberal.

O maior desafio é como tornar um programa de renda básico acessível e praticável, sem colocar uma pressão inaceitável sobre as finanças do Estado. Para cada governo, este exercício exigirá um amplo debate social sobre as prioridades. Como ponto de partida, deve-se ter em mente que o capitalismo e a democracia são, de fato, os dois meios mais eficazes para reduzir a desigualdade, garantir a prosperidade em massa e defender a liberdade individual.

Já no século XIX, John Stuart Mill argumentava a favor de um rendimento mínimo básico para cada indivíduo, "*capaz ou não de trabalhar*".

No século XX, o economista ganhador do Prêmio Nobel Milton Friedman argumentou a favor de uma renda básica universal. Ele acreditava que dar dinheiro aos pobres é a maneira mais eficaz de criar cidadãos responsáveis capazes de decidir como gastar sua renda. Uma vez que os pobres terão dinheiro para decidir que bens e serviços querem adquirir, ele argumentou, não terão que depender de benefícios sociais definidos pelo governo e burocratas. Na prática, o dinheiro gasto em subsídios, benefícios, políticas protecionistas, pensões e direitos será pago, em vez disso, como dinheiro no bolso das pessoas.

Friedman alega que a renda básica universal seria financiada por um imposto negativo sobre a renda. Em seu livro de 1962, *Capitalism and Freedom*, ele reconhece que um sistema de imposto de renda negativo, embora exigisse que fosse pago por pessoas que ganham *mais* do que uma certa quantia, *pagaria* dinheiro, em uma escala crescente, para aqueles cuja renda está abaixo de uma outra quantia. Isso efetivamente transfere dinheiro dos ricos para os pobres. Nas suas palavras:

> As vantagens deste arranjo são claras. Se dirige especificamente ao problema da pobreza. Ajuda da forma mais útil para o indivíduo, ou seja, com dinheiro. Torna explícito o custo suportado pela sociedade.[160]

Mais importante ainda, a renda básica universal desempenharia um papel essencial no desmantelamento ou na minimização da escala da estrutura física e administrativa do *sistema* de bem-estar social,

---

160 FRIEDMAN, Milton. *Capitalism and freedom*. Chicago: The University of Chicago Press, 2002, pp. 192.

atualmente gerido por grandes burocracias e governos inchados. Deste modo, estimularia a criação de um Estado enxuto, mais eficiente, centrado no fornecimento dos bens primários: a preservação da liberdade (individual, econômica e política), o Estado de Direito, a ordem, a paz, a concorrência no mercado e um governo responsável. Talvez essa seja a principal razão pela qual a ideia de uma renda básica universal, via imposto de renda negativo ou não, nunca tenha sido totalmente implementada.

Em muitas democracias, os cidadãos tornam-se "viciados" no Estado do Bem-Estar Social. As empresas dependem de subsídios do governo para sobreviver; os políticos ganham eleições prometendo mais bens públicos para o eleitorado e os eleitores se acostumam aos benefícios que recebem.

O que a maioria das democracias acaba fazendo é uma mistura de programas de transferência de dinheiro para os pobres com os bens e serviços fornecidos pelo Estado do Bem-Estar Social. Mas a possibilidade de um "novo normal" – menor crescimento econômico e uma população cada vez mais envelhecida – indica que terão que decidir se querem reformar tais estruturas ou adotar uma renda básica universal, renunciando à maioria das despesas desses sistemas.

Os países que têm uma classe média predominante, baixo nível de desigualdade e Estado de Bem-Estar funcional provavelmente optarão pela reforma do sistema existente.

Como vimos, os países escandinavos já introduziram alterações importantes para tornar o fornecimento de bens e serviços públicos mais eficiente e competitivo, aumentando a colaboração entre os setores público e privado. Alguns outros países europeus começaram gradualmente a reformar seus sistemas de bem-estar social, reduzindo programas ineficazes e benefícios do governo, fazendo parceria com setores privados e não governamentais e usando tecnologia e dados para melhorar a qualidade e a eficácia dos serviços e bens públicos.

Mas a renda básica universal pode ser uma boa alternativa para países com alto nível de desigualdade, um Estado caro e ineficaz e que tenham um sistema de bem-estar social inoperante ou ineficiente. Esse é o caso da maioria das democracias emergentes.

7.1.5. Rendimento Básico Universal – os sintomas que curará

Primeiro, a introdução de uma renda básica universal ajudará não só a reduzir a desigualdade como a desmantelar componentes dispendiosos e ineficazes do Estado.

O Brasil oferece um exemplo claro como cristal:

O governo presta um serviço público de baixa qualidade, a um custo exorbitante para os contribuintes;

- O Estado impõe impostos de quase 40% do PIB. De acordo com o *Programa Internacional de Avaliação de Estudantes* (PISA),[161] oferece um dos piores sistemas de educação de todos os países emergentes;
- A violência e a insegurança são um dos principais problemas de agitação no país; o Brasil está entre os países mais violentos do mundo; cidades como Natal e Fortaleza estão no Top 10 do mundo em número de mortes violentas por 100.000 habitantes[162];
- O Estado não consegue prestar serviços básicos, como água tratada e saneamento básico: 100 milhões de pessoas (metade da população do país) não têm acesso ao tratamento de esgoto. Essa é a qualidade sombria do serviço público de base num país que é a nona maior economia do mundo.

Para poder financiar uma renda básica universal, o Brasil teria que desmantelar seu Estado ineficaz, privatizar empresas estatais,

---

[161] ORGANIZAÇÃO PARA A COOPERAÇÃO E DESENVOLVIMENTO ECONÔMICO (OCDE). "Programme for International Student Assessment (PISA) results from PISA 2018". Paris, 2018. Disponível em: <https://www.oecd.org/pisa/publications/PISA2018_CN_BRA.pdf>. Acesso em: 15 abr. 2022.

[162] STATISTA RESEARCH DEPARTMENT. "Ranking of the most dangerous cities in the world in 2020, by murder rate per 100,000 inhabitants". *Statista*, 23 dez. 2021. Disponível em: <https://www.statista.com/statistics/243797/ranking-of-the-most-dangerous-cities-in-the-world-by-murder-rate-per-capita/>. Acesso em: 15 abr. 2022.

cortar gastos públicos e criar mais parcerias público-privadas – provavelmente ao ponto em que o setor privado e instituições não governamentais se tornem responsáveis pela gestão de uma grande parte dos serviços públicos. Como meio e objetivo, terá de introduzir mais incentivos de mercado e reduzir o tamanho e o custo do Estado, além do grau de interferência na vida das pessoas.

No Brasil, como em outros países, a renda básica universal exigirá um Estado enxuto e mais eficaz para permanecer solvente. Uma vez que o Estado se torne financeiramente sustentável, estimulará o desejo público e a aceitação de reformas políticas ousadas, que ajudarão a reviver a economia de mercado e seu espírito liberal – foram esses fatores que impulsionaram mudanças transformacionais em outros países por meio da concorrência justa, espírito empreendedor, crescimento econômico e a riqueza e prosperidade em massa que criam.

Em segundo lugar, a renda básica universal forçará o Estado a priorizar os pobres em vez da classe média.

Na maioria dos países emergentes, o Estado do Bem-Estar Social beneficiou, sobretudo, a classe média, o que contribuiu para aumentar o abismo entre cidadãos ricos e pobres.

No Brasil, o Estado gasta quase 14% do PIB pagando salários, benefícios e pensões a funcionários públicos, juízes e políticos. O dinheiro público gasto em funcionários públicos é o dobro daquele gasto em educação pública e três vezes e meia o montante gasto em saúde pública.[163]

Além disso, a *classe média* e *os negócios* recebem cerca de 66 bilhões de dólares em *subsídio* – na forma de incentivos fiscais, subsídios diretos ou benefícios. Enquanto isso, os pobres recebem apenas 19 bilhões de dólares (1,5% do PIB) em programas focados exclusivamente na base da pirâmide social. O muito bem-sucedido *Bolsa Família*, programa de transferência de renda para os pobres, na verdade representa apenas 0,5% do PIB (6 bilhões de dólares).

---

[163] COMUNICAÇÃO MILLENIUM. "Destrava! Por uma reforma administrativa do bem". *Instituto Millenium*. Rio de Janeiro, 10 ago. 2020. Disponível em: <https://www.institutomillenium.org.br/destrava-reforma-administrativa-do-bem/>. Acesso em: 15 abr. 2022.

Ao distribuir uma generosa folha de pagamento ao setor público e priorizar benefícios para a classe média e as empresas, os governos ajudaram a aumentar a desigualdade em um país que já é um dos mais desiguais do mundo.

Ainda falando do Brasil como um exemplo: as despesas do Estado terão de ser drasticamente reduzidas, assim como os benefícios e lacunas fiscais. Essas medidas ajudarão a reduzir as rivalidades por privilégios e interesses corporativistas, que proliferaram com o crescimento do Estado – e sua constante interferência na liberdade das pessoas e intervenções na economia de mercado.

A renda básica universal vai inverter essa lógica. Os pobres serão a prioridade. Ela vai transferir a liberdade de escolha para eles e libertá-los da dependência de um serviço público ineficaz.

Em terceiro lugar, a renda básica universal obrigará os países a reduzir os tentáculos de um Estado extrativista, que é o melhor aliado do capitalismo de compadrio.

Em *Why Nations Fail,* os professores Acemoglu e Robinson argumentam que:

> As nações fracassam quando têm instituições econômicas extrativistas, apoiadas por instituições políticas também extrativistas que impedem e até bloqueiam o crescimento econômico.[164]

Esta é especificamente a lógica por trás do capitalismo de compadrio. O Estado extrai fundos do setor privado e os transfere para financiar os benefícios, subsídios e privilégios distribuídos pelo setor público para funcionários e empresas viciadas seus em favores.

Os monopólios corporativos, por sua vez, apoiam os governos, criando um ciclo vicioso que tende a desfazer a competição de mercado, limitar a igualdade de oportunidades e restringir o acesso às melhores universidades, empregos e oportunidades econômicas a alguns grupos privilegiados.

No capitalismo de compadrio, poder e riqueza ficam restritos a uma pequena oligarquia, enfraquecendo os princípios do capitalismo

---

164 ACEMOGLU, Daron; ROBINSON, James. *Why nations fail: the origins of power, prosperity and poverty*. New York: Crown Business Publishing, 2012, pp. 83.

liberal e da competição de mercado. Assim, minam a prosperidade em massa e a mobilidade social. O economista Raghuram Rajan retrata as principais preocupações do capitalismo de compadrio:

> O setor privado não pode ser independente quando precisa amplamente do Estado para obter lucros – quando o Estado controla a entrada por meio de regulamentos ou licenciamentos, eleva os lucros da indústria por meio de tarifas protecionistas (...). A principal fonte de independência do setor privado é sua eficiência produtiva, que vem apenas pela concorrência constante (...). O perigo quando o setor privado está envolvido com o Estado em uma sociedade capitalista de compadrio é que este pode rapidamente tornar autoritário.[165]

Uma economia de mercado que foi deformada e capturada pelo capitalismo de compadrio, e aprisionada por um Estado extrativista, desenvolve uma sociedade "estática", na qual os pobres também se tornam permanentemente dependentes de favores e programas governamentais.

A renda básica universal, ao colocar dinheiro diretamente nos bolsos dos cidadãos, contorna uma parte significativa desses males, cortando a escala e o custo dos serviços e programas governamentais. E, como vimos nos países escandinavos, isso pode vir acompanhado pelo surgimento de uma competição saudável por serviços públicos prestados pelo governo, setor privado e instituições não governamentais.

A pobreza não é um mal-estar social, mas institucional.

Deriva de uma administração ineficaz, de instituições corruptas, de um Estado de Direito fraco e da falta de um governo responsável, do capitalismo de compadrio e das restrições à liberdade individual.

Também podemos concluir que:

A desigualdade é o maior impedimento ao crescimento econômico.

Em vários países emergentes, o Estado extrativista foi travestido como um Estado do Bem-Estar Social justo para ajudar os pobres.

---

[165] RAJAN, Rajhuram. *The third pillar: how markets and the state leave the community behind.* New York: Penguin Press, 2019, pp. 108.

Mas, na realidade, é um Estado extrativista, mantendo os pobres na pobreza, enquanto extrai dinheiro do setor privado para financiar uma burocracia estatal improdutiva, um serviço público ineficaz e oligopólios no setor privado incapazes de competir em mercados globais competitivos.

O esforço para acabar com a pobreza e reduzir a desigualdade será em vão se o Estado não for reformado para se tornar mais inclusivo e responsável. No século XX, o conceito de Estado foi remodelado para atender principalmente às exigências da classe média. No século XXI, os Estados precisam adotar uma nova prioridade: trabalhar com os mercados e a sociedade civil:

- Por um lado, para fortalecer e modernizar suas economias domésticas, além de eliminar a pobreza;
- Por outro, cooperar com outros Estados para superar desafios transnacionais de manter a paz doméstica, um planeta saudável e uma ordem internacional estável.

Para o componente nacional desses objetivos, *Paul Collier* coloca que:

> Precisamos de um Estado ativo, mas precisamos de um que aceite um papel mais modesto; precisamos do mercado, mas aproveitado por um senso de propósito firmemente fundamentado na ética.[166]

Este é precisamente o objetivo de *capitalismo de stakeholders.*

7.2. Capitalismo de stakeholders

Nos anos 1980, Milton Friedman alegou que o capitalismo funcionava melhor quando as empresas eram capazes de competir em mercados livres, conquistar espaço de mercado e entregar produtos e serviços rentáveis que as pessoas quisessem comprar. Na opinião

---

[166] COLLIER, Paul. *The future of capitalism: facing the new anxieties*. New York: Harper Collins Publishers, 2018, pp. 21.

dele, a única responsabilidade social das empresas era obter lucros e satisfazer as expectativas dos seus acionistas.

Este conceito de "capitalismo acionista" desencadeou uma concorrência feroz, uma tendência para a prevalência de uma visão de curto prazo baseada nos resultados trimestrais das empresas, e CEOs muito bem-pagos cujo objetivo era apenas aumentar os lucros, independentemente de métodos éticos ou da preocupação com *stakeholders*.

O capitalismo acionista também levou à "exuberância irracional" – assim apelidada pelo presidente do Federal Reserve dos EUA, *Alan Greenspan* – que levou à falência por fraudes em algumas grandes empresas e à prisão dos principais CEOs e executivos envolvidos em negligência.

- Fraudes contábeis causaram a falência da Enron, a maior empresa de comercialização de energia do mundo (2001), e levaram à prisão de altos executivos;
- A WorldCom, uma grande empresa de telecomunicações, entrou para a história como um dos maiores casos de falência do mundo (2002);
- A crise financeira de 2008 derrubou instituições financeiras que negociavam no mercado de hipotecas *subprime* (como os bancos Northern Rock e Lehman Brothers) e levou à falência a maior seguradora da época, a American International Group (AIG).

Assim, foi essa "exuberância irracional" que sentenciou à morte a popularidade do capitalismo acionista. Mas de suas cinzas surgiu um animal semelhante: o "capitalismo de *stakeholders*". Os conceitos espelham o espírito – o *Zeitgeist – de seus respectivos tempos.* Eles incorporam as aspirações, valores e princípios louvados em uma determinada época.

Gordon Gekko é um personagem que representa a epítome do "capitalismo acionista"[167]– o financiador fictício de Wall Street cujo

[167] Gordon Gekko é o inescrupuloso personagem dissidente de Wall Street interpretado pelo ator vencedor do Oscar, Michael Douglas, em *Wall Street*, filme dirigido por Oliver Stone em 1987.

lema era "a ganância é boa" e deveria ser perseguida a qualquer custo, mesmo que pisando nas pessoas e nos princípios éticos.

Em contrapartida, o "capitalismo de *stakeholders*" revela as inclinações da era pós-Gordon Gekko, após a crise financeira de 2008: a ganância já não é boa. Na verdade, é ruim. Retrata uma ambição individualista desenfreada, desprovida de valores éticos ou de preocupação com outros *agentes (stakeholders)* – colegas de trabalho, fornecedores, clientes, comunidades locais e o mundo como um todo. *O capitalismo de stakeholders* retrata a inclinação das democracias em direção a um capitalismo mais inclusivo e responsável. Tem como objetivo estimular a criação de empresas e empresários orientados por propósitos, que busquem negócios e lucros baseados em objetivos de longo prazo, refletindo não apenas os interesses dos acionistas, mas também a preocupação com seus constituintes, com a comunidade e com o bem-estar do planeta.

Não é uma fórmula mágica para reinventar o capitalismo, mas um modelo que expressa a preocupação da sociedade com os seus desafios mais urgentes. Atualmente, eles podem ser listados como:

- Mudanças climáticas;
- Aumento da desigualdade;
- A necessidade de respeitar a diversidade de gênero, raça, fé e identidade das pessoas em um mundo altamente polarizado.

Mas o '*fazer o que se prega*' do capitalismo de acionistas não é necessariamente fácil. Durante a pandemia da Covid-19 em 2020, a interrupção abrupta da atividade econômica levou a uma forte recessão, que afetou diversas empresas. Para sobreviver, elas precisaram despedir funcionários, fechar fábricas e lojas e cortar custos. Foram acusadas de sacrificar os princípios do capitalismo de *stakeholders* em nome do lucro e dos interesses dos acionistas. Mas essa foi uma crítica injusta.

Quando as pessoas e as empresas se encontram em modo de sobrevivência, mantêm apenas o essencial para garantir que permaneçam vivas. Numa economia de mercado, a sobrevivência depende do lucro. Se as empresas renunciarem aos lucros, vão à falência, destruindo postos de trabalho, riqueza e a renda dos *stakeholders*. Na verdade, derrubariam um pilar fundamental do capitalismo.

Como Adam Smith afirmou, uma economia de mercado tem a capacidade de auto-organização devido a três mecanismos:

1. *Preço*, que sinaliza as informações sobre mercadorias;
2. *Lucro, que* é a motivação para as empresas produzirem bens e responderem aos sinais dados pelo preço;
3. Um *mercado de capitais* que aloca recursos visando negócios que são lucrativos. Daí decorre que, se o lucro não for crucial, o capitalismo vai perecer.

Como a história nos mostrou, sem capitalismo o mundo fica pior, não melhor. Nenhum outro sistema econômico gerou riqueza, inovação e prosperidade em massa. O capitalismo tem contribuído para estimular a liberdade individual, econômica e política. Também tem desempenhado um papel importante no reforço da democracia, na promoção da mobilidade social e da ascensão econômica por mérito individual. Além de ser responsável pela criação de melhores condições de vida para a maioria das pessoas e pela retirada de milhões de pessoas da pobreza.

Mas isso não nos isenta de reconhecer a tarefa urgente de reformá-lo. Precisamos erradicar as perversas distorções do capitalismo de compadrio, que apenas reduzem a competição no mercado, criando de monopólios corporativos e grandes empresas financiadas e protegidas pelo Estado, que desempenham um papel de liderança na consolidação do poder conservador de regimes políticos e de governos populistas. Esses, por sua vez, buscam prejudicar o funcionamento da economia de mercado.

7.3. Então, quem está trabalhando nessa mudança?

Pode parecer absurdo acreditar que o capitalismo de *stakeholders* fará as empresas sacrificarem o lucro pelo bem dos constituintes, da comunidade ou do meio ambiente. Por outro lado, ele implica que a procura de lucros deve levar em conta, e servir a interesses de *longo prazo* das empresas e da sociedade, de modo a gerar efeitos positivos para as empresas, os cidadãos e o planeta – um tipo de lucro que pode ser visto como mais pensado e mais sustentável.

A tarefa de transformar declarações de nobres aspirações em comportamentos, práticas e regras comuns – mudando as crenças e atitudes das pessoas, empresas e governos – leva tempo, exige esforço e determinação; mas há sinais encorajadores de que políticos, empresários e a sociedade civil nas democracias estejam alinhando suas ações e escolhas para a consolidação do capitalismo de stakeholders.

7.3.1. Líderes mundiais a favor do "ESG"

Todo mês de janeiro, o *Fórum Econômico Mundial* se reúne em *Davos*, uma cidade encantadora nos Alpes Suíços, onde líderes empresariais, chefes de Estado, estrelas acadêmicas e celebridades se juntam para discutir os desafios da economia e do mundo.

Em 2020, o capitalismo de *stakeholders* foi o tema principal do encontro. Ficou claro que as questões ambientais, sociais e de governança (ESG) constituem não apenas mais um rótulo que está na moda, mas uma preocupação central que não pode mais ser ignorada por corporações e governos.

As empresas estão sendo pressionadas a adotar novas regras em favor da *transparência*, *comportamento ético* e *procedimentos anticorrupção*. Eles procuraram trazer mais *diversidade* à sua força de trabalho e aos conselhos administrativos. Mercados e investidores agora esperam que as empresas também relatem questões não financeiras: emissão de gases de efeito estufa, uso sustentável da terra, diversidade, inclusão de parceiros, políticas de igualdade salarial, saúde e bem-estar dos trabalhadores. Os investidores e o público esperam cada vez mais que as empresas publiquem relatórios que vão além dos financeiros, com resultados de sua responsabilidade corporativa para abordar os problemas da sociedade, como mudanças climáticas, pobreza, desigualdade e inclusão social.

7.3.2. Investidores a favor do ESG

A tradução desse novo patrimônio empresarial em resultados práticos começa a ser vista em ações concretas por parte de empresas e grandes investidores:

Em 2020, a BlackRock, o maior fundo de investimento do mundo, anunciou uma grande mudança na alocação de investimentos de seus clientes para empresas sustentáveis. Isso significa, por exemplo, investir menos em empresas de combustíveis fósseis e mais em empresas de energias renováveis. A BlackRock é um dos signatários do *Climate Action 100+ Initiative*, um grupo de 370 gestores de fundos comprometidos em investir em iniciativas para combater as mudanças climáticas e reduzir os efeitos dos gases de efeito estufa. O total de ativos geridos pelo *Climate Action* é de US$ 35 trilhões.

O compromisso com o meio ambiente por parte dos maiores investidores do mundo é importante para reforçar um novo sistema de troca de benefícios ambientais: o mercado de crédito de carbono. O objetivo desse sistema é colocar um preço nas emissões de carbono, de modo a penalizar os maiores poluidores e premiar as empresas que buscam sustentabilidade através da sua redução.

A criação de um poderoso mercado para precificar o carbono é um passo importante, pois oferece um incentivo financeiro para que empresas e governos busquem políticas ambientais capazes de proteger o meio ambiente, tais como a Floresta Amazônica e outras florestas tropicais – investindo em pesquisa e desenvolvimento e encorajando iniciativas para redução das emissões de carbono, uso de energia renovável e preservação das fontes de água.

Esses fundos de investimento estão espelhando as exigências da "geração *millennial*" que, atualmente, detém quase metade dos ativos de investimento no mundo e que dá uma enorme importância às questões ambientais, sociais e de governança – os princípios ESG. Ilustrando o notável crescimento dessa visão, o investimento total em projetos de ESG mais do que duplicou de 2018 a 2020, atingindo US$ 40,5 trilhões.

Empresas e instituições não governamentais também pressionaram países e empresas a adotarem políticas e práticas alinhadas com esses princípios de *capitalismo de stakeholders*.

Os investidores e governos europeus, por exemplo, ameaçaram suspender os investimentos no Brasil se o país não implementasse medidas concretas para barrar o desmatamento da Amazônia. Em 2020, foi suspenso um importante acordo comercial entre a União Europeia e o Mercosul, o Mercado Comum dos países da América do Sul, em retaliação à inação do Brasil em relação ao desmatamento.

Do ponto de vista dos negócios, há mais exemplos: a gigante tecnológica chinesa *Huawei* corre o risco de perder contratos de tecnologia 5G no valor de bilhões de dólares com países ocidentais ricos devido à percepção de falta de transparência de governança – em particular sua excessiva proximidade com o governo chinês (há suspeitas de que eles possam fornecer a esse governo dados pessoais e de negócios dos usuários).

No caso da Huawei, esses receios não são infundados. Há uma longa cauda de casos suspeitos de roubo de dados e informações secretas de países e empresas na Europa e nos Estados Unidos envolvendo empresas apoiadas pelo governo chinês.

Mais importante ainda, os investidores estão deixando de investir em empresas que não estejam alinhadas com os princípios de ESG. Em 2019, os investidores transferiram mais de 20 bilhões de dólares de empresas não sustentáveis para empresas sustentáveis.

A sinalização do mercado é clara: para atrair investidores, clientes e consumidores, as empresas devem adotar medidas ambientais e sociais, além de compromisso com uma governança responsável.

7.4. Melhorando o bem-estar da sociedade

A ideia principal por trás do capitalismo de *stakeholders* é que uma economia de mercado livre e eficaz deve contribuir para *melhorar o bem-estar da sociedade*. Implica em uma visão mais holística do mundo, não apenas uma simples abordagem "utilitária" de "mercado". A crença é a de que as empresas e empresários compartilham com o governo e a sociedade civil uma responsabilidade de sempre empregar os melhores esforços para o bem-estar das pessoas, do seu país e do planeta.

Motivações financeiras, morais, sociais e políticas moldam o comportamento, as escolhas e os investimentos, incentivando as empresas a agirem de acordo com certas regras e princípios básicos. As regras básicas do mercado não são suficientes para construir um mundo melhor, nem proporcionar a satisfação aos colaboradores. Nas palavras de *Paul Collier*:

> Aceitar o capitalismo não é fazer um acordo com o diabo. Muitas boas empresas modernas dão aos trabalhadores um propósito e autonomia suficiente para assumir a responsabilidade pelo seu cumprimento. Seus trabalhadores obtêm satisfação com o que fazem, não apenas com o que ganham... se o capitalismo deve trabalhar para todos, ele precisa ser gerenciado de modo a entregar propósito, bem como produtividade.[168]

Sua definição toca o argumento central no trabalho filosófico de Adam Smith, *The Theory of Moral Sentiments*, que argumenta que um sistema político, econômico e social só funciona se a *virtude* e o *julgamento moral* governarem as ações, obrigações e comportamentos dos indivíduos.

Adam Smith era professor de filosofia moral, e *The Theory of Moral Sentiments* foi sua obra-prima filosófica. Ele argumenta que *justiça* e *simpatia* são dois pilares fundamentais para garantir o convívio entre as pessoas na sociedade civilizada:

- *Justiça* é o fundamento moral primário que sustenta uma comunidade: leis, regras e princípios legais aceitos criam os incentivos certos para moldar o comportamento social e conter desejos egoístas;
- *Julgamento moral* nos provê autocontrole e capacidade de discernir entre as ações boas e ruins. Ajuda na tomada do caminho da virtude e do dever, em vez do egoísmo e do ciúme;
- *Simpatia* é também um elemento importante. Gera empatia, que inspira sentimentos e afinidade em relação aos outros. Uma vez que somos seres sociais, ansiamos pela aprovação e

---

[168] COLLIER, Paul. *The future of capitalism: facing the new anxieties*. New York: Harper Collins Publishers, 2018, pp. 18.

admiração dos outros. Esse anseio pelo reconhecimento social é um bom incentivo para refinar as crenças, valores e atitudes que formam a nossa consciência moral e o nosso comportamento, orientando as nossas ações e, assim, ganhando a estima e a aprovação das pessoas que vivem na nossa sociedade.

Simpatia e *julgamento* nos ajudam a não sermos dominados pelos nossos impulsos egoístas. A razão, uma bem simples, é que atos egoístas motivados pelo ciúme ou pela ganância são muitas vezes condenados pelos outros como inaceitáveis e vergonhosos. As forças opostas ao interesse egoísta, como a benevolência e o altruísmo, nas palavras de Adam Smith, "constituem a perfeição da natureza humana".[169]

Simpatia nos leva a refinar nosso senso de empatia, exercitando nossa capacidade para sermos espectadores atentos, que nos coloca na situação do outro para entender seus sentimentos e ações. Essa atitude nos ajuda a entender melhor nossas próprias emoções, julgamentos e ações. Smith acredita que o princípio cristão de "amar ao próximo como a nós mesmos é o grande preceito da natureza"[170]; ele argumentava que domamos nossos instintos animais por meio da coexistência moral e civil:

> A sociedade e a conversa, portanto, são os remédios mais poderosos para restaurar a tranquilidade da mente, se em algum momento infelizmente ela se perdeu, assim como são as melhores salvaguardas daquele temperamento igual e feliz, tão necessário para autossatisfação e prazer.[171]

Essa mistura engenhosa de liberdade, simpatia e moral cria as condições essenciais, diz ele, para formar o caráter e os valores de um indivíduo, refinar o julgamento moral de um cidadão e fortalecer seu autocontrole, transformando, assim, a busca do interesse próprio em um ativo que promove o bem-estar da sociedade.

---

[169] SMITH, Adam. *The theory of moral sentiments*. Editado por: D.D. Raphael e A.L. Macfie. Indianapolis: Liberty Fund, 1982, pp. 25.

[170] SMITH, Adam. *The theory of moral sentiments*. Editado por: D.D. Raphael e A.L. Macfie. Indianapolis: Liberty Fund, 1982, pp. 25.

[171] SMITH, Adam. *The theory of moral sentiments*. Editado por: D.D. Raphael e A.L. Macfie. Indianapolis: Liberty Fund, 1982, pp. 23.

A compreensão desse quadro moral é essencial para a compreensão do conceito da "mão invisível" que Smith menciona pela primeira vez em *The Theory of Moral Sentiments*. Ele argumenta que, se um proprietário de terras investir em melhorias desse espaço, não só terá uma rica colheita e mais lucro, como aumentará a necessidade de contratar trabalhadores, melhorando a vida dos pobres, contribuindo para uma queda no preço dos alimentos:

> Eles são levados por uma mão invisível a fazer quase a mesma distribuição das necessidades da vida (...) [e] sem pretender, sem saber, promover o interesse da sociedade e fornecer meios para a multiplicação da espécie.[172]

Ao mesmo tempo, não há mão invisível sem moral, simpatia, liberdade e civilidade. Quando essas virtudes desaparecem, as pessoas logo sentem a mão visível do Estado intervindo em suas liberdades pessoais e nos mercados. Nos piores casos, as pessoas sentem a mão sufocante de Estados despóticos e o peso da tirania em suas gargantas.

O *capitalismo de stakeholders* procura reavivar os sentimentos morais que devem guiar o comportamento dos indivíduos, as prioridades da sociedade e as políticas do governo. Procura estabelecer um denominador mínimo comum entre *valores* e um *código de conduta* para tornar a economia de mercado mais eficiente na melhoria do bem-estar social.

Embora haja um consenso entre as nações sobre a necessidade urgente de enfrentar os desafios das mudanças climáticas, é importante ressaltar dois outros pilares de um plano imperativo para o resto do século XXI:

- Igualdade social e justiça;
- Governança

Ambos reforçam o capitalismo e a ordem internacional.

---

[172] SMITH, Adam. *The theory of moral sentiments*. Editado por: D.D. Raphael e A.L. Macfie. Indianapolis: Liberty Fund, 1982, pp. 185.

7.5. "Globalização": seus benefícios

O termo *globalização* não é apenas um sinônimo capitalista para um tipo de comércio – desinibido, com tarifas mais baixas e um setor financeiro desregulado, que impulsionou as transações internacionais, o crescimento econômico e a prosperidade em massa –, particularmente nos países emergentes.

A globalização também forjou uma *cadeia global valores,* que desempenharam um papel importante no entrelaçado comércio transnacional de bens e serviços entre nações – o que também ajuda a reduzir o preço dos bens básicos, transporte e comunicação no mundo.

Mais importante, ajudou na criação de uma era de progresso tecnológico sem precedentes, com a maior redução de pobreza na história. Criou um mundo mais interdependente, tanto para o bem quanto para o mal.

Como revelou a crise financeira de 2008, as crises econômicas e financeiras reverberam por todo o mundo, afetando tanto as nações ricas como as pobres. Empregos, empresas e riquezas foram destruídos, a dívida do Estado aumentou e a insatisfação popular com o governo foi transformada em raiva nas pesquisas – resultando na eleição de governos populistas com suas políticas antiglobalização.

Os nacionais-populistas foram capazes de culpar a globalização pela destruição de empresas e empregos domésticos, e prometeram revivê-los, trazendo de volta barreiras protecionistas, fortalecendo o capitalismo de compadrio e apoiando oligopólios nacionais.

Por outro lado, sempre que a ignorância, a intolerância e o radicalismo ditam as decisões políticas, os países ficam mais pobres, mais instáveis e desiguais. A mão pesada do Estado intervém nos mercados, limitando a concorrência, restringindo o comércio e sacrificando a liberdade individual, econômica e política.

Essa combinação fatal impede ao máximo o comércio de florescer e inibe o fluxo de bens, pessoas e ideias. Sem confiança em uma economia de mercado, e instituições que garantam o Estado de Direito, a propriedade privada e a execução de contratos, os investidores, empresários e pessoas talentosas migram para outros lugares.

Os países separados do comércio internacional e da cadeia de valor global ficam mais pobres, brutais e isolados. A Coreia do Norte é um dos melhores exemplos.

Os governos nacionais populistas podem tentar deter a marcha da globalização, mas são incapazes de desfazer a interdependência intrínseca das nações.

A pandemia da Covid-19 em 2020 é um bom exemplo. Começou na China e, em poucos meses, países de todo o mundo foram atingidos e tiveram que lidar com desafios urgentes de saúde, econômicos e sociais. Eles foram esmagados por um rápido aumento no número de pessoas infectadas e de mortes, o que obrigou os governos a tomarem medidas drásticas: bloqueios, distanciamento social, uso de máscaras e restrições à circulação de pessoas para impedir a disseminação do vírus. Essas medidas abruptas tiveram diversos efeitos secundários importantes.

As economias mergulharam na recessão, gerando desemprego, aumentando a pobreza e provocando a maior expansão da dívida pública desde a Segunda Guerra Mundial. Ao mesmo tempo, a pandemia mobilizou os governos, o setor privado, a sociedade civil e as organizações não governamentais para *colaborarem* com o desenvolvimento de uma vacina e sua distribuição em todo o mundo.

Portanto, o "novo normal" é este: um mundo multipolar, altamente interdependente, onde a concorrência e a colaboração farão o seu trabalho *juntas*.

Por um lado, os Estados estarão envolvidos em disputas políticas, econômicas e comerciais para defender seus interesses nacionais; empresas terão que competir em mercados para conquistar clientes e participação nas transações; e as ONGs competirão por recursos e impacto no mundo – em certo sentido, um retorno ao mundo multipolar do século XIX, onde o equilíbrio de poder era o instrumento predominante, formando alianças temporárias para acomodar interesses. Por outro lado, a realidade atual é diferente na medida em que governos, empresas e organizações da sociedade civil também terão que colaborar para resolver juntos os problemas mais urgentes do mundo.

A conclusão: vivemos numa era de interdependência que transcende o comércio global. Há uma infinidade de fatores que afetam *todas* as nações e pessoas: a pandemia, as alterações climáticas, a guerra nuclear, a cibersegurança, a crise econômica mundial e a imigração maciça. Não há nenhum país capaz de resolver esses problemas sozinho.

Pela primeira vez na história, o destino da humanidade é se unir. Não é fechando as fronteiras, erguendo muros e apelando ao nacionalismo que os países vão conseguir lidar com os problemas urgentes. Não existe uma política local e nacional capaz de resolver desafios globais.

A *imigração* é um poderoso exemplo desses desafios, e encarar a forma como os países lidaram com ela fornece um forte indicador de onde devemos procurar desenvolvimento enquanto comunidade internacional.

7.6. Imigração: desafios e benefícios

A *imigração* é um dos grandes problemas transnacionais que tende a minar os governos democráticos, abrindo caminho para a ascensão de governos nacionais-populistas e para a adoção de políticas nacionalistas que diminuem a liberdade comercial e aumentam a insegurança política.

Ao mesmo tempo, governos assim têm trabalhado arduamente para desfazer as virtudes da *globalização*.

Líderes populistas têm pressionado por políticas antimercado. Foram erguidas barreiras protecionistas, impostas restrições comerciais para salvaguardar as empresas nacionais e os postos de trabalho locais – abrindo espaço para a intervenção estatal nos mercados, reduzindo a concorrência e a inovação.

Como parte desse efeito, que reduziu o comércio internacional, a globalização foi pintada – e por alguns, vista – como uma invenção capitalista maléfica para enriquecer os ricos e empobrecer os pobres, à custa dos interesses nacionais. Tal como os tiranos do passado, os nacional-populistas arruínam os seus países com suas suspeitas quanto ao comércio internacional, a inovação e a liberdade.

- A decadência do mundo árabe surgiu quando o fanatismo religioso começou a ditar a política comercial e impediu os muçulmanos de negociarem com os cristãos no início século XIV;
- A China era o país mais rico do mundo, até que o imperador decidiu fechar o país ao comércio exterior e enterrar a inovação (destruindo o relógio astronômico) no século XV. Foi apenas com a ascensão de *Deng Xiaoping*, em 1978, que o país voltou a se abrir ao comércio internacional e à inovação e tornou-se um importante ator na economia mundial.

Um dos bodes expiatórios favoritos dos nacional-populistas para justificar os problemas de uma nação é atacar os imigrantes, menosprezando o seu *status*, caluniando sua identidade e estabelecendo regras para expulsá-los ou inibir sua entrada.

Quando pessoas desesperadas fugiram da guerra, do genocídio e de tiranias da África e do Oriente Médio, chegando às margens da Europa em 2015, causaram um tumulto político no continente. A onda de imigração maciça foi conveniente para a causa de líderes populistas e partidos nacionalistas, cujos objetivos incluíam despertar o medo sobre o suposto risco que os imigrantes representavam para a sociedade.

Como a imprensa e as redes sociais mostraram hordas de imigrantes desembarcando na Itália e na Grécia, "invadindo" povoados na Alemanha e nos países escandinavos, partidos radicais pregaram que aquelas pessoas representavam uma ameaça para a Europa.

Afirmavam que imigrantes roubariam os empregos dos cidadãos nativos; causariam o colapso do sistema de bem-estar social; a Europa pacífica seria tomada por um aumento de criminalidade, violência e terrorismo; e que a imigração de não cristãos colocaria em risco os valores cristãos e a cultura que constituem o alicerce da Europa.

Essa narrativa foi altamente eficaz para assustar as pessoas e promover vitórias eleitorais de partidos nacionalistas e governos populistas, que prometeram adotar duras políticas anti-imigrantes, fechar as fronteiras aos refugiados e proteger os empregos, as famílias e as tradições dos cidadãos.

Nesta onda, os nacional-populistas chegaram ao poder na Hungria, Polônia, Itália, Grécia e Alemanha – e tiveram alguma importância eleitoral na **França**, se tornando a principal força política nos parlamentos nacionais e governos locais.

No Reino Unido, o referendo do *Brexit* foi vitorioso e tirou o país da União Europeia. Um dos argumentos poderosos era que a Grã-Bretanha recuperaria a sua soberania para controlar as suas fronteiras e adotaria uma posição dura contra a imigração.[173] Por outro lado, a realidade mostrou que os imigrantes são um grande trunfo para o país. Um estudo da Universidade de Warwick do Reino Unido sobre os contribuintes do Seguro Nacional da Grã-Bretanha mostrou que os imigrantes ajudam a enriquecer a nação. Ele informou que:

> Compõe mais de um quarto dos principais beneficiários do Reino Unido, e que a migração representa a maior fatia no crescimento de 1% da renda no Reino Unido nos últimos vinte anos.[174]

Esse estudo mostrou que os imigrantes estão no topo dos grupos de grandes rendimentos, e que o setor financeiro do Reino Unido depende bastante deles. Imigrantes pagam mais impostos e recebem menos benefícios do que os cidadãos nativos. Em vez de ser uma causa dos problemas do país, como alegaram líderes populistas, como *Nigel Farage* e apoiadores de *Brexit* no Reino Unido, os imigrantes têm demonstrado ser uma fonte de trabalho duro, inovação, riqueza e prosperidade econômica para a Grã-Bretanha.

O estudo da Universidade de Warwick mostra que os imigrantes trabalham bastante e crescem economicamente. No final da década

---

[173] Acontece que, no caso do Reino Unido, deixar a UE não confere qualquer proteção adicional contra os imigrantes de países não europeus – a principal fonte de sentimento anti-imigrantes nos argumentos dos apoiadores do *Brexit*.

[174] ELECTRONIC IMMIGRATION NETWORK. "University of Warwick academic paper finds migrants are highly represented among top 1% of UK incomes". *EIN*. Inglaterra, 23 set. 2020. Disponível em: <https://www.ein.org.uk/news/university-warwick-academic-paper-finds-migrants-are-highly-represented-among-top-1-uk-incomes>. Acesso em: 15 abr. 2022.

de 1990, representavam apenas um quinto dos 1% mais ricos do país; em 2017, este número tinha aumentado para 85%.

Interpretar mal o impacto da imigração em uma economia não se limita ao caso da Grã-Bretanha. As decisões da Primeira-Ministra da Alemanha, Angela Merkel, durante a onda massiva de imigração para a Europa em 2015, se destacam como exemplo de uma grande líder política.

Em primeiro lugar, ela criou um embaraço geral entre os políticos europeus, que procuravam limitar a quantidade de refugiados que entravam em seus países, admitindo, em uma única e inesperada decisão unilateral, mais de 1 milhão de requerentes de asilo na Alemanha.

Sua atitude foi uma declaração política ousada para recordar aos líderes europeus que não podiam virar as costas e abandonar um compromisso fundamental com os princípios da solidariedade e dos direitos humanos – valores fundamentais da própria ideia da União Europeia.

Em um discurso memorável, recordou aos seus pares europeus sua obrigação moral e a sua responsabilidade coletiva. Para Merkel, a crise dos refugiados foi um teste para a Europa e para os valores que ela representa:

> Se a Europa falhar na questão dos refugiados, se esta estreita ligação com os direitos civis universais for quebrada, então não será a Europa que desejávamos.[175]

Angela Merkel enfrentou corajosamente uma crítica doméstica feroz por sua decisão de receber 1 milhão de refugiados.

Até o partido irmão, a *União Social-Cristã* (CSU), criticou sua política de imigração e adotou um discurso anti-imigração mais duro, a fim de sobreviver em eleições locais. O seu próprio partido, a *União*

---

[175] DEUTSCHE WELLE. "Merkel warns that refugee crisis tests Europe's core ideals". *DW*. Bonn, 31 de ago. 2015. Disponível em: <https://www.dw.com/en/merkel-warns-that-refugee-crisis-tests-europes-core-ideals/a-18684091>. Acesso em: 15 abr. 2022.

Democrata-Cristão (CDU), também sofreu importantes perdas nas eleições gerais de 2017, obrigando-o a formar uma coalizão com o *Partido Social-Democrata* (SPD).

Um dos grandes "vencedores" da eleição foi o partido *Alternativa para a Alemanha* (AfD), cuja política era radical, de direita e anti-imigrantes. O sucesso eleitoral desse partido surpreendeu a Alemanha e o mundo. Tornou-se o terceiro maior partido no Parlamento Nacional do país, ganhando 94 assentos (com 12,6% dos votos). Seu número expressivo de votos foi uma resposta clara a um eleitorado insatisfeito com a política de imigração de Merkel.

A AfD empregou um discurso anti-imigração, argumentando que os imigrantes eram uma ameaça, roubando empregos dos alemães, perturbando comunidades e aumentando a violência e o terrorismo. Contudo, o tempo provou que Merkel tinha razão.

Graças a um esforço efetivo para integrar os imigrantes na sociedade alemã, admitindo crianças em escolas alemãs, oferecendo a esses imigrantes moradia e emprego, dando-lhes apoio para fazer parte da comunidade, Merkel efetivamente acabou com os temores dos alemães sobre o impacto negativo de receber muitos refugiados.

O crime e a violência não aumentaram, e a maioria dos imigrantes provou ser de trabalhadores dedicados, cumpridores da lei e contribuintes rigorosos. A retórica anti-imigração radical da AfD perdeu o apoio popular, e o partido sofreu pesadas perdas nas eleições locais em 2019.

Merkel provou, por suas escolhas e políticas, que a melhor maneira de combater partidos radicais e populistas é mostrar que os partidos democráticos podem entregar um bom governo e políticas eficazes.

A imigração torna um país mais forte. O Império Romano transformou as pessoas conquistadas em cidadãos romanos. Novos cidadãos deram a vitalidade econômica, social, política e militar para fazer o Império Romano expandir, prosperar e conquistar a Europa.

O que torna uma sociedade democrática vibrante e forte é, precisamente, uma grande diversidade de *pessoas*, *opiniões*, *valores*, *hábitos* e *talentos*. A imigração é um elemento importante para enriquecer estas virtudes de diversidade.

Ajuda a reforçar as instituições democráticas, fomentando o respeito pelas minorias, promovendo políticas mais inclusivas e tornando a sociedade mais tolerante e diversificada. Contribui para fomentar o dinamismo econômico, a concorrência no mercado e a mobilidade social.

É por isso que as democracias maduras e as economias de mercado dinâmicas veem a imigração como um ativo importante. O **Canadá**, por exemplo, incentiva a imigração e promove políticas para atrair "cérebros" para o país. Procura atrair estudantes universitários, trabalhadores qualificados, empresários e profissionais graduados. É um dos países mais amigáveis para imigrantes no mundo e tem atraído as pessoas mais talentosas, enquanto outros adotam políticas anti-imigração.

Os países emergentes devem seguir o exemplo do Canadá. Um dos meios mais eficazes para acelerar o crescimento econômico é atrair "cérebros". Profissionais qualificados e empresários que trazem *know-how* para um país ajudam a aumentar a produtividade, atrair investimentos e desenvolver novos negócios que impulsionam a vocação econômica de uma região.

Por isso, outra conclusão:

O capital humano é o componente essencial para estimular o crescimento econômico.

Um estudo do FMI[176] salienta que os investimentos na Europa Oriental e América Latina foram mais ou menos os mesmos depois da Guerra Fria, mas a qualidade do capital humano era muito superior no primeiro grupo. O resultado foi um rápido ganho no crescimento da produtividade na Europa Oriental, mas lento na América Latina.

Se a imigração altamente qualificada traz benefícios, por que não criar incentivos para a "imigração de talentos"? Um "Plano Marshall" para século XXI deve incluir a necessidade de exportar cérebros

---

[176] BAKKER, Bas B.; GHAZANCHYAN, Manuk; HO, Alex; NANDA, Vibha. "Lack of human capital is holding back Latin America's growth". *International Monetary Fund.* Washington, D.C. 13 ago. 2020. Disponível em: <https://www.imf.org/en/News/Articles/2020/08/12/na081320-lack-of-human-capital-is-holding-back-latin-americas-growth>. Acesso em: 15 abr. 2022.

dos países desenvolvidos para os países emergentes. A mercadoria vital para expandir as capacidades econômicas de um país é o conhecimento.

É a capacidade de fazer produtos e serviços mais complexos que torna uma nação mais rica. A importação de trabalhadores qualificados é uma forma muito eficiente de aumentar a produtividade.

Uma democracia vibrante e uma economia de mercado dinâmica, na qual prevaleçam a tolerância, a liberdade, o Estado de Direito e um governo responsável, são ingredientes essenciais para atrair o capital humano, que por sua vez convertem os países emergentes em nações desenvolvidas.

Como conclusão deste capítulo sobre a adaptação do capitalismo a uma nova realidade:

O crescimento econômico sustentável depende de um mercado livre, de instituições com credibilidade e da previsibilidade das leis, regulamentos e políticas.

Esses são os elementos essenciais para a formação de um tecido social de estabilidade política, no qual as pessoas, os investidores, os empresários e os trabalhadores possam confiar nas regras do jogo. Enquanto a tomada de riscos, a destruição criativa e a competição de mercado são elementos intrínsecos do capitalismo, a instabilidade política e a incerteza sobre regras e leis minam a confiança nas instituições e na democracia.

O *capitalismo liberal* prospera porque torna a sociedade sempre aberta ao triunfo das novas ideias, aos empreendedores audaciosos e aos investidores de risco. A democracia, a tolerância e a liberdade estimulam o desenvolvimento do capital humano, a diversidade das pessoas e a pluralidade de ideias – elementos essenciais para reunir talentos, capital e inovação.

O capitalismo liberal impulsiona a globalização que, não esqueçamos, tem sido vital para tirar milhões de pessoas da pobreza. Mas as barreiras ao capital e às empresas, além das políticas populistas que enfraquecem a confiança na concorrência de mercado, procurando retratar o capital humano e a imigração como um risco, ajudam a desacreditar o capitalismo – ao mesmo tempo que fortalecem o "capitalismo de compadrio".

O capitalismo de *stakeholders*, a globalização e a liberdade de bens, ideias e pessoas podem reviver as virtudes do capitalismo, bem como a confiança nos valores democráticos e nas instituições.

Com esse efeito, promoverão uma nova geração de líderes cívicos e políticos ousados o suficiente para combater o populismo, o nacionalismo nativista e as tiranias com as armas simples, honestas e transparentes que são o capitalismo e a democracia.

E o corajoso exemplo da Primeira-Ministra alemã, Angela Merkel, provou que a resiliência, o estadismo e a fé nos verdadeiros valores democráticos subjacentes podem ganhar a batalha contra o obscurantismo e a tentativa de conduzir o mundo a uma versão menos vantajosa da própria "idade das trevas".

8.

ESPERANÇA RENOVADA

8.1. Negociando o Novo Mundo

Vivemos em uma era que coloca desafios extraordinários à humanidade.

Pela primeira vez na história moderna, a nossa sobrevivência, como indivíduos e sociedades, dependerá da nossa capacidade de transcender nossos *preconceitos tribais*, *rivalidades nacionais*, *barreiras mentais* e *fronteiras físicas*, cooperando para superar as ameaças globais.

No Livro de Gênesis, o tomo de abertura da Bíblia Cristã, há uma breve descrição de como Deus criou o universo. O todo-poderoso fez o sol e as estrelas, céu e terra, solos e oceanos, plantas, pássaros, peixes e todos os animais. Deus concebeu o homem e a mulher à sua imagem, feitos do pó sobre a terra, e anunciou que "do pó viemos e ao pó voltaremos". Na religião, a fé precede a vindicação pela razão e a esperança precede o resultado da validação. Milhares de anos mais tarde, a ciência prova que tudo o que é concebido no universo vem do pó; para ser mais preciso, de "poeira estelar". Planetas, estrelas, montanhas, animais, plantas e seres humanos compartilham alguns elementos comuns: a beleza requintada do universo reside em como, principalmente, quatro átomos – oxigênio, nitrogênio, carbono e hidrogênio – são reorganizados para criar uma grande parte de todos os seres vivos e todas as coisas que sabemos.

Somos todos um.

Nesta noção majestosa de unidade, partilhamos um elemento comum com o universo, e a única diferença entre uma estrela, uma pessoa e uma árvore reside na forma como esses poucos átomos estão organizados. A unidade é a nossa essência. É o conceito condutor que, quando visto de um ponto de vista científico, une tudo – o universo, a natureza, as espécies e a civilização.

Preside o ciclo da vida, do nascimento, do crescimento e da morte. É uma realidade palpável. Os astronautas muitas vezes dão testemunhos vívidos de um sentimento de unidade inspirador quando veem a terra do espaço. Eles louvam o magnífico planeta azul com seus continentes maciços, florestas, desertos e oceanos, e como tudo está interligado e entrelaçado.

Como civilização, de fato, projetamos esta imagem, em uma mensagem assinada que enviamos para o espaço distante. Em 1977, quando a NASA decidiu lançar a *Voyager*, uma nave espacial, para explorar outras galáxias, ela levou consigo um registro físico, contendo imagens, música, sons e saudações do nosso planeta. Se a Voyager encontrar civilizações extraterrestres, este "disco de ouro" mostra a humanidade no seu (unificado) melhor. Apresentamo-nos como criaturas pacíficas, que louvam a natureza, a diversidade (há saudações em mais de 50 línguas), e que são capazes de criar coisas engenhosas, como monumentais construções (Taj Mahal, arranha-céus), obras imortais da ciência (Isaac Newton, com *Princípios Matemáticos*) e músicas soberbas (Johann Sebastian Bach com *O Cravo Bem Temperado*).

As Nações Unidas também criaram a sua versão de um "disco de ouro" para enfatizar nossa unidade. A missão do *Patrimônio Mundial* da ONU é preservar lugares e obras de "valor universal excepcional" para a humanidade. Todos os anos, publica-se uma lista de monumentos, obras-primas e trabalhos excepcionais que representam a essência da nossa civilização e patrimônio cultural.

A lista de lugares do Patrimônio Mundial compreende monumentos em mais de 150 países: o magnífico Palácio Imperial na Cidade Proibida, em Pequim, que era a casa das dinastias imperiais Quing e Ming; a Igreja de Santa Maria delle Grazie, em Milão, que guarda os requintados afrescos de Leonardo Da Vinci de *A Última Ceia*; a belíssima Petra, na Jordânia, revelando a beleza e a prosperidade das antigas civilizações árabe, grega e romana; o enigmático círculo de Pedra de Stonehenge, na Inglaterra; e a encantadora cidade de Paraty, com as suas ruas e construções de pedra datadas da corrida ao ouro no Brasil do final do século XVII, rodeada de florestas exuberantes e moldada por requintadas baías oceânicas.

São exemplos de uma herança comum partilhada e, como tal, nos lembram que transcendem a nacionalidade, a língua e as fronteiras. São obras atemporais, que retratam o esforço da humanidade para construir civilizações e perpetuar a nossa existência, valores, conquistas, conhecimento, cultura e tradições. Elas nos lembram que, nos próximos passos da nossa civilização, avançamos *juntos*. O mundo que herdamos está impregnado de universalidade – uma "unidade" – que indica que temos uma herança comum, e é por um esforço comum que devemos dar os próximos passos.

Como um só mundo, temos vários desafios pela frente: mudanças climáticas, cibersegurança, pandemias, imigração em massa, terrorismo e guerras nucleares – coisas que só podem ser mitigadas pela cooperação e colaboração transnacional entre governos, organizações, sociedade civil, mercados e indivíduos. E isso é ainda mais verdadeiro para o tema deste livro – a revitalização da democracia.

Do mesmo modo que precisamos encontrar soluções comuns para os problemas globais prementes que nos afetam como grupo, estamos vivendo uma ameaça à democracia, sob a forma de populismo e nacionalismo – também para isso precisaremos de uma abordagem nova e revitalizada.

Para todas essas ameaças, precisamos adotar um conceito mais amplo, que possa ser visto por mentes mais conservadoras como "novo" – mas que existe há muito tempo – e precisamos que se torne uma característica "*mainstream*", em vez de ser visto como um pensamento "radical". Essa *mudança de ponto de vista* é de grande importância para encontramos soluções aos problemas que são claramente globais, bem como se aplica à forma como precisamos enxergar nossas atitudes em relação ao governo, à liberdade e à democracia.

Este novo ponto de vista que precisamos adotar é o seguinte: *consciência de nossa unidade*: estamos todos juntos nisto, neste planeta

– ou em cada uma das nossas nações individuais – e, ao nos darmos conta disso, avançamos nas soluções que nos ajudarão de maneira conjunta.

8.2. Qual é a nossa "unidade"?

"Unidade" não significa a predominância de uma única nação, grupo ou crença. Podemos tirar uma imagem da natureza: assim como nela, o bem-estar do meio ambiente depende a riqueza da biodiversidade – é justamente a interdependência de uma infinidade de plantas, animais e microorganismos que garante a continuação da existência de um planeta em equilíbrio saudável – o mesmo princípio é válido para o progresso da civilização.

Da Grécia antiga ao Império Romano; do Renascimento ao Iluminismo; da Revolução Industrial à Revolução Tecnológica, as civilizações avançaram quando *liberdade* e *tolerância* estimularam a diversidade de ideias e a pluralidade de pessoas e crenças; quando leis justas e governos responsáveis garantiram a ordem, a paz e a justiça; quando o livre mercado e o comércio geraram progresso, inovação, prosperidade em massa e crescimento econômico. Esses elementos vitais salvaguardam a "biodiversidade" – humana e criativa – necessária ao florescimento da liberdade, da democracia – e de uma economia de mercado ativa e positiva.

8.3. Onde está a responsabilidade pessoal nisso tudo?

O acadêmico e filósofo britânico Roger Scruton disse:

> O sentido da vida reside na coisa pela qual a vida – a vida de alguém – pode ser sacrificada.[177]

---

[177] SCRUTON, Roger. *The soul of the world*. Princeton: Princeton University Press, 2014, pp. 2.

O aforismo implica uma questão vital: quais são as causas e batalhas que fazem valer a pena viver a nossa vida? Um episódio da mitologia grega retrata essa escolha com maestria.

Aquiles, o mais corajoso, bravo e habilidoso guerreiro ateniense, decidiu deixar o campo de batalha em Troia depois de Agamenon, o principal comandante ateniense, tentar roubar a noiva dele. Sem Aquiles no campo de batalha, a maré da guerra virou em favor de Troia, arquirrival e inimigo de Atenas. Os atenienses estavam prestes a perder a guerra quando o melhor amigo de Aquiles, Pátroclo, foi morto pelo príncipe troiano Heitor. Atenas enviou uma delegação a Aquiles para contar sobre a morte do amigo e pedir que voltasse ao campo de batalha para salvá-los de uma derrota humilhante.

Aquiles inicialmente dispensou a delegação – mas sua mãe, a deusa Tétis, apareceu e teve uma conversa com ele. Disse que ele precisava escolher se queria viver uma vida confortável e longa em casa, na obscuridade, ou voltar para o campo de batalha, lutar bravamente e morrer pela glória. Com dizia Homero:

> Pois a minha mãe Tétis, a deusa dos pés de prata, diz-me que carrego dois tipos de destino para o dia da minha morte. Se eu ficar aqui e lutar ao lado da cidade dos troianos, meu retorno para casa se vai, mas minha glória será eterna; mas se voltar para a terra amada de meus pais, a excelência da minha glória se vai, mas restará uma longa vida para mim, e meu fim na morte não virá rapidamente.[178]

Aquiles escolheu voltar para o campo de batalha e alcançar a glória. Se ele tivesse voltado para casa, para uma vida longa e confortável, poderia ter sido esquecido. Não foi o martírio que o tornou famoso, mas seus atos que personificaram os valores elogiados pelos atenienses: coragem e bravura; camaradagem e amizade; e liderança, por exemplo, no campo de batalha, inspirando suas tropas a lutar corajosamente.

---

178 HOMERO. *The Iliad*. Trad. Richmond Latimore. Chicago: The University of Chicago Press, 1951, pp. 209.

A História nos fornece alguns desses modelos: uma bússola para criar um denominador mínimo comum de credo, moral e memórias compartilhadas que vão moldar nossas crenças, cultura e costumes, bem como nossa ordem política e as instituições que eles fundamentam.

Cultivar a nossa história comum nos ajuda a compreender que atributos do nosso credo queremos preservar e quais precisamos de fato mudar para permitir à nossa sociedade evoluir e se adaptar a uma nova realidade. Sem a orientação da História, os cidadãos perdem a capacidade de distinguir entre o permanente e o efêmero, o relevante e o irrelevante, o banal e o sublime – as ideias que devem ser vistas como "sagradas" e as que são "profanas".

O *sagrado* incorpora valores morais e crenças que transcendem a nossa existência, renovando a nossa esperança de que a nossa frágil mortalidade pode ajudar a manter vivo o que é essencial, isto é, o que é permanente e eterno. Como Roger Scruton disse,

> A experiência da santidade dá à vida moral uma narrativa que revela a sua verdade interior. [179]

Sem a noção do sagrado e dessa verdade interior, é impossível discernir o que Immanuel Kant, filósofo alemão, definia como "o imperativo categórico": os princípios universais que devem guiar nossas escolhas racionais e moldar nossa conduta e ações morais – para o bem de nossa própria felicidade e da humanidade.

Como Aristóteles disse, um indivíduo divorciado dos valores é o pior e mais feroz de todos os animais. Um dos papéis da sociedade civil é preservar, manter e garantir esses valores. Poderíamos dizer: uma sociedade civil débil destrói nossas raízes, valores, costumes, crenças e tradições, que são a base da civilização: ela corrói o sentido do sagrado, da conduta virtuosa e o sentimento de benevolência para as obrigações comunitárias. A noção de qualquer "imperativo categórico" evapora-se; perdemos a capacidade de identificar os valores pelos quais vale a pena lutar. A noção do "sagrado" se desvanece, e pode, eventualmente, desaparecer.

---

[179] SCRUTON, Roger. *The soul of the world*. Princeton: Princeton University Press, 2014, pp. 28.

Assim, a escolha mítica de Aquiles apresenta uma questão crucial: estamos prontos a pagar o preço para defender a liberdade e a democracia (e, na verdade, a capacidade benéfica de livre comércio) como valores fundamentais? Ou será que nos resignamos à "decadência" da democracia e aceitamos uma série de concessões – e consequências como o populismo nacional e os governos autoritários – como escolhas razoáveis que nos permitam, pelo menos, manter algum grau (limitado) de liberdade individual e direitos há muito estabelecidos por certos mecanismos democráticos?

8.4. História

A *História* nos ajuda a compreender o passado e cultivar a nossa memória coletiva – e ambos desempenham um papel vital na preservação da nossa unidade como comunidade, do nosso sentido de pertencimento e da noção da nossa humanidade. As narrativas da história revelam eventos, feitos, panos de fundo que mantêm vivas as lições morais, traços culturais, valores, crenças e personagens que moldaram a saga da nossa civilização e deram significado à nossa existência como sociedade.

Recordar o passado é essencial se quisermos construir uma identidade comum, que mantém o mundo unido e nos faz viver os valores fundamentais que nos impelem a agir e a lutar pelas coisas que honramos e cuidamos.

A História mostra que o populismo nacional só piora os problemas de uma democracia doente. Estimula o radicalismo político, a intolerância e os sentimentos de nacionalismo nativista, que contribuem para erodir a confiança nas instituições democráticas, distorcem os princípios da concorrência de mercado justa e minam o compromisso político.

A História também ensina que quando as democracias procuram apaziguar os populistas nacionais, sucumbem às tiranias. Sempre que os governos democráticos fizeram concessões a populistas e tiranos, o resultado foi... terrível. As concessões feitas a Mussolini e Hitler na primeira metade do século XX levaram à consolidação do fascismo e do nazismo. Foi necessária uma luta sangrenta (Segunda Guerra Mundial) contra ambos e uma longa Guerra Fria contra o comunismo para livrar o mundo do totalitarismo, para restaurar de um período de florescimento da liberdade, da democracia e da propagação de um capitalismo benéfico (1989-2008).

A segunda metade do século XX foi uma época de notável prosperidade em massa, impressionante crescimento econômico dos países emergentes e surpreendente redução da pobreza; foi também o início de uma revolução tecnológica que mudou a forma como vivemos, o comércio, o trabalho, a produção e a comunicação. Mas a crise financeira de 2008, juntamente com uma mistura de estagnação econômica, crescente desigualdade e imigração em massa de pessoas que escapavam de guerras e conflitos civis no Oriente Médio e na África para democracias desenvolvidas, desencadeou ondas de raiva popular, frustração e ressentimento, que abriram terreno para o retorno do nacional-populismo.

8.5. O desafio da cidadania: cidadãos virtuosos contra cidadãos mimados

8.5.1. "Cidadãos mimados" e as escolhas ruins que tomam

Sim, herdamos um mundo melhor da última geração. Nele prevaleceram a democracia, a liberdade e o crescimento econômico; mas a geração atual tem arruinado esses ativos valiosos. Foram escolhas. Olhamos para a causa delas. Vemos a verdadeira causa do mau funcionamento dos governos democráticos, graças às más escolhas feitas por "cidadãos mimados".

Acostumados a uma era sem precedentes de prosperidade econômica, estabilidade política e paz internacional entre as grandes potências, esses sucessores complacentes de um mundo para o qual a democracia foi duramente conquistada talvez se assemelhem aos aristocratas decadentes às vésperas da Revolução Francesa, que pensavam que seus privilégios e "direitos" poderiam durar para sempre.

Em uma combinação de amnésia histórica, obsessão pela gratificação imediata e dependência dos benefícios concedidos pelo Estado, podemos definir estes "cidadãos mimados" como aqueles que apenas se preocupam com os seus direitos, mas que têm prestado atenção limitada aos seus deveres cívicos e responsabilidades.

Em vez de enfrentar as cruciais reformas políticas, econômicas e sociais que as democracias devem suportar para se adaptar a uma nova realidade, alguns deles preferiram eleger governos populistas, que prometeram proteger sua economia doméstica, seus benefícios sociais e seus privilégios, erigindo muros e adotando políticas protecionistas para conter a globalização e as práticas "injustas" do comércio internacional.

Em vez de enfrentar os desafios impostos pela revolução tecnológica e as crescentes desigualdades de renda, produtividade e acesso entre ricos e pobres, os "cidadãos mimados" acreditaram na quimera populista de que, por exemplo, atacar os imigrantes, por quem eles são, e a elite financeira, por seus "pecados", poderia salvá-los do extermínio dos empregos domésticos e libertar o país de uma distribuição injusta de riquezas.

Ao invés de fomentar a colaboração e unir esforços entre as nações para resolver os problemas mais prementes do mundo, esses "cidadãos mimados" tendem a procurar bodes expiatórios para culpar seus infortúnios – imigração, globalização, tecnologia, capitalismo – e apoiar governos nacional-populistas que tratam a colaboração internacional como uma armadilha para impedir a defesa do interesse nacional.

Em vez de mobilizar a sociedade para enfrentar os desafios das regras e da governança disfuncionais sob governos democráticos, optaram por abraçar os mantras da política de identidade, transformando o debate político em "nós contra eles" – algo que viver em uma *sociedade* nunca foi. A "política de identidade" apenas ajuda a enfraquecer esses laços cívicos da comunidade, aumentando a tensão e a intolerância no debate público e minando a criação de consenso e de compromisso – elementos cruciais para manter e fortalecer os sistemas democráticos de governo.

Estas "cruzadas" tribais já corroeram, em certa medida, o senso comum de valores e princípios compartilhados que nos unem como civilização, país, comunidade. Do meio ambiente à ciência; da política à ética; dos valores sociais à saúde e à educação, o "ativismo tribal" tende apenas a comprometer a prevalência de um mínimo denominador comum de valores, princípios e morais que sustentam a civilização.

Imbuídos de dogmas e certezas tribais, tendem a reduzir o espaço para o diálogo e o compromisso na política e na vida cívica. Suas escolhas, deformadas por preconceitos e crenças de viés de confirmação, ajudaram a aprofundar a divisão, o ressentimento e a polarização na arena pública.

Eles têm destruído política – o espaço público onde *liberdade*, *pluralidade* e *moralidade* moldam decisões políticas em democracias. São o grupo-chave responsável pela eleição de governos populistas, endossando as políticas de identidade, apoiando movimentos nacionalistas nativistas e políticas que têm desempenhado um papel importante na erosão da tolerância, do compromisso e da compreensão na sociedade.

Isso porque políticos populistas, ativistas, influenciadores e empreendedores de mídia social *exploram* estes nichos de divisão, ódio e polarização para ganhar eleições, poder, dinheiro e conquistar fama efêmera. O ponto-chave – para nosso argumento aqui e para o futuro da democracia – é que sua escolha e ação política revelam a absoluta falta de *pensamento crítico*, *raciocínio político* e *julgamento moral*, que constituem a essência da política.

Essa *ausência de pensamento* – o ato de questionar, refletir e examinar as implicações morais de nossa conduta individual – foi o que chamou a atenção de Hannah Arendt ao testemunhar o julgamento de Adolf Eichmann, um dos criminosos de guerra nazistas responsáveis pelo Holocausto.

Eichmann respondeu às perguntas do julgamento com clichês e banalidades que revelavam a sua total falta de *reflexão*: uma ausência de *pensamento* e *consciência* sobre os crimes e barbaridades que ele cometera ao exterminar judeus em campos de concentração. Ele não mostrou nenhum remorso por seus crimes. Apresentou-se como um oficial obediente que seguiu as ordens sem refletir, questionar ou *chegar a quaisquer conclusões* sobre as implicações morais dos seus atos.

Trata-se de uma falha significativa, potencialmente generalizada, da nossa era – uma das mais importantes – que é essencial e urgente corrigirmos. Arendt acreditava que a maior ameaça para a democracia é quando os cidadãos perdem a capacidade de *pensar* política e moralmente. A política deixa de existir quando separada da liberdade, da pluralidade e dos valores morais: "É catastrófico para o mundo moral assumirmos que as pessoas são incapazes de julgar as coisas por si mesmas".[180]

Quando a moralidade se torna insignificante, o indivíduo perde o poder de desenvolver a vontade necessária para conter adversidades, impulsos e tentações que destroem a si mesmo e à comunidade. Neste caso, como um simples passo lógico, a maldade humana torna-se ilimitada. O holocausto de Hitler, os campos de extermínio de Stalin e o Grande Salto para Frente e a Revolução Cultural de Mao revelam a "banalidade do mal".

Em uma democracia em que a maioria dos cidadãos está simplesmente preocupada com seus *desejos* e *direitos*, e negligencia suas obrigações *morais* e deveres públicos, não existe o dilema de Aquiles: a escolha é direta – eles preferem o conforto ao sacrifício, a concessão à luta por valores e causas louváveis. Os "cidadãos mimados" parecem ter esquecido que as democracias modernas são criações *artificiais*, feitas com esforço direcionado para garantir o máximo bem público por muitas gerações – muitas vezes gerações inteiras que lutaram, labutaram e sacrificaram sua vida pessoal para construir gradualmente instituições fortes, governos responsáveis e a confiança no Estado de Direito.

8.6. Os guardiães da democracia: cidadãos virtuosos

Embora o renascimento do populismo nacional já tenha aumentado a polarização na política interna em muitos países, a tensão política nos assuntos internacionais e enfraquecido a credibilidade

---

180 ARENDT, Hannah. *The promise of politics*. New York: Schocken Books, 2005, pp. 104.

do governo responsável e do Estado de Direito, cidadãos virtuosos e líderes corajosos continuam a ser os glóbulos brancos da democracia. Sempre foram os defensores da democracia contra a tirania, o populismo e o nacionalismo nativista.

Como vimos neste livro, cidadãos virtuosos e grandes líderes mostraram tremenda coragem, determinação e habilidade política na mobilização da sociedade e na luta pela preservação da democracia. Movidos por um senso de dever público e uma poderosa força motriz moral, cidadãos virtuosos e líderes inspiradores mostraram uma enorme disposição para sacrificar tempo, vida privada, carreira profissional e até mesmo suas vidas para defender a liberdade, o Estado de Direito e os governos responsáveis. Dos Pais Fundadores dos Estados Unidos aos grandes reformadores na Europa no século XIX, gerações de cidadãos lutaram para construir instituições democráticas capazes de libertar as pessoas do poder arbitrário, da servidão dos reis e do Estado, para transformar indivíduos em cidadãos com responsabilidades, direitos e liberdade para escolher seu próprio destino.

Quando a democracia enfrentou o seu desafio mais difícil na primeira metade do século XX, houve muitos cidadãos virtuosos e líderes corajosos que mostraram grande disposição e compromisso para defender os seus valores e princípios. Havia grandes estadistas, como Winston Churchill e os líderes da Grã-Bretanha e dos Estados Unidos durante a Segunda Guerra Mundial, mas também havia uma multidão de cidadãos defendendo os valores centrais da democracia no campo de batalha e nos movimentos de resistência clandestinos durante a guerra. Houve também cidadãos e líderes públicos empenhados em lutar pela reconstrução das democracias na Europa – Adenauer na Alemanha, Di Gasperi na Itália e De Gaulle na França.

No rescaldo, houve também cidadãos liderando pelo seu exemplo pessoal e extraordinário empenho em recriar a Comunidade Europeia – um exemplo é a liderança inspiradora de Jean Monnet. Com suas atitudes, ele mostrou que a cooperação e colaboração eram meios poderosos de transcender as rivalidades do Estado, e começou a construir uma Europa unida.

Na segunda metade do século XX, uma nova colheita de liderança política e cidadãos engajados lutaram para estabelecer governos democráticos firmes onde líderes autoritários e populistas reinaram por muito tempo. Na Espanha, o primeiro-ministro Felipe Gonzalez contribuiu para criar e promover a estabilidade política e o crescimento econômico do país, abrindo caminho para a entrada da Espanha na Comunidade Europeia. No Brasil, o presidente Fernando Henrique Cardoso articulou uma série de reformas econômicas e políticas que acabaram com a hiperinflação e fortaleceram as instituições democráticas, o Estado de Direito e o governo responsável em seu país. Na África do Sul, o presidente Nelson Mandela conduziu uma transição histórica de um regime de *apartheid* para uma democracia tolerante e vibrante.

8.7. O século do indivíduo

Talvez a maior diferença entre os séculos passados e nosso tempo é que a mudança transformacional não será conduzida pelos poderosos e carismáticos governantes, mas por virtuosos cidadãos trabalhando em poderosas redes horizontais, colaborando, cocriando, coordenando e estruturando processos para implementar soluções inovadoras aos desafios mais prementes.

A versão moderna de Aquiles não é um herói mitológico, mas uma miríade de cidadãos virtuosos que lutam nas trincheiras da responsabilidade e da democracia para defender os seus valores e instituições fundamentais. Essas pessoas estão e vão continuar a trabalhar para reforçar as comunidades locais e a sociedade civil.

Estão envolvidos em organizações não governamentais que ajudam a melhorar a qualidade do setor público e advogam pela reforma do Estado. Enfrentam governos populistas em eleições, no Parlamento, bem como governos nacionais e locais, mostrando que existem alternativas democráticas efetivas ao populismo. Restringem as políticas populistas, salvaguardando o Estado de Direito e os princípios democráticos nos tribunais, e expressam a defesa dos valores democráticos na imprensa. Estão formando poderosas coalizões da sociedade civil e dos setores privado e público para enfrentar os problemas mais prementes – das mudanças climáticas à pandemia da Covid-19.

Numa democracia, o destino de uma nação depende das escolhas políticas e das decisões dos seus cidadãos. O potencial de formar cidadãos responsáveis, capazes de exercer prudentemente o seu poder de escolha, conferido pela liberdade, sempre foi uma função, componente e preocupação cruciais das sociedades democráticas.

As "armas" dos cidadãos virtuosos continuaram a ser as mesmas durante milhares de anos. Consistem em caráter, valores morais e compromisso para colocar o interesse público acima de seu interesse pessoal. Séneca, o filósofo romano, ensinou-nos:

> A natureza não dá virtude ao homem: o processo de se tornar um homem bom é uma arte.[181]

No domínio público, a virtude é crucial para transformar os indivíduos em cidadãos conscientes das suas obrigações morais e deveres cívicos. Sem responsabilidade cívica, não há amálgama para formar os laços que a sociedade civil nos ajuda a forjar.

A noção de responsabilidade coletiva pelo destino da comunidade e a noção de obrigações morais e deveres públicos dos cidadãos são moldadas pela educação e pela participação na vida cívica. A família, os clubes, as associações cívicas, a igreja (mesquita, sinagoga, templo) e as escolas podem ser instituições muito importantes na formação do caráter e no desenvolvimento do senso de dever público e responsabilidade moral que motiva uma pessoa a fazer esforços em todos os momentos para o destino ideal de sua comunidade.

Desenvolver uma cidadania responsável é fundamental para criar uma sociedade civil forte e um governo eficaz, focado na construção de capacidades úteis do Estado, na resolução de problemas e em ajudar as democracias a se desenvolverem para que se adaptem a novas realidades sem pisar na liberdade de ninguém.

Não há democracia sólida sem cidadãos virtuosos e uma sociedade civil forte.

---

[181] SENECA. *Letters from a Stoic.* London: Penguin Books, 2004, pp. 176.

8.8. Quatro passos para fortalecer a democracia e a nova ordem mundial

Temos de reforçar a cidadania e o poder local, e reformar os conceitos de Estado do Bem-Estar Social, para que a democracia se torne um instrumento eficaz na promoção de mudança social, reforço da economia de mercado e para assegurar uma ordem política estável.

8.8.1. O Poder do Local: descentralizar o poder, fortalecer os governos locais e a sociedade civil

Enquanto os governos continuam a ser lentos, burocráticos e usam um modelo ultrapassado de comando e controle, a sociedade civil é mais colaborativa, ágil e altruísta, gerencia melhor os seus esforços e é mais eficaz na produção de resultados concretos.

Portanto, o primeiro passo que defendemos aqui – crucial para o bom funcionamento da democracia – é descentralizar o poder e manter ou criar sistemas saudáveis de pesos e contrapesos entre ação local e centralizada. Isso incentiva o compromisso de ação entre diversas partes constituintes e estabelece mecanismos políticos e legais para conter a concentração de poder nas mãos de um ou poucos governantes. Garante que o Estado não seja capturado por uma única força política – seja essa força um governante, um partido ou uma facção.

Descentralização também *incentiva* o engajamento cívico. Alimenta o espírito de colaboração entre os setores privados e não governamentais, as comunidades e os governos para resolver questões urgentes. Associações cívicas e empresas do setor privado deram um passo à frente para assumir responsabilidades públicas e revitalizar a vida cívica – contribuindo em muitas frentes, desde a inovação de distritos comerciais até escolas públicas, hospitais, museus e parques urbanos.

Os governos inteligentes veem estas parcerias públicas e privadas como aliadas indispensáveis para resolver problemas locais, melhorar a qualidade dos serviços públicos e dar-lhes uma agilidade e autonomia de ação que os governos muitas vezes são incapazes de alcançar devido a restrições de lei, à regulamentação ou a limites orçamentários.

As cidades, de fato, provaram ser um centro de inovação nas políticas públicas, fornecendo exemplos de colaboração entre os setores público e privado e tomando a liderança na cooperação entre "cidades irmãs" em todo o mundo – ignorando quaisquer barreiras criadas por governos nacionais.

Os governos locais e estaduais são mais pragmáticos e menos ideológicos e partidários do que os nacionais. Eles têm funcionado como o epicentro para os principais exemplos dos glóbulos brancos da democracia, trabalhando para conectar pessoas e instituições, implementando políticas inovadoras e mostrando que a descentralização do poder é o instrumento mais potente para reconectar comunidades com os valores básicos da democracia e da participação cívica.

Nos últimos 200 anos, as democracias têm sido o principal modelo de Estados eficientes e de governo eficaz, mas agora estão sendo deixadas para trás por sistemas autoritários (como a China) e regimes não liberais (como Singapura). Os governos dilacerados pelo nacional-populismo e por um Estado inchado e inflexível ficaram paralisados, culpa de interesses especiais, uma pesada burocracia e uma política partidária. As democracias perderam o apetite por reformas, autoaperfeiçoamento e destruição criativa. A descentralização contribuirá para libertá-los deste impasse. Vai capacitar os cidadãos, incentivar a experimentação e as soluções inovadoras, bem como reduzir a burocracia e o partidarismo político que muitas vezes predominam no debate nacional, desviando o esforço e a atenção da resolução de problemas reais.

A descentralização estimula o fortalecimento das redes horizontais, que dão às democracias a agilidade e a eficiência para responder aos desafios e problemas que afetam o bem-estar da comunidade. É também o meio mais eficaz de induzir os governos a modernizarem o Estado, inovando nos processos e na governança – mecanismos importantes para promover mudanças graduais e evitar as armadilhas de atrofia que corroem a credibilidade das instituições e a confiança no governo.

Por outro lado, não devemos subestimar a resistência, a dor e o desconforto que líderes corajosos podem enfrentar ao promover a mudança. Como Maquiavel disse:

> Nada é mais difícil de gerir, nenhum empreendimento é mais arriscado, ou de sucesso mais duvidoso, do que se estabelecer como o introdutor de uma nova ordem. Tal inovador tem como inimigos todas as pessoas que estavam indo bem sob a velha ordem, e apenas defensores mais ou menos bem-intencionados naqueles que esperam lucrar com a nova.[182]

Trata-se de um fator importante na busca por melhorias em uma ordem existente, que deve ser levado em conta ao longo de todo o processo.

8.8.2. O Estado do Bem-Estar Social

Temos de analisar os casos em que o *Estado do Bem-Estar Social,* em vez de uma bênção necessária e um marco no desenvolvimento humano, tornou-se potencialmente viciante, levando à ineficiência. Deve amparar, mas precisa ser eficiente – e produzir benefícios econômicos.

E, finalmente, precisamos de olhar para o papel do Estado. Este papel precisa ser permanentemente examinado, para encontrar o equilíbrio certo entre o Estado "estático" de Adam Smith, estagnado, que consagra um conjunto de privilégios e anomalias econômicas, e o "Estado mínimo", que é irreconciliável com uma sociedade demasiado dependente dos benefícios de um sistema de bem-estar.

Para as sociedades democráticas, a inclusão social tornou-se uma busca moral, uma necessidade política imperiosa, para salvaguardar a credibilidade das democracias e do capitalismo. Grandes avanços anteriores – a abolição da escravidão, o estabelecimento de Estados de Bem-Estar – haviam sido outrora vistos como visões anátemas de

---

[182] MAQUIAVEL, Nicolau. *The Prince.* New York: W.H. Norton Company, 2018, pp. 17.

idealistas utópicos. Temos agora de adotar a mesma abordagem para *a inclusão social e o fim da pobreza.*

A desigualdade de renda é importante. Três condições em uma fortuita combinação – um longo período de paz entre as grandes potências, com a disseminação do capitalismo, o advento da globalização e as mudanças geradas pela revolução tecnológica – têm criado condições inéditas para livrar o mundo da pobreza extrema e garantir que as pessoas sejam capazes de ter suas necessidades básicas satisfeitas.

A pobreza não é um mal-estar social, mas um mal-estar institucional. Pode ser derivado e sustentado por um governo ineficaz e irresponsável, instituições corruptas, Estado de Direito fraco, capitalismo de compadrio e restrições à liberdade individual.

A desigualdade é um sintoma preocupante de uma economia de mercado debilitada: uma distribuição desigual de direitos e privilégios para grupos específicos – em especial a classe média e as grandes empresas – que gera concorrência desleal no mercado e concentração das melhores oportunidades, empregos e educação nas mãos de poucos.

Se não conseguirmos enfrentar as verdadeiras razões dos problemas de desigualdade, populistas e anticapitalistas conquistarão o apoio popular, permitindo-lhes propagar suas falsas soluções – que minam as virtudes e conquistas da economia de mercado e da democracia. Um fator-chave nesta abordagem é: *educação.*

A educação já não se limita ao *ensino formal.* Significa uma atividade de aprendizagem ao longo da vida, que nos acompanhará do berço ao túmulo. A importância de cultivar a *curiosidade* pelo aprendizado, e o *interesse* pela reciclagem de conhecimentos, atitudes, crenças e comportamentos, tornou-se hoje uma necessidade primordial para que possamos nos adaptar a novas realidades, nos reinventar e nos aventurar em novos caminhos profissionais ao longo de nossa vida.

Essa *educação holística* significa não apenas o conhecimento formal e o desenvolvimento de habilidades intelectuais, mas também o aprimoramento das habilidades emocionais, sociais e espirituais para refinar o aprendizado experimental e ajudar os indivíduos a viver e trabalhar em um mundo que agora é uma rede de cooperação e colaboração altamente complexa, envolvendo os setores privado e público, as empresas e os cidadãos, as comunidades e os indivíduos.

Descrevo três países que *valorizam os professores*. Só os melhores e mais brilhantes podem aspirar sair da universidade e ter o ensino como carreira. É uma profissão valorizada e prestigiada.

A Finlândia – um exemplo importante – considera o ensino como sendo a profissão mais importante que alguém pode desempenhar na sociedade. Essa atitude para com a educação precisa fazer parte do nosso novo mundo.

Depois, há a necessidade de *envolvimento*: descrevo países onde a sociedade civil e o governo facilmente trabalham juntos para ajudar a resolver problemas comuns (dois exemplos são a Suécia e a Dinamarca, onde o governo e a sociedade civil trabalham juntos para ajudar a força de trabalho a transicionar de profissões decantes para empregos mais qualificados. Além disso, contam com leis trabalhistas flexíveis).

Descrevo como as democracias precisam de uma agenda de *inclusão* em vez de uma compensação por dificuldades. Apresento a *Renda Básica Universal* como um conceito que oferece à sociedade um benefício financeiro direto, reduzindo a burocracia e, ao mesmo tempo, estimulando seus mercados e economia. Já no século XIX, John Stuart Mill argumentava a favor de um rendimento mínimo básico para cada indivíduo, "*capaz ou não de trabalhar*".

Quando a sociedade civil e o governo estão unidos e engajados na solução de problemas, em vez de buscar bodes expiatórios para os males da nação, a democracia é capaz de converter recursos, capital humano, liberdade e inovação em uma força poderosa para superar os desafios de nosso tempo.

8.8.3. Reforma do capitalismo para adaptar a economia de mercado aos desafios do século XXI

Descrevo o poder e o valor do *comércio* – e sua história; *concorrência* – suas origens e desenvolvimento; os mecanismos de *financiamento*; as reações dos movimentos *trabalhistas* e os avanços alcançados – e as três *desigualdades* que de tudo isso resultaram: desigualdade de *renda*; desigualdade de *produtividade*; e desigualdade de *acesso*.

Devemos trabalhar nesses três pontos – nossos sistemas de governo, nossa economia e nossa educação – se o capitalismo quiser ser salvo dos opositores que criticam seus resultados adversos – políticos, economistas, cientistas sociais, formuladores de políticas e outros que têm um certo gosto por distorcer dados e fatos.

Fazem isso, muitas vezes, a partir de um desejo instintivo, mas não inteiramente informado, de justificar a intervenção estatal em uma economia, aumentos de impostos, medidas protecionistas, políticas assistencialistas ineficazes e, claro, ataques aos efeitos visíveis da globalização, como os personificados na forma de magnatas ricos – como se fosse definitivamente o processo, e não os detalhes, que precisasse ser corrigido.

Quando isso acontece, a economia de mercado transforma-se em capitalismo de compadrio: fenômeno que mina a igualdade perante a lei, a igualdade de oportunidades e a meritocracia, limitando a mobilidade social, a destruição criativa, a inovação e o empreendedorismo.

O capitalismo se tornou onipresente no final do século XX porque proporcionou, via economia de mercado, o que as pessoas queriam: bens e serviços acessíveis, prosperidade em massa e mobilidade social, além de empregos e negócios rentáveis que geraram riqueza suficiente para financiar a edificação de um sistema de bem-estar social, capaz de garantir uma rede de segurança para a sociedade.

Esses benefícios do capitalismo derivam do crescimento econômico, da concorrência justa no mercado, da meritocracia e de uma abundância de inovação que trouxe um aumento impressionante na produtividade. Mas toda a extraordinária riqueza, prosperidade e melhoria da qualidade de vida de milhões de pessoas geradas pelo capitalismo ainda não foi suficiente para resolver um dos maiores desafios do século XXI: a crescente desigualdade.

8.8.3.1. Três vícios

Descrevo três "vícios" potenciais nos quais os Estados modernos, que dependem do capitalismo por seus benefícios, podem acabar patinando: *capitalismo de compadrio*, *populismo nacionalista* e *sistemas de bem-estar insustentáveis*.

O espírito reformador necessário perdeu, em parte, o seu caminho no contexto de novas aberrações. No século XXI, o capitalismo foi desfigurado tanto por regimes *não liberais* quanto por *populistas nacionalistas*. Podemos chamar esses aberrantes regimes de "os pais fundadores do capitalismo de compadrio".

No *capitalismo de compadrio*, o Estado extrai fundos do setor privado e os transfere para financiar benefícios, subsídios e privilégios distribuídos pelo setor público a funcionários públicos e empresas viciadas em favores governamentais. Os monopólios corporativos, por sua vez, apoiam os governos, criando um ciclo vicioso que tende a desfazer a competição de mercado, limitar a igualdade de oportunidades e restringir o acesso às melhores universidades, empregos e oportunidades econômicas a alguns grupos privilegiados.

Em sistemas assim, poder e riqueza ficam restritos a uma pequena oligarquia, enfraquecendo os princípios do capitalismo liberal e da competição de mercado. Assim, minam a prosperidade em massa e a mobilidade social. O setor privado não pode ser independente e existe o perigo de que, quando se envolve com o Estado em uma sociedade capitalista de compadrio, este pode rapidamente se tornar autoritário.

O antídoto é o capitalismo de *stakeholders*. "Precisamos de um Estado ativo, mas um que aceite um papel mais modesto; precisamos do mercado, mas atrelado a um senso de propósito firmemente fundamentado na ética."[183]

O capitalismo de *stakeholders* é mais inclusivo e responsável. Nele, empresas e empreendedores com propósitos buscam negócios e lucros com base em objetivos de longo prazo que refletem não apenas os interesses dos acionistas, mas também a preocupação com seus constituintes, com a comunidade e com o bem-estar da sociedade e do planeta. As empresas líderes e os seus financiadores – os principais investidores – estão investindo o seu dinheiro e o seu sentido de propósito nisso.

---

[183] COLLIER, Paul. *The future of capitalism: facing the new anxieties*. New York: Harper Collins Publishers, 2018, pp. 21.

Cada vez mais, as questões ambientais, sociais e de governança (ESG) representam não apenas mais um rótulo que está na moda, mas uma preocupação central que não pode seguir ignorada por corporações e governos. Mercados e investidores agora esperam que as empresas também relatem questões não financeiras: emissão de gases de efeito estufa, uso sustentável da terra, diversidade, inclusão dos *stakeholders*, políticas de igualdade salarial, saúde e bem-estar de sua força de trabalho.

A principal ideia por trás do capitalismo de *stakeholder* é de uma economia de mercado livre e eficaz, que contribua para *melhorar o bem-estar da sociedade*. Essa ideia já está se espalhando, e precisa se espalhar ainda mais. Embora haja um consenso entre as nações sobre a necessidade urgente de enfrentar os desafios das mudanças climáticas, é importante ressaltar dois outros pilares de um plano necessário para o resto do século XXI: justiça e igualdade social; além de governança. Ambas fortalecem não só o capitalismo, como a segurança de uma nova ordem internacional benéfica.

A *globalização* trouxe benefícios econômicos mundiais, bem como forjou uma *cadeia de valores global*. Um desses benefícios é a percepção salutar de que o mundo realmente é interdependente. Precisamos aprender com isso, e expandir nossa consciência atual a partir desse princípio. Os governos nacionais populistas podem tentar deter a marcha da globalização, mas são incapazes de desfazer a interdependência intrínseca das nações.

Uma das coisas que a pandemia da Covid-19 nos ensinou foi que o "novo normal" é um mundo multipolar, altamente interdependente, onde a concorrência e a colaboração farão o seu trabalho *juntas*. O capitalismo de compadrio ressuscitou poderosos monopólios, esgotando a confiança na economia de mercado e na democracia, aumentando a desigualdade de renda, de acesso e de produtividade – dando a muitos a impressão de que há pouca esperança de segurança na vida, social e economicamente. Estamos de volta a uma era de oligarquias.

Todavia, a beleza da liberdade, da democracia, do Estado de Direito e das instituições responsáveis é que os países podem reformar as leis, os costumes e os incentivos através de uma mudança gradual, não da revolução. É aqui que reside a esperança da democracia. A sua história nos dá exemplos inspiradores de importantes mudanças institucionais que revigoraram a economia de mercado.

Em 1846, o primeiro-ministro britânico Robert Peel derrubou os muros do protecionismo e adotou o livre comércio. O fim das políticas protecionistas ajudou a reduzir drasticamente o preço dos alimentos. A medida beneficiou principalmente os pobres, que estavam gastando mais de 60% de sua renda em comida. Também beneficiou a indústria, que se tornou mais competitiva a nível nacional e internacional, transformando a Grã-Bretanha em uma das nações mais ricas do mundo.

Em 1901, o presidente americano Theodore Roosevelt lançou uma cruzada contra os monopólios. Ele aprovou uma importante legislação antitruste e lutou contra a corrupção e o capitalismo de compadrio. Suas reformas revitalizaram o capitalismo nos EUA, tornando o Sonho Americano uma realidade para milhões de pessoas trabalhadoras e empreendedores experientes.

Em julho de 1944, o presidente Franklin Roosevelt aproveitou a unidade do esforço de guerra das grandes potências em derrotar a Alemanha Nazista para estabelecer as "regras do jogo" de uma nova ordem financeira internacional. Ele entendeu que a crise econômica agitava a instabilidade política e facilitava a ascensão das tiranias e dos regimes autoritários. Acreditava que os Estados Unidos tinham que usar seu poder e influência para moldar uma nova ordem internacional, capaz de ajudar os países a reconstruir suas economias e garantir sua estabilidade financeira.

O Acordo de Bretton Woods foi assinado por 44 nações, marcou a criação do Fundo Monetário Internacional (FMI) e do Banco Mundial e estabeleceu um conjunto comum de regras e princípios para orientar a política monetária das nações. Essas regras e instituições ajudaram a salvaguardar a estabilidade do sistema financeiro internacional e proporcionaram aos países reconstruir as suas economias após a Segunda Guerra Mundial. Esses exemplos demonstram que, em momentos de crise, os líderes devem ter a coragem de agir contraintuitivamente.

Em vez de seguir a crença dominante no protecionismo, Robert Peel abriu a economia para o livre comércio. Em lugar de se comprometer com os plutocratas e contar com o apoio deles para o seu governo – como seus antecessores tinham feito –, Theodore Roosevelt salvou o capitalismo das práticas de compadrio, confrontando plutocratas poderosos e aprovando leis antitruste. Em vez de explorar os louros da vitória da Segunda Guerra Mundial e punir as nações derrotadas, o presidente Franklin Roosevelt mostrou magnanimidade, reintegrando a Alemanha, a Itália e o Japão à nova ordem internacional.

É tempo de pensar e agir contraintuitivamente para enfrentar os desafios do aumento da desigualdade de renda, acesso e produtividade.

Precisamos da coragem de Theodore Roosevelt para desmantelar o capitalismo de compadrio e alguns grandes monopólios que criaram fortalezas de privilégio – para uma elite que capturou as melhores oportunidades em negócios, educação, investimento, empregos e renda.

O capitalismo de compadrio minou a concorrência de mercado, a meritocracia e a mobilidade social: como poucos privilegiados mantêm a maioria dos ganhos econômicos, enquanto a maior parte das pessoas se sente presa em uma situação de desespero com a perda de empregos, de negócios e de autoestima, há um sentimento crescente de desesperança, injustiça e desconfiança quanto à economia de mercado.

Precisamos da visão mundial de um Franklin Roosevelt – um novo compromisso nos moldes de Bretton Woods, capaz de enfrentar a crescente disparidade da desigualdade de renda e lidar com a necessidade de os países cooperarem para um mundo mais igualitário.

Isso poderia envolver novos mecanismos de intercâmbio internacional de emprego, aquisição de competências e troca de experiências – benéficos tanto para as economias desenvolvidas como para aquelas em desenvolvimento. Estes poderão envolver grandes sistemas de vistos, impulsionando a aprendizagem em ambos os sentidos. Este fluxo enriquecedor de pessoas poderia ajudar a aumentar a prosperidade global.

8.8.4. Apoiar os mais pobres ajuda todo mundo, incluindo os mais ricos

Delineio os benefícios de pensar – tanto a nível nacional como a nível global – em melhorar a vida dos mais pobres como sendo o caminho mais benéfico a longo prazo para a sociedade.

Na luta contra a desigualdade de rendimentos nos diferentes países, a Renda Básica Universal para os pobres poderia erradicar a pobreza absoluta e ajudá-los a sobreviver. Foi demonstrado como tal programa reduz a corrupção e o desperdício de dinheiro público nas estruturas burocráticas de um governo ineficaz, e assim seria de particular importância em países onde grandes porcentagens da população ainda são pobres. Também poderia mitigar as ondas de imigração em massa, que levam pessoas desesperadas para os países desenvolvidos.

Uma Renda Básica Universal pode também beneficiar os países emergentes, reduzindo a burocracia e, por conseguinte, os custos públicos; bem como estimulando a saúde das suas economias.

Mas toda essa inovação nas formas de crescimento econômico só pode ser alcançada com instituições políticas estáveis e com continuidade de políticas que estimulem a liberdade econômica, a competição de mercado e a participação na comunidade internacional por um longo período de tempo – elementos vitais para estabelecer confiança nas instituições, regras e práticas que incentivam investidores e empreendedores a assumir riscos, inovar e investir em ideias, negócios e empreendimentos inovadores – inclusive além-fronteiras. Mais estabilidade legal e política em um país em desenvolvimento significa mais fluxo de investimento em sua direção.

Finalmente, precisamos de um ousado Robert Peel para enfrentar os nacional-populistas e ressuscitar a globalização e o livre comércio. Os nacional-populistas reinstituíram políticas protecionistas e guerras comerciais e se retiraram de acordos multilaterais – acordos estes que desempenham um papel fundamental no estabelecimento de um conjunto comum de regras, princípios e entendimentos entre as nações, ajudando a consolidar as bases para a globalização, o comércio internacional e o crescimento econômico em países emergentes, tirando milhões de pessoas da pobreza.

Chamo a atenção para as ineficiências que têm crescido na gestão dos Estados de Bem-Estar Social. Essas precisam ser enfrentadas com eficiência, de modo a proporcionar melhores benefícios tanto aos assistidos como a cada sociedade – e ao mundo – como um todo.

Temos de considerar a empregabilidade. Qual é o papel de um emprego? O emprego não é apenas uma importante fonte de rendimento, mas também de autoestima, de pertencimento e de apreço na comunidade. A erosão de empregos é, muitas vezes, mostrada como uma grande fonte de revolta popular, fomentando o radicalismo, a intolerância e o nacional-populismo. Essa percepção e como lidamos com ela precisa ser reformulada.

Não devemos temer a revolução tecnológica, mas abraçá-la, e ajudar as pessoas a se adaptarem a uma nova realidade. Ao contrário da receita populista, não é possível travar a marcha da tecnologia por meio de políticas protecionistas, subsidiando indústrias moribundas e protegendo profissões em declínio. Essa é uma estratégia perde-perde que drena recursos públicos, desencoraja a inovação, restringe a produtividade e, mais importante, é inútil para ajudar a sociedade a superar os três principais problemas estruturais – baixo crescimento econômico, alto desemprego e crescente desigualdade.

O desafio do nosso tempo é transformar uma era de incrível riqueza e abundância para alguns em políticas eficazes para reduzir a desigualdade sem destruir a concorrência do mercado, o empreendedorismo, a inovação e a destruição criativa: este será um teste fundamental para restabelecer a confiança no capitalismo e na democracia.

8.9. Um grande desafio: recuperar o senso de unidade na ordem internacional

A ideologia política nunca foi um obstáculo à construção de uma ordem internacional estável. Após as guerras napoleônicas, um império despótico (Rússia), uma democracia coroada (Grã-Bretanha), uma monarquia caótica seguida por um regime republicano (França), um império multinacional decadente (Áustria) e o surgimento de um Estado poderoso no coração da Europa em 1870 (Alemanha) conseguiram manter uma relativa paz na Europa por um século (1814-1914).

Tal conquista só foi possível porque a classe dominante compartilhou um conjunto comum de crenças, valores e princípios que eram mais sólidos do que as questões em suas próprias disputas nacionais e rivalidades políticas.

O príncipe Metternich, o chanceler austríaco, e os seus pares no poder

> eram, portanto, produtos essencialmente da mesma cultura, professando os mesmos ideais, compartilhando gostos semelhantes. Eles se entendiam, não só porque podiam conversar com facilidade em francês, mas porque, em um sentido mais profundo, estavam conscientes de que as coisas que compartilhavam eram mais fundamentais que as questões que os separavam.[184]

Após o fim da Segunda Guerra Mundial, não havia mais uma elite dominante de nações com a mesma cultura e gostos, mas as duas superpotências que surgiram – os Estados Unidos e a União Soviética – descobriram que tinham um objetivo em comum: o compromisso de preservar a paz internacional a fim de evitar uma guerra nuclear.

Esse objetivo comum foi o fio condutor na construção de uma nova ordem mundial, baseada na criação de instituições multilaterais e em acordos para promover a cooperação e colaboração entre as nações, a fim de salvaguardar sua estabilidade militar, política e econômica.

As novas organizações foram exemplos brilhantes de como as nações – mesmo em um mundo dividido entre duas ideologias antagonistas (democracia e comunismo) podem encontrar um terreno comum para adotar regras e princípios comuns com o objetivo de manter a paz e a ordem nos assuntos internacionais.

Em suma, foram criados as seguintes instituições: as Nações Unidas, o Banco Mundial, o Fundo Monetário Internacional, a OTAN, os acordos comerciais, econômicos e políticos que abriram o caminho para a construção da União Europeia, os tratados multilaterais para

---

[184] KISSINGER, H. *A World Restored: Metternich, Castlereagh and the Problems of Peace 1812-22*. Boston: Houghton Mifflin Company, 1957, pp. 320.

reduzir tarifas e incentivar o comércio livre entre as nações e um tratado de não proliferação de armas nucleares.

O retorno de um mundo multipolar após o fim da Guerra Fria trouxe dois grandes desafios para a ordem internacional.

Em primeiro lugar, o poder estava fragmentado não só entre os Estados, mas também entre os intervenientes não estatais. Como disse o professor Joseph Nye, houve uma "*transição de poder*" das grandes potências (Estados Unidos) às potências emergentes (China) e uma "*difusão de poder*", com a ascensão de poderosos atores não estatais "variando de corporações e ONGs a terroristas, [...] com poderes para desempenhar um papel direto na política mundial".[185]

E, como resultado, houve uma crescente interdependência entre Estados e atores não estatais.

As atividades transnacionais criaram uma teia intrínseca de interesses e preocupações que afetam o destino dos indivíduos, organizações e Estados. Das cadeias de valor globais corporativas à ameaça de *hackers* e terroristas; de uma crise financeira mundial à ameaça de uma pandemia e catástrofes ambientais – governos, corporações, organizações não governamentais e instituições multilaterais agora mais do que nunca precisam – e conseguem – colaborar e cooperar para enfrentar esses desafios transnacionais e proteger todos ao seu redor o mundo. Com a globalização das comunicações torna-se cada vez mais difícil separar os interesses sobre estes grandes temas partilhados em local e globalmente.

Os governos nacional-populistas emergentes procuraram, com sucesso parcial, desestabilizar aquilo a que podemos chamar de a nova ordem internacional entre os anos 2010 e 2020. Duas estratégias recorrentes para estimular o orgulho nacional e desviar a atenção doméstica de problemas reais são alimentar a rivalidade internacional e procurar bodes expiatórios fora do país de origem.

A política externa se tornou, em certa medida, palco para a bravata nacional e para o levantamento de barreiras políticas e econômicas que *minam* a cooperação internacional e promovem a desconfiança em relação aos estrangeiros.

---

[185] NYE JR., Joseph S. *The Future of Power*. New York: Public Affairs, 2011, pp. 116.

E todas essas atitudes ajudam a aumentar a tensão internacional. Nesse contexto, a história mostra que as tímidas e descoordenadas reações políticas, econômicas e militares, para controlar os líderes populistas e autocratas podem desestabilizar a ordem internacional e conduzir a algum tipo de desastre – no passado, a guerra.

Este foi o grande erro dos anos entreguerras (1919-1939). Primeiro os termos exagerados do tratado de Versalhes; em seguida, as respostas tímidas e descoordenadas das grandes potências à agressão obstinada de Hitler, encorajando-o a ser mais ousado na busca de seus objetivos – com a militarização do Ruhr (1936), a anexação da Áustria e a ocupação da Checoslováquia (1938), e finalmente a invasão da Polônia (1939). Foi apenas na última destas etapas que a Segunda Guerra Mundial foi desencadeada.

Os desafios do nosso tempo exigem que compreendamos que a *transição de poder* entre Estados, e a *difusão de poder* em que essa energia é compartilhada com atores não estatais, pode ser um enriquecimento de ativos capazes de expandir nossa "biodiversidade" política, econômica e social de ideias, inovação e soluções para enfrentar os problemas globais. Uma cooperação e uma concorrência saudáveis no seio da "biosfera" de uma ordem internacional estável podem nos ajudar a conseguir coisas extraordinárias – quase exatamente da mesma forma que após o fim da Segunda Guerra Mundial, e da forma como os organismos internacionais de cooperação se desenvolveram desde então.

Um sistema internacional estável requer a existência de um quadro de valores e princípios que definam as fronteiras onde a colaboração, a concorrência e a busca de interesses nacionais podem ocorrer sem perturbar a ordem mundial. Isso não eliminará rivalidades nacionais ou disputas políticas, econômicas e militares, mas as limitará. Em uma ordem internacional estável, os Estados ganham mais cooperando e participando no sistema internacional do que o destruindo:

> A saúde de uma estrutura social está em sua capacidade de traduzir a transformação em aceitação, de relacionar as forças de mudança com as da conservação.[186]

---

186 KISSINGER, H. *A World Restored: Metternich, Castlereagh and the Problems of Peace 1812-22*. Boston: Houghton Mifflin Company, 1957, pp. 173.

A nossa sobrevivência como nações e espécies depende de nossa capacidade de estabelecer um conjunto comum de valores e princípios para promover a colaboração entre os Estados, os governos e a sociedade civil, de modo que os desafios que transcendam as fronteiras nacionais e afetem a segurança das nações, bem como o bem-estar da humanidade, possam ser superados.

Pandemias, cibersegurança, imigração em massa, alterações climáticas e a ameaça de guerra nuclear só podem ser resolvidas com êxito se houver colaboração e cooperação transnacionais.

8.10. As bênçãos da democracia e a lição de civilidade

Uma das maiores ameaças à democracia é a *perda de civilidade*. A democracia não pode sobreviver sem *civilidade*.

As normas de *civilidade* são também moldadas pelo quadro moral de valores, princípios e tradições que determinam leis, costumes e instituições.

O código social que define respeito, tolerância, educação e boas maneiras também ensina os cidadãos a aperfeiçoar o autocontrole, conter impulsos pessoais e o individualismo excessivo e polir a consciência individual dos direitos, deveres e obrigações morais na sociedade. As restrições de *civilidade* ajudam a gerar o espírito e o vínculo cívicos, abrindo espaço para que a liberdade, a diversidade de opiniões e os interesses floresçam na arena pública sem causar perturbação da ordem política.

É no âmbito da arena pública que se debate a pluralidade de ideias e opiniões, a diversidade de reivindicações e interesses, e onde as decisões sobre políticas são tomadas por cidadãos que gozam de direitos, direito de voto e obrigações iguais. Como Hannah Arendt nos lembra:[187]

> "A liberdade existe apenas no espaço intermediário único da política."

---

[187] ARENDT, H. *The promise of politics*. New York: Schocken Books, 2005, pp. 95.

8.11. Formação de valores

Quais são os valores que reconduzirão a democracia ao seu papel legítimo como bem-sucedida provedora de riqueza, igualdade de oportunidades e renda, equilíbrio contínuo, liberdade e prosperidade?

Sem civilidade, estamos privados dos parâmetros de decência e da referência de valores e princípios que devemos honrar.

Não admira que os governantes populistas desprezem as normas de civilidade e a absoluta falta de reverência para o cargo público.

Usam o seu poder para minar a credibilidade das instituições democráticas, atacar a liberdade de opinião e transformar os seus adversários em inimigos para serem exterminados. Ao destruir o civismo, os populistas enterram os códigos de conduta do comportamento e dos atos que são estimados e condenados pela sociedade. À medida que perdemos o senso de sagrado e a reverência por valores, cultura e instituições, as portas da barbárie, radicalismo e polarização são abertas. Dessa forma, democracias sofrem uma ameaça eminente.

Para evitar o destino desastroso de ser dilacerado por líderes populistas, políticas de identidade, nacionalismo nativista, conflitos religiosos e intolerância que estão dividindo indivíduos, famílias e nações, as democracias precisam de líderes corajosos, empenhados em construir pontes.

Embora em uma época de radicalismo e polarização, os líderes que chegam aos "inimigos" para estabelecer pontes de diálogo e entendimento possam ser considerados traidores de seus eleitores – e ainda que o esforço de construção de pontes possa causar revolta entre os seguidores, aprofundar fraturas existentes e até mesmo trazer a queda do líder –, esta é a tarefa que devemos enfrentar para fortalecer a democracia.

Em momentos de crise, grandes líderes revelam a coragem de construir conexões para resolver problemas recorrentes.

Ronald Reagan e Mikhail Gorbachev construíram pontes que ajudaram a enterrar a suspeita mútua e a incompreensão entre os Estados Unidos e a União Soviética, abrindo caminho para o diálogo e para acordos que terminaram com mais de 40 anos de Guerra Fria.

Nelson Mandela fez algo semelhante para acabar com o *apartheid* na África do Sul e criar a "Nação Arco-íris", onde negros e brancos poderiam coexistir pacificamente e trabalhar juntos para construir uma democracia.

O presidente colombiano Juan Manuel Santos foi capaz de pacificar um país devastado pela guerrilha, conduzindo um processo de paz com os líderes do maior inimigo público, o grupo guerrilheiro FARC.

Porém construir pontes requer tempo, esforço, persistência, determinação e coragem para enfrentar adversidades e perdas momentâneas, antes da vitória. Demorou cinco anos de negociação e de construção de uma relação de confiança entre Gorbachev e Reagan/ /Bush para acabar com a Guerra Fria, em 1989; Mandela enfrentou 27 anos de prisão antes de chegar à presidência da África do Sul em 1994 e tornar-se o líder moderado para construir a "Nação Arco-íris"; a Colômbia enfrentou três décadas de de tentativas frustradas para acabar com a guerrilha, até que o presidente Santos pacientemente construiu um efetivo processo de negociação, que levou quatro anos, para concluir um acordo de paz com as FARC, em 2016.

Esses exemplos de liderança e de conexão revelam alguns atributos importantes que são de grande valor para desintoxicar uma sociedade do radicalismo e polarização.

Em primeiro lugar, essas pessoas tinham um objetivo claro, que perseguiram com determinação, paciência e coragem incansáveis Sabiam o que realmente queriam. Reagan e Gorbachev desejavam livrar o mundo da ameaça da guerra nuclear; Mandela pretendia superar as cicatrizes do *apartheid* para construir uma nação pacífica e democrática; o presidente Santos intentava pacificar seu país e libertá-lo das guerras com as guerrilhas.

Em segundo lugar, eram *otimistas*.

Reagan, com seu rosto sorridente e sua crença inabalável no poder transformador da democracia norte-americana e do capitalismo, anunciou que "é manhã novamente nos EUA". Gorbachev foi o primeiro líder soviético a conquistar a opinião pública em democracias com seus sorrisos, charme pessoal e disposição para encontrar um terreno comum para o diálogo e compreensão com as nações ocidentais. Mandela, com sua simpatia e gestos conciliatórios, trabalhou para unir os sul-africanos na construção da Nação Arco-íris em vez de buscar vingança pelo sofrimento dos negros sob o *apartheid.* O presidente Santos, com seu sorriso discreto e sua abertura à comunicação, criou o ambiente certo para o diálogo de paz na Colômbia.

Por fim, esses líderes são *bons ouvintes* e *valorizam as relações pessoais.*

Reagan e Gorbachev gostavam de praticar a "diplomacia presidencial", uma conversa a sós, sem funcionários ou conselheiros. Isso ajudou a construir uma relação de confiança e compreensão sobre os desafios pessoais de traduzir mudanças transformacionais em políticas aceitáveis para seus povos.

Reagan e Bush sempre procuravam conversar com Gorbachev quando notavam que o líder soviético tinha dificuldades políticas para pressionar por suas reformas econômicas domésticas.

Os diálogos pessoais de Mandela com líderes brancos e negros foram cruciais para evitar que o ressentimento racial se tornasse um obstáculo à construção de uma África do Sul unida.

A coragem de Santos para dialogar com os líderes da guerrilha e reconhecer certas preocupações e exigências das FARC foi uma atitude de grande importância na construção do caminho para a paz.

William Ury, um especialista mundial em negociação, escreveu que um dos desafios da democracia é reformular as questões para construir um novo consenso: a criação de um *novo terreno comum* para reviver o diálogo e a compreensão. Na sua opinião, a construção de confiança requer

> 4 C's: consistência (previsibilidade), competência, caráter (integridade) e cuidado (empatia).[188]

Esses, disse ele, são elementos essenciais para que os líderes que constroem pontes sejam bem-sucedidos ao conduzir seus seguidores através do deserto da ignorância, do radicalismo e da polarização para a "terra prometida" da democracia, tolerância e liberdade.

[188] Entrevista do autor com William Ury em 6 de n ovembro de 2020.

Como a Primeira-Ministra da Alemanha, Angela Merkel, disse em um discurso para formandos da turma de 2019 em Harvard:

> Devemos derrubar os muros que nos restringem; se abrirmos a porta e abraçarmos novos começos, então tudo será possível. A ditadura pode desaparecer. Podemos parar o aquecimento global. Podemos erradicar as doenças... acredito que devemos estar sempre preparados para acabar com as coisas a fim de sentir a magia dos começos.[189]

Nossa missão é trabalhar para derrubar os muros do preconceito, da ignorância, da política de identidade e do nacional-populismo, que impedem o nascimento de novos começos.

A mensagem:

Nós podemos fazer isso.

[189] PAZZANESE, C. "Merkel advises graduates: break the walls that hem you in". *The Harvard Gazette*. Boston, 30 mai. 2019. Disponível em: <https://news.harvard.edu/gazette/story/2019/05/at-harvard-commencement-merkel-tells-grads-break-the-walls-that-hem-you-in/>. Acesso em: 15 abr. 2022.

REFERÊNCIAS

ACEMOGLU, Daron; ROBINSON, James. *Why nations fail: the origins of power, prosperity and poverty*. New York: Crown Business, 2012.

ACEMOGLU, Daron; ROBINSON, James. *The narrow corridor: States, society, and the fate of liberty*. New York: Penguin Press, 2019.

ANDREWS, Matt. *The limits of institutional reform in development: changing rules for realistic solutions*. New York: Cambridge University Press, 2013.

ANDREWS, Matt; PRITCHETT, Lant; WOOLCOCK, Michael. *Building State capability: evidence, analysis, action*. Oxford: Oxford University Press, 2017.

ARENDT, Hannah. *Responsibility and Judgment*. New York: Schocken Books, 2003.

ARENDT, Hannah. *The promise of politics*. New York: Schocken Books, 2005.

ARON, Raymond. *Le marxisme de Marx*. Paris: Éditions de Fallois, 2002.

BAKKER, Bas B.; GHAZANCHYAN, Manuk; HO, Alex; NANDA, Vibha. "Lack of human capital is holding back Latin America's growth". *International Monetary Fund*. Washington, D.C. 13 ago. 2020. Disponível em: <https://www.imf.org/en/News/Articles/2020/08/12/na081320-lack-of-human-capital-is-holding-back-latin-americas-growth>. Acesso em: 15 abr. 2022.

BANERJEE, Abhijit; DUFLO, Esther. *Good economics for hard times*. Public Affairs, Hachette Group. New York, United States, 2019.

BARBER, Michael. *How to run a government: so that citizens benefit and taxpayers don't go crazy*. London: Penguin Books, Random House, 2016.

BERGGRUEN, Nicolas; GARDELS, Nathan. *Intelligent governance for the 21st century*. Cambridge: Polity Press, 2013.

BERGH, Andreas. *Sweden and the revival of the capitalist Welfare State*. Cheltenham: Edward Elgar Publishing Limited, 2014.

BERLIM, Isaiah. *The power of ideas*. Princeton: Princeton University Press, 2000.

BERNSTEIN, William J. *A splendid exchange: how trade shaped the world*. New York: Atlantic Monthly Press, 2008.

BRANDS, H. W. TR. *The last romantic*. New York: BasicBooks, 1997.

BURNS, James M.; DUNN, Susan. *The three Roosevelts: patrician leaders who transformed America*. New York: Grove Press, 2001.

BUSH, George; SCOWCROFT, Brent. *A world transformed*. New York: Penguin Books, 2005.

CARYL, Christian. *Strange rebels: 1979 and the birth of the 21st Century*. New York: Basic Books, a member of Perseus Books Groups, 2013.

CHURCHILL, Winston. *The grand alliance*. Boston: Houghton Mifflin, 1950.

CHURCHILL, Winston. *Blood, toil, tears and sweat*. Editado por David Cannadine. Boston: Houghton Mifflin Company, 1989.

CÍCERO. *Selected works*. Middlessex: Penguin Books, 1971.

COLLIER, Paul. *The future of capitalism: facing the new anxieties*. New York: Harper Collins Publishers, 2018.

COMUNICAÇÃO MILLENIUM. "Destrava! Por uma reforma administrativa do bem". *Instituto Millenium*. Rio de Janeiro, 10 ago. 2020. Disponível em: <https://www.institutomillenium.org.br/destrava-reforma-administrativa--do-bem/>. Acesso em: 15 abr. 2022.

DEUTSCHE WELLE. "Merkel warns that refugee crisis tests Europe's core ideals". *DW*. Bonn, 31 ago. 2015. Disponível em: <https://www.dw.com/en/merkel-warns-that-refugee-crisis-tests-europes-core-ideals/a-18684091>. Acesso em: 15 abr. 2022.

DIAMANDIS, Peter; KOTLER, Steven. *Abundance:* the future is better than you think. New York: Free Press, a division of Simon&Schuster, 2012.

EATWELL, Roger; GOODWIN, Matthew. *National populism: the revolt against liberal democracy*. London: Pelican Books, Penguin Random House UK, 2018.

ELECTRONIC IMMIGRATION NETWORK. "University of Warwick academic paper finds migrants are highly represented among top 1% of UK incomes". EIN. Inglaterra, 23 set. 2020. Disponível em: <https://www.ein.

org.uk/news/university-warwick-academic-paper-finds-migrants-are-highly-represented-among-top-1-uk-incomes>. Acesso em: 15 abr. 2022.

EMMOT, Bill. *The fate of the west: the battle to save the world's most successful political idea*. London: Profile Books, 2017.

FERGUSON, Niall. *The ascent of money: a financial history of the world*. New York: The Penguin Press, 2008.

FERGUSON, Niall. *The great degeneration: how institutions decay and economies die*. New York: The Penguin Press, 2013.

FLOYD, Norris. "The year in markets; 1999: extraordinary winners and more losers". *The New York Times*. New York, 3 jan. 2000.

FRANKL, Viktor. *Man's search for the ultimate meaning*. Cambridge: Perseus Publishing, 2000.

FREEDOM HOUSE. "Democracy in retreat: freedom in the world 2019". *Freedom House*. Washington, D.C., fev. 2019. Disponível em: <https://freedomhouse.org/report/freedom-world/freedom-world-2019-democracy-retreat>. Acesso em: 13 abr. 2022.

FRIEDMAN, Milton. *Capitalism and freedom*. Chicago: The University of Chicago Press, 2002.

FUKUYAMA, Francis. *Trust: the social virtues and the creation of prosperity*. New York: Free Press Paperback, 1995.

FUKUYAMA, Francis. *Identity: the demand for dignity and the politics of resentment*. New York: Farrar, Straus and Giroux, 2018.

GLAESER, Edward. *Triumph of the city*. New York: The Penguin Press, 2011.

GORDON, Robert. *The rise and fall of American growth: the U.S. standard of living since the civil war*. Princeton: Princeton University Press, 2016.

GREENSPAN, Alan. *The age of turbulence*. New York: The Penguin Press, 2007.

GREENSPAN, Alan; WOOLDRIDGE, Adrian. *Capitalism in America*. New York: Penguin Press, 2018.

GRINDLE, Merilee. *Jobs for the boys: patronage and the State in comparative perspective*. Cambridge: Harvard University Press, 2012.

HEIFETZ, Ronald; LINSKY, Marty. *Leadership on the Line*. Boston: Harvard Business School Publishing, 2002.

HOMERO. *The Iliad*. Trad. Richmond Latimore. Chicago: The University of Chicago Press, 1951.

JOHNSON, Paul. *A history of the american people*. New York: Harper Collins Publishers, 1999.

JORGENSON, Dale W.; HO, Mun S; STIROH, Kevin J. "A retrospective look at the US productivity growth resurgence". *Journal of Economic Perspectives*, vol. 22, nº 1 (2008), pp. 3-24.

JUDT, Tony. *PostWar: a history of Europe since 1945*. New York: Penguin Books, 2005.

KATZ, Bruce; BRADLEY, Jennifer. *The metropolitan revolution: how cities and metros are fixing our broken politics and fragile economy*. Washington D.C.: Brookings Institution Press, 2013.

KATZ, Bruce; NOWAK, Jeremy. *The new localism: how cities can thrive in the age of populism*. Washington: Brookings Institution Press, 2017.

KEYNES, John M. *The economic consequences of the peace*. Great Britain: The Royal Economic Society, 1971.

KISSINGER, Henry. *A world restored: Metternich, Castlereagh and the Problems of Peace 1812-22*. Boston: Houghton Mifflin Company, 1957.

KISSINGER, Henry. *Diplomacy*. London: Simon & Schuster, 1995.

KISSINGER, Henry. *Does America need a foreign policy? toward a diplomacy for the 21st century*. New York: Simon and Schuster, 2001.

LANGWORTH, Richard (editor). *Churchill by himself*. New York: Public Affairs, 2008.

LILLA, Mark. *The once and future liberal: after identity politics*. New York: Harper Collins Publishers, 2017.

MADISON, James; HAMILTON, Alexander; JAY, John. *The federalist papers*. New York: New American Library, 1961.

MAQUIAVEL, Nicolau. *The prince*. Whynot York: Company, 2018.

MARX, Karl; ENGELS, Friedrich. *O manifesto comunista*. Middlesex: Penguin Books, 1967.

MORRIS, Dick. *Power plays: win or lose – how history's great political leaders play the game*. New York: Regan Books, Harper Collins Publishers, 2002.

NEAL, Larry; WILLIAMSON, Jeffery. *The Cambridge history of capitalism (Volume I)*. Cambridge: Cambridge University Press, 2014.

NEAL, Larry e WILLIAMSON, Jeffery. *The Cambridge history of capitalism* (Volume II). Cambridge: Cambridge University Press, 2014.

NELSON, Charles et al. *Romania's abandoned children: deprivation, brain development and the struggle for recovery*. Cambridge: Harvard University Press, 2014.

NYE JR., Joseph S. *Presidential leadership and the creation of the American Era*. Princeton: Princeton University Press, 2013.

NYE JR., Joseph S. *The future of power*. New York: Public Affairs, 2011.

OLASKY, Marvin. *The American leadership tradition*. New York: Free Press, 1999.

ORGANIZAÇÃO PARA A COOPERAÇÃO E DESENVOLVIMENTO ECONÔMICO (OCDE). "Programme for International Student Assessment (PISA) results from PISA 2018". Paris, 2018. Disponível em: <https://www.oecd.org/pisa/publications/PISA2018_CN_BRA.pdf>. Acesso em: 15 abr. 2022.

ORGANIZAÇÃO PARA A COOPERAÇÃO E DESENVOLVIMENTO ECONÔMICO (OCDE). "The 'Marshall Plan' speech at Harvard University, 5 June 1947". *OCDE*. Washington, D.C. Disponível em: <https://www.oecd.org/general/themarshallplanspeechatharvarduniversity5june1947.htm>. Acesso em: 15 abr. 2022.

ORTIZ-OSPINA, Esteban; ROSER, Max. "Literacy". *Our World in Data*. 2013. Disponível em: <https://ourworldindata.org/literacy>. Acesso em: 15 abr. 2022.

PAZZANESE, Christina. "Merkel advises graduates: break the walls that hem you in". *The Harvard Gazette*. Cambridge, 30 mai. 2019. Disponível em: <https://news.harvard.edu/gazette/story/2019/05/at-harvard-commence-ment-merkel-tells-grads-break-the-walls-that-hem-you-in/>. Acesso em: 15 abr. 2022.

POWELL, Alvin. "A call to duty to battle a deadly global threat". *The Harvard Gazette*. Cambridge, 25 fev. 2020. Disponível em: < https://news.harvard.edu/gazette/story/2020/02/collaboration-call-to-duty-to-battle-a-deadly-global-threat/>. Acesso em: 14 abr. 2022.

RAJAN, Rajhuram. *The third pillar: how markets and the state leave the community behind*. New York: Penguin Press, 2019.

RICH, Robert. "The great recession". *Federal Reserve History*. St. Louis, 22 nov. 2013. Disponível em: <https://www.federalreservehistory.org/essays/great_recession_of_200709>. Acesso em: 13 abr. 2022.

RIPLEY, Amanda. *The smartest kids in the world. and how they got that way*. New York: Simon & Schuster, 2014.

SALTON-EBIN, Jason. *The Reagan Files: the untold story of Reagan's top-secret efforts to win the Cold War*. United States: Jason Salton Ebin Publisher, 2010.

SCRUTON, Roger. *The soul of the world*. Princeton: Princeton University Press, 2014.

SCRUTON, Roger. *Conservatism: an introduction to the great tradition*. New York: St. Martin Press, 2017.

SENECA. *Letters from a Stoic*. London: Penguin Books, 2004.

SMITH, Adam. *The theory of moral sentiments*. Editado por D.D. Raphael e A.L. Macfie. Indianapolis: Liberty Fund, 1982.

SMITH, Denis M. *Mussolini*. London: Granada Publishing, 1983.

SMITH, Denis M. *Modern Italy: a political history*. New Haven: Yale University Press 1997.

STATISTA RESEARCH DEPARTMENT. "Ranking of the most dangerous cities in the world in 2020, by murder rate per 100,000 inhabitants". Statista, 23 dez. 2021. Disponível em: <https://www.statista.com/statistics/243797/ranking-of-the-most-dangerous-cities-in-the-world-by-murder-rate-per--capita/>. Acesso em: 15 abr. 2022.

TANZI, Vito. *Government versus markets: the change economic role of the state*. New York: Cambridge University Press, 2011.

TAUBMAN, William. *Gorbachev: his life and times*. New York: W.W. Norton Company, 2017.

TAYLOR, A. J. P. *The struggle for the mastery in Europe 1848-1918*. Oxford: Oxford University Press, 1984.

TAYLOR, A. J. P. *Europe: grandeur and decline*. Middlesex: Penguin Books, 1967.

THATCHER, Margaret. *The downing street years*. London: Harper Collins Publishers, 1993.

THE HECKMAN EQUATION. "Invest in early childhood development: reduce deficits, strengthen the economy". *The Heckman Equation*. Chicago, 7 dez. 2012. Disponível em: <https://heckmanequation.org/resource/invest--in-early-childhood-development-reduce-deficits-strengthen-the-economy>. Acesso em: 15 abr. 2022.

TOCQUEVILLE, Alexis de. *De la démocratie en Amérique: souvenirs. L'ancien régime et la révolution*. Paris: Éditions Robert Laffont, 1986.

TOCQUEVILLE, Alexis de. *Democracy in America and two essays in America*. London: Penguin Classics, 2003.

TRADING ECONOMICS. "Sweden government spending to GDP". *Trading Economics*. Disponível em: <https://tradingeconomics.com/sweden/government-spending-to-gdp>. Acesso em: 15 abr. 2022.

WOOD, Gordon. *Revolutionary characters: what made the founders different*. New York: The Penguin Press, 2006.